**옮긴이 강정임**

강원대학교에서 지리학을 전공하고 강사와 연구원을 거쳐 지방관광개발공사에서 인사교육담당자로 일했다. 현재 번역가들의 모임인 바른번역에서 전문 번역가로 활동하고 있다. 옮긴 책으로는『하드골: 어려운 목표가 성장을 이끈다』가 있다.

**옮긴이 이은경**

연세대학교에서 영어영문학과 심리학을 전공하였다. 현재 식품의약품안전청에서 영문에디터로 재직 중이며, 바른번역 소속 번역가로 활동하고 있다. 옮긴 책으로는『과학의 책』(공역)이 있다.

# 미국 쇠망론
That Used to Be Us

**THAT USED TO BE US**
Copyright © 2011 by Thomas L. Friedman and Michael Mandelbaum
All rights reserved.

Korean Translation Copyright © 2008 by Book21 Publishing Group
Korean translation rights arranged with Creative Artists Agency
through EYA Co., Ltd.

이 책의 한국어판 저작권은 EYA Co., Ltd를 통해
Creative Artists Agency와 독점 계약한 ㈜북이십일에 있습니다.
저작권법에 의하여 한국 내에서 보호받는 저작물이므로
무단전재와 무단복제를 금합니다.

# THAT USED TO BE US

미국 쇠망론

토머스 프리드먼·마이클 만델바움 지음 | 강정임·이은경 옮김

21세기북스

앤 프리드먼과 앤 만델바움에게 이 책을 바칩니다.

중국이 우리보다 더 발달된 철도 시스템을 구축하고 싱가포르가 우리보다 더 훌륭한 공항을 건설했다는 것은 이해가 안 된다. 그리고 우리는 현재 중국이 세계에서 가장 빠른 슈퍼컴퓨터를 개발했다는 사실을 알게 되었다. 한때 우리가 그랬었다(That used to be us).

2010년 11월 3일
버락 오바마

## 들어가는 글

우리 중 한 사람은 해외 특파원이자 〈뉴욕타임스〉의 칼럼니스트이다. 다른 한 사람은 존스홉킨스대학 고등국제문제연구대학원에서 미국의 외교정책을 연구하는 교수이다.

독자들은 지금까지 외교문제 저술 활동에 몰두했던 우리가 왜 오늘날 미국 상황에 관한 책을 공동으로 저술했는지 질문할 것이다. 대답은 간단하다. 우리는 20년 이상 친구 사이로 지내왔다. 그 세월 동안 국제관계와 미국의 외교문제를 토론하지 않고 한 주를 넘어가는 날이 없었다. 그런데 최근 몇 년 전부터 우리의 모든 대화가 외교문제로 시작해서 결국 미국의 국내정책, 즉 미국 내에서 어떤 일이 벌어지고 벌어지지 않는지에 관한 내용으로 끝난다는 사실을 깨달았다. 우리는 다른 방향에서 바라보려고 노력했다. 하지만 우리의 대화는 과거 미국에 대한 회상과 겉으로 보기에 현재 미국은 최악의 상황을 해결할 능력이 없다는 쪽으로만 흘러갔다.

물론 이러한 상황은 외교정책에 막대한 영향을 미친다. 오늘날 미국은 세계 속에서 위대하고 건설적인 역할을 하고 있다. 이 역할은 국가의 사회적, 정치적, 경제적 건실함에 따라 결정된다. 그러나 현재 미국은 정치적, 경제적으로 건실하지 않다. 우리는 이 책에서 미국이 어떻게 현 상태까지 왔고, 어떻게 이를 극복해야 하는지 설명하고자 노력했다.

다음의 사항에 대해서 독자들이 너그럽게 봐주었으면 한다. 간혹, 우리 두 사람 중 한 사람만 관련된 이야기나 일화, 인터뷰 내용을 다룰 것이다. 그래서 누구의 이야기인지 확실히 하기 위해 "톰(토머스 프리드먼)의 회상에 따르면" "마이클(마이클 만델바움)이 저술한대로" 등 각자의 이름을 언급해야 했다. 2명의 저자가 수많은 정보를 담아 저술한 책에서 "내가 말했다" 또는 "내가 보았다"라는 표현은 쉽게 볼 수 없기 마련이다.

이미 우리의 직업을 알고 있는 독자들은 우리를 작가나 평론가로 이해하고 있을 것이다. 하지만 우리 역시 미국인이다. 이 사실이 중요한 까닭은 우리가 미국 정책에 관심을 가지고 이 책을 저술하게 된 이유가 바로 미국인이라는 신분 때문이다. 따라서 우리 각자를 전문가가 아닌 미국 시민으로서 소개하겠다.

먼저 톰의 소개이다. "나는 미네소타 주 미니애폴리스에서 태어나 세인트루이스파크라는 작은 마을에서 자랐다. 세인트루이스파크는 코엔 형제의 영화 '시리어스 맨A Serious Man'으로 유명한데, 영화 속 배경이 바로 우리 옆 동네였다. 상원의원 알 프랑켄, 영화감독 코엔 형제, 하버드대 정치철학자 마이클 샌델, 정치학자 노먼 온슈타인, 미식축구 코치 마크 트리스트먼 그리고 나는 이 작은 마을 근방에서 함께 자랐다. 분명 그러한 점이 우리 모두에게 커다란 영향을 끼쳤다. 나는 이러한 성장 배경을 바탕으로 미국에 대한 강한 낙관론이 생겼다. 그리고 우리가 공익을 위해 진정으로 협력할 수 있을 것이라는 생각을 하게 되었다.

1971년, 고등학교를 졸업한 그 해에 시사주간지 〈타임〉은 막 물고기를 잡아 올린 미네소타 주지사 웬델 앤더슨의 사진을 표지에 싣고 '미네소타에서 참된 인생을'이라는 표제를 달았다. '이상적인 미네소타'라는 의미였다. 나의 어린 시절은 민주당의 휴버트 험프리, 월터 먼데일, 유진 맥카시가 상원의원이었고, 공화당의 온건파 클락 맥그레거, 빌 플렌젤이 하원의원이었으며, 데이튼스, 타겟, 제너럴 밀스, 쓰리엠 등 미네소타의 대표적 기업들이 사회적 책임을 솔선수범하면서 타이론 거드리 극장과 같은 기반시설의 건설을 돕는 것이 그들의 사명이라고 믿었던 시절이다. 그 시절에는 정치가 제 역할을 다 할 수 있고 미국인들의 생활에 진정한 정치적인 구심점이 존재한다는 강한 신념을 가질 수 있었다.

나는 유치원부터 고등학교까지 같은 부류의 아이들과 함께 공립학교에 다녔다. 그 당시 미네소타 주에서 사립학교는 문제가 있는 아이들을 위한 학교였다. 중산층 아이들에게 사립학교란 대단히 특별한 곳이었고, 세인트루이스파크 지역의 아이들은 대부분 중산층 자녀들이었다. 어머니가 2차 세계대전 중 미국 해군으로 참전했었기 때문에 우리 부모님은 제대군인원호법GI Bill 덕분에 대출을 하여 집을 장만할 수 있었다. 아버지는 대학을 나오지 않았고 볼 베어링을 판매하는 회사 부사장이었다. 나의 아내 앤 벅스바움은 아이오와 주 마셜타운 출생으로 디모인에서 자랐다. 오늘날까지 나의 가장 친한 친구들은 세인트루이스파크에서 함께 자랐던 녀석들이다.

나는 아직도 정치적 선택에 정신적 기반이 되고, 커다란 영향을 미친 이상적인 미네소타의 모습을 떠올리곤 한다. 나는 1만 개의 호수가 있고 사람들을 서로 분열시키는 정책이 아닌 그들의 생활을 보다 나아지게 만드는 정책이 펼쳐졌던 그 곳을 다시 찾아내기 위해 주시한다.

내가 가는 곳이 런던, 베이루트, 예루살렘, 워싱턴, 베이징, 방갈로르 등 어디든지 말이다. 예전에 우리는 그랬다. 사실, 내가 자랐던 동네가 예전에는 그랬다."

다음은 마이클의 소개이다. "미국 중부지역 출신인 톰과 그의 아내와 달리, 나의 아내 앤 만델바움과 나는 바닷가 출신이다. 아내는 맨해튼에서, 나는 캘리포니아 주 버클리에서 자랐다. 나의 아버지는 캘리포니아

대학 인류학과 교수였고, 어머니는 우리 삼 형제가 고등학교에 진학할 나이가 된 후에 공립학교 교사가 되었다. 그 후 우리가 그저 '칼Cal'이라고 부르는 대학의 교수가 되었다.

버클리 지역은 정치적 급진주의로 평판이 나 있다. 하지만 현재 세상 사람들이 알고 있는 모습과 달리 내가 어린 시절을 보냈던 1950년대 버클리는 톰의 유년시절 미니애폴리스와 별반 다르지 않았다. 혁명의 온상이라기보다 미국 중부지역의 모습과 비슷했다. 지금 생각해도 놀라운 일이지만, 내가 어렸을 때에는 공화당원이 시장이었고, 버클리 지역 연방하원의원도 공화당 출신이었다.

그 당시에 있었던 에피소드로 이 책과도 특별히 관련 있는 이야기가 하나 있다. 1957년 소비에트 연방은 세계 최초 인공위성인 스푸트니크Sputnik를 발사했다. 이 사건은 미국에게 충격이었다. 충격의 물결은 내가 7학년으로 재학 중이던 가필드고등학교에까지 흘러들었다. 교장 선생님은 조례 시간에 전교생을 불러 모았다. 그러고는 앞으로 더 열심히 공부해야 하고, 수학과 과학이 무척 중요하다고 진지하게 말했다.

교육에 대한 부모님의 열정을 고려해볼 때, 나는 학교생활과 공부가 중요하다는 교장 선생님의 말을 굳이 들을 필요가 없었다. 그러나 당시 상황의 심각성은 인상적이었다. 나는 미국이 국가적 위기에 직면해 있고 이 위기를 극복하기 위해 전 국민이 헌신할 거라는 사실을 분명히 알았다. 미국과 미국인이 극복할 수 있다는 것에 대하여 전혀 의심하지 않았다. 1950년대로 돌아갈 수 있는 길은 없다. 하지만 우리는 그때와 마찬가지로 현재의 미국 상황을 심각하게 느껴야 한다."

지금 우리는 미국의 수도에서 살며 일한다. 우리는 이곳에서 국가가 직면한 엄청난 위기를 받아들이지 않는 정부를 직접 목격해왔다. 비록 이 책에서 현재를 바라보는 관점이 비관적이긴 하나, 미래에 대한 기대와 희망은 높다. 우리는 미국이 현재의 위기를 극복할 수 있다고 믿는다. 우리가 자랐던 미국이 바로 그러했기 때문이다.

2011년 6월 메릴랜드 베데스다에서
토머스 L. 프리드먼·마이클 만델바움

# CONTENTS

들어가는 글 · 6

## 1부 진단

### 1장  뭔가를 봤으면 말하라 · 17
미국에 관한 소문 | 좌절한 낙관론자 | 다시 중국으로 돌아가서

### 2장  문제 외면 · 33
누구 전보 쓸 수 있는 사람 없습니까? | 4대 과제 | 위기 상태

### 3장  역사 외면 · 61
번영을 위한 5개의 기둥 | 아메리칸 포뮬러를 만든 사람들 | 우리의 성공 비밀

## 2부 교육 문제

### 4장  아무도 안전하지 않다 · 89
세계화와 기술혁명의 결합 | 평평한 세계 1.0 시대 | 평평한 세계 2.0 시대 | 누구나 압박감을 느낀다 | 세인트루이스에서 뉴델리까지 | 창조자와 제공자 | 누가 내 일자리를 없앴나

### 5장  구인광고 · 132
화이트칼라 인도인 | 화이트칼라 미국인 | 그린칼라 미국인 | 블루칼라 미국인 | 칼슨의 법칙

### 6장  숙제x2=아메리칸 드림 · 159
'더 많은' 문제점 | 교사와 교장 | 콜로라도, 우리가 왔다 | 어떤 교사도 섬이 아니다 | 교육의 의미

### 7장  평균의 시대는 끝났다 · 210
세 가지 C | 좋은 소식 | 창조력 1급 위기 사태 | 아이디어랩 | 그렇구나, 다음엔 | 일자리 킬러

## 3부 수학과 물리학 전쟁

### 8장  우리가 만든 결과 · 245

## 9장 수학에 대한 전쟁 · 251

숫자로 그림을 그리다 | 예산적자 창조에 참여 | 젊은 공화당 의원들 | 이봐요, 돈 잘 쓰시는 분 | 진지함으로의 회귀

## 10장 물리학과 다른 좋은 것들에 대한 전쟁 · 288

기후변화를 믿는다면 자동차 경적을 울리십시오 | 딕 체니처럼 생각한다면 자동차 경적을 울리십시오 | 과학 그리고 정치적 과학 | 뜨겁고 평평하고 봄비는 세계, 굶주리고 목마르고 불안한 세계

# 4부 정치적 실패

## 11장 미운 두 살 · 335

2 더하기 X가 4라면 X값은 얼마인가? | 교량 | 인재 유출 | 100만 달러? 에이, 10억 달러겠지요? 아니오, 100만 달러입니다! | 규칙 | 소득 불평등 | 패배자 추적 | 크레이지 하트

## 12장 무슨 일이든 난 반대야 · 377

엄청난 괴리 | 그땐 그랬지 | 망가진 시스템 | 러슈모어 산 | 로비에서 만납시다 | 내게 돈을 보여줘 | 미디어 광기 | 캘리포니아, 우리가 왔다

## 13장 가치의 타락 · 428

제리 맥과이어 | 권위의 실추 | 군대를 향한 동경

# 5부 미국의 재발견

## 14장 그들은 그 말을 믿지 않았다 · 461

너무 놀라서 그만둘 수 없다 | 타시겠어요, 선생님? | 여자로만 구성된 미 해군 | 티치포아메리카 | 다시 텐진으로 | 버펄로 밥 | 혜택은 찬성, 지원금은 반대 | 아메리칸 드림에 대한 바람

## 15장 충격요법 · 507

왜 충격요법인가? | 새로운 길을 위한 제3의 길 | 상상하다

## 16장 미국의 재발견 · 539

감사의 글 · 553

1부

# 진단

## 1장

# 뭔가를 봤으면 말하라

 이 책은 미국에 관한 내용이다. 하지만 먼저 중국에 관한 이야기로 시작하겠다.

 2010년 9월, 톰은 중국 톈진Tianjin에서 열린 세계경제포럼World Economic Forum 하계 컨퍼런스에 참석했다. 중국판 디트로이트인 오염되고 복잡한 톈진에 도착하려면 5년 전만 해도 베이징에서 자동차로 3시간 30분을 달려야 했다. 하지만 그동안 많은 것이 달라져 있었다. 지금은 3246개의 태양전지판으로 덮인 타원형 지붕과 통유리 외벽으로 건설된 초현대적인 비행접시 모양의 베이징남부역으로 가서, 중국어 또는 영어 선택이 가능한 전자단말기에서 표를 구입한 뒤, 톈진 시내에 또 다른 현대적인 역으로 향하는 세계적 수준의 고속열차에 탑승하면 된다. 이 역은 2008년에 공사가 시작되었는데 세계에서 가장 빨리 완공되었다. 그리고 중국의 초고속열차는 115킬로미터를 29분 만에 주파한다고 한다.

컨퍼런스는 미국 몇몇 도시에나 있을 법한 웅장하고 아름답게 설계된 톈진 메이장 컨벤션 센터Tianjin Meijiang Convention and Exhibition Center에서 개최되었다. 그러나 이번 컨퍼런스 공동주최 기관은 그들의 웹사이트 www.tj-summerdavos.cn에 컨벤션 센터가 그다지 인상적이지 않은 것처럼 관련 정보와 이미지를 제공했다. 웹사이트를 살펴보니 컨벤션 센터의 총 면적은 23만 제곱미터이고, '2009년 9월 15일 착공해서 2010년 5월 완공하다'라고 나와 있었다. 톰은 그 부분을 읽다가 손가락으로 세어보기 시작했다. '어디보자, 9월, 10월, 11월, 12월, 1월……'

8개월이었다.

톰은 출장 후 메릴랜드에 있는 집으로 돌아와, 마이클과 앤에게 톈진의 복합건물과 그 건물이 얼마나 빨리 건설되었는지를 설명했다. 그때 앤이 물었다. "미안하지만, 톰. 최근에 우리 동네 전철역에 가본 적 있어요?" 우리는 모두 베데스다Bethesda에서 살았고, 워싱턴 D.C. 중심가로 출근하기 위해 종종 워싱턴 메트로 전철을 이용했다. 톰은 베데스다역에 가봤었기 때문에 앤이 무슨 말을 하려는 것인지 잘 알고 있었다. 거의 6개월 간, 짧은 에스컬레이터 2대가 계속 수리 중이었다. 수리하느라 하나를 막아놓으니 나머지 하나는 가동을 멈출 수밖에 없었고, 올라가기도 하고 내려가기도 하는 계단으로 전환되고 말았다. 이 때문에 러시아워가 되면 붐비는 사람들로 엉망진창이 되었다. 전철에서 내리거나 타려는 사람들이 서로 바짝 붙은 채 꼼짝 않는 에스컬레이터 한 대 위를 오르내려야만 했다. 어떤 경우에는 역을 빠져나오는 데에만 10분이 걸리기도 했다. 막힌 에스컬레이터 앞에는 "대형 에스컬레이터의 '현대화' 프로젝트를 위해 수리 중입니다"라는 문구가 있었다.

무슨 '현대화' 프로젝트가 이렇게도 오래 걸린단 말인가? 우리는 조사에 들어갔다. 워싱턴 광역도시권 교통국 대변인 캐시 아사토는 메릴랜드 지역 신문(2010년 10월 20일자)에서 다음과 같이 말했다. "당초 에스컬레이터 수리 기간은 6개월로 계획되었고, 현재 계획대로 진행되고 있습니다. 기계학적으로 에스컬레이터 1대당 수리 기간은 10~12주가 걸립니다."

다음의 내용을 간단히 비교해보는 것만으로 우리는 놀라웠다. 중국의 테다건설이 대형 에스컬레이터가 곳곳에 설치되어 있는 세계적 수준의 컨벤션 센터를 32주 만에 건설했다. 반면, 워싱턴 메트로는 21개짜리 계단의 작은 에스컬레이터 2대를 수리하는 데 24주가 걸린다고 떠들어댔다. 우리는 좀 더 조사를 했다. 그리고 2010년 7월 20일 워싱턴 뉴스전문라디오방송 WTOP에서 워싱턴 메트로 임시 국장 리처드 살레스가 인터뷰한 내용을 찾았다. 그는 에스컬레이터가 분명히 노후되었다면서 이렇게 말했다. "그동안 공사가 정상적으로 진행되지 않았습니다. 기간이 많이 지체됐기 때문에 서둘러야 했습니다. 지난 주 러시아워 시간대에 듀폰 서클역에 있는 에스컬레이터에서 연기가 피어오르기 시작했습니다."

2010년 11월 14일, 〈워싱턴 포스트Washington Post〉는 메릴랜드 주 킹스턴에 거주하는 마크 톰슨이 기고한 글을 실었다.

워싱턴 메트로가 현재 에스컬레이터와 엘리베이터의 원활하지 못한 시스템을 밝히기 위해 22만 5000달러가 소요되는 연구를 수행할 기관으로 VTX사를 선정했다는 흥미로운 보도에 대해 할 말이 있습니다. 저는 그 연구가 그만한 가치가 있을 거라고 믿습니다. 그러나 30년 이상

지하철을 타고 다닌 사람으로서 에스컬레이터 상태를 평가할 수 있는 간단한 방법이 있다는 생각이 드는군요. 지난 수십 년 동안 에스컬레이터는 아무 일 없이 잘 작동되었습니다. 그런데 몇 년 전부터 노후화되고, 부속품들이 잘 들어맞지 않는지 에스컬레이터가 돌아갈 때마다 끔찍한 소음이 발생했습니다. 저에겐 그 소리가 마치 땅속 깊은 곳 죽음의 기름 구덩이에 걸려든 티라노사우루스 렉스가 지르는 날카로운 비명처럼 들렸습니다.

우리가 찾아낸 인용문은 대부분 충격적이었지만, 메릴랜드 지역신문에서 보도한 대로 러시아워에 사람들이 길게 늘어선 이유는 끝날 것 같지 않는 지하철 공사 때문이었다. 그러나 베데스다에 거주하면서 날마다 지하철을 타고 워싱턴 도심으로 출퇴근하는 벤자민 로스는 이렇게 말했다. "저기 길게 줄 선 사람들은 이미 상황에 익숙해진 것 같다."

## | 미국에 관한 소문

**'사람들은 이미 상황에 익숙해졌다.'** 사실 이 말은 미국인들이 체념했다는 의미이다. 미국인이 체념했다는 말은 바로 오늘날 미국의 모습이 그렇다는 의미이고, 미국의 모습이 그렇다는 말은 미국의 전성시대는 지나갔고 중국의 전성시대가 다가온다는 의미이다. 저녁식사 자리든 식료품점이든 강의실이든 오늘날 미국 전역에서 사람들의 입에 오르내리는 주요 화제가 되었다. 우리는 중국에 가본 적이 없는 아이들에게서도 의심의 소리를 들었다. 2010년 9월, 톰은 캘리포니아 새너제이San Jose에서 열린 국제교육시설기획자협의회CEFPI, Council of Educational Facility Planners International에 참석했다. 프로그램 중에 '미래형 학교 설계 공모전'이 있었다. 중·고등학교 학생들에게 자신만의 이상적인 그린스쿨Green School을 설계해보라고 요청했다. 대회 마지막 날 아침, 톰은 공모전 결승 진출자들을 만나 세계 동향에 대해서 대화를 나눴다. 톰은 학생들에게 중국을 어떻게 생각하는지 물었다. 코네티컷 주 올드라임중학교에서 온 금발머리의 이사벨 포스터라는 어린 학생은 이렇게 말했다. "중국이 우리보다 열정과 의지가 더 많아 보여요." 톰은 이사벨에게 물었다. "왜 그런 생각이 들었지?" 이사벨은 정확하게 설명하지 못하겠다고 대답했다. 그때까지 이사벨은 중국을 한 번도 방문한 적이 없었다. 그러나 이사벨은 그렇게 느끼고 있었다. 이러한 생각은 사방에서 나돌고 있었다.

우리는 전미미식축구연맹NFL이 필라델피아 이글스와 미네소타 바이킹스의 경기를 폭설 때문에 이틀 미뤘다는 것을 이유로 성난 반응을 보인 펜실베이니아 주지사 에드워드 랜델Ed Rendell에게서도 미국에 대한 의구심을 들었다. NFL은 미식축구 팬들이 얼음과 눈으로 뒤덮인 도로를 운전하는 일이 없도록 하기 위해 경기를 연기했다. 그러나 랜델은 이일이 무언가 심각한 상황을 알리는 지표라고 생각했다. 즉, 미국이 점점 나약해지고 있다는 것이다. 2010년 12월 27일, 랜델은 '필라델피아 퍼내틱'이라는 스포츠 라디오 방송에서 이렇게 말했다. "그런 결정은 미식축구에 완전히 위배되는 일입니다. 우리는 겁쟁이가 되어가고 있습니다. 모든 분야에서 중국인들이 우리를 앞지르고 있습니다. 이런 폭설이 중국에서 내렸다면, 중국인들도 경기를 미뤘을 것이라고 생각하십니까?

중국인들은 경기장을 향해 걸어갔을 것입니다. 그리고 내리막길에서는 아마도 미적분을 풀었을 겁니다."

우리는 독자들이 남긴 글에서도 미국에 대한 강한 의구심을 느꼈다. 다음은 〈뉴욕타임스〉에 실린 중국에 대한 톰의 칼럼(2010년 12월 1일자)에 에릭 알이라는 사람이 남긴 댓글이다.

> 미국의 진화는 루이스Lewis와 클락Clark의 대탐험에서 시작해 만화 주인공 엘머 퍼드Elmer Fudd와 요세미티 샘Yosemite Sam으로 끝났다. 예전에 우리는 시련을 받아들였고, 고난을 인내했고, 두려움을 억눌렀고, (미지의) 황야를 향해 힘차게 전진했다. 이런 식으로 우리는 미국 본토를 연결하는 철도와 국가 고속도로 체계를 구축하기 위해 결집했으며, 괴물 같은 독재자들을 물리쳤고, 소아마비를 퇴치하고, 인간을 달에 보냈다. 지금 우리는 운전을 하면서 문자를 보내거나 화장을 하고, 독서보다는 비디오게임에 더 많은 시간을 보내고, 운동을 하겠다는 거짓 맹세를 하며, 사냥을 나쁘다고 매도하고, 비만과 당뇨병에 쉽게 굴복한다. 우리의 개척정신이 (한때) 미국을 지구상에서 가장 위대한 국가로, 사람들이 미국을 우러러보며 '예외적인' 국가라고 부르게 만들었다.

간혹 미국에 대한 의구심은 예상치 못한 곳에서 우리를 가격하기도 한다. 중국에서 돌아온 톰은 몇 주 후, 면담 차 백악관을 방문했다. 톰은 펜실베이니아 거리에 있는 대통령 비밀경호 검문소를 지난 뒤, 엑스레이 검사대에 통과시킨 가방들을 집어 들었다. 그리고 백악관 진입로로 들어가기 위해 금속으로 된 손잡이를 움켜잡았다. 그런데 손잡이가 떨어져버리고 말았다. 문 옆에 서 있던 경호원이 "가끔 그럽니다"라며 태연하게 말했지만 톰은 흔들거리는 손잡이를 구멍에 다시 꽂으려고 안간힘을 썼다.

요즘 우리는 미국을 방문한 사람들에게서 미국에 대한 의구심이 담긴 이야기를 자주 듣는다. 베데스다에 사는 한 이웃의 얘기에 따르면, 그는 지난 몇 년간 아이들을 돌봐줄 독일 출신의 젊은 여자를 몇 명 고용했는데 언제나 이들은 '워싱턴에 다람쥐가 얼마나 많은지' '어찌나 도로가 울퉁불퉁한지' 이 2가지 사항에 대해서 언급했다고 한다. 미국의 수도에 움푹 파인 도로가 있을 거라고는 믿을 수 없었기 때문일 것이다.

## | 좌절한 낙관론자

그래서 우리는 대중들 사이에 점점 퍼지는 소문들 즉, 19세기는 영국이 소유했고 20세기는 미국이 지배했으며 21세기는 반드시 중국이 최고의 자리에서 군림할 거라는 이야기, 그리고 미국인이 할 수 있는 일이란 그저 톈진이나 상하이에서 워싱턴까지 날아와 북적거리는 지하철을 타는 것밖에 없다는 이야기를 믿고 있을까?

아니, 우리는 믿지 않는다. 그리고 우리는 왜 미국인이 노소를 막론하고 위와 같은 견해를 받아들여서는 안 되는지 그 이유를 설명하고자 이 책을 저술했다. 우리 두 사람은 미국과 미국의 미래에 관한 한 비관론자가 아니다. 우리는 낙관론자이다. 하지만 좌절감을 느낀다. 그래서 우리는 좌절한 낙관론자이다. 이렇게 우리에게는 2가지 사고방식이 공존하는 것이다. 우리가 낙관론자인 이유는 다음과 같다. 첫째, 자유분방한 정신, 다양한 생각과 재능, 유연한 경제, 직업윤리, 혁신에 대한 열정이 있는 미국 사회가 엄청난 도전의식을 북돋는 오늘날 세계에서 번영하기에 가장 적합한 나라이기 때문이다. 둘째, 미국의 정치경제 체계가 제대로만 돌아간다면 국민의 재능과 에너지를 활용하여 국가가 직면한 위기를 극복할 수 있기 때문이다. 셋째, 그동안 미국은 중대하고 어려운 일들을 수없이 극복해왔기 때문이다. 넷째, 지금까지 미국의 국가적 수행 실적을 되돌아봤을 때 현재의 난국을 극복할 수 있다고 충분히 믿을 수 있기 때문이다.

그러나 우리는 바로 이러한 이유 때문에 좌절감도 느낀다. 미국의 미래에 대한 낙관론이나 비관론이 훌륭한 일을 해낸 우리의 능력이나 위대한 업적이 있는 미국의 역사와 상관관계가 있는 것은 아니다. 이는 과거 미국이 달성했던 위대한 일들을 다시 한 번 해내고 말겠다는 우리의 의지와 상관관계가 있다. 오늘날 많은 미국인들이 위대한 일을 하고 있지만 그 규모는 작다. 박애활동, 자원봉사, 국민발안제 등은 모두 인상적이긴 하지만 정작 미국에게 가장 필요한 것은 대규모로 실행되어야 하는 거국적 실천이다.

미국이 창조적이고 재능 넘치며 열심히 일하는 사람들의 보금자리라는 사실을 고려할 때, 우리는 결코 미국에 대해 비관론자가 될 수 없다. 그러나 미국이라는 나라는 이들에게 필요한 노동자를 양성하지도 않고, 이들이 찾는 정열적인 이민자를 받아들이지도 않으며, 이들이 요구하는 사회기반시설에 투자를 하지도, 이들이 구상하는 연구에 자금을 지원하지도 않는다. 그리고 이미 다른 경쟁국들은 구축해놓은 효과적인 조세법과 각종 우대조치들을 아직까지도 확립하지 못했다. 우리는 이렇게 생각하는 사람들이 많다는 사실을 깨달을 때마다 좌절감을 느낄 수밖에 없다.

이러한 이유 때문에 이번 장의 제목이 '뭔가를 봤으면 말하라'이다. 이 말은 미국 국토안보부에서 만든 슬로건으로 공항과 기차역 등 미국 전역에서 끊임없이 울려 퍼지고 있다. 여태껏 우리는 무언가를 듣거나 보았다. 수백만 미국인들도 그랬다. 우리가 봤던 것은 계단 아래 놓인 수상한 가방이 아니었다. 우리가 봤던 것은 빤히 잘 보이는 곳에 숨어 있었다. 우리는 미국의 국가안보와 안녕에 알카에다보다 훨씬 더 큰 위협을 제기하는 무언가를 봤다. 무한한 잠재력을 가진 한 나라가 점점 황폐해지고, 정치적으로 혼란스러우며, 현 상황과 미래에 대해 불안해하는 모습을 목격하고 있다.

이 책은 무언가를 말하기 위해 우리가 선택한 방법이다. 이 책을 통해서 무엇이 잘못됐고, 잘못된 이유가 무엇인지, 그것을 바로잡기 위해 우리가 할 수 있는 일과 해야만 하는 일이 무엇인지 말하고자 한다.

그런데 왜 지금 말해야 하는가? 그리고 왜 이렇게도 절박한가?

"왜 지금 말해야 하는가?"에 대한 대답은 간단하다. 현재 미국은 우리가 미국의 쇠퇴를 모른 척 하거나 부정할 수 있을 정도로 아주 천천히 쇠락하고 있기 때문이다. 티모시 슈라이버Timothy Shriver는 평화봉사단 창설자인 사전트 슈라이버Sargent Shriver의 아들이자 존 F. 케네디의 조카로 현재 스페셜올림픽기구 회장이다. 언제나 낙관론자인 그에게 우리가 저술한 책에 대해서 이야기하자 그는 이렇게 대답했다. "우리는 매년 조금씩 쇠퇴하고 있고 오늘날 정치적 혼란이나 사회적 문제, 경기침체와 같은 통제불능의 상태를 대수롭지 않게 여기고 있다. 우리는 매일 길을 잃고 비틀거리지만 아무도 '그만 멈춰!'라고 말하지 않는다." 그리고 그는 미국인 대부분이 "위대한 이상과 성과가 있는 국가를 간절히 바라고 있지만, 그러한 바람을 실현하기 위해 대가를 치르고자 하는 사람은 없는 것 같다"고 덧붙였다. GE General Electric 회장 제프리 이멜트 Jeffrey Immelt 는 이렇게 지적했다. "현재 미국에 살고 있는 우리에게 없는 것은 다 함께 힘을 모아 중대하고 어려운 문제를 해결하면서 얻게 되는 자신감입니다." 우리가 다 함께 힘을 모아 중대하고 어려운 문제를 해결했던 시절은 이제 너무나 오래전 일이 되어버렸다.

우리는 이렇게 느린 쇠퇴가 일어난 배경에 4가지 주요 원인이 있다고 논의할 것이다. 첫째, 냉전이 종식된 이후부터 우리, 특히 미국의 정치 지도자들은 공공정책에 결정적인 영향을 미치는 2가지 질문을 중단했다. 즉, "지금 우리는 어떤 세상에 살고 있는가?"와 "이러한 세상에서 번영하기 위해 우리가 해야 할 일은 무엇인가?"라는 질문을 던지며 하루를 시작하던 것을 중단한 것이다. 미국 공군에는 존 보이드 장교가 개발한 우다 OODA 사이클이라는 전략적 대응원칙이 있다. 우다 OODA 란, '목표를 관찰하고 observe, 방향을 설정한 뒤 orient, 최선의 대응책을 결정하여 decide, 행동하라 act'는 뜻이다. 보이드는 당신이 전투기 조종사일 경우 우다사이클을 다른 누구보다도 빠른 속도로 행해야만 언제나 공중전에서 승리할 수 있다고 말한다. 오늘날 미국의 우다사이클은 너무 느리고 종종 혼란스럽기까지 하다. 현재 미국의 정치적 담론을 살펴보면 관찰, 방향 설정, 의사 결정, 행동이라는 측면은 전혀 찾아볼 수 없다. 잦은 고성, 자기주장 옹호, 편 가르기, 결정의 회피만 있다. 급변하는 현실을 감안하면 변화를 관찰하고 방향을 설정한 뒤 의사를 결정하여 행동에 착수하는 국가의 속도가 다른 무엇보다도 중요하다.

둘째, 미국은 한 국가로서 지난 20년 동안 교육, 적자와 부채, 에너지와 기후변화 등 우리가 당면하고 있는 최대 현안들을 풀지 못하고 있다. 또한 오늘날 이러한 문제들은 외면할 수 없을 정도로 악화되어 공동의 실천과 희생 없이는 효과적으로 해결할 수 없는 지경에 이르렀다. 셋째, 설상가상으로 미국의 위대함에 바탕이 되어왔던 전통적인 아메리칸 포뮬러, 더 거슬러 올라가 미국 건립 초기 때의 포뮬러에 더 이상 투자하지 않고 있다. 넷째, 우리는 그동안 스스로의 문제점을 바로잡거나 미국의 강건함을 회복할 수 있는 능력을 상실해버렸다. 미국의 정치체계가 마비되었고, 가치체계는 심각하게 훼손되었기 때문이다. 하지만 낙관론자인 우리는 이러한 문제를 극복할 수 있는 우리만의 전략을 제안하려 한다.

"왜 이렇게도 절박한가?"에 대한 대답 역시 간단하다. 이러한 절박감은 우리가 예산적자를 통제할 수 있고, 어려운 과제들을 최소한 관리라도 할 수 있을 것처럼 여겼던 20년 전과는 달리, 지금의 미국은 그러한 자원을 갖고 있지 않다. 그리고 주어진 시간도 이미 모두 허비해버렸다. 특히 지난 10년 동안 미국은 테러리즘과 싸우고 감세와 저금리 금융을 마음껏 누리느라 시간과 에너지, 다음 세대를 위한 자금까지 낭비했다. 때문에 현재 비축해놓은 것이 없다. 우리는 지금 연료가 거의 바닥을 드러낸 채 범퍼와 스페어타이어도 없이 굴러가는 자동차를 운전하고 있는 셈이다. 현재의 미국은 시장이나 자연에 갑작스런 변고가 발생하여 잘못된 방향으로 흘러갈 경우, 최악의 결과로부터 스스로를 막아줄 수 있는 자원이 없다. 윈스턴 처칠Winston Churchill은 이렇게 말하곤 했다. "미국은 항상 옳은 일만 한다. 그러나 다른 모든 대안을 시도해본 후에야 그렇게 한다." 더 이상 미국은 제대로 된 대안 말고 다른 대안을 시도해볼 만한 시간이 없다.

또한 이러한 절박감은 미국의 정치체계가 제대로 작동조차 되지 않고 있다는 사실에서 비롯된다. 미국의 목표가 단지 국가채무와 적자문제만 해결하는 것이 되어서는 안 된다. 이는 너무나 편협한 생각이다. 미국이 당면한 문제를 해결하는 일은 정말로 필요하고 절박하며 중요한 일이지만 목표를 달성하기 위한 수단일 뿐이다. 목표는 미국이 영원히 위대한 국가로 남는 것이다. 이 말은 미국이 적자를 축소해가면서 동시에 교육, 사회기반시설, 연구, 개발에 투자를 해야 하며 재능 있는 이민자들에게 미국 사회를 더 많이 개방하고, 미국 경제에 적용되는 규제들을 바로잡아야 한다는 뜻이다. 이민, 교육, 합리적 규제는 미국의 위대함을 끌어냈던 전통적인 아메리칸 포뮬러를 구성하는 요소들이었다. 이 요소들은 앞으로의 미래에 미국인들이 그들의 잠재력을 충분히 인식하고, 지속가능한 번영을 위해 필요한 자원을 생산하며, 예전의 미국처럼 그리고 지금 세계가 요구하듯 영원한 글로벌 리더의 모습으로 미국이 남기를 기대할 수 있게 하는 가장 핵심적인 사항이다. 우리 두 사람은 단지 미국의 재무건전성 회복만을 추구하지는 않는다. 미국의 위대함이 지속되기를 바란다. 우리는 스탠드 불빛 아래 앉아 글만 쓰는 사람이 아니다. 우리는 미국의 건국이념을 추구하는 사람이다.

## | 다시 중국으로 돌아가서

미국의 위대함을 지키기 위한 최상의 대안은 중국다워지는 것이 아니다. 더욱 미국다워지는 것이 최상의 대안이다. 분명 중국은 수억 명의 국민을 빈곤에서 벗어나게 했다. 그리고 컨벤션 센터부터 고속도로, 공항, 주택 등 사회기반시설을 현대화했다. 지속적인 경제성장과 가장 모범적인 세상을 만들겠다는 의지, 그러한 의지의 실행, 일을 수행하는 규모는 정말 인상적이다.

그러나 중국은 잠재적으로 국가의 힘을 약화시키는 몇 가지 중대한 문제점이 있다. 자유의 결핍, 만연한 부패, 지독한 공해, 오랫동안 창조성을 억압해온 교육체계 등으로 여전히 고통 받고 있다. 중국의 정치적, 경제적 시스템이 미국보다 우수하지는 않다. 중국이 경제적 진보를 유지하기 위해서는 궁극적으로 미국 시스템의 특징을 받아들여야 한다. 특히 미국 성장의 발판이 되었던 정치적, 경제적 자유를 수용해야 한다고 우리는 믿고 있다. 중국은 값싼 노동력과 낮은 금리를 동원하는 능력, 다른 국가의 혁신 사례를 모방하고 따라하는 것에 의존해서는 더 이상 앞으로 나아갈 수가 없다.

그럼에도 불구하고 우리는 지금 이 순간 이류 수준에 불과한 정치 시스템에서 얻는 잠재적 이익의 90퍼센트를 중국이 누리고 있다고 믿는다. 중국은 그들의 권위주의를 최대한 활용하고 있다. 바로 여기에서 우리가 집중해서 살펴봐야 할 미국의 약점이 드러난다. 미국은 일류 수준의 시스템을 보유했지만, 그 시스템이 가진 잠재력 중 겨우 50퍼센트만 활용하고 있다. 미국은 미국이 할 수 있고, 반드시 해야만 하는 수준보다 훨씬 심각할 정도로 민주주의를 제대로 활용하지 못하고 있다.

간단히 말해, 미국의 가장 중대한 문제는 중국의 우수한 국가 경영 방식을 따라가지 못하는 것이 아니다. 미국 고유의 우수한 국가 경영 방식에서 상당히 멀리 벗어났다는 것이다. 미국의 미래는 중국 시스템의 특징을 채택하는 데 달려 있지 않다. 도덕적 권위, 진지함, 범국민적인 행동 그리고 지난 수십 년 동안 권위주의적 방식으로 중국이 창출해왔던 끈기 등이 결합된 미국만의 민주주의적 시스템을 확립하는 데 달려 있다.

우리의 관점에서 보면, 요즘 당신이 듣고 있는 미국에 관한 소문 중 미국과 중국을 비교한 모든 이야기는 절대 중국과 관련된 이야기만은 아니다. 이는 우리 미국에 관한 이야기이다. 중국은 곧 거울이다. 우리는 우리 자신과 잃어버린 자신감에 대해서 이야기하고 있었던 것이다. 현재 중국의 모습에서 한때 우리에게 있었던, 지금은 사라지고 없는 우리의 모습을 보고 있는 것이다.

오빌 셸은 뉴욕의 아시아 소사이어티Asia Society 미-중 관계 센터장이다. 그는 미국에서 가장 노련한 중국문제 전문가이다. 그도 얼마 전 톈진에서 개최된 컨퍼런스에 참석했다. 중국의 최근 경제 도약과 관련된 발표가 끝난 어느 날 오후, 톰은 그에게 미국인들이 중국의 성장을 불안해하면서도 왜 그토록 거기에 집착하는지 그 이유를 물었다.

"최근 뭔가를 이루어내기에 우리 자신이 무능하다는 사실을 깨달았고, 상당히 이상적 견지에서 중국을 동경하는 경향이 생겼기 때문입니다." 오빌 셸의 대답이다. "우리는 중국이 해내는 일과 프로젝트에서 우리에게는 없는 무언가를 보았습니다. 그것은 우리가 고속도로와 댐을 건설하고 인간을 달에 보냈을 때 가졌던 '무슨 일이 일어나도 할 수 있다는, 해내고 말겠다는 전 국민의 단합된' 자세였습니다. 이는 미국 초창기 문화의 특징이었습니다. 그러나 지금은 똑같은 에너지로 중국은 활기를 띠는 반면 미국은 정반대의 방향으로 흘러가는 모습을 지켜보고 있습니다. 중국이 필사적으로 자신을 입증해보이고 싶어 하지만, 동시대에 사는 미국은 미국의 우수성을 보여주겠다던 열망을 잃어버린 것 같습니다." 오빌 셸은 중국인들이 고무되어 있다고 말하면서 덧붙였다. "중국은 그들의 위대함을 회복하겠다는 비장한 열망을 갖고 있습니다. 이는 슬프게도 지금 미국이 가장 중요한 원동력을 잃어버리고 있다는 생각을 자주 들게 만듭니다."

우리 두 사람도 그렇게 느낀다. 그러나 우리는 오만함과 맹목적 애국주의를 발판으로 이룩한 미국의 위대함을 지키려는 정책과 실행은 옹호하지 않는다. 국가에 대한 사랑이 바탕이 되는, 미국 시민과 세계를 위해 선을 우선시 하고 최고의 미국이 될 수 있다는 강력한 신뢰를 바탕으로 수립된 정책과 실행을 옹호한다. 우리는 미국의 과거와 현재의 결점을 너무나도 잘 안다. 미국에서 정치인들이 매주 뇌물을 받고, 누군가는 저지르지도 않은 죄로 유죄선고를 받으며, 다리와 학교 건설, 선구적인 연구에 쓰여야 할 공공자금이 낭비되고, 많은 젊은이들이 학교를 중퇴하며, 젊은 여성들은 미혼모가 되고, 사람들은 부당하게 직장과 집을 잃고 있다는 사실을 잘 알고 있다. 냉소적인 사람들은 이렇게 말한다. "미국의 이상과 현실 사이의 갭gap을 보시오. 미국의 위대함에 관한 이야기는 모두 거짓이오." 정치에 관여하는 사람들은 이렇게 말한다. "갭은 무시하라. 미국은 여전히 '상당히 우수한' 나라다." 우리는 그 갭이란 것이 중요한 문제라고 생각한다. 그래서 이 책은 그 문제에 대해 상당히 많은 이야기를 할 것이다. 그러나 미국은 그러한 갭으로 정의되어서는 안 된다. 갭을 줄이기 위해 언제나 끊임없이 노력하고, 더욱 완벽한 통합을 위해 분투하는 위대한 국가로 정의되어야 한다. 현재의 갭은 미국이 해결해야 할 과제일 뿐이다.

다시 한 번 말하지만, 미국의 문제는 중국이 아니다. 미국의 해결책 역시 중국이 아니다. 미국의 문제는 우리가 무엇은 하고 무엇은 하지 않는지, 우리의 정치체계가 어떻게 기능하고 기능하지 않는지, 우리가 어떤 가치를 따르고 따르지 않는지 등 바로 우리 자신에게 있다. 해결책 역시 우리 자신에게 있다. 미국의 국민, 사회, 정부는 예전의 모습으로 돌아갈 수 있다. 이러한 이유로 현 상황에 대한 거침없는 비판과 전 국민이 함께 움직이면 달성할 수 있다는 변함없는 낙관주의를 표하는 이 책은 우리에게 경각심과 동시에 용기를 줄 것이다.

# 2장

# 문제 외면

> 가장 강한 종이 살아남는 것이 아니고, 가장 똑똑한 종이 살아남는 것도 아니다. 변화에 가장 잘 적응하는 종만이 살아남는다.
> ―진화론

> 우리는 지금 당신네 나라에 끔찍한 일을 실행하려 한다.
> 우리는 미국을 적에서 제외할 것이다.
> ―소련의 미국 전문가, 게오르기 아르바토프
> 냉전 종식에 관한 연설 중에서

이제는 모든 것이 분명해졌다. 하지만 1989년 11월 11일 베를린 장벽이 무너졌던 역사적인 날, 아무도 미국이 국가가 저지를 수 있는 가장 위험한 실수를 범하려 하고 있다는 사실을 예상하지 못했다. 우리는 상황을 잘못 판단하고 있었던 것이다. 오스카 와일드의 경고를 기억했어야 했다. "이 세상의 비극은 단 2가지이다. 하나는 원하는 것을 얻지 못하는 것이고, 다른 하나는 원하는 것을 얻는 것이다." 그 당시 미국은 두 번째 비극에 처할 상태에 있었다. 미국은 오랜 목표였던 냉전의 종식을 이뤄냈다. 그러나 냉전의 종식이 전혀 예상치 못한 시련이 있는 새로운 세계로 미국을 인도했다. 아무도 미국에게 경고를 보내지 않았다. 오스카 와일드뿐만 아니다. 냉전이 종식되기 40여 년 전 미국을 위한 정책을 제시했던 조지 캐넌George Kennan을 위시한 어느 누구도 경고하지 않았다.

1946년 2월 22일 저녁, 당시 42세로 모스크바 주재 미국대사관 정무공사였던 조지 캐넌은 8000개의 단어로 작성한 전보를 워싱턴에 있는 국무부로 보냈다. 이후, '장문의 전보문Long Telegram'으로 알려진 이 전신 보고문은 미국 역사상 가장 유명한 외교문서가 되었다. 이듬해인 1947년 7월, 〈포린 어페어즈Foreign Affairs〉에 'X'라는 익명으로 게재된 이 문서의 요약본은 아마도 미국 역사상 저널에 게재된 논문들 중 가장 영향력 있는 기사일 것이다.

캐넌의 보고문은 냉전시대 동안 미국의 외교 정책을 위한 헌장으로서 그 역할을 했기 때문에 명성을 얻을 만 했다. 그리고 이 보고문은 소비에트 연방의 군사력에 대한 억제와 공산주의 이데올로기에 대한 정치적 저항을 호소했다.

조지 캐넌의 보고문은 2차 세계대전 후 황폐해진 유럽을 지원하겠다는 마셜계획, 미국 최초의 평화적 군사 동맹이자 유럽 내 미군을 주둔시킨 북대서양조약기구, 미국의 한국전쟁과 베트남전쟁 참전, 핵무기 개발 경쟁, 쿠바를 둘러싼 핵전쟁 위험촉발 위기로 이어졌다. 또한 군사지원, 첩보활동, 홍보활동, 경제원조를 통해 미국이 세계 어느 곳에서나 정치적인 경쟁을 전개하도록 만들었다.

1989년 동유럽 공산정권들의 전복과 1991년 소비에트 연방의 붕괴로 냉전은 종식되었다. 그러나 이 보고서에는 지금의 우리가 귀를 기울여야 할 내용이 들어 있었다. '항상 경계하라! 집중하라! 당신이 살고 있는 세상은 변하고 있다. 이 세상은 당신이 생각하는 모습이 아니다. 당신이 적응해야 한다. 이 나라의 건강과 안전과 미래가 그것에 달려 있기 때문이다.'

이 메시지는 그 당시 미국 사람들에게 상당한 충격을 주었다. 조지 캐넌의 보고문에 묘사된 세상은 대부분 미국인이 생각하고 원했던 모습이 아니었다. 미국인들은 2차 세계대전이 종료되면 소비에트 연방과 긍정적인 관계를 맺고, 전쟁에서 승리하려는 전 국가적인 노력은 없어질 거라고 생각했다. 그러나 이 보고문은 미국인들의 이러한 행복한 예상이 전부 틀렸다고 밝혔다. 미국 지도자들은 캐넌의 분석을 받아들이고 그의 권고를 따랐다.

얼마 후 미국 국민들은 경계를 게을리 해서는 안 되고, 창의적이어야 하며, 단결해야 한다는 사실을 깨달았다. 미국 국민들은 그들의 최대 적수와 벌이는 지정학적 경쟁에서 패배하지 않기 위해 경제성장, 기술혁신, 사회이동social mobility을 촉진해야 한다는 것이다.

냉전에는 도를 넘는 추악함도 있었고 베트남전쟁과 피그만 침공사건 등의 실패작도 있었지만, 미국의 정치와 사회에 확실한 경계를 설정해주었다. 우리가 살고 있는 세상이 핵무기로 무장한 초강대국 간의 패권경쟁으로 규정된다는 사실을 깨닫기 위해, 철의 장막과 그 너머에 있는 악의 제국을 바라보거나 초등학교 지하실에서 핵폭탄 대비 훈련을 받아야 했다. 이러한 것들이 미국의 정책 내용을 비롯하여 미국 지도자들과 시민들로 하여금 끊임없이 경계하는 자세를 취하도록 만들었다. 우리가 언제나 세상을 정확하게 이해했던 건 아니다. 하지만 미국 영토 밖에서 벌어지는 주요 동향에 대해서는 늘 집중했었다.

미국인은 전체주의 국가가 광범위한 지역을 정복하고, 마치 암흑시대로 돌아가려는 것처럼 자유사회를 위협하는 모습을 목격했다. 미국은 이들의 정복을 좌절시키기 위해 많은 것을 희생해야 했다. 그 이후의 냉전은 자체의 고유한 형태로 모습을 갖추었다. 만일 미국이 주춤거렸다면, 우리는 공산주의가 압도하는 위태로운 상황에 처했을 것이다. 만일 미국이 공격적이었다면, 우리는 핵전쟁의 위기에 처했을 것이다. 이러한 모든 점을 감안해서 보면, 그때는 심각했지만 냉정하게 상황에 대처했던 시대였다.

## | 누구 전보 쓸 수 있는 사람 없습니까?

그러다가 베를린 장벽이 무너졌다. 그리고 봄에 꽃이 피듯, 미국의 미래에 대한 장밋빛 추측들이 꿈틀대기 시작했다. 당연하지 않은가? 두 세대에 걸쳐 팽배했던 지구적 갈등이 해소되었고, 미국이 직면했던 가장 위협적인 상황, 즉 소비에트 연방과 공산주의로부터의 경제적, 정치적, 군사적 위협에서 벗어날 수 있었기 때문이다. 비록 공식적인 기념행사나 2차 세계대전이 끝났을 때처럼 미국으로 돌아온 군인들을 갈채하며 색종이를 뿌리는 환희에 넘친 퍼레이드는 없었지만, 미국은 미국과 동맹국들의 대단한 군사적 승리처럼 느꼈다. 어떤 면에서는 실제로 그랬다. 20세기 두 차례 대전 후의 독일이 그랬던 것처럼, 패전국인 소비에트 연방은 영토를 포기하고 전승국들의 정치체제와 부합되도록 그들의 통치체제를 바꾸었다. 미국인은 예전의 공산국가가 레닌 동상을 철거하는 CNN 뉴스를 시청하면서 자연스럽게 긴장이 풀렸고, 덜 진지해졌고, 범국민적인 행동과 긴박감을 요구하던 상황이 이제는 지나갔다고 생각했다.

미국은 그때 또 다른 장문의 전보문을 작성했어야 했다. 냉전의 종식은 분명 승리로 끝났지만 새로운 위기가 미국에게 다가오고 있었다. 그러나 당시에는 아무도 그것을 몰랐다.

미국은 공산주의를 무너뜨리면서 20억 이상의 사람들이 미국인들처럼 살 수 있도록 길을 열었다. 20억 이상의 사람들이 그들만의 아메리칸 드림을 갖도록, 자본주의를 실천하도록, 미국인들처럼 살 수 있는 열망을 갖도록 길을 열었다. 나머지 사람들은 냉전에서 승리한 국가를 바라보며 이렇게 말했다. "저들처럼 살고 싶다." 이런 점에서 지금 우리가 살고 있는 세계는 바로 미국이 만들어낸 세계이다.

공산주의의 종말은 세계화를 가속화하면서 경제적 경쟁의 장벽을 제거했다. 세계화는 국제적 안정과 글로벌 성장에 긍정적인 효과를 미쳤다. 그러나 '새로운 미국인'이 너무나 많이 생기면서 미국 땅에 살고 있는 미국인들은 자본과 직장을 놓고 이들과 경쟁을 하게 되었다. 이 상황을 경제적 측면에서 보면, 미국인들이 훨씬 빨리 달려야 한다는 것이다. 즉, 현재 위치라도 유지하려면 더 열심히 일해야 한다는 뜻이다. 냉전이 끝났을 때 미국은 국내대회에서 해마다 우승을 거머쥔 크로스컨트리 선수와 유사했다. 심사위원은 이 선수에게 트로피를 건네며 이렇게 말했다. "축하합니다. 더 이상 당신은 국내 대회에서 경쟁할 필요가 없습니다. 앞으로는 세계 최고의 국가들과 경쟁하는 올림픽에 출전해야 할 것입니다. 날마다, 영원히 말이지요."

미국은 앞으로 벌어질 일을 제대로 파악하지 못했기 때문에 적절히 대응하지 못했다. 더 열심히 공부하고, 더 많이 저축하고, 사회기반시설을 다시 만들고, 외국인들에게 미국을 더 개방하고 매력적인 곳으로 만들었다. 대신 미국은 편히 쉬고, 투자를 늘리지 않고, 현재 상황에 안주했다. 주된 경쟁 상대가 없어지는 것은 문제가 될 수 있다. 보스턴 레드삭스가 없다면 뉴욕 양키스는 어떻게 되겠는가? 오번대학이 없다면 앨라배마대학은 어떻게 되겠는가? 서구사회가 냉전에서 승리했을 때, 미국은 끊임없이 긴장시키고, 집중하게 만들고, 국가건설에 대한 진지함을 잃지 않게 만들었던 라이벌을 잃어버렸다. 왜냐하면 전 세계에 공산주의를 대체하는 체제를 제공하는 것이 미국의 냉전 전략에 가장 중요했기 때문이다.

그보다 10년 전부터 중국 해안지역과 인도, 브라질에서는 동시에 경제적 장벽이 무너지고 있었다. 중국인들은 '국민은 일하는 척하고 정부는 대가를 주는 척하는' 과거 소비에트 연방의 인민들이 아니었다. 아니, 중국은 미국과 똑같은 모습이었다. 그들에게는 강력한 직업의식과 빈곤에서 탈출하겠다는 간절한 열망이 있었다. 마치 50년 동안 흔든 샴페인 병을 이제 따려는 듯이 말이다. 당신은 그런 식으로 샴페인 병이 열리기를 원치 않았다. 게다가 냉전의 종식과 병행하여 과학기술이 글로벌 경제의 경쟁무대를 평평하게 만들었다. 그러면서 미국을 비롯한 선진국 사람들에게 유리한 점은 축소되는 반면, 개발도상국 사람들은 더 많은 힘을 갖게 되었다.

세계가 변하는 속도는 과거 어느 때보다 빨라졌다. 미국의 새로운 경쟁자들이 대부분 저임금의 미숙련 노동자였다. 하지만 처음으로 아시아 지역에서 저임금이지만 숙련된 노동자들의 숫자가 증가하고 있다는 사실을 인식하는 데는 상당한 시간이 걸렸다. 미국은 저임금 노동에 대해서는 잘 알고 있었다. 그러나 대규모의 저임금으로도 활용할 수 있는 천재들과는 결코 상대할 수 없었다. 오랫동안 미국의 기준은 언제나 유럽이었다. 우리가 살고 있었던 새로운 세계에 대한 이해와 적응의 실패는 미국으로 하여금 엄청나게 값비싼 대가를 치르게 했다.

분명히 말하면, 냉전 후 20년 동안은 일부 미국인들과 미국 경제의 특정부문에는 대단히 생산적인 기간이었다. 정보 기술 분야에서 혁명이 일어난 시대로 미국에서 시작한 정보기술혁명이 전 세계로 퍼져나갔다. 그 결과 일부 미국인들은 부호가 되었고, 모든 미국인들이 이전보다 정보와 오락, 상대방, 그리고 세상 사람들과 훨씬 가까워지게 되었다. 이는 정말로 혁명적이었다. 그러나 그것이 미국인들에게는 가공할 만한 위기로 다가왔고, 미국은 한 국가로서 위기에 효과적으로 대처하지 못했다. 실패의 근본 이유는 미국인의 오만함에 있었다.

"전적으로 건방짐과 안일함의 치명적인 조합이었습니다." 교육부 장관 아른 던컨Arne Duncan은 우리에게 이렇게 말했다. "우리가 세상의 왕이었습니다. 우리는 방향을 잃어버렸습니다. 이미 성취한 것에 안주만 하고 있었습니다. 우리는 어제의 일과 과거의 삶에 대해서만 말해왔습니다. 무기력한 상태로 사람들의 평판에만 의존했습니다. 우리는 마흔두 살을 먹고도 여전히 고등학교 시절에 얼마나 멋진 미식축구 선수였는지를 자랑하는 사람 같습니다."

21세기 미국에서 도로가 파이고, 손잡이가 헐거워지고, 에스컬레이터

공사가 오래 걸리는 이유는 바로 현 상태에 만족하는 안일함 때문이다. 유감스럽게도, 사회기반시설과 관련된 미국의 난국은 우리가 직면한 문제들 중 가장 대수롭지 않은 것이다.

## | 4대 과제

우리가 이 책에서 중점적으로 논의할 사항이 미국의 이러한 현실이다. 사실, 냉전의 종식은 4대 과제가 부각되는 새로운 시대로 미국을 이끌었다. 4대 과제란, 세계화에 어떻게 순응해야 하는지, IT혁명에 어떻게 적응해야 하는지, 모든 단계의 정부에 대해 계속 증대되는 수요로 치솟는 막대한 예산적자 문제를 어떻게 해결해야 하는지, 늘어나는 에너지 소비와 커져만 가는 기후위기를 어떻게 관리해야 하는지를 말한다. 4대 과제를 어떻게 해결하느냐에 따라 미국의 미래가 결정될 것이다.

세계화의 본질은 노동, 재화, 서비스, 자본이 국경을 초월하여 자유롭게 이동하는 것이다. 세계화는 자유시장경제에 따른 서구사회의 놀라운 경제성장과 국가 간 활발한 교역 및 투자로 급격히 확대됐다. 다른 나라들은 이들의 성공을 바라보며 서구의 방식을 따르기로 결정했다. 중국, 동아시아 및 동남아시아의 여러 나라들, 인도, 라틴아메리카, 과거 공산국가였던 유럽의 여러 나라들도 모두 세계화된 경제로 진입했다. 미국인들은 더욱 진전된 형태의 세계화가 초래할 영향들을 제대로 파악하지 못했다. 이미 알고 있다고 생각했기 때문이다.

중국에 관한 모든 이야기는 불혹을 넘긴 미국인들에게 데자뷰를 불러일으킨다. 1980년대 미국은 일본으로부터 지금과 똑같은 도전을 받았다. 그러나 미국의 지속적인 상승과 일본의 침체로 끝났다. 오늘날의 중국이 단지 거대한 일본일 뿐이라고 믿는 것은 솔깃한 일이 아닐 수 없다.

중국의 놀라운 성장은 어느 정도 세계화의 확대에 따른 결과이며, 1980년대 일본의 도전보다 훨씬 미국을 당황스럽게 만들고 있다. 일본은 디트로이트라는 한 도시와 자동차, 가전제품 산업에만 위협을 가했었다. 그러나 중국과 보다 광범위하게 진행되는 세계화는 미국의 모든 도시와 산업에 위협을 가하고 있다. 컴퓨팅, 통신, 월드와이드웹과 시장 자유화가 융합되면서 중국, 인도, 브라질, 이스라엘, 싱가포르, 베트남, 대만, 한국, 칠레, 스위스 등 수없이 많은 나라들이 미국에 도전장을 내밀고 있다. 일본은 냉전시대 동안 잠깐 휩쓸고 지나간 토네이도였다. 중국과 세계화는 냉전이 종식된 세계에 머무르면서 결코 바다로 빠져나가지 않을 최고등급인 5등급 허리케인이다.

전 MIT 총장 찰스 베스트는 70년대와 80년대를 되돌아보며 당시 미국은 일본이 제기한 엄청난 도전을 제대로 파악했었다고 설명하면서 이렇게 말했다. "우리는 게임을 뒤집기 위해 고통스러운 과정을 겪었습니다. 우리는 분석했고, 변신했고, 인내했고, 더욱 강인한 모습을 드러냈습니다. 결국 우리는 해냈습니다. 그런데 그 당시 승리를 이루어낸 '우리'란 미국의 산업을 뜻합니다." 하지만 지금은 훨씬 더 종합적인 무언가가 필요하다.

다시 찰스 베스트의 말이다. "이번에는 대중들의 자각, 정치적 의지의 확립, 우선순위의 재조정, 미래를 위한 희생, 그리고 정부와 기업, 국민의 단결이 필요합니다. 진실만 말하기, 합리적 투자, 시민의식의 부활,

정치인과 기업 리더들에 의한 우리들의 비열한 본능에의 영합을 단절시키는 것이 필요합니다. 우리가 해결해야 할 가장 중요한 분야는 엔지니어링, 교육, 과학, 기술입니다. 지금은 지식기반시대이기 때문입니다. 미국은 낮은 임금, 지리적 고립, 군사력을 기반으로 해서는 번영할 수 없습니다. 미국은 브레인파워brain power 즉, 제대로 준비하고 제대로 적용하는 브레인파워를 통해서만 번영할 수 있습니다."

세계화가 모든 미국인들의 직업을 사실상 위협하고 있다면, IT혁명은 컴퓨터, 휴대폰, 인터넷, 소셜미디어 등의 확산으로 직업 구조를 변화시켰다. 과거 어느 때보다 빠르게 과거의 직업은 사라지고 완전히 새로운 분야의 직업이 생겨나고 있다. 게다가, 대부분의 업무에서 복합적이고 비판적인 사고력이 요구된다. 때문에 미국인들은 높은 연봉을 보장해주는 직업을 취득하고 유지하기 위해서는 예전보다 더 나은 교육을 받아야만 한다. 고등학교를 졸업하고 바로 취업을 해도 중산층 생활이 가능했던 시절은 이미 오래전에 사라졌다. 미국에서 가장 인기 있는 두 시트콤에서 그려내던 1950년대 재키 글리슨이 버스 운전사로 출연한 '허니무너스The Honeymooners'와 1970년대 캐롤 오코너가 뉴욕 퀸즈에 사는 활달한 아키 번커 역으로 나왔던 '올 인 더 패밀리All in the Family'에서의 시절이 없는 것이다. 마찬가지로 대학을 졸업하고 똑같은 직업과 똑같은 기술을 가지고 40년간 일한 뒤 안락한 은퇴생활을 하던 시절도 사라졌다. IT혁명은 미국인들의 분석적이고 창의적인 역량을 증대시키기 위해 미국의 교육에 대해 중대한 도전을 제기한다. 이는 밭을 가는 말農馬에서 트랙터로, 돛단배에서 증기선으로의 변화를 창출했을 때와 못지않은 심오한 문제이다.

미국의 미래를 위해 해결해야 할 세 번째 과제는 해마다 늘어나는 국가 부채와 재정적자이다. 저축을 하지 않는 미국인들의 습관과 연방정부의 지출을 충당하기 위해 세금으로 충분한 자금을 조달하지 않고 돈을 빌리는 것이 습관이 되면서 냉전이후 미국의 재무건전성은 위험한 수준으로 확대됐다. 미국 정부는 미국 경제에 대한 신뢰와 미국이 세계경제의 패권을 장악했던 시절까지 거슬러 올라가는 달러화의 특수한 국제적 위상 덕택에 수조 달러를 차입할 수 있었다. 그리고 그 중 상당 부분을 중국과 다른 여러 나라들로부터 빌렸다.

실제로 미국은 미국판 석유자산을 갖고 있다. 바로 달러자산이다. 2차 세계대전 이후 달러가 사실상의 국제통화가 되었기 때문에 미국은 다른 어떤 나라도 할 수 없을 정도로 돈을 찍어내고 채권을 발행했다. 일반적으로 석유자산으로 부유해진 나라들은 국가재정을 방만하게 운영하는데, 달러로 표시된 자산을 마음대로 찍어낼 수 있었던 나라 역시 똑같은 덫에 걸려들고 말았다. 아니나 다를까, 냉전 종식 이후 특히 2001년 이래로 미국은 역사상 그 어느 때보다 재정운용원칙을 훼손시켰다. 그리고 시기적으로도 아주 좋지 않은 때이다. 즉, 베이비부머 세대가 은퇴를 목전에 두고 있고, 이들에게 약속된 사회보장과 공공의료보험 medicare을 위해 자금을 투입해야 하는 바로 그때였다.

누적되는 연간 적자는 고스란히 국가부채이다. 일반적으로 알려진 엄청난 숫자의 부채는 사실 미국 납세자들이 책임져야 할 금액보다 축소된 것이다. 이 숫자에는 주나 시 정부들의 막대한 부채들, 사실상 상환이 불가능한 채무들은 포함되지 않았다. 한 평가에 따르면 주 정부들은 지급자금이 준비되지 않은 3조 달러에 이르는 연금채무를 안고 있다. 특히 뉴욕, 일리노이, 캘리포니아 주가 향후에 지급해야 할 채무와 이들 주정부가 거두어들일 수 있을 것으로 예상되는 세금 간의 갭은 사실 아주 크다.

  2008년 5월 파산을 선언한 미국 캘리포니아 주 발레이오Vallejo 시는 인구 11만 7000명의 도시로, 시 예산의 80퍼센트를 노동조합원들인 경찰, 소방관 및 기타 공공안전에 종사하는 공무원들에 대한 급여와 복리후생비로 지출하고 있었다. 2010년 캘리포니아 주 트레이시Tracy 시가 앞으로 911긴급서비스 이용에 대해 가구당 연 48달러, 저소득 가구에 대해서는 36달러의 돈을 받겠다고 발표했다. 이는 뉴스거리가 되었다. 가정에서 911을 호출해서 긴급구조원이 의학적 처치를 할 경우, 비용은 자동으로 300달러까지 올라간다. 연방정부는 이러한 의무들 중 일부를 부담해달라는 요청을 틀림없이 받게 될 것이다. 연방정부는 사실상 파산 상태인 민간연금기금들 중 일부에 대해 구제조치를 취해달라는 압력도 받게 될 것이다. 대다수 예측들은 미국이 예산적자를 융통하기 위해 차입한 금액에 대해 비교적 낮은 이자비용을 부담할 것이라는 가정에 바탕을 두고 있다. 그러나 미국 정부의 신용도에 대한 우려는 재무부가 발행하는 채권에 대해 충분한 숫자의 구매자를 확보하기 위해 제시해야만 하는 이자율을 상승시킬 수도 있다. 이 경우 미래의 이자율이 얼마나 높게 형성되는가에 따라 총채무는 엄청나게 증가될 수도 있다. 한마디로 미국의 전반적인 재정 상태는 우리가 생각하는 것보다 훨씬 더 심각하다. '미국의 공공채무 잔액'을 추적하는 웹사이트가 있다. 거기에는 2011년 6월 15일 현재 미국의 국가채무가 14조 3445억 6663만 6826달러 26센트였다(아마도 26센트는 중국이 탕감해줄 것이라 생각한다).

네 번째 과제는 지구 생물권에 대한 화석연료의 위협이다. 에너지 소비 급증에 따른 직접적 결과이다. 이는 결국 세계화와 (특히 아시아에서의) 자유시장경제 채택을 통해 달성된 성장의 직접적 결과이기도 하다. 만일 우리가 이 모든 '새로운 미국인들' 미래에 힘이 될 수 있는 풍부하고, 값싸고, 청정하고, 믿을 수 있는 새로운 에너지원을 찾지 못한다면 우리는 앨 고어의 예상보다 훨씬 더 빨리 지구가 불타고, 메마르고, 가열되고, 연기로 가득 차게 되는 위험을 떠안게 된다.

그러나 이 말은 이러한 에너지를 공급할 수 있는 기술이 새로운 글로벌 산업이 될 것임을 의미한다. 에너지 기술, 즉 ET는 새로운 IT가 될 것이다. 우수한 ET산업을 갖는 국가는 에너지안전을 보장받게 될 것이다. 국가안보도 강화되고, 글로벌 환경보전에도 기여하게 될 것이다. 또한 이들 국가는 창의적인 기업들의 요람이 될 것이다. 기업들은 보다 뛰어난 재료와 소프트웨어, 디자인을 개발하지 않고서는 보다 환경친화적인 제품들을 생산해낼 수 없기 때문이다. 차세대 글로벌 산업에서 주도적 역할을 갖지 못하면서 미국이 어떻게 더욱 높아지는 삶의 수준을 유지할 수 있을 것인지는 상상하기조차 어려운 일이다.

이상 4대 과제의 공통점은 공동의 대응이 필요하다는 것이다. 너무나 거대한 과제이기 때문에 어느 한 정당이나 특정 집단이 해결할 수는 없다. 각각의 과제는 범국가적 차원의 과제이다. 국민 전체가 움직일 때 비로소 해결할 수 있기 때문이다. 물론 개별 과제에 대한 성공적인 대응은 의무를 다하는 개인들에게 달려 있다. 노동자들은 보수가 좋은 직장을 구하기 위해서 기술을 갖추어야 하고, 기업인들은 좋은 일자리를 만들어야 한다. 미국인들은 소비를 줄이고 저축을 늘려야 하며, 세금을 더 많이 내야 한다. 개인, 기업, 산업체들은 화석연료 사용을 줄여야 한다. 각 상황에 맞는 적절한 개인의 행동을 끌어내기 위해서는 인센티브와 법규, 위의 사항들을 장려하는 제도를 구축해야 한다. 이를 갖추는 일은 공동의 과제가 될 수밖에 없다.

4대 과제는 전 국민이 함께 헤쳐나가야 할 도전이다. 과제를 해결하기 위해서는 노력과 희생이 필요하고, 이 문제를 국가 간 경쟁이나 갈등의 관점에서 논의하는 것은 당연한 일이다. 전 세계가 주목하는 국제적인 차원의 문제이기 때문이다. 장문의 전보문에서 조지 캐넌이 판단했던 과제는 사실상 일종의 전쟁이었다. 오늘날 미국이 직면한 4대 과제는 이와는 다른 틀에서 해석되어야 한다. 우리는 자연세계에서 변화의 위대한 엔진인 '진화'가 적합한 틀이라고 생각한다. 진화의 원동력은 적응이다. 조지 캐넌이 새로운 적들에게 대비할 것을 촉구했다면, 우리는 미국인들이 새로운 환경에 적응할 것을 요청한다.

수억 년에 걸쳐 인간을 포함한 수많은 종(種)들은 각자의 생물학적 특성을 환경에 적응시키며 생존해왔다. 즉, 환경의 적응이 성공적인 번식과 유전자 보전을 가능하게 한 것이다. 회색 왜가리는 흰색 왜가리보다 훨씬 쉽게 천적을 속일 수 있다. 따라서 흰색 왜가리는 줄어드는 반면 회색 왜가리는 생존과 번식을 거듭한다. 결국 모든 왜가리는 회색이 될 것이다. '적자생존'이라는 표현은 가장 잘 적응하는 집단만이 살아남는다는 의미로 진화의 개념을 설명할 때 자주 사용된다.

적응은 환경이 변할 때 특히 중요하다. 새들은 이전 서식지에서 멀리 떨어진 섬까지 날아간다. 이 새들의 생존은 새 서식지에서 얼마나 잘 적응하는가에 달려 있고, 전체 종의 생존은 얼마나 성공적으로 번식해서 다음 세대들로까지 이어지는가에 달려 있다.

과학자들은 6500만 년 전 커다란 운석이나 여러 개의 운석이 지구에 충돌하여 거대한 폭발이 일어났고, 지구가 먼지 구름으로 뒤덮였었다고 믿는다. 그 결과, 당시 지구를 지배했던 생물체인 공룡을 포함하여 모든 종의 4분의 3이 멸종했다.

냉전의 종식과 그에 뒤따른 변화는 우리의 환경을 근본적으로 바꾸어놓았다. 새로운 글로벌 환경에 적응하는 개인과 기업, 국가만이 다가올 시대에 번영을 누리게 될 것이다. 냉전의 종식은 휴식과 자축의 순간이 아니라, 미국이 발견한 새로운 세상에 적응하기 위한 공동의 노력이 필요한 순간이었다.

미국은 자신을 열대초원의 사자로 여겼다. 그래서 경쟁관계에 있는 무리의 리더를 물리치며 모두가 인정하고 모든 걸 갖고 있는 왕으로 군림했다. 그 대신 미국은 멸종한 공룡이 될 위기를 안고 있었고 지금도 안고 있다.

특정 생물들의 진화와 한 주권국가의 사회적, 경제적, 정치적 변화에 따른 영향을 비교한 내용은 몇 가지 중요한 차이가 있다. 첫째, 생물학에서는 적응이란 것이 수백 세대를 거쳐 진행된다. 하지만 우리가 말하는 적응은 몇 년 안에 이루어져야 한다. 그리고 어떤 종이 환경에 적응하고 못하고는 제어할 수 없는 유전자 조합의 결과이다. 이와는 반대로 개인, 단체, 국가는 자신의 상황을 인식하고 번영하기 위해 필요한 사항을 의도적으로 조정할 수 있다. 공룡은 멸종을 피하기 위해 아무것도 할 수 없었다. 미국은 미국이 직면한 과제를 해결할 방법을 선택할 수 있고, 그 과정에서 적절한 정책을 채택할 수도 있다.

미국이 종말을 목전에 두고 있는 건 아니다. 그러나 상당히 위험한 국면에 처해 있다.

## | 위기 상태

4대 과제의 성공적인 해결이 미국 경제의 성장속도와 형태, 성장에 따른 혜택이 얼마나 널리 적용될 수 있는지를 결정할 것이다. 역사상 대부분의 기간 동안 미국은 괄목할 만한 GDP 성장률을 매년 달성해왔다. 그 결과 대다수 미국인들의 소득은 크게 늘어났다. 그러한 경제성장은 미국의 정치, 사회생활, 세계에서 미국의 역할, 미국인들의 국민성 등 미국과 관련된 모든 것들의 바탕이 되었다. 55년 전 《풍요로운 사람들People of Plenty》을 저술한 역사학자 데이비드 포터David Potter는 풍요로움이 미국인들의 국민성을 만들었다고 주장했다. 미국의 경제성장은 열심히 일한 미국인들에게 살아가면서 형편이 조금씩이라도 나아지는 기쁨을 누리게 했다. 그리고 이들의 아이들도 그럴 것이라는 신뢰를 심어주었다. 경제성장은 미국의 모든 세대에게 기회를 만들어주었다. 시간이 흐르면서 대다수 미국인들은 어제보다 내일이 더 나을 거라고, 열심히 일한 대가가 있을 거라고, 다음 세대는 이전 세대보다 더 부유해질 거라고 기대했다. 사람들은 이러한 기대를 "아메리칸 드림"이라고 불렀다. 아메리칸 드림은 지속적이고 탄탄한 경제성장을 바탕으로 하는데, 이는 4대 과제를 해결해야 하는 국가에게 달려 있다.

사우스캐롤라이나 주 공화당 상원의원 린지 그레이엄Lindsey Graham은 이렇게 말했다. "장기적인 관점으로 생각하는 것이 어느 때보다 어려워진 시대이긴 하지만, 미국에게는 장기적 관점의 사고가 필요합니다. 나는 그것이 좀 더 어려워졌을 뿐이지 불가능해진 건 아니기를 바랍니다." 그리고 그는 덧붙였다. "아메리칸 드림이 위기 상황에 처해 있다고 생각하지 않는 사람들은 어딘가 어둡고 구석진 곳에 살고 있습니다. 티파티 운동Tea Party, 월스트리트, 노동조합, 전형적인 중산층 가정주부soccer mom 등 모두가 '내 눈 앞에서 아메리칸 드림이 사라지는 것을 원하지 않는다'고 생각했으면 합니다."

그러나 점점 더 많은 미국인들은 아메리칸 드림이 사라지고 있는 현실을 두려워하고 있다. 〈라스뮤센 리포트Rasmussen Reports〉가 발표한 여론조사(2010년 11월 19일자)에 따르면, 미국의 앞날이 밝다고 응답한 사람은 37퍼센트였다. 반면, 미국의 전성시대가 이미 지나가버렸다고 응답한 사람은 47퍼센트에 달했다. 세계화, IT, 채무, 에너지, 지구온난화를 해결하기 위한 공동의 노력이 실패한 결과가 사람들에게 비관론을 심어주며 위기를 만들어낸 것이다.

"삶에는 돈보다 중요한 것들이 많다. 그리고 이 모든 것에는 비용이 든다"는 옛말이 있다. 하버드대 경제학자 벤자민 프리드먼Benjamin M. Friedman은 2005년 그의 저서 《경제성장의 도덕적 귀결The Moral Consequences of Economic Growth》에서 경제가 성장했던 시기가 어떻게 자유와 권리가 확대되고 폭넓은 사회적 화합이 발생했던 사회적, 정치적, 종교적 관용의 시기와 일치하는지 설명했다. 이와 대조적으로 1929년 대공황 이후 미국 경제가 불황이었던 시절에는 모든 갈등이 증폭되었다. 아메리칸 드림은 강력한 접착제처럼 다양하고 경쟁심 많은, 가끔은 다루기 힘든 집단들을 지금까지 단결시켜왔다.

한때 영국 축구팀 리버풀 감독은 미국인 이외의 모든 사람들이 풋볼이라고 부르는 스포츠에 대하여 이렇게 언급했다. "어떤 사람들은 축구가 삶과 죽음의 문제라고 말합니다. 그들은 틀렸습니다. 축구는 삶과 죽음의 문제, 그 이상의 것입니다." 마찬가지로 세계화, IT, 부채, 에너지, 지구온난화 등의 문제를 성공적으로 해결하느냐 못하느냐는 단지 미국의 미래만 결정하는 것이 아니다. 미국의 미래 그 이상의 것이 달려 있다. 현재 미국은 세계 문제의 중요한 역할을 담당하고 있다. 미국에서 벌어지는 일이 다음 세대의 모든 세상 사람들에게 영향을 미칠 것이기 때문이다.

마이클은 2006년에 발표한 그의 저서 《골리앗에 대한 변호론: 21세기 세계정부로서의 미국의 역할The Case for Goliath: How America Acts as the World's Government in the Twenty-first Century》에서 이렇게 주장했다. 1945년 이후, 특히 냉전 종결 이후 미국은 일반적으로 정부가 자국민에게 제공하는 서비스를 전 세계에게 제공했다. 세계 지도자들은 이러한 사실을 공식적으로 인정하지는 않았지만 고마워하고 있다. 2차 세계대전 이후 미국은 오늘날 전 세계가 가입한 국제기구를 설립했고, 국제적 관행들의 설계자, 경찰, 은행가로서 역할을 수행해왔다. 미 달러화는 세계 기축통화로서의 위치를 유지하면서 아시아와 그 외 지역의 괄목할 만한 경제성장에 동력을 공급하는 수출시장으로서의 역할을 했다. 미국 해군은 세계 무역항로를 보호했고, 유럽과 동아시아에 주둔하여 이들 지역의 안전을 담당했다. 또한 미국의 군사력은 대부분의 글로벌 경제가 의존하고 있는 페르시아 만의 석유를 세계가 사용할 수 있도록 보장했다. 미국은 정보자산, 외교 역량, 군사력을 이용하여 핵무기 확산 등과 같이 현대 국제 정치의 가장 위험한 움직임들에 강력히 대응해왔다.

위의 사항 외에도 미국이 자유, 경제성장, 인류의 성취와 깊은 관계에 있다는 뚜렷한 증거가 있다. 가장 확실한 증거는 거대한 사회적 잠재력 social force이다. 놀라운 경제성장 실적이 뒷받침된 미국의 사례는 전 세계에 커다란 영향을 미쳤다. 물론 다른 나라들도 민주적이고, 번영하고, 강력하며, 영향력을 행사한다. 미국의 정치 및 경제 원칙들은 영국에서 비롯된 것들이다. 공산주의 붕괴 이후, 중유럽 및 동유럽 국가들은 서유럽의 자본주의와 민주주의를 보고 이를 따라야 한다는 생각에 고취되었다. 점차 번영하는 아시아 국가들은 일본으로부터 자유시장경제를 도입하여 그들만의 방식으로 만들었다.

그러나 2차 세계대전 이후 서유럽과 일본에 민주주의와 자유시장경제를 수립하고 보호해준 나라는 미국이다. 지난 100년 동안 변함없이 민주적이고, 번영하고, 강력했던, 그래서 가장 많은 영향력을 행사했던 나라도 미국이다. 전 세계에 민주주의와 자유시장경제를 전파한 미국은 그 공로를 크게 인정받아야 한다. 이러한 점에서 역시 오늘날 세계는 미국이 발견한 세계이다.

대영제국이 침체기로 접어들었을 때 미국이 개입했던 것처럼 세계정부로서 미국을 대체할 만큼 준비되어 있는 나라는 없다. 경제적으로 어려움에 빠져 있는 유럽과 아시아 지역의 우리 동맹국들은 어느 누구도 이러한 글로벌 서비스 비용을 부담하려고 하지 않는다. 그러므로 미국이 약해지면 세계는 끔찍하고 빈곤해질 것이다. 즉, 훨씬 더 위험한 상황에 처하게 될 것이다.

미국의 미래는 (그리고 미국을 포함한 세계의 미래는) 미국이 4대 과제를 어떻게 잘 해결하느냐에 달려 있다. 4대 과제는 미국에게 무척 중요한 문제이고, 미국은 세계 여러 나라들에게 중요한 존재이기 때문에 이 문제에 미국이 얼마나 공동으로 대응하느냐에 따라 나머지 세기가 달려 있다. 이러한 주장은 과장된 소리가 아니다.

미국이 4대 과제를 충분히 해결할 수 있다고 생각하는 이유가 있다. 우리의 낙관론은 위기를 극복했던 미국의 역사를 바탕으로 형성되었다. 미국은 세계에서 가장 부유하고 가장 강력한 해상권을 갖고 있었던 나라를 상대로 끈질기게 맞서면서 독립을 쟁취한 국가이다. 미국인들은 광활한 미개척 상태의 대륙에 정착하여 피로 얼룩진 남북전쟁을 겪으며 불과 몇십 년 만에 지구상에서 가장 강력한 경제대국을 건설했다. 미국의 군사력은 20세기에 발발한 1차 세계대전에서 유럽의 국면을 바꿔놓았고, 미국의 탱크, 함선, 비행기 그리고 전투력으로 무장한 미국 국인들은 독일의 패배는 물론 2차 세계대전에서 일본의 패배에도 핵심적인 역할을 했다.

윈스턴 처칠은 영국 국민들에게 다음과 같이 연설했다. "그동안 우리는 앞으로 전진하지도, 대양을 가로지르지도, 산맥을 넘지도, 대초원을 달리지도 않았다. 우리에겐 열정이 없었기 때문이다."

미국에게도 똑같이 적용되는 말이다. 미국은 위기의 시기에 직면해 있으면서도 안일한 정신으로 처신했다. 지금의 미국은 국민들에게 미래의 직장을 마련해주거나, 재정문제를 해결하거나, 위태로운 기후변화에 대비할 수 있는 훌륭한 정책도 없다. 고장 난 미국의 의지를 어떻게 설명할 것인가? 미국의 정치체계는 뒤틀려 있기 때문에 국가에게 필요한 중요하고 야심에 찬 정책을 만들어낼 수 없다. 그리고 미국인들은 지금 어떤 세계에 살고 있는지 여전히 제대로 알지 못한다. 때문에 미국을 이끄는 지도자들에게 미국이 직면한 위기를 헤쳐나가라고 요구하지도 않는다.

지금 미국은 어떤 세상에서 살고 있는가? 이 세상에서 번영하기 위해 미국이 해야 할 일은 무엇인가? 미국에는 이를 실현하기 위한 정책이 있으며 제대로 운용하고 있는가? 더 효과적인 정책을 만들기 위해서 어떻게 바로잡을 것인가?

2011년 겨울, 톰은 싱가포르를 방문하였다. 그는 싱가포르 정치가와 기업 리더들이 이러한 질문을 집요할 정도로 한다는 것을 알게 되었다. 싱가포르 경제학자 탄콩얌Tan Kong Yam은 그 이유를 정확히 설명했다. "싱가포르는 단열재가 없는 오두막에 사는 사람과 같습니다. 우리는 바람이나 온도가 바뀔 때마다 일어나는 모든 변화를 감지하고 적응해야 합니다. 하지만 미국인은 여전히 중앙난방식 벽돌집에 살고 있기 때문에 대응할 필요가 없는 겁니다."

톰은 국가의 번영을 위한 과제에 집요할 정도로 집중했던 싱가포르의 성과를 목격했다. 중산층 동네에 위치한 초등학교 5학년 과학 수업을 참관했을 때의 일이다. 5학년 아이들은 모두 각자의 이름이 새겨진 하얀색 실험복을 입고 있었다. 교실 밖에는 '범죄 현장'을 봉쇄하는 노란색 테이프가 쳐져 있었다. 학생들은 지문과 증거자료를 활용해서 DNA를 알아내는 중이었고, 과학 교사는 주니어 CSI 조사관으로 변신한 학생들을 일일이 살피며 돌아다니고 있었다. 아이들은 모두 범죄 현장에서 지문과 증거를 채취하여 분석해야 했다. 톰은 교장에게 국가교육과정의 일부인지 질문했다. 교장은 아니라고 대답했다. 교장은 이미 학교에

DNA에 관심 있는 유능한 교사가 있고, 싱가포르 정부가 바이오테크 산업 확대에 박차를 가하고 있다는 사실을 알고 있었기 때문에 학생들에게 이에 대한 경험을 제공할 수 있는 좋은 아이디어라고 말했다.

아이들 중 두 명이 톰의 지문을 채취했다. 톰은 결백했다. 하지만 그는 깊은 감명을 받았다.

실리콘밸리에 있는 혁신연구소 SRI인터내셔널의 커티스 칼슨 소장은 GM General Motors과 싱가포르 정부에 대해서 연구하고 이렇게 말했다. "GM이라는 이 거대한 기업내부로 들어가면 오늘날 미국 속에 있는 것 같습니다. 적응이 생존의 핵심이고, 가장 잘 적응하는 사람과 기업이 가장 잘 살아남게 됩니다. 당신은 세상에서 가장 거대한 기업에 있기 때문에 오만해져 있습니다. 아무도 당신에게 토요타가 가르쳐준 진리도 있다는 사실을 설득할 수 없을 정도로 말입니다. 당신은 외부가 아닌 내부에만 신경을 씁니다. 외부 상황이나 경쟁자가 하고 있는 일보다 내부정책에 집중합니다. 오만해지면 앞을 볼 수 없습니다. GM이 그랬습니다. 그리고 불행하게도 지금 미국이 그렇습니다. 당신이 처한 환경에서 벌어지는 일들을 끊임없이 관찰하지 않으면 적응할 수 없습니다. 싱가포르처럼 적응을 잘하는 나라들은 지금도 모든 상황을 살피고 있습니다."

싱가포르는 천연자원이 없다. 심지어 건설용 모래조차 수입해야 한다. 1인당 국민소득은 미국보다 조금 아래지만 전적으로 첨단 생산방식과 서비스, 수출을 바탕으로 하고 있다. 2010년 싱가포르의 경제성장률은 제약 및 의료장비 부문의 수출 주도로 14.7퍼센트를 기록했다. 미국은 싱가포르와 다르다. 때문에 싱가포르의 보다 권위주의적인 정치체계를 채택하지는 않을 것이다. 싱가포르처럼 최고위행정관료와 장관들의 연봉을 최상위 민간부문 수준에 맞출 것 같지도 않다(싱가포르 장관들의 연봉은 100만 달러로 약 11억 원이 넘는다). 연간 GDP 성장률과 연계된 보너스를 지급할 것 같지도 않다. 그러나 우리는 싱가포르의 초등교육과 경제성장, 그리고 냉전 이후의 세계에서 번영할 수 있는 요건에 집중하는 이들의 모습에서 진지함과 창의성을 배워야 한다. 칼슨은 예전에 싱가포르의 한 경제수석과 만난 이야기를 들려주었다. "그 수석은 칭찬을 받아들이지 않았습니다." 칼슨의 이야기다. "오히려 그는 '우리는 만족하지 않습니다. 우리는 절대 만족한다고 생각하지 않을 것입니다. 우리는 계속해서 개선해나아가야 합니다'라고 말했습니다. 정확히 표현하자면 '적응하지 않으면 죽는다' 말고는 다른 대안이 없다는 뜻이죠."

분명히 국가들은 경제적으로 서로 직접적인 경쟁을 하지 않는다. 싱가포르나 중국이 부유해진다고 미국이 더 가난해지는 것은 아니다. 오히려 아시아의 급격한 경제성장은 미국인들을 잘 살게 만들었다. 하지만 개인들은 좋은 직장을 잡기 위해 서로 경쟁하고, 최고의 기술을 겸비한 사람이 높은 연봉을 받는 직장을 구하게 된다. 오늘날 세계에서 점점 더 많은 사람들이 이런 식으로 미국인들과 경쟁을 하고 있다.

미국인들이 현재 직면하고 있는 문제의 중요성을 인식하지 못하는 또 다른 이유가 있다. 바로 이러한 문제들이 미국의 성공에 따른 산물이기 때문이다. 오랜 기간 미국은 세계화의 본질인 자유무역과 투자를 가장 강력하게 옹호해왔다. 세계화는 서구 자유시장경제의 놀라운 생산성과 국가 간 활발한 교역 및 투자로 확산되었다. 반면, 공산권 국가들은 부진한 경제성장률로 국민들의 신망을 잃었다. 그래서 이들 국가는 자유시장경제와 세계화를 받아들였다.

IT혁명 역시 미국에서 시작되었다. PDA, 아이패드, 아이폰, 킨들은 말할 것도 없고 트랜지스터, 통신위성, 개인용 컴퓨터, 휴대폰, 인터넷 등 모든 것들이 미국에서 개발되었다. 미국에 기반을 둔 기업들을 통해 세계시장에 선보이게 되었다. 그 결과 전보다 더 많은 사람들이 미국과 경쟁하고 각국의 정부가 구축해놓은 장벽을 극복할 수 있는 수단을 마련하게 되었다.

미국 정부는 수조 달러에 이르는 금액을 차입할 수 있었다. 미국 경제에 대한 국내외로부터의 신뢰와 미국의 글로벌 경제 패권시대로까지 거슬러 올라가는 달러화의 국제통화로서의 특별한 위상 덕택이다. 그리고 연료소비 증가와 동시에 진행된 급속한 경제성장 때문에 세계인들은 지나치게 많은 화석연료를 사용하게 되었고 이로 인해 기후 위기를 초래했다. 지난 20년 동안의 급격한 성장은 미국이 뒷받침한 세계화와 특히 아시아에서의 구미식 자유시장 경제체제 채택에 따른 것이다.

오늘날 미국이 적응해야 할 세상은 대부분 '메이드 인 아메리카'다. 미국이 바로 저작권자라는 친근함과 자부심을 주었다. 하지만 미국인들의 마음속에 안일함을 심어놓았다. 미국이 만든 세계라는 바로 그 이유 때문에 위험할 정도로 이 새로운 세계를 안일하게 생각했다.

미국이 직면한 4대 과제의 또 다른 특징은 그것들이 희생을 필요로 한다는 점이다. 이는 연방정부의 재정적자 문제를 살펴보면 분명해진다. 미국인들은 세금을 더 많이 납부하고 혜택은 덜 챙겨야 한다. 더 내고 덜 받는다는 것은 대부분 미국인들이 원하는 삶과 반대되는 내용이다. 그래서 적자가 눈덩이처럼 불어난 현실이 그렇게 놀랄 만한 일도 아니다. 마찬가지로 석탄, 석유, 천연가스의 가격이 사용량에 대한 사회적 비용을 반영할 정도로 크게 오르지 않는 이상, 미국인들은 화석연료의 사용을 줄이지도 않을 것이며 기업은 청정에너지에 투자하지 않을 것이다. 미국인들이 부담해야 할 더 많은 연료비 청구액은 궁극적으로 미국과 지구 전체가 재생 가능한 자원을 개발하도록 자극하겠지만, 미국 가계에는 단기적으로 어려움이 될 것이다. 세계화와 IT혁명의 위기에 대처하고 미국인들이 기대하는 생활수준의 지속적인 향상을 위해서는 더 많이 저축하고, 덜 소비하고, 더 오래 공부하고, 더 열심히 일해야 한다.

펜실베이니아 주 앨러게니대학의 정치과학 및 환경과학 교수 마이클 마니아테스는 "우리는 더 이상 희생할 것이냐, 희생하지 않을 것이냐고 물을 수 없다. 이미 오래전에 그 선택권을 포기했기 때문이다"라고 언급하고 이를 주제로 책을 썼다. 우리는 미국인들이 희생할 것인지 희생하지 않을 것인지 뿐만 아니라, 누가 희생에 대한 부담을 질 것인지 말 것인지도 선택할 수 없다. 현 세대가 지금의 국가 위기를 회피하면 회피할수록 희생은 오래 유예되며 부와 권력이 쇠퇴한 미국에서 살게 될 다음 세대가 지불할 비용은 증가할 것이다.

50년 전, 존 F. 케네디는 대통령 취임식에서 국민들에게 이렇게 연설했다. "국가가 여러분에게 무엇을 해줄 수 있는지 묻지 마십시오. 여러분이 국가를 위해 무엇을 할 수 있는지 자문하십시오." 이 연설은 대다수 국민들 사이에 반향을 불러일으켰다. 우리는 이들을 '위대한 세대Great Generation'라고 부른다.

그러나 지금의 위기는 지난 세기의 위기와 비교하면 영향력의 크기가 다르다. 위대한 세대가 직면했던 위기는 대공황, 독일과 일본의 파시즘, 소련의 공산주의 등 인류가 피할 수 없거나 즉시 해결하지 않으면 안 되었던 것과 관련된 문제였다. 위대한 세대가 맞서야 했던 위기는 무서웠지만 감지할 수 있었고 명백했다. 오랜 실업률, 빈곤, 사람들의 집을 빼앗는 매정한 은행가, 진주만의 일그러진 잔해, 아돌프 히틀러의 광기어린 얼굴과 듣기 싫은 목소리, 탄도 미사일을 자랑하는 모스크바 붉은 광장의 노동절 퍼레이드, 어느 날 그 미사일은 미국 연안에서 144킬로미터밖에 떨어지지 않은 쿠바에 배치되었다. 소련은 장벽을 세우는 대신 철조망을 치면서 베를린의 심장을 날카로운 칼로 도려냈고, 과거 소비에트 연방의 공산주의가 깔아놓았던 아스팔트 위를 뚫고 자유라는 이름의 몇 송이 들꽃마저 짓밟기 위해 헝가리와 체코슬로바키아를 침공했다. 미국의 위대한 세대가 이러한 위기를 외면하기란 불가능했다.

  미국 국민과 정치인들이 이러한 위기를 해결하는 전략에 모두 동의를 했든 안 했든, 미국인들은 끝없는 논쟁을 그만두고 결정을 내려야 한다는 사실을 인식했다. 그리고 위기의 존재를 부정하거나 해결 시기를 미루는 것은 상상할 수 없는 일이라고 생각했다. 대다수 미국인들은 그들이 살고 있는 세계를 잘 이해했다. 또한 통합하고 단호한 방식으로 모두가 단합해야만 위기를 극복할 수 있다는 사실도 이해하고 있었다. 위기에 맞선다는 것은 미국 국민들이 힘과 노력을 쏟아 부어야 한다는 의미였다. 그리고 정치인들은 국민에게 희생을 요구할 수밖에 없다는 의미이기도 했다. 케네디 대통령은 국민에게 "어떠한 대가든 치르며, 어떠한 부담이든 감당하고, 어떠한 역경이든 이겨내며, 동지들에겐 지지를 보내고, 적들에겐 대항하라"고 촉구했다. 미국의 모든 국민은 시간과 돈, 에너지 그리고 대부분의 경우 그들의 삶을 바쳤다. 희생은 선택이 아니었다. 미룰 수 있는 것도, 거부할 수 있는 것도, 머뭇거릴 수 있는 것도 아니었고 절망도 아니었다.

　오늘날의 4대 과제는 다르다. 세계화, IT혁명, 통제불능의 재정적자와 부채, 상승하는 에너지 수요와 기후변화 등 모든 문제는 점진적으로 일어나고 있다. 가장 큰 문제는 위기 상태가 될 때까지 인식하기 어렵다는 것이다. 4대 과제는 5등급 허리케인이나 대규모 석유유출을 제외하고 히틀러나 진주만 공격처럼 전 국민이 움직여야 할 정도로 커다란 충격을 주지 않는다. 4대 과제는 미국과 전 세계에 위협의 상징이었던 베를린 장벽을 보여주지 않는다. 중대한 지정학적 경쟁에서 미국의 실패를 선언하듯 째깍째깍 소리를 내며 지구를 돌던 스푸트니크호를 보여주지도 않는다. 우리는 석유 중독증에 걸린 미국이 매달 280억 달러(약 31조 원)를 해외로 내보낸다는 사실을 모른다. 산업혁명 이래로, 그리고 지난 20년간은 더욱 빠른 증가율로 인류가 대기권으로 배출한 이산화탄소는 볼 수도, 만질 수도, 냄새를 맡을 수도 없는 것이다.

　미국은 그동안 4대 과제를 간과해왔다. 그러나 80년 만에 최악의 경제위기가 찾아오면서 최근 몇 년 간, 미국은 혼란스러움에 정신을 차리지 못했다. 미국인들은 당연히 바로 그 순간의 경제 상황에 집착했다. 상황은 암울했다. 미국 가계는 경제위기를 거치면서 약 10조 달러를 잃었다. 1년 이상의 기간 동안 미국 경제는 마이너스 성장률을 기록했다. 실업률은 9퍼센트까지 상승했다(낙심하여 일자리를 포기한 사람들까지 포함한다면 수치는 더 올라갈 것이다).

　미국이 직면한 4대 장기 과제와 경제위기 사이에는 중요한 차이점이 있다. 2007년 후반부터 2009년까지 이어졌던 심각한 경기침체는 경제학자들이 말하는 것처럼 '주기적인 현상'이었다. 경기침체는 잠재성장률

아래로 경제성장을 둔화시킨다. 그러나 경제와 국가는 언젠가는 회복된다. 반면, 4대 과제는 미국 경제 전체의 잠재능력을 결정짓는다. 경기침체는 1주일, 1개월, 또는 1년을 무기력하게 만드는 질병과도 같다. 그보다 미국의 4대 과제는 훨씬 더 만성적인 질병에 가깝다. 결국 이것들이 인간의 수명과 삶의 질을 결정한다. 마찬가지로 어떻게 미국이 4대 과제를 해결하느냐가 앞으로 다가올 수십 년 이후 미국인들의 삶의 질을 결정할 것이다. 그리고 그것은 미국의 생각보다 더 오랜 시간 이후이다.

몇 년 전, 1908년 월드 시리즈에서 마지막으로 우승했던 시카고 컵스 야구팀 팬들은 '어떤 팀이든 힘든 세기를 보낼 수 있다'라는 문구가 새겨진 티셔츠를 입고 다녔다. 국가도 마찬가지다. 중국은 1644년부터 1980년까지 3세기를 힘들게 보냈다. 만일 미국이 현재 직면한 4대 과제를 해결하지 못한다면 힘든 21세기를 보내게 될 것이다.

좌절은 불가피한 것이 아니다. 미국이 변함없이 번영하고, 세계 속에서의 역할과 아메리칸 드림을 유지하기 위해서는 4대 과제 해결에 적합한 정책을 도입해야 한다. 이를 위해서는 2가지 전제 조건이 있다. 하나는 문제 인식이다. 분명히 미국은 이 부분에서 느리다. 나머지 하나는 어떻게 미국이 과거의 비슷한 위기를 극복하며 강해졌는지를 기억하는 것이다. 빌 게이츠는 이렇게 말했다. "다른 사람들이 모방해간 과거 우리의 장점이 뭐였지?" 바로 이 얘기가 다음 장에서 살펴볼 주제이다.

# 3장

# 역사 외면

제112회 미국 의회가 열렸던 2011년 1월 5일, 하원은 미국 헌법을 낭독하는 것으로 의회를 시작했다. 이는 2010년 선거에서 공화당 후보들을 지지하면서 공화당이 하원에서 다수를 차지할 수 있도록 도왔던 티파티에서 비롯된 아이디어였다.

  새롭게 의회 지배권을 장악한 다수당 의원들은 연방헌법에서 정한 권한을 훨씬 넘어선 연방정부의 세출권 및 일반적인 권한 모두를 제한하기 위해 그들이 의회를 장악했다는 사실을 정확히 인식시키고 싶었던 것이다. 역사가들은 1787년 헌법이 완성된 이후, 의회에서 헌법 전문이 낭독된 것은 처음이라고 말했다.

  약 225년 동안 미국 헌법은 미국의 정치 및 경제적 생명의 틀로서 기능했다. 그동안 동부 연안을 따라 작은 도시와 마을, 시골, 농장밖에 없었다.

하지만 미국은 세계에서 가장 위대한 경제대국으로 성장했다. 미국의 놀라운 역사를 되돌아봤을 때에는 미국 헌법이 공로를 인정받아만 마땅하다.

그러나 헌법에 대한 경의도 도가 지나칠 때가 있다. 사우스캐롤라이나 주 출신 보수 공화당원으로 2010년 당내 후보경선에서 티파티가 지원한 후보에게 패배하여 낙마했던 전 하원의원 밥 잉글리스Bob Inglis의 이야기다. 경선이 열리기 몇 주 전 그린빌 지역도서관 분관에서 티파티 멤버들을 상대로 연설했던 경험을 들려주었다. "프로그램이 중반 정도 진행되었을 때인가, 중년 남자 하나가 일어나더니 질문을 했습니다. 그는 자신을 야간 경비원이라고 소개했습니다. 셔츠 주머니에서 헌법 팸플릿을 꺼내들고 허공에 흔들더니 '내가 모든 판례법은 폐지하고 오직 이것(헌법)만 유효한 것으로 결정하는 투표를 하자고 한다면 당신의 의견은 예 또는 아니오 중 어느 것이오'라고 묻더군요.

나는 '아니오'라고 대답했습니다. 청중들은 야유했고 야간 경비원은 실망했다는 듯이 머리를 흔들었습니다. 나는 휴대폰을 꺼내들고 '자, 생각해 봅시다'라고 말한 뒤 설명을 시작했습니다. '헌법은 휴대폰에 대해서 아무것도 말해주지 않습니다. 그러나 이 휴대폰의 사용에 관해서는 무수히 많은 판례와 법 규정들이 있습니다. 우리가 이 모든 판례법을 폐지한다면 이 휴대폰을 사용할 수 없게 될 것입니다.' 나는 AT&T를 지역별로 분사시켰던 그린 대법관의 판결이 존재하지 않았다면 휴대폰 자체가 생겨나지 않았을 수도 있었으며 아마 우리는 아직도 엄청난 장거리 통화요금을 부담하고 있을 거라는 설명을 계속했습니다." 하지만 잉글리스는 자신의 설명이 야간 경비원에게 전혀 인상적이거나 설득력이 있지 않았다고 말했다.

 헌법 입안자들은 오랜 기간에 걸쳐 그리고 가끔은 격렬한 협상을 통해 만들어낸 이 문서가 꼭 필요하긴 하지만, 그들이 건국한 국가의 미래를 보장하기에 충분하지 않다는 사실을 스스로 잘 알고 있었다. 미국의 운명을 결정했던 것은 단지 헌법만이 아니었다. 미국은 늘 무언가에 기대왔다. 그것은 단지 하나의 문서가 아니라 미국 건국과 함께 시작되어 끊임없이 개선하며 적용해왔던 일련의 관습법들이다. 우리는 그것을 미국의 성공공식인 '아메리칸 포뮬러American Formular'라 부른다.

 우리는 이 포뮬러의 중요성이 분명하게 인식되어야 한다고 생각한다. 하지만 오늘날은 그렇지 않은 것 같다. 미국은 미국의 전통적 힘의 원천인 이 아메리칸 포뮬러를 당연히 개선해야 하는 시기에도 이를 망각하고 있었다.

 미국이 직면한 4대 과제를 해결하는 길은 아메리칸 포뮬러를 회복하고 보강하여 재투자하는 길밖에는 없다. 그러나 지난 20년 동안 아메리칸 포뮬러는 대부분의 측면에서 훼손되도록 방치되어 있었다.

 치솟는 재정적자를 해결하기 위해 미국은 앞으로 몇 년에 걸쳐 공공지출을 과감하게 줄여야 한다. 때문에 오늘날 그것은 특히나 위험하다. 이렇게 허리띠를 졸라매어야 할 시기에는 전통적이고 오랜 시간에 걸쳐 검증된 포뮬러에 대한 투자를 줄이게 될 가능성이 너무도 크다. 하지만 우리는 위험을 각오하고 해내야 한다. 아메리칸 포뮬러의 역사를 간단히 살펴보면 그 이유가 분명해질 것이다.

## 번영을 위한 5개의 기둥

'변화의 갈림길에서 승리하라'는 비즈니스 격언이 있다. 즉, 시장에서 큰 변화가 일어나 다른 기업들은 갈피를 못 잡고 있을 때, 위대한 기업들은 지각 변화를 인식하고 도약할 수 있는 비전과 유연성으로 시장을 선점하고 경쟁자와의 격차를 더 크게 벌린다는 것이다. 이들에게는 성공에 대한 포뮬러가 있다는 말이다. 국가들도 비슷한 위기에 직면한다. 만일 미국이 기업이었다면 월스트리트의 주식 애널리스트들은 미국이 놀랄 만한 실적을 갖고 있다고 말했을 것이다. 미국은 모든 역사적인 전환점에서 기술 및 사회규범이 크게 변화되는 와중에도 언제나 번영을 구가했다. 미국이 세계에서 가장 역동적인 경제와 민주주의를 구축할 수 있었던 이유는 주요한 역사적 변화가 있을 때마다 번영을 위한 미국만의 특별한 포뮬러를 적용했기 때문이었다.

아메리칸 포뮬러는 미국의 경제성장을 촉진하기 위한 민간과 공공부문의 파트너십이라는 미국만의 방식을 만들어내는 5개의 기둥으로 구성되어 있다. 첫째 기둥은 더 많은 미국인들에게 공교육을 제공하는 것이다. 미국은 기술이 발달함에 따라 조면기(繰綿機)에서부터 증기선, 일관 생산라인, 휴대용 컴퓨터, 인터넷까지 국민들이 새로운 발명을 이루어 낼 수 있도록 늘 대비했다.

둘째 기둥은 사회기반시설을 구축하고 지속적으로 현대화하는 것이다. 미국 노동자들과 기업들이 효율적으로 소통, 협력하며 그들이 창출한 재화가 필요하다. 또한 서비스를 신속하고 저렴하게 목적지까지 운반해주는 도로와 교량, 항만, 공항, 대역폭, 광케이블, 무선인터넷망 등의 사회기반시설 구축이 필요하다. 미국 정부는 1817년~1825년 사이에 완공된 이리 운하Erie Canal 건설 이래로 영리 활동의 활성화에 필요한 사회기반시설에 자금을 지원했다.

셋째 기둥은 이민자들을 위한 미국의 문을 언제나 개방하는 것이다. 비록 기술은 모자라지만 성공을 향한 높은 열망으로 미국 사회에 지속적인 활력을 준 노동자들, 미국 대학의 질을 높이고 새로운 기업을 창업한 세계 최고의 지성들 및 의학에서 제조업까지 획기적인 업적을 달성한 엔지니어들을 지속적으로 늘리는 일이 중요하다.

넷째 기둥은 기초 연구와 개발에 대한 정부의 지원이다. 이는 기초화학과 생물학, 물리학의 한계를 넓히는 인간 지식의 축적뿐만 아니라 미국 기업과 노동자들이 부유해지도록 새로운 산출물과 공정을 창출해낸다. 혁신이 과거 어느 때보다 더 큰 중요성을 갖게 된 정보시대에 미국 경제가 지속적으로 성장하기 위해서는 모든 분야에 걸친 연구가 그 어느 때보다 절실하다.

다섯째 기둥은 민간 경제활동에 대해 필요한 규정들을 갖추는 일이다. 여기에는 재무적 파탄과 환경 파괴에 대비한 안전장치뿐만 아니라 미국으로의 자본유입을 권장하고, 특허와 지적재산권을 보유한 혁신가들을 미국으로 불러 모으며(혁신가들은 이 2가지 보호장치가 그들을 보호해줄 거라는 사실을 알고 있으므로), 중소기업과 벤처자본가들의 창업을 독려하는 규정과 인센티브들이 포함된다.

미국 역사를 되돌아보면 미국인들이 자신의 에너지와 재능, 기업가적 추진력을 펼치고, 미국이 점점 강력해졌던 이유는 이 5개의 기둥 때문이었다. 지금까지 내용을 종합해보면 5개의 기둥이 미국의 번영에 필수적인 특별한 아메리칸 포뮬러를 만들었다. 그 속에서 정부는 민간부문이 도전과 혁신을 수행할 수 있도록 토대를 구축했다. 아메리칸 포뮬러는 지난 2세기 동안 미국인의 생활수준을 향상시켰다. 그리고 꿈을 꾸는 전 세계 모든 사람들에게 미국을 가장 매력적인 나라로 만들었다.

## | 아메리칸 포뮬러를 만든 사람들

약 235년 동안 미국은 대변혁을 감지할 수 있는 리더들을 양산해냈다. 이 리더들은 상황에 대한 사람들의 이해를 돕고자 위기의 틀을 세웠다. 위기를 극복하기 위해 아메리칸 포뮬러를 개선하기 위한 정책을 채택하고자 온 국민을 결집시켰다. 여기 아메리칸 포뮬러에 앞장섰던 리더들이 있다.

공공-민간 파트너십의 선구자는 미국 초대 재무장관 알렉산더 해밀턴이다. 해밀턴은 권한이 다소 제한된 강력하고 활동적인 정부의 필요성을 인식했다. 전기 작가 론 처노의 주장대로 지금 우리가 살고 있는 '교역, 산업, 주식시장, 은행들이 북적거리는 세계는 해밀턴이 구상했다." 해밀턴은 예산과 조세제도, 국채발행을 통한 자금조달, 세관, 해안경비대를 설립했다. 그는 제조업을 장려했고 공직에서 물러난 뒤에는 평화 시 미국 군사 계획을 구상했다. 미국은 2차 세계대전이 끝나고서야 이 계획을 적극적으로 수용했다. 비록 해밀턴은 자신의 계획이 구현된 것을 보지 못하고 유명을 달리했으나, 오랜 기간 진화를 거쳐 미국을 특징짓는 본질과 번영의 주도자로서의 정부의 역할, 이 모두를 규정하는 공공-민간 파트너십을 위한 다섯 포뮬러는 18세기 말 해밀턴의 구상에서 비롯된 것이다.

미국 정부는 건국 당시부터 공교육을 지원해왔다. 토머스 제퍼슨은 1826년 7월 4일 사망 전에 자신의 묘비에 3가지 업적을 새겨달라고 부탁했다. 독립선언서의 기초, 버지니아 종교자유법의 입안, 버지니아 대학 설립이 바로 그 3가지였다. 다른 주요 산업국들과는 달리, 미국 연방정부는 유치원부터 중등교육에 대한 권한을 갖고 있지 않다. 그 권한은 각 주와 지역교육구에 있고, 교육에 필요한 자금은 지방재산세와 주 세금, 연방정부 지원금이 조합된 형태로 조달된다. 이렇게 결합된 형태의 교육에 대한 정부지원이 미국 교육을 상류층의 특권에서 보편적 권리로 변화시켰다.

《교육과 과학 사이에서의 경쟁 The Race Between Education and Technology》을 저술한 하버드대 클라우디아 골딘과 로렌스 카츠는 그들의 저서에서 초등교육의 점진적인 확대, 고등교육 운동, 2년제 대학과 4년제 대학의 증가에 힘입어 '미국 각 세대의 교육 수준은 과거보다 크게 향상되었고 일반적인 성인들은 그들의 부모보다 더 오랜 기간 학교 교육을 받는다'고 언급했다. 그 결과 교육자원, 교육성취도, 경제적 결과에서 지역적·인종적 격차는 크게 축소되었다.

20세기의 여명이 밝아올 무렵, 고등학교를 졸업하는 청소년은 겨우 6퍼센트였다. 20세기가 끝나갈 무렵에는 그 수치가 85퍼센트까지 올라갔다. 20세기 초, 18~24세 미국인들 가운데 2년제 또는 4년제 대학에 입학하는 사람은 약 2퍼센트였다. 그러나 교육통계에 따르면, 20세기 말 고등학교 졸업 후 바로 대학에 가는 사람은 63퍼센트에 이른다고 한다.

골딘과 카츠는 대중교육에 대한 미국의 투자가 막대한 이익을 가져왔다고 주장한다. 즉, 소득격차를 줄이고, 미국 노동자들이 새로운 진전에 기술적으로 대응할 수 있도록 했다는 것이다.

에이브러햄 링컨은 남북전쟁 시 연방정부를 이끌었던 인물로 가장 잘 알려져 있다. 하지만 미국이 농업사회에서 산업사회로 탈바꿈하는 데 박차를 가한 중대한 법률을 통과시킨 장본인이기도 하다. 그 중 하나는 1862년에 제정된 자영농지법Homestead Act이다. 이 법은 북부 연방에 대항하지 않는 사람들에게 서부지방을 개방하여 정착을 유도했다. 두 번째는 1862년과 1864년에 제정된 태평양 철도법Pacific Railway Act이다. 이는 미국 동부와 서부를 연결하여 진정한 국가 경제의 기초를 마련하였다. 마지막으로 1862년에 제정된 모릴 법Morrill Act은 '토지불하land-grant' 대학 체제를 수립하여 조지아대학교, 캘리포니아대학교, 미네소타대학교에서 텍사스대학교에 이르는 수준 높은 교육기관들을 탄생시켰다. 각 주는 연방정부로부터 토지를 나누어 받아 대학을 설립하거나 농업, 과학, 기술 등 국가에 필요한 기능을 교육하는 직업학교를 만들었다.

1863년 3월 3일, 링컨은 정부 각 부처의 요구가 있을 때마다 언제든지 '과학이나 기술 문제에 대하여 연구, 조사하고, 실험해서 그 결과를 알려주는' 최고의 연구자를 양성하기 위한 국립과학아카데미를 설립하는 안에 서명했다. 놀랍게도 이 모든 법률들은 남북전쟁이 진행되던 시기에 제정되었다.

미국 러슈모어 산에는 아메리칸 포퓰러에 공헌한 시어도어 루스벨트 Theodore Roosevelt의 얼굴이 조각되어 있다. 그는 뉴욕시 경찰총장, 행정위원회 위원장, 뉴욕 주지사를 거치면서 기업이 번창하기 위해서는 일관

되고 투명한 규정뿐만 아니라, 규제기관의 직권 남용을 방지하고 기업에 책임을 부여해야 한다고 깨달았다. 그는 대통령으로서 경제성장의 성패가 달려 있는 자유경쟁을 촉진하기 위해 거대 독점기업과 싸움을 벌였다. 미국 기업계는 시어도어 루스벨트가 옹호했던 규칙과 법규에 대해 불만이 있었다. 그러나 그가 만들어놓은 경쟁, 투명성, 공신력은 미국의 다른 어떤 집단보다도 더 많은 혜택을 받은 기업과 투자자들을 길러냈다. 시장을 규제하고 공중의 보건과 안전을 보장하기 위해 정부가 적극적인 역할을 수행해야 한다는 그의 생각은 미개척지 보호는 물론 미국의 개혁시대Progressive Era를 여는 기초가 되었다.

루스벨트 대통령의 퇴임 바로 전해였던 1907년에는 외국에서 미국으로 이주한 사람이 128만 5347명으로 미국 역사상 최고를 기록했다. 나중에 버지니아와 매사추세츠가 된 지역에 유럽인이 정착하기 시작한 이래로, 미국은 언제나 이민자를 위한 나라였다. 19세기 초반 대부분의 이민자들은 북유럽에서 왔다. 19세기 후반과 20세기 초의 이민자들은 대부분 서유럽과 동유럽에서 왔다. 남북전쟁 이후 미국 산업이 강력해질 수 있었던 것은 이민으로 인한 급격한 인구 증가 덕분이었다. 기업가들이 설립한 공장을 채우고, 그 공장들을 돌리기 위해 석탄을 캤던 많은 사람들이 본래는 유럽인이었던 것이다.

프랭클린 D. 루스벨트Franklin D. Roosevelt의 뉴딜 정책은 댐, 제방, 도로, 공원, 공항, 발전소, 저수지, 터널, 공회당, 학교, 공공 도서관 등을 건설했다. 사회기반시설과 교육에 대한 공공투자는 대공황기와 2차 세계대전, 그리고 종전 후의 몇 년 동안 미국의 경제성장에 거대한 추진력을 제공했다. '증권법의 진실'이라고도 불리는 1933년의 증권법Securities

Act 제정과 은행시스템에 대한 새로운 규제의 부과 등을 통해서 루스벨트는 국가재정을 안정시켰다. 아마도 이 2가지 방법은 미국 자본주의의 존속에도 기여했을 것이다. 또한 1935년 노변담화(라디오를 이용하여 국민에게 직접 호소한 담화-옮긴이)에서 사회보장과 실업보험 등의 프로그램을 약속하고, 자본주의 체제의 간접적인 보호 장치인 사회안전망을 구축했다. 자유시장경제의 핵심인 경쟁은 승자뿐만 아니라 패자도 낳는다. '창조적 파괴'라는 이 과정은 말 그대로 창조적이면서도 파괴적이다. 때문에 우리는 패자를 보호하는 사회안전망 없이는 이러한 파괴를 견딜 수 없다. 만일 사회안전망이 없었다면 자본주의의 패자들은 미국을 부유하게 만든 자유시장경제 체제를 전복시키려 했을 것이다. 미국은 실업보험과 사회보장, 의료보험을 어디까지 보장해야 하는가에 대한 불가피한 논의를 시작하면서, 사회안전망이 자유시장경제의 정당성과 안정성을 보장한다는 사실을 더욱 깨닫게 되었다.

루스벨트는 1920년대에 줄어들었던 이민을 크게 확대하지는 않았다. 그러나 1930년대 중반부터 후반에 걸쳐 대부분 유대인들로 구성된 수천 명의 유럽인들이 나치 독일을 떠나 미국으로 들어왔다. 그들 중 다수는 뛰어난 과학자, 물리학자, 작가, 예술가, 음악가, 역사가 등 지식인이었다. 아인슈타인으로 대표되는 이러한 '두뇌유입' 물결이 세계의 지적 종주권을 유럽에서 미국으로 바꿔놓는 데 핵심적인 역할을 했다.

루스벨트 정부를 이어받은 헤리 트루먼 Harry Truman 대통령은 1944년에 제대군인재정착법 Servicemen's Readjustment Act을 제정했다. 이 법은 제대군인원호법 GI Bill으로도 알려져 있는데, 2차 세계대전에서 퇴역한 군인들이 사회에 정착할 수 있도록 대학 수업료를 지급하거나 직업훈련을 제공했다(1차 세계대전에서 퇴역한 군인들은 60달러가 조금 넘는 정착금과 귀향하기 위한 차표만 받았다). 미국 재향 군인국 웹사이트에는 다음의 글이 올라와 있다.

> 인력시장으로 쏟아져 나올 뻔 했던 수백만 퇴역군인들이 GI Bill의 도움으로 교육을 선택했다. 1947년 퇴역군인들의 대학 진학률은 49퍼센트였다. 1956년 7월 25일, 최초의 GI Bill이 종료될 때까지 2차 세계대전에서 퇴역한 1600만 제대군인들 중 780만 명이 교육과 직업훈련을 받았다. 또한 수백만 퇴역군인들이 GI Bill의 주택자금 융자 혜택을 누렸다. 재향군인국에서 1944년부터 1952년까지 퇴역군인들에게 지원한 주택자금 융자는 거의 240만 건에 달한다.

한편, 트루먼 대통령은 1950년에 국립과학재단을 설립했다. 연방정부는 이 기구를 통해 오랜 기간에 걸쳐 과학 연구에 수십 억 달러를 투입했다. 트루먼 정부를 이어받은 드와이트 아이젠하워Dwight Eisenhower 대통령은 입법활동보다 골프에 관심이 더 많은 퇴역장군으로 자주 풍자되곤 했다. 그러나 아이젠하워는 미국의 성장을 촉진하는 아메리칸 포뮬러에 크게 기여한 사람이다. 그는 2차 세계대전 동안 정부와 과학 분야의 협력 관계를 형성하여 세계 최초로 원자폭탄 발명에 기여했다. 1957년 소련이 세계 최초의 인공위성 스푸트니크호를 발사했을 때는 그 상황을 국민들을 각성시키는 기회로 활용했다. 오늘날 미국은 스푸트니크호가 얼마나 큰 흥분과 도전의식을 미국인들에게 불러일으켰는지, 왜 미국을 자극하여 미국의 포뮬러를 열정적으로 개선하게 했었는지 잊어버렸다.

스푸트니크호가 발사되고 얼마 후, 미 의회는 과학, 외국어, 다른 나라들의 정치, 경제, 역사에 대한 연구를 지원하는 국가방위교육법을 통과시켰다. 미 정부는 국방 연구에 대한 개선과 혁신을 위해 고등군사연구계획국을 설립했다. 그 후 이를 미국방위고등연구계획국DARPA으로 명칭을 변경했다. DARPA는 아폴로 우주비행사들을 달로 보내기 위한 새턴 5호 로켓 개발에 크게 공헌했다. 그 밖에 세계 최초의 정찰위성, 인터넷의 전신인 연구 네트워크, 오늘날 초고속집적회로에 사용되는 신소재, 컴퓨터 마우스 등을 개발했다.

아이젠하워는 독일의 자동차 전용고속도로 시스템에 깊은 인상을 받아 미국의 사회기반시설에도 기념비적인 공헌을 했다. 만일 소비에트 연방과 전쟁을 할 경우, 군사장비, 병력, 물자를 효과적으로 수송하기 위해서는 각 주를 연결하는 고속도로가 반드시 필요하다는 이유를 들어 주(州)간 고속도로 시스템 구축을 적극적으로 지지했다. 오늘날 인터넷에서는 "아이젠하워는 주간 고속도로 시스템의 아버지입니다"라는 노래를 전화기 신호음으로 다운받을 수 있다.

아이젠하워는 브레인파워를 얻기 위한 전략으로서가 아닌, 억압에서 도피한 난민에 대한 의무감으로 이민을 강력하게 지지했다. 그는 1961년 1월 12일 국정연설에서 이렇게 언급했다.

> 헝가리 공산주의자들의 독재로 3만 2000명이 넘는 희생자들이 우리 나라로 몰려 왔으며, 지금 우리는 쿠바의 억압으로부터 탈출한 난민들을 돕기 위해 노력하고 있습니다. 1953년 이후, 귀화 신청자 대기 기간은 18개월에서 45일로 감소했습니다. 행정부는 국가 이익을 보전하면서

도 이민에 대한 기존 규정을 완화시킬 수 있는 입법을 건의했습니다. 이는 미국이 자유세계의 리더로서 의무를 충분히 수행하고 억압받는 사람들에게 피난처를 제공한다는 미국의 전통을 지키기 위해서 반드시 필요합니다.

몇 년 후, 린든 존슨Lyndon Johnson 대통령이 집권하면서 그간 엄격하게 규제되어온 아시아인에 대한 이민법이 완화되었다. 그러자 이민은 더욱 확대되었다. 1965년 제정된 이민국적법Immigration and Nationality Act으로 인도 지식인들의 대규모 이민을 위한 문이 활짝 열렸다. 지금까지 인도에서 들어온 이민자는 약 300만 명으로 과학자나 의사, 학자가 대부분이다. 이로써 미국 인적자원의 질이 상당히 높아졌다. "1970년대에는 인도 공과대학IIT을 졸업한 학생 중 거의 80퍼센트가 미국에서 대학원 과정과 연구를 위해 미국을 찾았고, 그들 중 대다수는 영주권을 취득하거나 미국 시민이 되었습니다." 이들 중 한 사람이자 현재 국립과학재단 이사로 있는 수브라 수레쉬의 말이다. 상당히 많은 인도인들이 미국의 대학, 산업, 정부 연구실, 창업 기업의 리더가 되었다. 2009년에 인도공과대학을 졸업한 뒤 연구를 위해 미국을 찾는 학생은 겨우 16퍼센트에 그쳤다. "인도뿐만 아니라 다른 나라의 교육기관에서도 이러한 현상이 계속된다면 미국의 연구활동에 엄청난 충격이 있을 것입니다. MIT 대학 375명 교수진 중 40퍼센트 이상이 외국인입니다." MIT 공대 학장으로 재직한 바 있는 수레쉬 이사가 덧붙였다.

5가지 아메리칸 포뮬러 가운데 교육, 사회기반시설, 연구개발 등 3가지 포뮬러는 지금까지 납세자의 세금으로 보장되어 왔다. 4번째 포뮬러인 이민은 의회에서 통과되는 법에 따라 좌우된다. 5번째 포뮬러는 정부의 자금이 아닌 정부의 권력과 결부되는 문제이다.

경제에 대한 정부의 규제는 자유시장경제 기본 원칙과 배치될 수도 있다. 규제의 적절한 범위에 대한 논의는 사회안전망과 마찬가지로 지금도 계속되고 있다. 사회보장과 의료보험 비용이 현재의 형태로는 국가가 더 이상 부담하기 어려울 정도로 엄청나게 증가했는데, 규제 역시 미국 경제의 건전성에 도움이 되는 수준 이상을 넘어서서 너무도 복잡해졌다.

오바마 대통령은 〈월스트리트저널The wall street Journal〉(2011년 1월 18일자)에서 "일자리 창출을 억압하고 미국 경제의 경쟁력을 떨어뜨리는 전근대적인 규제 철폐에 대해서 광범위하게 검토하라"는 지시를 내렸음을 공식적으로 인정했다. 덤불처럼 얽혀 있는 미국의 기업운영 규제를 가지치기 한다는 것이 합리적이긴 하다. 그러나 정부 규제를 모두 철폐해버린다는 것은 지극히 어리석은 짓이다.

시장은 마음대로 바꿀 수 있는 야생의 정원이 아니다. 시장은 위험부담은 장려하되 모두에게 해가 되는 무모함은 방지하는 규제들을 기반으로 해야 한다. 규제는 자유시장경제의 어쩔 수 없는 특성 때문에 필요한 것이다. 경제학자들은 이를 '외부효과externalities'라고 부른다. 이 외부효과는 가격에 반영되지 않는 자유시장 활동의 비용들로서, 이에 대해서는 어느 누구도 지불하지 않기 때문에 사회전체에 피해를 줄 수 있다. 이러한 시장실패를 해결하려면 경제활동에 드는 전체비용을 어떻게든 지불하도록 정부가 개입해야만 한다. 이를 해결할 수 있는 방법이 활동에 대한 직접적 규제 또는 세금이다. 우리가 잘 알고 있는 외부효과에는 환경오염이 있다. 산업 활동으로 인한 환경오염은 우리가 마시는 물과 숨 쉬는 공기까지 오염시켰다. 정부는 환경오염으로 발생한 광범위한 문제를 인식하고, 이 문제를 처리하기 위해 연방기구를 설립했다. 리처드 닉슨 대통령 재임시절, 1970년에 설립된 환경보호국EPA이 바로 그것이다.

현명한 규제와 제도는 기업에게 종종 컨설턴트 역할을 수행하며 혁신과 투자를 촉진한다. 이를테면, 미국 정부가 에어컨의 에너지효율 기준을 높이면 미국의 모든 제조사들은 이 기준을 맞추기 위해 혁신할 수밖에 없고, 이를 충족한 기업들은 세계 어느 시장에서든 훌륭하게 경쟁할 수 있다. 반대로 기준을 낮추면 전 세계의 저비용 제조사들과의 경쟁을 피할 수 없게 된다.

동시에 규제와 규제기구들은 도전과 혁신을 촉진하는 중요한 토대를 제공한다. 1934년 미국증권거래위원회SEC가 설립됨으로써 주식시장은 더 이상 위험한 곳이 아니었다. 그러면서 뉴욕증권거래소의 중요성이 증대되었다. 1933년 은행법에 의거해 설립된 연방예금보험공사FDIC는 대규모 예금인출 사태가 벌어지는 상황을 크게 감소시켰다. 그리고 연방예금보험공사의 안정성은 세계 각국의 자본을 유치하는 데 도움이 되었다. 1994년 발효된 북미자유무역협정NAFTA은 미국, 캐나다, 멕시코 등 북미 3국간에 국경을 초월한 대규모 투자와 자유무역을 촉발시키는 규제의 틀을 구축했다.

미국의 특허법은 혁신가들의 지적재산권을 보호하고, 외국인들에게도 그들의 특허를 미국에 등록하라고 권장한다. 외국인들은 중국과는 달리 미국에서는 자신의 지적재산권이 쉽게 도용되지 않는다는 사실을 잘 알고 있다. 2010년 미국 특허청USPTO에 제출된 특허는 50만 건이 넘었고, 그 중 외국인이 제출한 특허는 수천 건에 이른다.

   미국 최초의 특허법은 조지 워싱턴 대통령에 의해 제정되었다. 지난 200년 동안 미국의 역대 대통령들은 저작권, 상표, 특허 등 모든 지적재산권에 대한 보호를 확대했다. 오늘날 미국 특허청은 과거 200년 간 '에디슨의 전기램프, 벨의 전화, 라이트 형제의 비행기, 존 디어의 철제쟁기, 화장품과 페인트를 만들기 위한 조지 워싱턴 카버의 콩기름 활용법, 에드윈 랜드의 폴라로이드 카메라' 등의 특허권을 인정했다는 사실을 자랑스러워한다. 미국의 특허 프로세스는 구축된 이래로 약 800만 건의 출원된 특허와 200만 건 이상의 상표권이 비축되어 과학기술지식의 거대한 보고가 되었다.

   미국이 창업자들의 나라가 된 이유는 과거 유럽과 달리 실패에 대한 오명이 영원히 따라붙지는 않기 때문이다. 이는 문화적인 차이일 수도 있지만 사람들이 새롭게 시작할 수 있도록 하는 규정들이 지속적인 개선을 통해 우리의 포뮬러 안에 잘 보전되어왔기 때문이다.

   이들 규제 중 하나가 파산법bankruptcy law이다. 19세기 초 미국은 기업과 개인이 파산을 선언하고 비교적 쉽게 사업을 다시 시작할 수 있도록 허용하는 법률을 제정했다. 은행이 당신의 자산을 매각하거나 당신이 구조조정을 하도록 강제할 수는 있었지만, 그런 경우에도 당신은 재기할 수 있었다. 그렇다. 당신의 신용도에 몇 년간 나쁜 기록이 남더라도 나중엔 지워졌다. 어느 누구도 파산을 권장하지는 않았다. 하지만 적어도 미국에서는 한 번의 파산이 대체로 사업가로서의 종말을 의미했던 유럽과 비교하면 오랫동안 큰 오점으로 남지는 않았다. 미국의 파산법은 처벌보다 채무자들의 갱생을 더욱 중요하게 여긴다. 오랫동안 유럽인들은 실리콘밸리의 기업들이 어떻게 그렇게 쉽게 도전하고, 실패하고, 파산을 선언하고, 다시 시작하고, 다시 실패하고, 또 다시 시작하고 그러다가 벼락부자가 되는지 이상하게 생각했다. 더 쉽게 실패하는 자가 더 쉽게 시작하는 법이다.

스탠포드대학교의 역사학자 데이비드 케네디는 이러한 모든 규제에 대해서 이렇게 말했다. "정부 규제는 국가 권력을 강화하고 개인 권한을 축소하는 것이 아니다. 오히려 국가 권력과 개인 권한 사이의 적절한 시너지 효과를 창출한다. 시장이 정부의 적절한 규칙과 규정, 인센티브로 뒷받침을 받을 때 더 많은 도전을 할 수 있는 무대가 마련된다. 미래에 대한 예측가능성은 실제로 혁신에 대한 기회와 인센티브를 더 많이 만든다."

워런 버핏, 스티브 잡스, 빌 게이츠처럼 도전 의식에 불타올랐던 사람들이 없었다면 미국의 경제는 지금과 달랐을 것이다. 그러나 미국의 독특한 공공-민간 파트너십에 있어서 공공부문의 역할이 없었다면 이들의 성공은 불가능했을 것이다.

우리가 걱정하는 바가 이것이다.

## | 우리의 성공 비밀

운전 교습을 받을 때 처음부터 구불구불한 길을 통과하는 법을 배우지는 않는다. 그러나 경제사를 공부하는 학생들은 구불구불한 길, 즉 변화가 일어나는 지점이 우리가 성장할 수 있는 시기라고 배운다. 따라서 빠른 속도로 변화가 일어날 때 국가는 직선 도로를 달릴 때보다 훨씬 명확한 판단으로 운전을 해야 한다. 미국은 냉전 종식 이후 지금까지 한 번도 경험하지 못했던 급속한 변화를 맞았다. 변화의 원인은 세계화와 IT혁명 때문이다. 우리는 변화에서 살아남아야 한다. 그러기 위해서는 과거 어느 때보다도 아메리칸 포퓰러를 개선하는 일이 절실하다. 하지만 안타깝게도 미국은 지금 반대 방향으로 가고 있다.

전 사우스캐롤라이나 주 공화당 의원 밥 잉글리스는 미국이 반대 방향으로 가고 있다는 생각에 대해서 다시 증언한다. 그는 2010년 선거기간 중 사우스캐롤라이나 심슨빌에서 개최된 의료서비스에 관한 지역주민 간담회에서 있었던 일을 생생하게 회상했다. "의료서비스에 관한 이야기를 막 하려던 참이었는데 어르신 한 분이 일어서더니 '정부가 의료보장Medicare에서 손을 떼도록 만드시오'라고 말하는 것이었습니다.

나는 '저, 선생님. 메디케어는 정부 프로그램입니다'라고 말했습니다. '압니다, 그런데 내가 돈을 내고 있습니다.' 그분이 대답하더군요. '네, 맞습니다. 메디케어 Part B를 통해서 피보험자가 25퍼센트를 납부하고 나머지 75퍼센트는 정부에서 납부합니다' 라고 내가 설명했습니다. 그러자 그분은 화가 난 것처럼 '그래요, 하지만 나는 직장에 다닐 때에도 보험료를 납부했습니다'라고 말했습니다. 그래서 나는 '네, 월급에서 메디케어 세금을 공제하는데 어르신이 1.45퍼센트를, 고용주가 1.45퍼센트를 납부했을 겁니다.' 나는 최대한 신중하려고 노력했습니다. 그분의 연세는 75세쯤으로 건강은 괜찮아보였습니다. 그래서 나는 이렇게 말했습니다. '한 가지 덧붙이자면, 병원에 한두 번만 입원하시면 직장에서 납부했던 세금 정도는 뽑아낼 수 있을 겁니다.' 그분은 화난 얼굴로 자리에 앉았습니다. 이 사람의 생각은 자신의 노력으로 얻은 것들은 모두 갖겠다는 것이었습니다. 하지만 마음속으로는 이런 생각을 했지만 혼자서 다 가질 수 없다는 현실을 알고 있었습니다. 그는 다른 사람들의 도움을 받았고 그러한 사실이 그의 정체성을 위협했던 겁니다.

그를 설득하고 선거에서 이기기 위해서는 이렇게 주장했어야 했습니다. 나는 '미국 시민이 아니면서 백악관에 불합리하게 들어와 당신의 메디케어에 손을 대고 있는 백악관의 사회주의자를 막아내겠습니다.' 만일 이렇게 주장했다면 정치 영웅이 될 수도 있었겠지만 나는 대중을 외면한 채 떠났습니다. 지금의 현실이 참담한 이유는 우리의 지도자들이 대중을 외면한 채 떠나거나 어리석음을 조장한다는 것입니다."

이러한 외면은 정부와 규제가 표준이 되어온 상황을 경멸하는 기업계에서도 발견되곤 한다. 로널드 레이건의 유명한 캠페인 문구는 누구나 기억하고 있을 것이다. "영어에서 가장 두려운 아홉 단어는 '저는 여러분을 돕고자 정부에서 나왔습니다(I'm from the government and I'm here to help)'입니다." 물론 모든 미국 기업인은 더 낮은 세금과 완화된 규제를 원하고 있다. 대다수 미국인들도 그렇다. 그러나 미국은 아메리칸 포뮬러를 구성하는 5개의 기둥을 진심으로 믿을 때 이익을 얻는다. 이 사실을 제대로 인식하지 못하면 미국을 강건하게 만드는 주요 원천 중 하나가 위험에 빠지고 만다.

다행히 미국에서 가장 저명한 투자자 및 기업가들 중 일부는 우리의 포뮬러가 보다 적은 투입으로도 얼마나 많은 것을 미국 경제가 거둘 수 있도록 해주는지를 충분히 인식하고 있다. "당신은 언제나 혁신해야 한다. 그러나 우리는 스스로에게 물어야 한다. 현재 우리가 누리는 이 우위는 애당초 어디에서 온 것인가? 우리가 우리 국민을 더 많이 교육했고, 더 많은 재능들을 우리가 끌어 모았으며, 우리가 더 우수한 사회기반시설을 건설했기 때문이다. 우리는 '우리의 우위를 부여해주는 원천들을 개선하는' 작업으로 다시 돌아가야 한다." 빌 게이츠가 우리에게 한 말이다.

GE는 세계 최대 민간 기업들 중 하나이다. GE의 CEO 제프리 이멜트는 정부가 경제에서 건설적인 역할을 전혀 하지 못한다는 잘못된 신념이 미국에게 위험하다고 지적했다. "우리는 자유시장의 힘이라는 거짓 우상을 숭배하고 있다. 대대로 미국 정부는 변화의 기폭제 역할을 해왔다. 미국국립보건원NIH은 첨단 의료기술 발전의 시대를 이룩했다. 또한 국방비로 지출된 모든 비용은 원자력 산업과 인터넷이라는 결과를 낳았다."

제프리 이멜트는 덧붙였다. "나는 자유시장경제의 신봉자이다. 나는 개인의 선택과 민간 주도의 무한한 가능성을 믿는다. 그러나 이 나라에는 여러 세대에 걸쳐 번영을 가능케 하는 새로운 산업들이 생겨날 수 있도록 정부가 지원을 해온 오랜 역사가 있다."

자신의 성공적인 생애를 밝히기 좋아하는 워런 버핏은 투자자로서 수십억 달러를 벌 수 있었던 이유를 설명했다. 역동적인 제도, 자유시장, 경제체제, 법에 의한 지배 및 성공을 위한 포뮬러가 있는 이 땅에서 그가 자신의 기량을 마음껏 펼칠 수 있었기 때문이라는 것이다.

"나는 가장 적절한 나라에서 가장 적절한 시기에 태어났습니다." 버핏이 ABC 방송에서 인터뷰한 내용이다(2010년 11월 28일자). "빌 게이츠는 언제나 이런 말을 합니다. 만일 내가 수천 년 전에 태어났다면 어떤 동물의 요깃감이 되었을 거라고 말입니다. 나는 빨리 달리지도 못하고 나무도 못 타기 때문이지요. 그래서 어떤 동물이 나를 쫓아오면, 내가 '음, 자금을 배분해 줄게'라고 말할 거라는 겁니다. 그러면 동물은 이렇게 대답한다는 거죠. '세상에서 제일 맛있는 거로군.'"

미국 최고의 벤처캐피털리스트인 존 도어는 일찍이 네스케이프, 구글, 아마존닷컴에 투자했던 사람이다. 그는 이렇게 말했다. "빠른 속도로 변화하는 환경에서는 위험을 감수해야만 합니다. 당신도 빠르고 변화도 빨리 진행된다면 바퀴 2개로만 달리는 자동차가 나올 수도 있습니다. 그러나 도전하지 않고는 혁신이 일어나지 않습니다." 도어는 물리학과 생물학, 화학에서 새로운 돌파구를 찾기 위한 기초연구를 지원하면서, 버팀목이 되어준 아메리칸 포퓰러가 미국 벤처캐피탈 기업을 이렇게 생산적으로 만들었다고 덧붙였다.

아메리칸 포퓰러가 공화당의 생성과 같이 했다는 것은 주목할 가치가 있다. 이 말의 의미는 연방정부의 어떠한 경제적 역할도 부정하는 21세기 공화당 의원들과 공화당의 전통이 상충된다는 것이다. 알렉산더 해밀턴은 공화당의 먼 조상인 연방당Federalist Party에 속했다. 반대로 토머스 제퍼슨의 민주공화당Democratic-Republicans은 오늘날 민주당으로 이어졌다. 에이브러햄 링컨, 시어도어 루스벨트, 드와이트 아이젠하워는 모두 공화당 대통령으로 아메리칸 포퓰러를 놀라울 정도로 확대하고 개선했다. 공화당은 전통적으로 제한된 정부이긴 하지만 필요할 경우 강력하고 영향력 있는 정부를 지지했다.

링컨, 루스벨트, 아이젠하워는 대립관계에 있는 민주당과 함께 강력한 국력으로 번영하는 국가를 만들기 위해 그들이 살고 있는 세계의 위기를 이해했다. 그리고 위기의 순간마다 미국의 위대한 비전을 명확히 밝히면서, 아메리칸 포뮬러에 힘을 불어넣을 수 있는 의회의 협조와 대중의 지원을 호소했다. 중대한 변화가 나타날 때마다 미국의 전통적인 포뮬러를 새롭게 하기 위해 국민을 단결시킨 능력, 바로 이것이 미국의 위대한 대통령들에게서 찾아볼 수 있는 공통분모이다.

안타깝게도 역사적 기록은 아메리칸 포뮬러가 전쟁이 일어나는 시기에 가장 빠르고 가장 광범위하게 확대되었다는 사실을 보여준다. 국가가 전쟁에 개입할 때, 특히 국가의 생존을 위해 반드시 필요하다고 판단되는 전쟁이라면 국민은 온갖 수단을 동원하여 전쟁을 승리로 이끈다. 예를 들어 남북전쟁시대는 최초로 연방소득세가 제정된 시기이기도 하다.

피뢰침을 발명한 벤자민 플랭클린 이후, 미국은 재능 있는 발명가들을 배출해왔다. 그러나 정부가 본격적으로 연구개발을 지원한 시점은 2차 세계대전 중 수행된 맨해튼 프로젝트부터였다. 원자폭탄 개발은 프랭클린 루스벨트와 그의 조언자들의 두려움에서 시작되었다. 그들은 미국에게 없는 원자폭탄을 독일이 최초로 개발할지 모른다는 것을 우려했다.

전쟁이 끝난 후 과학연구는 기술발전을 위해 가장 중요한 분야가 되었고, 연구 규모 및 복잡성은 더 이상 민간기업 단독으로는 수행할 수 없을 정도로 규모가 커져서 미국이 직접 이끌게 되었다. 이미 기초연구는 풍부했기 때문에 과학적 진보를 위해서는 국립연구소들과 정부-대학-민간기업 간의 파트너십이 필요했다. 아이젠하워가 미국의 번영을 위한 포뮬러를 가미한 맨해튼 프로젝트는 소비에트 연방과 국제적 공산주의에 대항하여 전 세계를 보호하겠다는 공동의 목표가 있었다.

2차 세계대전이 끝난 지 65년이 지났고 냉전이 종식된 지 20년이 흐른 지금, 미국에서 가장 오래된 국립연구소인 아르곤국립연구소Argonne National Laboratory는 태양에너지, 스마트그리드, 전기자동차를 연구하고 있다. 이렇게 공공-민간 파트너십에 대한 사례들은 매일 신문의 일면을 장식한다. 예를 들어 〈AOL's 데일리파이낸스닷컴〉(2011년 1월 7일자)은 다음과 같이 언급했다. "GM이 아르곤국립연구소로부터 기술을 라이선스 받았다. 이 기술은 GM의 볼트Volt와 같은 전기자동차를 움직이는 리튬이온 전지의 성능을 강화하여, 더 안전하고 더 저렴하며 더 오래가는 건전지를 만들 것이다."

오늘날 우리의 중대한 위기에는 전쟁이 일어났을 때와 같은 국가적 대응이 필요하다. 하지만 위기를 극복하기 위해 어려운 정책을 선택해야 하는 과정에서 계속되는 충돌 없이 미국인들을 단결시키기란 어렵다. 오바마 대통령은 당선되면서 정책적 합의를 끌어내기 위한 노력을 촉구하며, 지금 미국이 '스푸트니크 모멘트'에 직면했다고 언급했다. 최초의 '스푸트니크 모멘트'는 수많은 미국인들을 과학과 기술, 관련 사업에 열중하게 했다. 그리고 미국 전체가 수학, 과학, 기술에 투자하는 것은 물론 국가의 사회기반시설을 개선하게 만드는 충격요법이 되었다. 소비에트 연방을 앞지르는 것이 목표였으나 번영을 위한 전통적인 아메리칸 포뮬러가 개선되는 부수적인 효과가 나타나, 미국 경제는 훨씬 창조적이고 생산적으로 진보하게 되었다.

오늘날 미국에게는 경쟁자가 없다. 그러나 미국은 스푸트니크호가 미국을 자극했던 것처럼 지금의 미국을 자극시킬 수 있는 방법을 찾아야 한다. 현재의 위기를 해결하기 위해선 아메리칸 포뮬러를 개선해야 한다. 지금 미국은 1950년대, 심지어 1930년대에 건설한 다리와 도로 위를 달리고 있다. 지금 미국은 링컨이 인가했던 대학들을 축소하고 있다. 지금 미국은 케네디 대통령의 우주선 발사로 고무되었던 과학자들과 그의 비전에 자극받은 1970년대 미국 이민자들의 연구를 바탕으로 공부하고 있다.

간단히 말해, 지금 미국은 아주 오래전부터 아메리칸 포뮬러를 개선하지 않은 채 살아가고 있다. 2009년 2월, 의회는 7870억 달러에 해당하는 경기부양책을 승인했다. 사회기반시설과 연구개발에 대한 예산도 있었지만, 예산 중 대부분이 경기침체를 잠재울 세금감면과 실업보험이었다. 또한 상당히 더러워지고, 협소하고, 구식이 되어버린 뉴욕의 펜실베이니아역 플랫폼 주변의 조명 교체와 같은 미미한 개선을 위해 지출한다는 내용이었다. 포뮬러는 오랜 시간이 걸린다. 투자해서 이익을 내기까지 한 세대가 걸린다. 따라서 미국이 미래를 내다보는 투자를 하지 않고 포뮬러의 개선을 미루겠다고 결정했다면, 아메리칸 드림을 유지하는 데 필요한 차세대의 수단들을 거부하고 있는 것이다.

미국의 정치적 논쟁은 공공–민간 포뮬러의 덕목에서 완전히 벗어나 있다. 자유주의자들은 미국의 문제를 월스트리트와 대기업의 책임으로 돌리고, 축소되고 있는 경제적 파이의 평등한 분배만 주장한다. 보수당은 미국의 미래경제에 대한 해결은 간단하다고 주장한다. "눈을 감고, 뒤꿈치를 세 번 구르고, '세금감면'이라고 말하라. 그러면 경제적 파이는 기적적으로 확대될 것이다."

미국은 빨리 기본으로 돌아가야 한다. 미국의 전 세대들이 모두 그래왔던 것처럼 미국의 포뮬러를 개선하고 투자해야 한다. 지금 미국은 다른 나라들보다 그들이 더 많이 창출했던 경제적 변화의 길로 들어와 있다. 이제 미국은 모든 미국 시민과 기업들이 올바른 길을 찾아갈 수 있는 기량과 도구를 겸비하도록 만들어야 한다.

2부

# 교육 문제

**4장**

# 아무도 안전하지 않다

2009년 미국이 당면한 주요 도전 과제 4가지 중 2가지인 세계화와 정보 기술혁명의 영향을 생생하게 반영한 영화가 개봉되었다. 영화 '인 디 에어Up in the Air'이다. 기업 CEO들의 의뢰를 받아 쓸모없는 화이트칼라 직원들을 해고하며 전국을 누비는 '해고 전문가'인 조지 클루니가 주연이다. 그는 공항호텔, 항공사 VIP 라운지, 공항의 보안검색, 기내 잡지로 점철된 기약 없고 외로운 나날을 산다. 그러던 어느 날 조지 클루니는 자신과 꼭 닮은 여자 베라 파미가를 만난다. 그녀는 신용카드 여러 장, 구김이 가지 않는 옷, 좌석 위 선반에 꼭 들어맞는 여행용 가방으로 무장하고 길을 떠도는 또 한 명의 외로운 전사이다. 이 두 사람의 만남을 통해 우리는 아무리 혼자 있기를 즐기는 사람이라 할지라도 사랑할 사람이 필요하다는 사실을 깨닫는다.

그러나 진짜 공동 주연은 안나 켄드릭이 연기한 클루니의 신입 후배 직원이다. 극도로 자신감에 차 있는 이 신입 경영능률 전문가는 비행기를 타고 날아가 해고통지서를 내미는 클루니의 해고 방식보다 한층 더 효율적인 해고 방법을 개발했다. 즉, 모든 종류의 해고를 컴퓨터와 인터넷을 사용하여 본사에서 처리함으로써 장거리 여행과 직접 얼굴을 마주보며 나도 당신의 고통을 안타깝게 생각한다고 말하는 클루니의 특기를 모두 배제하는 방법이다.

영화 평론가 앤서니 레인은 〈뉴요커 The New Yorker〉에 실린 영화평에서 이렇게 말했다. "인 디 에어는 온몸의 기운이 빠져나가는 해고 소식을 막 접한 실직자들이 차례로 한탄하는 모습을 담은 장면으로 시작한다. 그 모습이 그토록 꾸밈없고 실제로 낙담한 듯 보이는 이유는 그들이 할리우드 단역 배우가 아니라 세인트루이스와 디트로이트에서 찾아낸 진짜 실직자이기 때문이다." 그들은 클루니와 같은 죽음의 신이 방금 전해준 소식을 들으며 "이것이 30년간 이 회사를 위해 일한 대가입니까?"부터 "대체 당신은 누구요?"에 이르기까지 갖가지 감정을 표출한다.

정말 적절한 질문이다. 이는 수많은 미국인들이 물어보는 가장 근본적인 질문의 원초적인 버전이다.

이 영화의 주제 중 하나는 직업상 고독한 사람이라 할지라도 완전히 혼자이고 싶은 사람은 없다는 것이다. 하지만 클루니가 해고해온 사람들의 직업을 빼앗은 기술, 자동화 그리고 아웃소싱과 같은 힘이 켄드릭과 그녀가 개발한 해고통지서 대량 전달 기법 등을 통해 종국에는 조지 클루니의 발목도 잡게 될 것이라는 사실이 더 중요한 쟁점이다. 즉, 이 영화의 낭만적 주제는 그 누구도 혼자이고 싶어 하는 사람은 없다는 것이지만 더 중요한 메시지는 해고 통보가 직업인 사람을 포함해 그 누구도 안전하지 않다는 것이다. 세계화와 기술의 결합은 결국 모든 사람에게 영향을 미칠 것이다. 이 결합의 힘은 그 어떤 개인보다 거대하다. 이 힘은 잔인하고 몰인정하며 피할 수 없다. 그것들은 미국 노동자 전체 계층을 공중에 떠도는 불확실한 상태로 방치하고 있다. 세계화와 기술에 압도되는 대신 이를 이용하기 위해서는 이 두 힘이 우리의 삶을 구체화하는 방법과 미국이 개인적으로 그리고 국가적으로 해야 할 일을 이해해야 한다.

## | 세계화와 기술혁명의 결합

"20세기에서 21세기로 전환되는 시점과 때를 같이 해서 진행되는 세계화와 정보기술혁명이 겹쳐지면서 모든 직업, 모든 산업, 모든 서비스, 모든 위계적 제도가 바뀌고 있다"라는 하나의 짧은 평서문에서 시작해보자. 이 결합은 새로운 시장과 새로운 경제 질서와 정치적 현실을 사실상 하룻밤 사이에 창조해냈다. 세계화와 기술이 통합되면서 좋은 직업을 얻고, 유지하기 위해 필요한 기술 수준이 높아졌다. 이와 동시에 모든 직업을 얻기 위한 경쟁이 전 세계적으로 치열해졌다. 이를 통해 정치는 더욱 투명해졌고 세계는 더욱 가깝게 연결되었다. 또한 독재자는 공격받기 쉬워졌고 개인과 소규모 그룹은 이전보다 많은 권한을 지니게 되었다.

여기 그동안 일어났던 일 중 3가지를 선정한 뉴스 기사가 있다.

첫 번째는 인도에서 일어난 일이다. 인도 신문인 〈힌두스탄 타임스 Hindustan Times〉는 2010년 10월 30일 네팔의 한 정보통신회사가 제3세대

이동 네트워크 서비스(3G)를 에베레스트 산 정상에 제공하기 시작했다는 사실을 보도했다. 기사에 따르면 이 서비스를 제공함으로써 수천 명의 등반가가 휴대폰으로 고속 인터넷과 화상 통화를 사용할 수 있게 되었다. 이 뉴스를 추적하면서 BBC는 에드먼드 힐러리Edmund Hillary가 최초로 에베레스트 정상을 정복하여 그 소식을 원정대로부터 가장 가까운 전신국까지 알리기 위해 심부름꾼들을 보내야 했던 1953년과 세상이 완전히 달라졌다는 사실을 깨달았다.

"엄마! 제가 어디서 전화하는지 절대 못 맞추실 걸요"라고 전화하는 장면을 상상해볼 수 있을 것이다.

이 기사가 보도된 그 달, 실리콘밸리에 본사를 두고 정교한 박막 태양전지판을 생산하는 기계를 만드는 어플라이드머티리얼즈Applied Materials라는 회사가 중국 시안西安에 세계 최대 민간 태양열 연구센터를 열었다는 뉴스를 미국 신문들이 경제면에 보도했다. 먼저 어플라이드머티리얼즈는 시안 연구센터에서 근무할 과학자 및 기술자 260명을 채용하기 위해 지원자를 모집했다. 회사 대변인 하워드 클라보는 시안 연구센터에 중국인 2600명 정도가 지원해서 330명을 채용했으며, 이들 중 31퍼센트는 석사 또는 박사 학위를 소지하고 있다고 말했다. "작년 전 세계에서 생산된 태양전지판의 약 50퍼센트가 중국산이었습니다"라고 클라보가 설명했다. "고객이 있는 곳에 있어야죠."

마지막 기사는 페르시아 만 연안의 소국인 바레인 마나마Manama에서 온 소식이다. 〈워싱턴 포스트〉는 의원 선거 준비 기간에 정부에 불만을 품고 있고, 나중에 혁명의 조짐이 되었던 것으로 판명된 바레인의 시아파 유권자에 관한 기사(2006년 11월 27일자)를 실었다. 〈워싱턴 포스트〉는

"부모님, 형제자매 4명, 그리고 아이들과 한 집에 사는 마흐무드가 구글어스Google Earth에서 바레인을 검색했다가 가난한 수만 명의 시아파 교도 대부분은 좁고 밀집된 지역에 빽빽이 몰려 살고 있는 반면, 비어 있는 광활한 지역도 있다는 사실을 알고 더더욱 좌절했다. '우리는 남부 지역에 사는 대부분의 사람들처럼 작은 집 한 채에 17명이 북적거리며 살고 있습니다. 구글로 검색해보면 얼마나 많은 왕궁들이 있는지 그리고 알칼리파스al- Khalifas(수니파 지배족)들이 어떻게 나머지 국토를 차지하고 있는지 알 수 있습니다.' 바레인 행동주의자들은 사람들에게 구글어스에서 바레인을 검색해보라고 독려했으며 왕궁들의 모습을 담은 영상에 40회 이상 접속한 회원으로 구성된 특별 사용자 집단을 조직했다"라고 보도했다. 5년 후, 구글어스의 영상은 바레인과 그 외 억압적 아랍 국가에서 발생한 혁명에 일조했다.

이처럼 첫 번째 기사는 지난 5년 동안 세계화의 동력을 제공하는 정보기술 네트워크가 얼마나 빨리, 그리고 멀리 확장해나갔는지 말해준다. 이 네트워크는 매일 전 세계의 시민, 정부기관, 기업체, 테러리스트 그리고 이제는 산꼭대기에 이르기까지 모든 것들을 그 어느 때보다도 조밀한 그물망으로 서로 연결시키면서 점점 더 많은 이들이 더 다양한 장소에서 서로 접속하고, 새로운 것들을 만들어내면서 협력해나가는 도구가 되고 있다.

두 번째 기사는 이러한 모든 연결 수단을 통해 완전히 새로운 범주의 노동자들이 세계시장에 참여할 수 있게 되었다는 사실을 알려준다. 그 과정에서 미국인은 이전에 대규모로 접해보지 못했던 저임금 고급인력과 경쟁하게 되었다. 미국인은 수없이 많은 저임금 미숙련 노동자를 겪어왔다. 그러나 저임금 고급인력은 이들과는 완전히 다른 종류이다. 미국은 여기에 적응해야 한다.

세 번째 기사는 정보기술이 이제 아랍 독재 정권부터 주류 매스미디어 기업, 전통적인 소매 아울렛 매장, 미합중국 그 자체에 이르는 모든 계층을 평준화하는 힘을 개인에게 부여하고 있음을 보여준다. 그 결과 냉전 시대 미국이 가졌던 많은 구조적 이점들이 사라져가고 있다. 물론 미국에는 여전히 비옥한 농지, 다른 어느 나라도 갖고 있지 못한 수많은 항구도시들 그리고 어마어마한 천연자원이 있다. 그러나 이제 미국이 더 이상 압도적 우위를 갖지 못하고 있다는 사실을 고려할 때, 이런 것들만으로는 더 이상 미국의 국내총생산을 성장시킬 충분한 동력을 얻을 수 없다. 2차 세계대전이 끝나면서 미국은 전쟁의 피해를 입지 않고, 건전한 산업 기반을 유지하고 있는 유일한 경제대국으로 부상했다. 유럽과 일본이 나중에는 미국을 따라잡았지만 다른 주요국들은 경쟁 상대가 되지 못했다. 중국은 빗장을 완전히 걸어 잠그고, 모든 힘을 마오쩌둥주의와 문화혁명에 집중하고 있었다. 인도는 비교적 덜 폐쇄적이었으나 인도 지도자들은 연 2퍼센트의 순경제성장에 만족하고 있었다. 브라질도 부분적으로 폐쇄적인 경제체제였고 대중영합주의 경제 정책으로 어려운 상태였다. 한국과 대만의 제조업자들은 나중에 반도체 산업에 뛰어들긴 했지만 이 당시는 싸구려 플라스틱 제품, 소비 가전, 섬유산업에 집중하고 있었다. 미국은 자유로운 혁신이나 학문 연구 기회가 적은 인도, 중국, 아랍 세계 및 라틴 아메리카로부터 가장 우수한 인재들을 흡수할 수 있었다. 월스트리트의 기업들이 세계시장을 지배했고, 미국은 세계에서 유일하게 발달된 창업지원시스템을 갖추고 있었다. 미국인이 열심히 일하지 않았다든가 그저 운이 좋아서 미국의 생활수준이 향상되었다는 말이 아니다. 미국인들은 분명 열심히 일했다. 미국의 성공은 진정한 혁신과 참된 교육, 의미 있는 연구, 견실한 산업, 현실이 잘 반영되는 시장 및 실질 성장에 기반을 두고 있었다. 그러나 환경 역시 미국에 유리하게 작용하고 있었다.

이제 이러한 구조적 이점이 없는 상태에서 모든 기득권을 유지하기 위해 노력해야 한다. 우리 아이들은 모든 것이 미국에게 유리했던 시기를 역사책을 통해서만 알 수 있을 것이다. 세계화와 정보기술혁명을 통해 발전할 수도 퇴보할 수도 있다. 즉, 더 부유해질 수도 있고 빈곤해질 수도 있다. 이는 미국이 발명한 이 신세계를 얼마나 잘 이해하고 얼마나 효율적으로 반응하는지에 달려 있다.

## | 평평한 세계 1.0 시대

세계화와 정보기술혁명은 서로 박차를 가하며 밀접하게 얽혀 있다. 신기술이 경계와 장벽을 허물고, 따로 떨어져 있던 세계를 연결한다. 이렇게 연결된 사람들, 회사, 정부기관이 한층 더 저렴한 비용으로 더 많은 사람을 연결시키는 더 다양한 기술에 대한 수요를 창출하는 통상, 무역, 투자, 혁신, 협력 네트워크를 구축한다.

이러한 일은 순식간에 일어났다. 하지만 2000년을 전후로 다양한 장소에 사는 많은 사람들이 자신과 전혀 상관없었던 사람들과 관계를 맺으며 살아가고 있다는 사실을 깨닫게 되었다는 것은 분명하다. 이는 톰의 엄마와 시베리아에 사는 신규 온라인 브리지게임 상대와의 관계일 수도 있고, 인터넷을 통해 저렴한 타이어 공급업자를 파나마에서 찾아낸 주유소 사장일 수도 있다. 동시에 같은 장소에 살고 있으면서도 예전에는 한 번도 접촉한 적 없었던 사람들이 자기와 접촉하고 있다는 사실을 실감하게 되었다. 이는 방갈로르Bangalore 콜센터에서 전화를 걸어 비자카드 신규 발급을 권유하는 젊은 인도인일 수도 있고, 자기가 들어가고 싶어 했던 하버드대에 방금 합격한 상하이에 살고 있는 젊은 중국 학생일수도 있다.

모든 사람들이 체감하고 있는 사실은 '세계는 평평하다The World is Flat'는 것이다. 이는 인류 역사상 가장 많은 사람들이 가장 다양한 지역 출신의 사람들과 더 적은 비용으로 훨씬 더 용이하게 경쟁하고, 관계를 맺고, 협력할 수 있게 되었다는 뜻이다. 종국에는 전 세계의 기업, 학교, 군대, 테러단체, 정부조직, 무엇보다도 개별 노동자에게까지 영향을 미치게 될 것이다. 이러한 현상은 1980년대 말부터 2000년 사이에 함께 찾아온 3가지 강력한 원동력의 산물이다.

첫 번째는 점점 더 많은 사람들이 이야기, 책, 알고리즘, 프로그램, 사진, 데이터, 스프레드시트, 음악, 애플리케이션, 동영상에 이르는 자신만의 콘텐츠를 디지털 형태로 만들 수 있게 해준 개인용 컴퓨터이다. 인간들은 동굴 속에 살면서 거기에 벽화를 그리기 시작한 이래로, 지금 우리가 '콘텐츠'라고 부르는 것들을 창조해왔다. 그러나 우리는 컴퓨터를 사용하면서 갑자기 디지털 형태로 콘텐츠를 제작할 수 있게 되었고, 이제 콘텐츠를 훨씬 더 다양한 방식으로 이용할 수 있다.

두 번째는 1990년대 말, 전 세계로 퍼져나간 인터넷과 월드와이드웹

World Wide Web이다. 인터넷을 통해 사람들은 디지털 콘텐츠를 더 많은 장소로 보내고 공유할 수 있게 되었다. 또한 공동 작업이 가능해졌으며 훨씬 더 많은 사람들이 저렴한 비용으로 개인용 컴퓨터와 인터넷에 연결할 수 있게 되었다.

마지막으로 조용하지만 대단히 중요한 혁명이 일어나고 있었다. 이는 HTML, HTTP, XML, SOAP, AJAX, EDI, FTP, SSH, SFTP, VAN, SMTP, AS2 같은 이름의 프로그래밍 언어와 전송 프로토콜 혁명이다. 이런 이름이 무엇을 의미하는지 일일이 알 필요는 없다. 다만 이런 기호와 약어 덕분에 모든 사람들의 데스크톱, 노트북, 블랙베리, 아이폰, 아이패드, 무명 중국산 또는 인도산 휴대폰이 다른 사람들의 기기와 호환할 수 있게 되었다는 사실만 알면 된다. 이로 인해 디지털 콘텐츠를 모든 방향으로 안전하게 보내는 일이 가능해졌다. 때문에 이를 '작업흐름 혁명workflow revolution'이라고 한다. 그 결과 누구나 컴퓨터나 휴대폰을 사용하여 PDF 파일을 보내거나 친구에게 이메일을 보낼 수 있고, 동료에게 문자메시지를 보내거나 그림을 전송할 수도 있다. 또한 말하고, 게시하고, 동영상으로 만들고, 파워포인트로 작성하고, 이메일로 보낸 모든 내용을 컴퓨터 소프트웨어에 관계없이 전 세계 어디로든 보낼 수 있고 어디에서든 접속할 수 있다는 사실을 안다. 요즘은 이 모든 것이 자연스럽게 느껴지지만 많은 사람들이 서로 다른 시스템과 소프트웨어를 사용하던 시기에 이는 진정 혁명과도 같은 일이었다.

이러한 3가지 혁신이 함께 어우러진 결과 10년 만에 보스턴, 방콕, 방갈로르, 뭄바이, 맨해튼 그리고 모스크바에 사는 모든 사람들이 사실상 옆집에 사는 이웃처럼 되었다. 대략 20억 명 정도의 사람이 개인으로서 의사소통하고 경쟁하고 협력할 수 있는 새로운 능력이 자신에게 있음을 문득 깨달았을 것이다. 이전에는 이렇게 국제적으로 활동할 수 있는 주체는 거의 국가와 기업들에 한정되어 있었다. 그러나 세계가 평평해지자 일반인도 개인으로서 세계를 무대로 활동할 수 있게 되었다. 그리고 그 숫자는 매일 계속해서 늘어나고 있다.

## | 평평한 세계 2.0 시대

국제연합 산하 전문기구인 국제전기통신연합ITU에 따르면, 2010년 현재 전 세계에서 사용 중인 휴대폰 대수는 대략 46억 대이다. 전 세계 인구가 68억 명임을 감안할 때 사용 휴대폰 대수는 전 세계 총인구수의 대략 3분의 2에 해당한다. 2002년에 전 세계 휴대폰 보유자가 10억 명에 불과했다는 사실을 고려하면 휴대폰 보유율은 비약적으로 상승했다. 현재 휴대폰 증가 대부분은 개발도상국에서 일어나고 있다. 예를 들어 인도의 경우 휴대폰 사용자수가 한 달에 1500만 명에서 1800만 명 정도씩 증가하고 있다. ITU에 따르면 현재 전 세계 인구의 약 23퍼센트가 인터넷을 사용하고 있는데 2002년에는 12퍼센트였다. 불과 5년 전만 해도 서로 연결되지 않았던 장소와 사람들 사이에서 이제 매일 무료 또는 저렴한 비용으로 수많은 상호작용과 협력이 일어나고 있다. 결국 우리는 휴대폰, 스마트폰, 컴퓨터로 인터넷에 보편적으로 접속할 수 있는 세상으로 가고 있다. 이는 아마도 10년 이내에 실현될 것이다.

"저는 카라치에 있는 엄마한테 매일 전화해요. 저는 스카이프Skype를 사용하고 엄마는 집 전화를 사용하세요. 비용이 거의 들지 않아서 공짜나 다름없어요"라고 플로리다 주 탐파에 거주하는 IT 엔지니어인 라지우딘 시에드가 파키스탄 신문 〈돈Dawn〉(2011년 2월 20일자)에서 말했다. 시에드는 인터넷이 연결되는 노트북과 인터넷전화 덕분에 국제 회계법인에서 근무하고 있다. "5년 전만 해도 국제전화비, 특히 인터넷전화비는 지금보다 훨씬 비쌌어요. 지금은 스카이프와 같은 인터넷전화 회원 간 통화는 항상 무료이고, 집 전화나 휴대폰과 같은 다른 전화로 통화할 때도 분당 소액의 요금만 부과됩니다."

달리 말하면 2005년 《세계는 평평하다》가 출간된 이래, 세계는 더 평평해진 것이다. 우리는 얼마나 멀리, 얼마나 빨리 달려왔을까? 톰이 《세계는 평평하다》를 썼을 때 페이스북은 내용에 포함되지도 않았다. 그때 페이스북은 막 시작하는 단계였고 미미한 현상에 불과했다. 사실 2005년만 해도 대부분의 사람들이 페이스북의 존재조차 몰랐다. '트위터'는 그저 소리를 나타내는 단어, '클라우드'는 하늘에 떠 있는 물체, '3G'는 주차장의 특정 공간을 나타내는 표시, '애플리케이션'은 입학 허가를 받기 위해 대학에 제출하는 서류였으며 '스카이프'는 오타였다.

이는 지난 6년 동안 얼마나 많은 것들이 바뀌었는지 말해준다. 그동안 수많은 기술과 서비스가 새로 소개되었기에 우리는 2010년을 전후해서 평평한 세계 2.0 시대 즉, 고유의 명칭을 붙일 수 있을 정도로 다른 단계에 진입했다고 말할 수 있을 것 같다. 평평한 세계 2.0 시대는 평평한 세계 1.0 시대의 특징을 모두 갖추고 있다. 하지만 훨씬 더 많은 사람들이 평평한 세계 플랫폼에 접속할 수 있게 됨에 따라 인터넷에 접속한 많은 사람들과 의사소통을 할 수 있게 되었다. 그리고 훨씬 더 많은 사람들이 공동의 가치와 이해관계 및 이상을 바탕으로 정치인에 대한 후원, 록그룹 추종, 새로운 제품의 발명, 혁명의 개시 등 무슨 일을 위해서건 마음이 맞는 사람들을 찾아낼 수 있는 능력이 생겼다는 점에서 차이가 있다. 쉽게 설명해보겠다. 평평한 세계 1.0 시대는 PC 서버 관계를 기반으로 구축되었다. 여기에 참여하기 위해서는 전화선이나 광섬유 케이블을 통해 인터넷 웹서버로 연결된 노트북 또는 데스크톱을 사용해야 했다. 이동하기 쉽지 않았고 참여 비용 때문에 사용하지 못하는 사람들도 여전히 있었다. 데스크톱이나 노트북을 살 수 있는 충분한 경제력을 갖추고 있거나 인터넷 카페를 이용하거나 직장 사무실에 있는 컴퓨터를 사용해야 했다. 육지와 해저에 매설된 전화선과 광섬유의 빠른 확산으로 전 세계에 보급되었다는 점에서 정말 세계를 평평하게 만들기는 했다. 하지만 이는 어느 정도 최소한의 수입이 있는 대도시 및 도회지 거주민들을 연결하는 경향이 강했고 마을이나 시골은 혜택을 많이 받지 못했다.

평평한 세계 1.0 시대는 개개인이 이메일을 통해 전 세계에 걸친 의사소통에 참여할 수 있다는 점뿐만 아니라 이전보다 훨씬 다양한 장소에서 물건을 만들고 판매하고 구매하기 위해 함께 일할 수 있도록 해준다는 점에서 특히 강력했다. 그것은 보잉Boeing이 777 모델 비행기의 부품을 제작할 때 모스크바에 있는 설계업체, 중국의 비행기 날개 제조업자, 그리고 캔사스 주 위치타에 있는 제어 전자장치 제조업체를 포함한 팀을 만들 수 있도록 했다. 또한 엑스레이 사진 판독으로부터 델타항공편에서 잃어버린 수하물 추적에 이르기까지 모든 것을 아웃소싱할 수 있도록 하는 데 크게 일조했다. 온라인 교육, 엔터테인먼트, 출판, 교역에 있어 강력한 돌파구를 마련했고, 세계의 문화적 다양성을 증진시키는 데 기여했다. 또한 개인 간 국제적 협동을 촉진하여 대중들이 백과사전(위키피디아)에서 새로운 PC용 운영체제(리눅스)에 이르기까지 모든 것을 쓰고 업로드할 수 있도록 하는 데도 큰 도움이 되었다.

평평한 세계 2.0 시대는 여전히 평평한 세계 1.0 시대의 모든 기능을 수행하고 있다. 더 나아가 개인용 컴퓨터의 보급 확대(2010년에만 3억 5000만 대 이상 판매)와 문자 전송, 웹브라우저, 카메라 기능이 있는 스마트폰, 더 먼 곳에 있는 지역사회까지 도달할 수 있도록 해주는 전화선을 대신하는 무선 접속, 점점 더 많은 일에 대해 협력할 수 있도록 도와주는 새로운 소셜 네트워크 등의 뒷받침을 받아 더 많은 일을 실현하고 있다. 이러한 모든 활동은 통칭 '클라우드'라고 하는 상호 연결된 거대한 서버그룹에 저장된 광대한 소프트웨어 애플리케이션 모음의 지원을 더욱더 많이 받고 있다.

클라우드는 말 그대로 최신 기술이다. 클라우드는 아프리카 남부에서의 조류 관측 안내부터 월스트리트에서의 투자 안내에 이르기까지 상상할 수 있는 모든 소프트웨어와 애플리케이션을 저장하고 있다. 이것들은 매 순간 끊임없이 최신 정보로 갱신된다. 클라우드의 우수함과 그것이 평평한 세계를 더욱 평평하게 만들고 빠르게 만드는 이유가 있다. 클라우드가 개별 사용자들의 기기에서 작동되는 무수히 많은 애플리케이션의 센터 역할을 수행함으로써 모든 데스크톱, 노트북, 또는 브라우저가 설치된 단순한 휴대용 기기들을 정보 창출이나 정보 소비의 원천이 되도록 전환시킬 수 있기 때문이다.

예를 들어 아마존닷컴Amazon.com은 현재 책과 공구뿐만 아니라 클라우드에서 비즈니스 편의 기능도 판매하고 있다. 앤디 재시Andy Jassy는 아마존 웹서비스 담당 수석부사장이다. 〈블룸버그 비즈니스 위크〉의 보도(2011년 3월 3일자)에 따르면 앤디 재시의 업무는 아마존의 임대 클라우드에 있는 공간을 개인 혁신가들이나 기업들에게 빌려주는 것이다.

원래 아마존은 어떤 손님이든 환영한다. 그러나 재시가 설명하는 이 서비스는 사업체를 경영하는 고객을 대상으로 하며 아마존 홈페이지에는 잘 나타나 있지 않다. 이 부문을 아마존 웹서비스Amazon Web Services를 줄여서 AWS라고 하는데 값싸게 컴퓨팅 자원을 임대해주는 서비스이다. "AWS는 경쟁의 장을 완전히 공평하게 만들었습니다." 재시가 자랑스럽게 말했다. AWS 덕분에 인터넷에 접속할 수 있고, 신용카드를 소지한 사람이라면 누구나 연매출 340억 달러를 올리는 아마존이 소매유통 사업 운영을 위해 사용하는 시스템과 똑같은 세계 최상급의 컴퓨팅 시스템을 사용할 수 있게 되었다. AWS는 폭발적으로 성장하고 있다. 재시가 정확한 수치를 제시하지는 않았지만 수십만 명의 고객이 이미 이 서비스를 이용하고 있다고 한다.

UBS의 분석가들은 아마존이 2011년 AWS로 약 7억 5000만 달러에 달하는 매출을 올릴 것으로 예측했다. 실제로 AWS 없이 존재할 수 있는 인터넷 기업은 없다. 넷플릭스Netflix는 AWS에 기반을 두고 영화 온라인 스트리밍 서비스를 제공하고, 소셜게임 기업인 징가Zynga는 접속량 급증에 대비하여 AWS를 사용하고 있다. AWS는 실리콘밸리 신규 인터넷 사업체에게 피할 수 없는 현실이 되었다. 실제로벤처 투자가들은 아마존 기프트 카드를 벤처 사업가에게 주고 있다. 아마존 웹서비스가 원하는 수요에 따라가기 위해서는 엄청난 시설 증대가 필요하다. 아마존 웹서비스는 아마존닷컴이 28억 달러의 매출을 올리고 있던 2000년 무렵 아마존닷컴 전체를 운영하기에 충분했던 컴퓨팅 자원을 매일 추가하고 있다. 이 모든 데이터의 물리적 팽창은 이를 위해 설계된 아마존의 초대형 건물들에서 일어나고 있다. 이 중 가장 큰 건물은 면적이 약 6만 5000제곱미터로 축구장 16개 크기와 맞먹는다. 전 세계에 흩어져 있으면서도 서로 연결되어 있는 이 컴퓨팅 설비에서 AWS는 클라우드 컴퓨팅 사업을 운영하고 있다. '클라우드'란 타인의 컴퓨터 설비에서 처리되고 있어 눈에 보이지 않고, 형태가 자유로운 컴퓨터 업무의 총집합체를 의미한다.

클라우드 서비스는 아직 초창기 단계이다. 그러나 이 서비스와 무선 인터넷 접속의 출현으로 전 세계 데이터 흐름이 2009년 한 해에만 50퍼센트 증가했다. "더 많은 사람들이 접속할수록 더 많은 사람이 연결됩니다. 이러한 네트워크 효과를 통해 세계는 나날이 한층 더 평평해지는 거죠"라고 HP의 CEO 레오 아포테커Leo Apotheker가 말했다.

실제로 퍼스널 컴퓨터를 규정했던 특징들 중 더욱 많은 것들이 날이 갈수록 휴대폰과 태블릿PC에서 발견되고 있다. 사실 세계 인구의 대다수는 아직 스마트폰을 쓰지 않고 있다. 하지만 앞으로는 분명히 다들 스마트폰을 쓰게 될 것이다. 전 세계 모든 사람이 인터넷과 동영상을 사용할 수 있는 휴대폰을 쓰는 날이 생각보다 빨리 찾아올 것이다. 그 결과 또 다른 20억의 사람들이 세계무대에서 서로 접속하고, 경쟁하고, 협력하는 데 사용할 수 있는 보다 다양하고 저렴한 도구들을 구비하여 일상적으로 세계와 소통하게 될 것이다. 그들 중 대다수는 PC를 구매하거나 대여하지 않고, 소프트웨어 프로그램을 배우지 않고서도 휴대폰으로 바로 문자메시지를 보낼 수 있게 될 것이다.

간단히 요약하면, 대체로 1995년부터 2005년 사이에 해당하는 평평한 세계 1.0 시대는 보스턴, 방갈로르를 이웃으로 만들었다. 2005년부터 현재에 해당하는 평평한 세계 2.0 시대는 보스턴, 방갈로르와 시르시 Sirsi를 이웃으로 만들었다. 시르시가 어디일까? 시르시는 방갈로르에서 440킬로미터 떨어진 곳으로 인구 9만 명의 농산물 거래 중심지이다. 그리고 이 현상은 전 세계 어디에서나 일어나고 있다.

시스코시스템즈Cisco Systems 모빌리티 솔루션 부문 부사장 앨런 코헨 Alan Cohen은 평평한 세계 1.0 시대에는 "누구나 궁극적으로 소비자 시장으로 바뀐 공간에서 상품과 정보를 소비했습니다. 어디에서나, 누구에게서나, 무엇이든 살 수 있었죠"라고 말했다. 자신만의 웹사이트를 구축하거나 자기의 견해, 음악, 사진, 소프트웨어 프로그램 또는 백과사전 표제어들을 업로드하고 공유함으로써 (과거에는 이런 일을 할 수 있으리라고 생각도 해본 적 없는 사람들이) 재화와 정보의 생산자가 되기도 했다. 새로운 평평한 세계 2.0 시대에는 인터넷 접속이 빨라지고 휴대가 가능해졌다. 그러면서 가장 외딴 지역으로까지 이러한 현상이 이어져 널리 퍼지고 있으며 수많은 사람들이 이러한 활동에 새롭게 참여하게 되었다. 모든 형태의 다양한 혁신이 더 빨리 일어날 수 있다. "사람들이 무엇을 만들어낼지 상상해보세요. 클라우드는 어떤 물건을 만들고 싶은 사람이 와서 연장을 거의 무료로 빌릴 수 있는 거대한 공동 작업장과도 같습니다"라고 코헨은 설명했다.

평평한 세계 1.0이 새로운 세계무대에서 재화와 서비스를 생산할 수 있는 시대라면 평평한 세계 2.0은 이에 더해 아이디어를 창출하고 공유할 수 있는 시대이다. 마이크로소프트의 전략 및 연구 담당 최고책임자인 크레이그 먼디Craig Mundie는 "PC, 인터넷, 검색엔진을 결합하면 누구든 자기가 관심 있는 분야를 찾을 수 있습니다. 또한 PC, 스마트폰, 인터넷, 페이스북을 결합하면 누구든 자기의 관심을 끄는 세상의 모든 사람, 아니면 적어도 이미 소셜 네트워크를 사용하고 있는 5억 명 중 어떤 사람이라도 찾아낼 수 있습니다"라고 표현했다. 누구든 손뜨개, 에티오피아 요리, 뉴욕 양키스, 다운증후군 아동, 암 연구, 미국에 대한 지하드 개시, 이집트, 튀니지 또는 시리아에서의 체제 전복 등 특별한 관심사를 함께 나눌 사람들을 찾을 수 있다.

수많은 사람들이 그 어느 때보다 쉽게 원하는 정보와 사람을 찾을 수 있고, 물건이나 백과사전을 만들고, 혁명을 일으키는 일 등을 공동으로 수행하기 위해 그 어느 때보다 쉽게 연락을 취할 수 있을 때 당신은 평평한 세계 2.0 시대에 진입한 것이다. 즉 초연결hyper-connected 세계에 진입한 것이다. 그리고 여기에는 중대한 의미가 있다.

"사람들은 이제 국내외 정세를 더 잘 이해하고 서로 논의할 수 있는 자신만의 정보접근시스템뿐만 아니라 그것에 대해 그들 스스로가 실제로 행동에 옮기기 위한 조직화에 필요한 지휘통제체제도 갖추고 있습니다. 과거에는 정부와 군대만 고도의 지휘통제시스템을 갖추고 있었지만 이제는 대중에게도 있습니다. 이러한 시스템이 더 많이 보급될수록 그것들을 구축하고 사용하는 비용이 더 내려갈 것입니다. 그러면 더 널리 보급됩니다. 그리고 더 널리 보급될수록 그것들을 중앙에서 통제하기는 더욱 불가능해집니다"라고 먼디가 덧붙였다. 무엇이든 좁은 지역에 한정시켜 놓기도 점점 더 불가능해진다. 모든 정보가 각 나라의 가장 구석진 곳으로부터 정보를 공유하는 이 세계무대로 즉각 흘러들어온다.

2011년 아랍권에서 발생한 봉기에서 평평한 세계 1.0에서 2.0으로 이행하는 움직임의 중대한 징후를 찾아볼 수 있다. 평평한 세계 1.0은 디트로이트와 다마스쿠스를 연결했다. 평평한 세계 2.0은 디트로이트, 다마스쿠스, 그리고 다라Dara'a까지 연결했다. 다라는 시리아와 요르단 국경 지역에 있는 먼지에 뒤덮인 작은 도시이다. 시리아 반정부 시위가 시작된 곳이며 시리아 내에서 자행되고 있는 사건들에 대한 사진, 동영상, 소식을 세계로 내보낸 장소이기도 하다. 다라 시민들이 무수히 많은 휴대폰으로 무선 인터넷에 접속할 수 있었기에 시리아 정권은 자신의 야만적 행위를 고발하는 정보가 퍼져 나가는 것을 막을 수 없었다. 잠시 생각해보자. 시리아 정부는 CNN, BBC 등 그 어떤 외국 텔레비전 방송국도 자국에 들어오지 못하도록 했고, 시리아 외부에 있는 그 누구도 시리아 정부가 행하는 극악한 탄압 행위를 알 수 없을 것이라고 생각했다.

하지만 난데없이 시리아 내부나 외부에 있는 누군가가 SNNSham News Network이라는 웹사이트를 만들었고, 여기에 다라에 사는 시리아 인을 시작으로 시리아 정권이 자국민을 학살하는 모습을 담은 휴대폰 동영상을 올리기 시작했다. 유튜브에도 같은 동영상을 올렸다. 어느 순간엔가 알자지라al-Jazeera와 CNN 같은 대규모 국제 방송망들이 이런 동영상을 보도하면서 SNN을 인용했다. SNN은 만들고 운영하는 데 분명 수백 달러밖에 들지 않을 것이고, 누가 운영하는지 아무도 모르는 사이트인데도 말이다. 시리아인들이 자신들에 대한 이야기를 하고 있었다.

예전이라면 시리아 정부는 그저 마음에 들지 않는 텔레비전 방송국이나 라디오 방송국을 폐쇄해버리면 그만이었을 것이다. 그러나 오늘날 시리아 정권은 전력망을 폐쇄할 수 없는 것처럼 휴대폰 네트워크도 폐쇄할 수 없다.

이것이 평평한 세계 1.0과 2.0 시대가 의사소통, 혁신 및 교역에 있어서 구텐베르크에 의한 활판인쇄술 발명 이래 가장 중대한 변환점이 되고 있다고 우리가 주장하는 이유이다. 비교적 단시간 내에 초연결 세계에 참여할 수 있는 수단과 네트워크를 모든 사람이 실제로 보유하게 될 것이다. 인쇄술의 영향력이 사회 속으로 침투되기까지 수백 년의 세월이 걸렸다. 초연결 세계는 겨우 수십년 만에 이루어졌지만 적응 면에서는 훨씬 더 힘들다.

이러한 변화는 정치에서 상행위, 직장, 교육에 이르기까지 다양한 방식으로 미국과 미국인에게 영향을 미칠 것이다. 이 장에서 우리의 흥미를 일으키는 부분은 이러한 영향력이 일터와 개인이 일자리를 구하고, 그것을 유지하기 위해 필요한 기술들을 재편하는 데 어떻게 도움을 줄 것인가 하는 점이다. 우리는 초연결 세계가 모든 이들의 사업을 변화시키고 있고, 사업에 종사하는 사람이라면 누구나 그들의 기업 규모에 관계없이 생산성을 높이기 위해 이 새로운 도구를 기회로 활용하는 방법을 배울 수밖에 없다는 점을 이미 알 수 있다. 수많은 사람이 경쟁하고 접속하며 새로운 혁신과 정보를 밀어내고 끌어당길 수 있는 수단을 갖게 되었을 때, 기업이 다른 경쟁자들에게 추월당하기 전에 자사 제품을 업데이트하거나 신제품을 출시해야 하는 속도가 점점 빨라진다는 점도 알 수 있다. 또한 초연결 세계 덕분에 그 어느 때보다도 더 많은 개인과 소규모 단체가 적은 자본으로 손쉽게 사업을 시작하고 새로운 일자리를 창출할 수 있게 되었다는 점도 알 수 있다. 마지막으로 초연결 세계는 규모와 업력에 관계없이 어떤 기업에서 일정 기간 이상 근무하고자 하는 모든 노동자가 자신의 일자리를 유지하기 위해 필요한 기술을 스스로 개발하도록 요구하고 있다.

이제 이러한 모든 변화를 살펴보도록 하자.

## | 누구나 압박감을 느낀다

마이클 바버Michael Barber는 피어슨 출판 그룹의 최고교육담당자이며 영국 토니 블레어 수상의 수석교육자문관이었다. 그는 요즘 세계화에 대한 강의를 할 때마다 다음의 이야기로 시작한다고 얘기했다. "내가 웨일즈에 사는 친구의 50세 생일 파티에 갔을 때입니다. 파티 다음 날 아침, 다른 손님 한 분과 나는 근처 언덕으로 산책을 가기로 했습니다. 우린 처음 만난 사이였죠. 나는 산책을 나서면서 대화를 나누기 위해 그에게 이렇게 물었습니다. '무슨 일을 하시나요?' 그는 '저는 기념비 석공입니다'라고 답했는데 이는 영국식 영어로 묘비 조각하는 일을 한다는 뜻이었습니다. 나는 바로 이렇게 말했죠. '세계화의 영향을 받지 않는 일에 종사하시니 참 좋으시겠습니다.' 그는 의문이 가득한 눈으로 나를 바라보며 이렇게 말하더군요. '그게 무슨 뜻인가요? 인터넷을 통해 인도에서 석재를 사오지 않으면 전 이 일을 접어야 해요.' 최근 2, 3년 사이에 모든 것이 변했습니다. 웨일즈에 사는 석공이 경쟁력을 유지하기 위해 인도에서 석재를 구매해야 한다면 세계화의 영향을 받지 않는 직업은 아마 없을 겁니다."

바버의 이야기는 요즘에는 그다지 특이할 게 없다. 석공이든 세계적 기업의 거물이든 그들의 핵심 사업에 영향을 미치는 기술이 상상 이상으로 빠르게 변화하고 있다. 그리고 생각하지도 못했던 곳에서 도전이 오고 예측하지 못한 장소에서 기회가 열리고 있다고 얘기한다. 모든 크고 작은 사업체의 경영자는 매일 세계를 샅샅이 뒤져 재능 있는 사람들을 이용하고 새로운 시장을 개척하며 생산 비용을 낮추기 위한 모든 방법을 활용해야 한다. 그렇게 하지 않으면 곧 망할 것이기 때문이다.

톰은 홍콩에서 가장 오래되고 가장 존경받는 섬유 제조업체인 리앤펑 Li & Fung의 회장 빅터 펑Victor Fung을 지난 10년 동안 수차례 취재했다. 펑은 섬유 산업에서 잔뼈가 굵은 사람으로 오랫동안 동일한 기본 법칙에 따라 업체를 운영했다. 그가 설명하는 법칙은 "아시아에서 공급 자원을 확보하고 미국과 유럽에 판매한다"였다. 2011년 초, 톰이 펑과 이야기를 하게 되었을 때 펑은 이전과는 다른 메시지를 전했다. 오늘날과 같이 초연결 세계에서 펑의 사업 모델은 완전히 평평해졌다. 아시아는 그 자체로 거대한 시장이 되고 있고 다른 지역 개발도상국 또한 그렇게 되고 있다. 또한 이전에는 상상도 할 수 없었던 장소에서 새로운 제조와 디자인 가능성이 열리고 있다. "지금 우리의 좌우명은 '모든 곳에서 자원을 구하고 어디에서나 제조하며 모든 곳에 판매한다'입니다. 수출이라는 개념 자체가 사라지고 있어요."

어플라이드머티리얼즈의 CEO인 마이크 스플린터Mike Splinter도 이 점에 의견을 같이 했다. "10년 전 아웃소싱은 '소프트웨어 생산 일부를 해외에서 해봅시다'와 같은 것이었죠. 이는 지금 우리가 하고 있는 형태의 아웃소싱이 아닙니다. 이것은 그저 제가 일을 처리하는 곳일 뿐이죠. 이제는 이렇게 말할 수 있을 겁니다. '우리 연구개발 부서 박사들 중 절반은 그들의 고향인 싱가포르나 타이완, 중국에 사는 게 낫겠어. 그곳에서도 우리 회사를 위해 일할 수 있으니까.' 이것이 다음에 이루어질 진보입니다. 5년이나 10년 전과 비교하면 훨씬 더 많은 일을 할 수 있는, 훨씬 더 다양한 선택권을 나는 갖고 있습니다"라고 스플린터가 설명했다.

## 세인트루이스에서 뉴델리까지

뿐만 아니라 전 세계 평범한 사람들 역시 다양한 선택권을 갖게 되었다. 이제 매년 더 적은 자본으로, 더 넓은 범위를 대상으로, 더 높은 포부로, 더 야심 찬 회사를 시작할 수 있게 되었다. 두 회사의 예를 살펴보자. 하나는 미국인들이 세인트루이스에 설립한 회사로 실제로 의료기기를 생산하고 있으며, 다른 하나는 인도 빈민층에게 금융 서비스를 제공하는 회사로 사우스 델리에 있는 한 차고에서 운영되고 있다. 이들 이야기는 모든 미국 기업가가 새로운 세상에서 얼마나 광대한 기회를 맞이하고 있는지, 그리고 모든 미국 기업가가 이 새로운 세상에서 얼마나 강력하고 새로운 경쟁자에 맞서야 하는지를 말해준다.

'GM의 운명이 미국의 운명이다'라는 말을 들어본 적 있을 것이다. 다행히 이는 더 이상 진실이 아니다. 새롭게 시작하는 GM이 잘되길 바란다. 하지만 초연결 세계 덕분에 미국의 미래 경제는 더 이상 GM의 운명에 의지하지 않아도 된다. 한 도시에서 한 공장이 일자리 1만 개를 제공하던 시절은 빠르게 지나가고 있다. 지금 미국에게 필요한 것은 다양한 종류, 크기, 형태의 신설 기업들이다. 이것이 미국인의 좌우명이 '엔도스팀EndoStim의 운명이 미국의 운명이다'로 변한 이유이다.

엔도스팀은 미주리 주 세인트루이스를 근거지로 한다. 체내 삽입형 위산 역류 치료기기를 개발하고 있는 회사이다. 이 제품이 시판될지 여부는 알 수 없지만 엔도스팀의 형성과 사업 방식은 대단히 흥미로웠다. 엔도스팀은 신규 이민자가 더 평평한 세계에서 기존의 자금원들을 활용하여 혁신을 추구하는 회사로 미국 경제에 새로운 성장 동력을 제공할 수 있는 신생 업체의 새로운 유형을 보여주는 완벽한 본보기이다. 엔도스팀은 세인트루이스 창업투자가들의 자금 지원을 받아 쿠바와 인도에서 미국으로 온 이민자들을 주축으로 시작되었다. 제품은 이스라엘 기술자의 도움과 인도, 미국, 유럽, 칠레 의사들의 의견을 지속적으로 반영하여 우루과이에서 제조한다. CEO는 남아프리카공화국 출신으로 파리 소르본느Sorbonne대학교 출신이지만 현재 미주리와 캘리포니아에서 살고 있다. 사실상 그의 본사는 아이패드이다. GM에 구제금융을 지원하면 몇몇 기존의 일자리들을 보존할 수 있겠지만 엔도스팀 같은 회사 수천 개를 창출해내면 미국인의 생활수준을 지속적으로 끌어올릴 수많은 신규 일자리를 만들어낼 수 있을 것이다.

엔도스팀은 우연히 시작되었다. 산부인과 의사인 라울 페레스는 1960년대에 쿠바에서 미국으로 이주해 세인트루이스에 왔다가 현지 투자자인 댄 버크하트Dan Burkhardt를 만났다. 버크하트는 "라울은 의료 산업 투자와 임상 환경에서 수익을 올릴 수 있는 일에 정통한 사람이었습니다. 그래서 우리는 함께 투자를 시작했죠"라고 당시를 회상했다.

1997년 페레스와 버크하트는 오크우드의료투자Oakwood Medical Investors라는 의료벤처펀드를 만들었다. 위산 역류로 고생하던 페레스는 치료를 위해 애리조나에 있는 메이오클리닉에 다녔고, 그곳에서 비렌더 샤르마라는 인도계 미국인 의사에게 진료를 받았다. 후속 치료 중에 샤르마는 모든 벤처 투자가들이 듣고 싶어 하는 네 마디를 말했다. "제게 좋은 아이디어가 있어요." 샤르마의 아이디어는 위산 역류를 막을 수 있도록 근육을 통제하는 심장박동 조율기와 비슷한 기기를 활용하는 것이었다. 남아프리카공화국 출신에 트렉자전거Trek Bicycle Corporation의 창립자인 베빌 호그Bevil Hogg가 버크하트, 페레스 그리고 샤르마에 합류하여 CEO를 맡았다. 그래서 기술 개발을 위한 초기 자금을 모금했다. 이스라엘 출신인 의료기술자 샤이 폴리커와 저명한 소화기내과 전문의 에디 소퍼가 설계를 돕기 위해 시애틀에 근거지를 두고 호주인이 이끄는 기술팀에 합세했다. 우루과이에 있는 심장박동 조율기 전문회사가 견본을 만들었다.

엔도스팀은 벤처 투자의 최첨단을 달리는 비용절감형 신생 업체이다. 회사 중역들이 동시에 한자리에 모이는 일은 거의 없다. 최고의 전문 기술과 저비용 고품질 제조 방식을 활용하기 위해 화상회의, 이메일, 인터넷, 페이스북, 트위터, 팩스 등 연결된 세계에서 사용할 수 있는 모든 도구를 이용한다. 앞에서 설명한 클라우드 컴퓨팅과 비교하면 엔도스팀의 방식은 '클라우드 제조cloud manufacturing'라고 할 수 있다.

엔도스팀의 초기 임상 실험은 인도와 칠레에서 진행되었다. 지금은 유럽으로 확장해나가고 있다. "이들이 공통적으로 보유하고 있는 것은 높은 기술 수준, 프로젝트를 향한 열정, 연구에 대한 관심 그리고 적정한 가격경쟁력을 갖춘 뛰어난 외과의사들입니다"라고 호그는 말했다. 그래서 이것이 미국에게 무슨 득이 되는가? 벤처 자본, 중요한 기술혁신, 핵심 경영 기법이 미국에서 나오는 한 많은 이익을 얻을 수 있다. 만약 엔도스팀이 성공한다면 세인트루이스에 있는 아주 작은 본사도 훨씬 크게 성장할 것이다. 호그는 최고 경영층, 마케팅, 디자인 등 가장 좋은 일자리와 주요 주주들이 미국으로 모여들 것이라고 단언했다. 혁신이 이루어지고 자본이 모이는 곳은 여전히 중요하다.

엔도스팀에서 남부 델리에 있는 한 차고에서 북적거리는 에코 인도 금융서비스Eko India Financial Services로 옮겨가는 것은 신생 기업의 전형에서 전통 기업의 전형으로 옮겨가는 것임에도 이 두 기업에는 놀랄 만큼 많은 공통점이 있다. 에코의 창업자인 아브히세크Abhishek와 아브히나브Abhinav 신하Sinha 형제는 무척 단순한 관찰에서 시작했다. 극빈 지역에서 델리로 모여드는 저임금 인도 이주노동자들은 돈을 보관해둘 장소도, 고향에 있는 가족에게 안전하게 송금할 방법도 찾지 못하고 있었다. 인도는 나라 크기에 비해 비교적 은행 지점수가 적다. 때문에 이주노동자들은 돈을 침대 매트리스 속에 숨겨놓거나 아는 사람을 통해 직접 건네주는 방식으로 집에 돈을 보냈다.

신하 형제는 이런 모습을 보고 아이디어를 얻었다. 대부분의 인도 주택가와 마을에는 음료수, 담배, 사탕, 식료품 몇 가지를 판매하는 소규모 영세 매점이 있다. 신하 형제는 이 매점을 가상 은행virtual bank으로 바꿔보면 어떨까라는 생각을 했다. 이를 실행에 옮기기 위해 형제는 델리에 거주하는 이주노동자가 휴대폰과 신원인증서를 이용하여 자신의 휴대폰 문자전송 시스템에 등록되는 은행 계좌를 개설할 수 있는 소프트웨어 프로그램을 개발했다. 매점 주인들은 하던 일을 하면서 동시에 친근한 이웃 은행원 역할을 할 수 있을 테니 은행 업무를 위해 새로 건물을 마련할 필요도 없었다.

이를테면 델리 주변 판자촌에 사는 노동자가 매점 주인에게 1000루피(약 20달러)를 주면 매점 주인은 휴대폰에 기록하여 입금 영수증을 시스템의 모은행인 인디아스테이트은행State Bank of India에 문자메시지로 보낸다. 비하르Bihar에 사는 노동자의 아내는 같은 시스템에 등록되어 있는 자기 동네 매점으로 가서 자기 휴대폰으로 송금된 돈을 인출할 수 있다. 거기에서 매점 주인이 남편이 보낸 1000루피를 아내에게 줄 것이다. 각 매점 주인은 거래가 있을 때마다 인디아스테이트은행처럼 약간의 수수료를 받는다. 노동자들은 이 시스템을 송금뿐만 아니라 저축에도 사용할 수 있다.

2008년 사업을 시작한 지 18개월 만에 가상 은행 사용자는 18만 명에 이르렀다. 그리고 델리에 있는 소규모 영세 매점 500개 지점과 많은 가정부와 기타 국내 이주자들의 출신 지역인 비하르와 자르칸드Jharkhand에 있는 200개 지점에서 하루 7000건 이상의 거래가 이루어지고 있다. 에코는 매번 거래가 있을 때마다 은행에서 적정한 수수료를 받았다. 2010년에 이미 흑자를 기록했다. 브라질의 유사한 프로그램에서 영감을 얻은 아브히세크는 매점 주인들이 각 지역공동체에서 이미 신뢰를 얻은 사람들이며 가난한 손님들에게 외상으로 물건을 판매한다고 말했다. "그래서 우리는 '왜 그들을 활용하지 않는 것일까?'라는 생각을 하게 된 겁니다. 우리는 인디아스테이트은행의 대리인 역할을 하고 매점 주인들은 우리의 대리인 역할을 수행합니다."

정말이지 왜 아니겠는가? 오늘날 가장 저렴한 인도산 휴대폰도 빈민을 위한 디지털 '매트리스'와 디지털 은행 역할을 하기에 충분한 컴퓨팅 파워를 갖추고 있다. 이 전체 시스템을 직원 12명이 작은 집 한 채와 차고에서 노트북과 저렴한 인터넷 접속망으로 운영하고 있다. 신하 팀이 클라우드에서 다운로드 받은 무료 오픈소스 코드로 자기들만의 핵심 소프트웨어를 구축하기 시작했다는 점은 놀랄 만한 일도 아니다. 그들은 대규모 하드웨어에 투자할 자본이 없다는 사실을 알고 있었다. 그러므로 델리 근교 노이다Noida에 있는 데이터 센터의 클라우드 컴퓨팅 서버를 기반으로 전체 사업을 운영한다.

아브히세크가 말하는 이 사업의 핵심은 '정부 서비스가 끝나는 곳과 소비자가 시작되는 곳 사이의 틈새인 라스트 마일last mile을 연결하는 것'이다. 라스트 마일을 연결하지 않으면 적절한 의료, 교육, 보험 혜택을 받을 수 없는데, 이 가난한 인도인 수백만 명을 위해 라스트 마일을 연결하는 거대한 사업이 진행 중이다. 아브히세크는 에코가 '기존 정보통신 네트워크와 기존 유통 네트워크를 활용'했고 비교적 적은 자본을 투자하여 이제는 인도 8개 주 전역에 사는 70만 명 이상의 저소득층에게 서비스를 제공할 수 있게 되었다고 덧붙였다. 2011년 초, 에코는 하루 평균 250만 달러에 달하는 2만 건이 넘는 거래를 처리하고 있다.

이 작은 에코 팀에는 인도 최고의 공과대학을 졸업하고 미국에서 일하다가 델리로 돌아와 에코에 합류한 사람들이 있다. 텍사스 라마대학교에서 컴퓨터 공학석사 학위를 취득하고 앨라배마대학교에서 MBA를 취득한 지쉬누 킨와르Jishnu Kinwar는 아내와 함께 잘나가던 직장을 그만

두고 델리로 돌아오기 전까지 미국에서 10년간 일했다. 이제 킨와르는 차고에 차린 에코 사무실에서 일하고 있다. 에코의 최고운영책임자인 마테오 치암포Matteo Chiampo는 인도에서 일하기 위해 보스턴에 있는 좋은 직장을 그만두고 인도로 옮겨온 이탈리아 최신 과학기술 분야 전문가이다. 그는 "에코는 흥미진진한 곳"이기 때문에 왔다고 말했다.

엔도스팀과 에코를 움직이는 힘과 동일한 힘이 1인 또는 2인 기업에게 어디에서나 세계로 나아갈 수 있는 능력을 부여한다. 우리는 이러한 현상을 난데없이 나타난 수십억 달러 규모의 '앱' 산업에서 볼 수 있다. 애플은 2007년 6월 아이폰을, 2010년 4월 아이패드를 각각 출시했다. 〈포레스터 리서치Forrester Research〉는 2011년도 보고서에서 스마트폰과 태블릿용 애플리케이션 판매를 통해 발생하는 수익이 2015년에는 380억 달러에 이를 것이라고 전망했다. 2006년에는 존재하지도 않았던 사업이 구글의 안드로이드 마켓, 마이크로소프트의 마켓플레이스, 블랙베리의 앱월드, HP의 팜 앱 카탈로그 등 수많은 새로운 온라인 스토어를 통해 10년 내에 380억 달러 수익을 발생시킬 것이라는 사실을 생각해보라. 애플의 아이폰, 아이팟터치, 아이패드만 해도 이 책을 쓰고 있는 2011년 겨울을 기준으로 대략 35만 개의 애플리케이션을 만들어냈다. 그리고 애플은 애플 앱스토어에서 판매되고 있는 프로그램 개발자들에게 지금까지 20억 달러 이상을 지급했다. 오늘날 개개인이 자기의 재능, 취미, 열정을 세계시장에서 애플리케이션으로 세계화할 수 있는 잠재성은 역사상 전례가 없었고 그 잠재력 역시 무한하다.

이것은 좋은 소식이다. 나쁜 소식, 좋게 말해 도전 정신을 불태우는 소식은 이 신흥 애플리케이션 산업이 소프트웨어, 예술, 수학, 창조성,

글쓰기, 게임, 교육, 작곡, 마케팅에 이르기까지 다양한 애플리케이션으로 적용할 수 있는 모든 부문을 결합시킨다는 점이다. 다시 말해, 이 산업이 MIT, MTV, 매디슨 애비뉴Madison Avenue(미국 뉴욕시 맨해튼 동쪽으로 약 10킬로미터에 걸친 거리. J.W.톰슨, 영&루비컴, 그레이애드버타이징 등 일류 광고회사와 방송국이 많기 때문에 '광고거리'라고 불린다—옮긴이)의 기술 결합을 요구한다는 것이다. 이런 기술은 결국 단순히 소프트웨어 코드를 작성하는 일보다 훨씬 더 높은 수준의 훈련과 창조성을 필요로 한다.

 몇 년 안에 지구상의 모든 사람은 실제로 초연결된 평평한 세계에 참여할 수 있는 도구와 네트워크 접속망을 사용할 수 있게 될 것이다. 이렇게 되면 전 세계 거의 모든 지역에서 이런 모든 혁신과 연결의 도구 사용에 전력 대부분을 소비하게 될 것이다. "그냥 그것들이 거기에 존재한다고 가정하게 될 겁니다. 그것들은 사실상 그저 배경 속으로 사라지게 되죠"라고 IBM 전략부문 부사장인 조엘 콜리Joel Cawley가 주장했다. 콜리는 이렇게 되면 2가지가 개인, 회사, 국가를 구별하게 될 것이라고 말한다. 하나는 분석학이다. 일단 모든 사람이 연결되면 번영의 여부는 회사나 국가가 더 좋은 의료 혜택, 교육, 전자상거래, 혁신, 고객서비스, 정부서비스를 네트워크상의 모든 이에게 제공하는 능력을 최적화하기 위하여 네트워크를 통해 쏟아지는 모든 데이터를 얼마나 잘 분석하고 적용하는지에 달려 있다. 결국 이러한 분석을 수행하기 위해 한 회사가 사용하는 도구는 다른 회사들도 사용할 수 있는 클라우드에 있을 것이다.

 또한 일단 모든 기술이 모든 사람에게 공통으로 주어지면 "모든 전통적인 내용물들이 한층 더 중요하게 될 것입니다. 그렇게 되면 우리가 차지할 수 있는 유일한 이점은 인적 자원입니다"라고 콜리가 예측했다. 학교 시스템이 얼마나 잘 갖춰져 있는가? 직원 교육을 얼마나 잘 실시하고 있는가? 이들이 어떤 창의성, 영감, 상상력을 이 무대로 가져오는가? 법률과 국가 통치구조가 얼마나 합리적이고 규제, 특허, 세금 정책은 얼마나 빈틈없는가? "이러한 점이 진정한 차별 요소가 될 것입니다. 기술은 누구나 가지게 되죠." 콜리가 덧붙였다.

기업들이 지속가능한 기업문화를 창조할 수 있도록 도와주는 컨설팅 회사 LRN의 CEO이면서 《하우: 새로운 세계, 새로운 비전How: Why How We Do Anything Means Everything》의 저자이기도 한 더브 사이드먼Dov Seidman 은 평평한 세계 1.0 시대에서 2.0 시대로의 전환을 이렇게 설명한다. "우리는 연결된 세상에서 상호 연결된 세상으로 또 상호 의존하는 세상으로 옮겨가고 있습니다. 모든 관계가 점점 더 밀접해지고 있죠. 이제 더 많은 사람이 훨씬 심층적인 방법으로 서로 접속하고 협력하고 공동으로 일할 수 있습니다. 이처럼 세계가 친밀하게 서로 연결되면 이전보다 훨씬 더 많은 사람들에게 영향을 미치게 되므로 사람의 가치와 행동이 그 어느 때보다 더 중요해집니다."

## | 창조자와 제공자

이제 다시 미국으로 돌아가보자. 이 모든 급격한 변화가 연이어 일터를 덮치자 많은 사람들은 불안감을 느끼면서 "난 어디에 맞는 사람이지? 내일에 적합한 사람이 되려면 어떻게 해야 할까? 그리고 학교에서는 어떤 기술을 배워야 하지?"라는 질문을 하게 되었다. 일터는 모든 교육자와 부모, 노동자가 이해해야 하는 근본적인 구조조정을 겪고 있는 중이다.

노동자가 느끼는 압박감은 대침체Great Recession와 평평하고 초연결된 세계시장이, 결합하여 모든 회사가 생산성을 높이도록 하는 점에서 비롯된다. 즉, 비용과 직원 수는 줄이고 제품 생산은 늘리도록 박차를 가하고 있다는 사실에서 비롯된다. 이것이 대침체 상황에서 미국의 생산성과 기업의 이윤 그리고 실업이 동시에 증가한 이유이다. 회사는 투입량을 줄이면서 생산량을 늘리는 법을 익히고 있다. 따라서 시대에 뒤진 일자리는 완전히 사라지고 있고 새로 생겨나는 일자리는 기계와 마이크로칩이 대신하는 경우가 늘고 있다.

시카고대학교 부스경영대학원Booth School of Business 재무학 교수이자 《폴트 라인Fault Lines》의 저자 라구람 라잔Raghuram Rajan은 "과학기술이 주도하는 거대한 지각 변동이 일어나고 있습니다"라고 말했다. 2차 세계대전 종전으로부터 1991년에 이르기까지는 "경기침체의 최저점까지 내려갔던 고용이 이전 수준을 되찾기까지 일반적으로 평균 8개월이 소요되었습니다"라고 지적했다. 그러나 지난 20년간 신규 기술과 네트워크가 도입되면서 이는 더 이상 사실이 아니다. 경기침체가 발생할수록 그리고 세계시장이 더 평평해지고 연결될수록 업무 자동화 및 디지털화 또는 아웃소싱이 가속화된다.

라잔은 "지난 세 번의 경기침체를 살펴보십시오. 1991년 침체기의 경우 고용이 경기침체 이전 수준을 회복하기까지 23개월이 걸렸습니다. 그리고 2007년 침체기의 경우 고용 수준 회복에 5년 또는 그 이상이 걸릴 것이라 예상하고 있습니다"라고 덧붙였다. 예전 경기 회복 사이클에서는 노동자들이 일시적으로 해고되었다가도 일단 수요가 다시 증가하면 비교적 빨리 고용 상태로 돌아갈 수 있었다. 경기가 한 번 순환하는 동안 업무의 성격이 급격하게 변화하지 않았기 때문에 노동자들은 적응하기 그리 어렵지 않았다. 그러나 이제는 세계화와 정보기술혁명의 압력 하에서 기업이 생산성에 관심을 집중하기 시작했다. "일단 직원을 해고하기 시작하자 기업들은 전체 직원을 해고하고 어디에서 어떻게 사업을 할지 전적으로 다시 고려하는 것이 득이라는 사실을 깨달았죠"라고 라잔은 말했다.

컨설팅 회사 맥킨지McKinsey & Company의 집행임원인 바이런 오거스트 Byron Auguste는 이 주제를 연구해왔다. 그리고 그는 2011년 맥킨지 보고서에서 기업은 역사적으로 수요가 감소하는 침체기에 구조조정을 실시한다고 말했다. 과거 침체기에 기업은 직원을 해고하고 이윤 감소나 손실을 감수하면서 사업 손실을 만회했다. 기업들은 30에서 40퍼센트 정도에 해당하는 직원을 해고하면서도 핵심 전문인력층을 유지하기 위해 60에서 70퍼센트에 이르는 직원을 계속 고용했다. 그러다가 경기가 회복되기 시작해서 수요가 다시 증가하면 해고했던 직원을 재고용했다. 그러나 지난 20년 동안 일어난 경기침체기에는 이러한 경향이 두드러지지 않고 있다. 2008년 침체기에 기업들은 직원 해고를 통해 수익 감소분의 대략 98퍼센트를 만회했고, 이후 해당 업무를 자동화와 아웃소싱을 통해 대체했다고 오거스트는 맥킨지의 연구를 인용해 말했다. "회사들은 이제 보다 적은 인원으로 사업을 할 수 있도록 근본적으로 구조조정을 단행했기 때문에 수요가 다시 높아져도 과거와 같이 많은 노동자들을 재고용하지는 않을 것입니다"라고 오거스트가 단언했다.

고용주들이 지난 20년 동안 심술 맞아졌기 때문에 이렇게 되었을까? 아니다. 초연결 세계에 접어들면서 구조조정을 할 수 있었기 때문이다. 또한 경쟁자들보다 빨리 구조조정을 실시해야 했기 때문이기도 하다.

지난 수십 년간 구조조정으로 수많은 미국인이 일자리를 잃었지만 경제 호황에 실업이 가려지기도 했고, 또 그 충격이 완화되기도 했다고 라잔은 주장한다. 이것이 어떻게 가능했을까? 그는 "국민들의 생활수준을 인위적으로 유지하기 위해 거대한 부동산 거품과 신용 거품을 창조함으로써" 가능했다고 설명한다. 실제로 미국은 경쟁이 치열한 노동시장에서 달리 일자리를 찾지 못해 몸부림쳤을 단순 노동력을 흡수하기 위해 주택 건설이라는 산업을 만들어냈다. 그러나 일단 부동산과 신용 거품이 터지자 수많은 노동자들이 말 그대로 공중에 붕 뜨게 되었다. 세계화가 심화되면서 중하층 화이트칼라(이들 중 상당수는 집을 매입하고 있었다) 일자리가 완전히 사라졌을 때와 똑같이 부동산 거품이 붕괴되면서 미숙련 블루칼라(이들 중 상당수는 주택건축에 종사하고 있었다) 일자리 전체가 완전히 사라졌다.

수요를 증가시키는 단기 정책(세금 감면, 저금리, 정부 지출 증가)으로 경기를 부양함으로써 이러한 일자리 중 일부를 되살릴 수 있다는 점에는 의심의 여지가 없다. 분명 미국은 수요 부족으로 고심하고 있다. 그러나 교육과 혁신 강화를 통해서만 해결할 수 있는 노동시장 내부의 구조상 문제들도 새롭게 부각되고 있다.

경제 전반에서 무슨 일이 일어나고 있는지 보여주는 간단한 예를 들어보겠다. 20년 동안 콜로라도의 스키 리조트는 스키장 이용자에게 리프트 티켓을 판매했다. 리프트 조작자는 매일 아침 손님이 처음으로 리프트를 타고 산꼭대기로 올라갈 때 손님이 재킷에 클립으로 고정시켜 놓은 리프트 승차패스에 펀치로 표시를 했다. 이 리프트 조작자는 겨울 시즌에 단기 비자를 받아 세계 각지에서 미국으로 오는 젊은이들에게 인기 있는 비교적 단순한 일자리였다.

리프트 조작자 신분증에는 보통 국적이 표시되어 있었고 스키를 타는 손님들은 이들과 어울리기를 즐겼다. "앗, 당신은 아르헨티나 사람이군요. 우린 바로 작년에 아르헨티나에 다녀왔어요." 자동화와 디지털화 속도가 빨라지면서 리프트 승차패스에는 바코드가 찍혀 나왔다. 구멍을 뚫는 펀치는 휴대용 스캐너로 대체되어 더 이상 사용하지 않지만 여전히 손님 재킷에 붙어 있는 바코드를 스캔할 단순노동 인력이 필요했다.

2010년 스노우매스Snowmass 리조트는 새로운 시스템을 도입했다. 리프트 승차패스는 이제 마이크로칩이 내장된 신용카드 크기의 플라스틱 카드로 바뀌었다. 그 카드를 재킷 주머니 안에 살짝 넣어 놓기만 하면 된다. 리프트 탑승 입구에서 티켓 확인을 받기 위해 멈춰서는 대신 자동으로 카드를 인식하는 센서가 부착된 회전문을 통해 걸어 들어간다. 그러면 센서가 신호를 인식한 후 녹색불이 들어오면서 문을 통과할 수 있다. 즉, 스키장용 전자자동통과장치를 도입한 것이다. 미소로 손님을 반기며 티켓을 확인하는 아르헨티나인도 콜로라도 주민도 없다. 각 입구마다 리프트 조작자 4명이 서 있는 대신 이제는 컴퓨터 스크린에서 전체 시스템을 조작하는 직원 단 한 명만 옆에 서 있다. 틀림없이 더 많은 임금을 받을 고급인력 한 명과 컴퓨터 한 대가 저임금 단순노동자들을 대체한 것이다. 생산성을 증가시키고 온갖 일자리를 없애며 숙련 노동자를 위한 기대치를 높이는 이러한 변화가 모든 일터에서 일어나고 있다.

## | 누가 내 일자리를 없앴나

2010년 9월, 노동경제학자인 하버드대학교의 로렌스 카츠Lawrence Katz와 MIT의 데이비드 아우터David Autor가 〈고용과 기술 변화 연구에 있어 거대한 변화Grand Challenges in the Study of Employment and Technological Change〉라는 제목의 백서를 미국국립과학재단National Science Foundation의 연구논문으로 발표했다. 오늘날 이러한 현상이 어떻게 전개되고 있는지 설명하기 위해서다.

세계화와 정보기술혁명이 함께 가져온 큰 변화는 "대학 학위를 보유한 노동자들에게 매우 유리하고 교육 수준이 낮은 남성에게 매우 불리한 노동시장"이라고 카츠와 아우터는 주장한다. 이러한 추세를 일컬어 '노동 양극화' 또는 '고급인력에 대한 수요를 증가시키는 기술 변화'라고 한다. 이는 컴퓨터나 로봇 덕분에 교육 수준이 높은 사람들의 생산성이 더욱 높아졌으며 이들이 생산한 재화와 서비스를 세계 도처에 있는 시장에 판매할 수 있게 되었다. 반면, 교육 수준이 낮은 사람들의 고용률이 낮아지고 있음을 의미한다. 세계화와 정보기술이 결합할 때 최고 교육을 받은 노동자의 임금 수준은 높아지고 최저 교육을 받은 노동자는 해고되거나 애초에 일자리를 잡을 수 없게 된다. 톰과 함께 〈뉴욕타임스〉에 근무하는 데이비드 레온하트David Leonhardt는 2011년 4월 11일자 칼럼에서 몇 가지 냉혹한 통계를 들어 설명했다. "1950년대와 1960년대 경기가 최악이던 때, 근로 최적기(25세부터 54세 사이) 인구 중 약 9퍼센트가 실직 상태에 있었다. 심각한 경기침체기였던 1980년대 초, 근로 최적기 인구 중 약 15퍼센트가 실직 상태였다. 지금 현재 근로 최적기 인구 중

18퍼센트가 실직 상태이다. 이는 25세에서 54세 사이 노동인구 5명 중 거의 한 명이 실직 상태에 있다는 우울한 통계이다. 그중 일부는 기쁜 마음으로 은퇴했을 것이고 일부는 학교에 진학한 이도 있을 것이며 아이를 돌보는 사람도 있을 것이다. 그러나 대부분은 이 범주에 들어가지 않고 단순히 일자리가 없을 뿐이다. 그들은 다른 방법으로 근근이 생계를 꾸려나가고 있는 것이다."

오늘날 노동시장은 세 부문으로 나눌 수 있다. 이는 점차 두 부문으로 통합되고 있다. 첫 번째 부문에는 고도의 기술을 요하는 비정례적 직업들이 포함된다. 비정례적 직업이란, 그 기능을 알고리즘으로 만들어 컴퓨터나 로봇에 프로그램을 입력하거나 손쉽게 디지털화하여 외부로 아웃소싱할 수 없는 직업을 말한다. 이러한 업무에는 비판적 사고나 추리력, 추상적인 분석 능력, 상상력, 판단, 창조성, 그리고 종종 수학이 필요하다. 또한 상황을 판단하고 판단을 근거로 추정하며 새로운 것, 예컨대 참신한 제품, 신선한 통찰력, 새로운 서비스, 신규 투자, 익숙한 일을 다루는 새로운 방식 또는 기존 기업들에서 새로운 방법으로 할 새로운 일 무언가를 창조하는 능력이 필요하다. 고도의 기술을 요하는 비정례적 업무는 일반적으로 엔지니어, 프로그래머, 디자이너, 금융가, 기업체 중역, 주식 및 채권 트레이더, 회계사, 연기자, 운동선수, 과학자, 의사, 변호사, 예술가, 교수, 건축가, 시공업자, 요리사, 전문 기자, 편집자, 정교한 기계 조작자, 혁신가의 영역이다.

비정례적 업무는 세계화와 정보통신기술혁명의 결합에 의해 밀려나기는커녕 한층 더 생산성이 높아졌다. 이러한 노동자들은 스스로 연구를 수행하기 위해 구글을 사용하고, 파워포인트 프레젠테이션을 만들기 위해 윈도우 프로그램을 사용한다. 또한 온라인 광고, 포스터, 애플리케이션을 디자인하고 영화를 편집하거나 건물을 설계하기 위해 매킨토시를 사용한다. 이들은 스스로 스프레드시트를 만들고 숫자 정보를 처리하기 위해 노트북을 사용하고 거래와 정보 수집에 휴대폰을 사용한다. 이들은 이 모든 일을 스스로 어디에서나 할 수 있다. 그 어떤 비서, 사원, 업무 보조자보다도 더 빨리, 더 저렴하게 수행할 수 있다. 당신이 이처럼 고도의 기술을 요하는 비정례적 직업에 종사한다면 세계화와 정보기술 혁명은 당신의 생산성을 높이고, 전 세계가 당신의 능력을 탐내도록 하고, 당신에게 분명히 더 높은 보수를 제공해주는 좋은 친구 역할을 했을 것이다.

두 번째 범주는 정례적이며 중간 수준의 기술을 필요로 하는 직업으로 화이트칼라 또는 블루칼라 중 표준화된 반복적인 업무를 포함한다. 이 범주에는 공장의 조립 라인 업무, 은행 또는 증권회사 업무지원 부문에서의 계수 업무와 서류 정리, 신문에 게재할 정기 보고, 인터뷰 또는 의사 진단서 옮겨 쓰기, 상사를 위한 파워포인트 프레젠테이션 작성, 통상적인 판매, 전화하기 또는 분실된 수화물 추적 등이 포함된다. 이 범주는 세계화와 정보통신 혁명의 결합에 의해 폐허로 변하고 있다. 예컨대 은행이나 증권회사에서 서류를 정리하는 업무와 같이 알고리즘으로 변환할 수 있는 업무는 디지털화 및 전산화되거나 훨씬 더 저렴한 노동시장으로 인터넷을 통해 아웃소싱 되고 있다. 엑스레이 판독이나 세무신고서 작성처럼 규칙화할 수 있는 일부 고급기술 업무도 이 범주에 들어가게 되었다. 세계화와 정보기술혁명으로 이러한 업무는 정보단위로 전환하여 광섬유를 통해 밤사이에 인도로 전송한다. 그러면 그곳에서 임금 수준이 낮은 방사선과 의사나 회계사가 업무를 처리해서 다음 날 아침까지 동일한 광섬유 케이블을 통해 바로 결과를 받아볼 수 있게 되었다. 세계화와 정보통신 혁명은 화이트칼라, 블루칼라 여부에 관계없이 어떤 종류의 일상 업무에도 친절을 베풀지 않는다.

"언젠가는 우리 모두 직접 차에 기름을 넣게 될 것입니다." 스탠포드 국제연구소SRI International 소장인 커티스 칼슨Curtis Carlson이 덧붙인다. "우리가 스스로 그 업무를 할 수 있도록 자동화하고 조정할 수 있는 온라인 서비스, 장보기, 전화교환, 조수와 같은 서비스들은 이런 방향으로 가게 될 겁니다. 이는 주로 비용 때문이지만 통제 가능성이 높아진다는 점 때문에 이런 방식을 더 좋아하는 경우도 많이 있습니다." 잡화점 계산대에 왜 판매직원이 필요한지 다시 한 번 생각해보자. 사실 별로 필요하지 않다. 이것이 CVS 파머시CVS pharmacies가 모든 계산대를 자동화한 이유이다. 교육을 잘 받은 직원 한 명이 당신과 컴퓨터 계산 기계를 지켜보고 있는 동안 당신이 스스로 계산을 하게 되었다.

카츠와 아우터는 "표준화된 일련의 계산 작업을 수행하는 데 필요한 실질비용은 1850년과 2006년 사이에 1조 7000억 분의 1 이하로 감소했으며 이 중 대부분은 지난 30년 동안 이루어졌다"라고 추정하면서, 예일대학교 경제학 교수 윌리엄 노드하우스William Nordhaus의 말을 인용했다. 카츠와 아우터는 백서에서 "그 결과 전통적인 '중간 수준의 기술을 필요로 하는 직종'에서 고용이 급락했다. 대표적인 중간 수준의 기술을 요하는 직업에 해당하는 4개 직종 즉, 판매직원, 사무직원, 생산직원, 직공이 고용시장에서 차지하는 비율은 1979년 57퍼센트에 달했으나 2009년에는 46퍼센트에 지나지 않았다"라고 썼다. 그리고 그 추세는 분명히 내리막을 향하고 있다.

노동시장의 세 번째 범주에는 사무실, 병원, 쇼핑센터, 레스토랑, 건설 현장, 공장 등에서 사람이 직접 손으로 해야 하는 비정례적 단순 업무를 수행하는 노동자들이 포함된다. 이런 업무에는 비판적 사고나 고학력이 필요하지 않다. 이런 업무를 하는 노동자로는 치과의사 보조원, 미용사, 이발사, 웨이트리스, 트럭 기사, 조리사, 제빵사, 경찰관, 소방관, 건설 노동자, 배달원, 배관공, 전기기사, 가정부, 택시 기사, 안마사, 간호사, 요양원에서 일하는 건강관리조무사가 있다. 이런 일자리는 로봇이나 컴퓨터가 대신할 수 없다. 인도나 중국에 있는 사람이 빼앗아 갈 수도 없다. 비정례적 단순노동자는 영원히 없어지지 않겠지만 일자리가 얼마나 있을지, 그리고 임금을 얼마나 받을지는 전반적인 경제 상황과 지역의 수요와 공급에 따라 좌우될 것이다.

3가지 직업 범주를 종합해보면 왜 전문가들이 노동시장 '양극화 현상'을 얘기하는지 확실히 알 수 있다. 비정례적 전문직은 전반적인 경기 상황에 따라 오히려 더 윤택해졌다. 비정례적 단순노동직은 지역 경제 상황과 개인 역량에 따라 적절한 임금을 받을 수 있다. 반면, 정례적 업무를 수행하던 화이트칼라 및 블루칼라는 임금이 감소하거나 아예 일자리 자체가 사라지고 있다. "추상적 업무를 수행하는 고학력 노동자와 수작업 또는 서비스 업무를 수행하는 저학력 노동자에 대한 수요가 증가한 결과, 최종적으로 고용 기회의 부분적 공동화空洞化 또는 양극화가 발생했다"라고 카츠와 아우터는 결론 내리고 있다.

전 헤지펀드 매니저이자 《사람을 없애라Eat People: And Other Unapologetic Rules for Game-Changing Entrepreneurs》의 저자인 앤디 케슬러Andy Kessler는

〈월스트리트저널〉(2011년 2월 17일자)에 새로운 노동시장 유형 분류체계를 제안하는 글을 실었다.

> 블루칼라와 화이트칼라로 나누던 분류는 잊어라. 우리 경제에는 창조자와 제공자, 두 부류의 노동자가 있다. 창조자는 프로그램을 코드화하고 전자칩을 설계하고 신약을 개발하고 검색엔진을 운영하여 생산성을 향상시키는 부류이다. 반면, 제공자는 집을 짓고 음식을 제공하고 법률 조언을 제안하고 차량관리국에서 근무하면서 창조자와 다른 제공자들에게 서비스를 제공한다. 제공자 중 많은 부분이 기계, 컴퓨터, 사업 운영 방식 변경으로 대체될 것이다.

'창조자'와 '제공자'라는 이분법은 모든 노동자가 자문하게 될 가장 중요한 질문에 주의를 집중시킨다. 나는 창조적이고 대체 불가능한 일을 함으로써 부가가치를 창출하고 있는가? 나는 내가 하는 업무에 여분의 초콜릿 소스, 생크림, 체리를 더하고 있는가?

오늘날 노동시장을 가장 잘 이해하기 위해서는 카츠, 아우터, 케슬러의 견해를 종합해야 한다. 그렇게 하면 노동시장을 네 종류로 나눌 수 있다. 첫 번째는 '창조적인 창조자'로서 비정례적인 업무를 독특하고 두드러진 방법으로 수행하는 사람들 즉, 일류 변호사, 회계사, 의사, 연예인, 작가, 교수, 과학자들이다. 두 번째는 '평범한 창조자'로 비정례적인 업무를 평범한 방법으로 수행하는 사람들 즉, 평균적인 변호사, 회계사, 방사선과 의사, 교수, 과학자들이 여기에 해당된다. 세 번째는 '창조적인 제공자'로 비정례적인 자기 업무를 멋진 방법으로 해내는 단순노동자들이다. 이 부류에 속하는 사람들은 특별한 조리법과 디자인을 개발한 제빵사, 특출한 대인관계 기술과 간호 능력을 갖춘 요양원 간호사, 호주산 카베르네 와인에 관한 해박한 지식으로 사람들을 감탄시키는 소믈리에가 있다. 네 번째는 '평범한 제공자'로 평범한 서비스 업무를 특별할 것 없는 평범한 방식으로 수행하는 사람들이다.

주의할 것은 의사, 변호사, 기자, 회계사, 교사, 교수와 같은 '비정례적' 업무를 한다고 해서 안전하다는 보장은 없다는 사실이다. 고도의 기술을 요하는 비정례적 업무를 평범한 방식으로 하고 있다면 즉, '평범한 창조자'에 속한다면 아웃소싱, 자동화, 디지털화의 위협을 받을 수도 있다. 그렇지 않더라도 경제 불황기가 닥치면 가장 먼저 해고될 것이다. 직접 사람과 마주해야 하는 업무를 하는 제공자라고 해도 안전하다는 보장은 없다. 이런 노동자 역시 아웃소싱, 자동화, 외국인 노동력, 디지털화의 위협을 받을 수 있고 불황기가 닥치면 가장 먼저 해고될 것이다.

조지 클루니를 떠올려보라. 안전한 사람은 아무도 없다.

2011년 4월 1일, 미국의 변호사들은 '값비싼 변호사 군단, 저렴한 소프트웨어로 대체되다'라는 제목의 〈뉴욕타임스〉 기사로 아침을 맞이했다. 기사 내용은 이렇다.

> 텔레비전 스튜디오 5개가 CBS를 상대로 법무부의 독점금지소송에 휘말리게 되었을 때 소요된 비용은 막대했다. 소송에 관련된 서류를 제공하는 '개시discovery'라는 업무의 일부로 스튜디오들은 220만 달러가 넘는 비용을 들여 문서 600만 건을 조사했다. 이 비용 중 상당 부분은 변호사단과 높은 시급을 받으며 임시직으로 일하는 법률 보조원들에게

지급되었다. 그러나 이것은 1978년의 일이다. 이제는 인공지능기술이 진보한 덕분에 '이디스커버리e-discovery'라는 소프트웨어를 사용하여 아주 저렴한 비용으로 순식간에 문서를 분석할 수 있다. 예를 들어 지난 1월 캘리포니아 주 팰러앨토 소재 블랙스톤 디스커버리Blackstone Discovery는 10만 달러 이하의 비용으로 문서 150만 건을 분석해주었다. 컴퓨터 처리 속도로 관련 단어를 포함한 문서를 단순히 검색하는 것 이상을 수행하는 프로그램도 있다. 이런 프로그램은 구체적인 단어들이 주어지지 않은 상태에서도 관련 개념을 도출하여 행동 패턴을 연역할 수 있으므로 변호사가 문서 수백만 건을 검토할 필요가 없도록 만들 것이다. 대규모 화학기업체에서 변호사로 일하며 날이면 날마다 문서를 검토하기 위해 강당 가득 변호사들을 모으곤 했던 빌 헤어Bill Herr가 말했다 "법조인 관점에서 보면 문서 검토 수행 업무를 맡았던 수많은 사람들이 더 이상 돈을 벌 수 없게 되었습니다. 사람은 싫증을 내기도 하고 머리가 아프다고도 하죠. 컴퓨터는 그러지 않습니다."

이것이 지금 우리가 사는 세계다. 그리고 미국 경제를 어떻게 바로잡아야 할지, 교육을 어떻게 개혁해야 할지에 관한 논의를 시작해야 하는 지점이다.

미국은 이 세계에서 더 적은 직원으로 더 많은 재화와 서비스를 창출할 수 있도록 가능한 모든 방법으로 초연결 수단을 활용하는 보다 생산성이 높은 기업들을 보유해야 한다. 그리고 적정한 수준의 임금을 지급하는 일자리를 만들어내는 더욱더 많은 기업들이 있어야 한다.

이 문제를 해결할 수 있는 방법은 단 한 가지다. 모든 미국인에게 더 좋은 교육을 제공함으로써 혁신에 동력을 공급하는 것이다. 효율성과 생산성 제고뿐만 아니라 혁신도 건전한 경제를 이끌어간다. 즉, 사람들이 더욱 편안함을 느끼고, 생산성을 높이고, 좋은 교육을 받고, 즐거움을 얻고, 건강하고, 안전하도록 해주는 제품과 서비스를 개발하고, 미국 내에서 이러한 제품을 만들고 서비스를 전달하는 방법을 찾는 사람들이 더 많아져야 한다. 포드, 보잉, 인텔이 자기네 도시에 와서 직원 5000명 규모의 공장을 짓기를 바라며 그저 앉아서 기다리기만 해서는 안 된다. 이런 대규모 공장은 이미 희귀해졌고 로봇 공학 시대가 열리면 더욱 희귀해질 것이다. 오늘날 도시가 번성하기 위해 필요한 것은 100명이 각각 25명씩 고용하는 회사를 시작하고 5명이 각각 300명씩 고용하는 회사를 시작하는 것이다.

  간단히 말해 최대한 많은 창조적인 창조자와 창조적인 서비스 공급자가 필요하다. 새로운 제품을 발명하는 사람일 수도 있고 기존 업무를 개혁하는 사람일 수도 있으며 일상적인 서비스를 각별한 열정, 인간적인 교감, 새로운 통찰력을 더해 전달하는 사람일수도 있다. 이런 사람이 지금 모든 회사가 찾고 있는 인재이다. 혹시 의심이 간다면 기업들에게 물어보라. 그렇지 않으면 그냥 다음 페이지로 넘기시든가.

# 5장

# 구인광고

"요즘은 어떤 직원을 찾고 있습니까?" 4개 회사에 이 질문을 했다. 인도에서 단순 화이트칼라를 고용하려는 회사, 워싱턴에서 전문 화이트칼라 변호사를 고용하려는 회사, 아프가니스탄과 이라크 전역에 배치할 군인을 고용하려는 미국 육군, 세계 도처에서 블루칼라를 고용하려는 회사(듀폰)가 바로 그들이다. 어떤 분야의 직원을 고용하려는지와 상관없이 이 고용주들은 비슷한 답변을 했다. 이들은 비판적으로 사고할 수 있고 틀에 박히지 않은 복잡한 업무와 씨름할 수 있으며 회사 내에서 또는 국제적으로 팀원과 협력하여 일할 수 있는 인재를 찾고 있다. 그리고 이는 단지 채용 전 면접 대상자를 고르기 위한 조건에 지나지 않는다.

그렇다. 우리가 인터뷰한 고용주들은 이런 모든 조건을 '기본' 즉, 새로운 일자리를 얻기 위한 최소한의 조건이라고 생각했다. 이들은 자기가 고용한 모든 직원이 우리가 앞에서 '창조적인 창조자' 또는 '창조적인 제공자'라고 이름 붙인 사람들과 동일한 맥락에서 스스로를 평가하는 사람이기를 기대한다. 주어진 복잡한 과제를 수행할 수 있음은 물론이고 그 이상의 능력을 발휘함으로써 회사를 발전시키고 다듬고 재창조할 인재이기를 기대하는 것이다. 고용주들의 이야기와 이들이 직원에게 원하는 특성을 들으면서 우리는 초연결 세계에서 경쟁하고 번창할 수 있도록 미국의 교육 시스템을 조정해야 할 필요성을 깨달았다.

"지금처럼 사람들에게 많은 것들을 바랐던 적은 없었죠." 회사 중역을 대상으로 리더십 강의를 하는 기업인 LRN의 CEO 더브 사이드먼이 주장했다. "오늘날 우리는 모든 사람들이 자신만의 에베레스트 산에 올라가 정상에서 휴대폰으로 '엄마, 지금 내가 어디 있는지 맞춰보세요'라는 전화를 걸길 요구합니다. 오늘날 초연결된 시장에서 선도기업이 되기 위해서는 리더들로 이루어진 기업이 되어야 합니다. 모든 개인이 상당 부분 기여하고 서로에게 영향을 주어야 하죠."

이제 새로운 구인광고 섹션을 하나씩 보기로 하자.

## | 화이트칼라 인도인

2004년 2월, 톰은 '뉴욕타임스-디스커버리 채널'에서 방영할 아웃소싱에 관한 다큐멘터리 프로그램을 만들기 위해 인도 방갈로르에 갔다. 다큐멘터리 중 일부는 아웃소싱 회사 24/7 커스터머24/7 Customer와 이 회사의 콜센터에서 촬영했다. 이 콜센터에서 일하는 사람들은 그 당시 비교적 임금 수준이 낮았던 화이트칼라 서비스 업무에 종사하는 수백 명의 인도인들이었다. 콜센터는 밤늦은 시간(미국 기준으로는 낮 시간대)도 델컴퓨터 수리 접수, 신용카드 계좌 정리, 신규 전화 계약 체결과 같은 업무를 수행하는 젊은 인도 남녀들의 목소리로 북새통을 이뤘다. 그곳은 남녀공학 대학교의 기숙사와 지역 공영 TV방송국을 위한 기금을 모금하는 콜센터 사이의 교차점과도 같았다. 학사 학위를 땄거나 방금 막 고등학교를 졸업한 20대 2500명이 신용카드나 전화카드 판매와 같은 아웃바운드 상담원 또는 분실 수하물을 추적하거나 고장 난 컴퓨터를 처리하는 인바운드 상담원 업무를 하고 있었다.

7년 후, 24/7 커스터머의 창립자 PV 카난Kannan은 우리가 현재 자기 사무실을 못 알아볼 것이라고 말했다. "일단 훨씬 소음이 덜 해졌습니다"라고 설명했다. 예전에는 장거리 광섬유 전화선을 통해 음성으로 하던 업무의 상당 부분을 이제 인터넷을 통해 문자메시지를 보내는 방식으로 전환했기 때문이다. 또한 24/7 커스터머는 더 이상 불만 전화가 걸려오기만을 기다리지 않는다.

"이제는 앞으로 일어날 일을 예측해서 대처하고 있습니다. 예를 들어 고객이 온라인에 접속해서 우리와 계약한 전화 회사 또는 케이블 TV 회사 청구서를 열었다면 우리는 그 사실을 알 수 있습니다. 요즘 고객 질문의 대부분은 온라인으로 받아보는 청구서에 관한 내용입니다. 우리가 사용하는 소프트웨어는 이번 청구서가 고객이 케이블 회사 또는 전화 회사에서 받는 첫 번째 청구서라는 사실을 알려줍니다. 고객은 한 달 요금이 99.99달러인 케이블 패키지에 가입했다고 생각했는데 278달러가 청구된 것을 보죠. 우리는 고객이 청구서를 온라인으로 열면 그것을 추적할 수 있고 2분 이상 계속 열고 있으면 작은 대화창이 자동으로 뜨면서 '청구서에 관해 상담하고 싶으신가요?'라고 말합니다. 그러면 우리 상담원 중 한 명이 고객과 온라인으로 상담합니다. 이 업무에는 이전과 매우 다른 성격의 상담원이 필요합니다. 지금 우리 회사가 채용하고자 하는 직원은 자기가 직면한 문제를 이해하고 대화의 문맥 상황에 민감하며 관련 정보를 재빨리 모아 문제를 해결할 수 있는, 즉 여러 상황을 서로 연결시킬 수 있는 이해력이 있고 여러 업무를 동시에 처리할 수 있어야 합니다. 그래서 우리 회사는 요즘 입사 지원자들에게 이런 모든 문제를 시뮬레이션으로 만든 온라인 시험을 치도록 해서 직원을 채용하고 있습니다."

 7년 전에 톰이 인도에 있는 24/7 커스터머 사무실을 찾아갔을 때 직원 대부분은 '신입 수준'이었다고 카난은 말했다. 24/7 커스터머 본사는 사실 캘리포니아 캠벨에 있다. "그때 직원들은 정해진 매뉴얼에 충실해야 했고 매뉴얼이 옆에 없으면 불안해했습니다. 관리자가 상담원의 전화 상담 내용을 임의로 듣고 직원에게 의견을 알려주거나 고객 응대 시 돕기도 했죠. 이제는 우리가 사용하는 소프트웨어가 소비자의 행동을 예측해주기 때문에 관리자가 그렇게 많이 필요하지 않아요. 상담원이 문자 메시지를 보내고 있는 동안 그 메시지 내용을 파악할 수 있을 정도로 기술이 발전했습니다. 요즘 저는 고객이 그밖에 어떤 문제에 처해 있는지, 고객이 어떤 서비스를 찾고 있는지에 가장 큰 관심을 기울이고 있습니다. 데이터 분석을 중심으로 하는 새로운 업무로 관리자 상당수를 이동시켰습니다. 이 업무는 보수가 더 높지만 더 많은 기술을 요합니다. 그래서 과학 및 수학 분야 학위를 보유한 관리자들에게 해당 업무를 맡겼고 나머지는 계속 감독자로서의 업무를 수행하도록 했습니다. 과거에는 콜센터가 박사학위 소지자를 고용하는 일은 없었습니다. 지금 우리 회사에는 데이터 분석을 담당하는 박사학위 소지자들이 부대를 하나 만들 만큼 있죠. 우리는 이 업무를 4년 정도 전에 시작했지만 2010년이 큰 전환점이 되는 해였습니다." 이제 카난은 전화를 받거나 거는 일을 담당하는 사람뿐만 아니라 통계학자, 심리학자, 박사학위 소지자도 고용한다.

"우리가 궁극적으로 하고자 하는 일은 데이터가 의미하는 바를 이해할 수 있는 기술적 재능과 데이터 분석 결과 사람들이 원하는 것으로 나타난 새로운 서비스를 전달할 수 있는 기술을 같은 사람이 겸비하도록 하는 것입니다. 데이터 분석을 통해 휴대폰 회사나 케이블 회사에서 처음으로 청구서를 받은 소비자의 80퍼센트가 콜센터로 전화를 한다는 사실을 알면 그들을 어떻게 응대해야 하는지도 정확히 알 수 있겠지요. 즉 고객을 대하는 상담원이 훨씬 더 준비를 잘할 수 있다는 뜻입니다.

이제 우리는 고객에게 더 많은 가치를 제공하고 있기 때문에 더 높은 가격을 청구할 수 있고, 따라서 관련된 모든 사람이 더 높은 소득을 올리고 있습니다. 그리고 직원들은 자기 일에 훨씬 더 만족하고 있죠. 상담원의 업무는 신용카드 판촉을 위해 하루 종일 사람들에게 전화를 하는 데 그치지 않습니다. 이제 우리는 페이스북 계정을 가지고 있으면서 블로그 작성에 능통하며 온라인 세계에서 편안하게 생활하고 교류하는 사람들을 고용하고자 합니다. 출근해서 그저 매뉴얼대로 일하던 옛날 직원들은 대부분 사라졌어요.

우리는 회사 내 지위와 상관없이 마음이 완전히 열려 있고 끊임없이 배울 수 있으며 현재 상황에 도전할 수 있는 사람을 원합니다. 우리 회사 직원이 현재 상황에 도전하지 않으면 다른 회사 직원이 도전할 테고 우리보다 먼저 현재 상황을 타파할 것이기 때문에 현재 상황에 대한 도전이 가장 중요한 자질입니다.

이제는 더 이상 저급한 업무라는 것은 없습니다. 정말 판에 박힌 일이라면 벌써 자동화되었겠죠. 2, 3년마다 사람들이 했던 숙련 업무가 사라질 것입니다. 문제는 우리가 그 일을 버리고 다른 일을 찾느냐 또는 다른 사람이 그렇게 하도록 내버려 두느냐 하는 것입니다."

카난은 서비스업을 설명하고 있기는 하지만 그가 관찰한 내용은 미국이 고도의 기술이 필요한 제조업을 계속 자국에 두어야 하는 가장 중요한 이유 중 하나와 닿아 있다. 수많은 혁신이 실제로 제품을 다루고, 무엇이 잘못되었는지 관찰하고, 다음번에 일어날 획기적인 약진을 예측하는 엔지니어와 작업자로부터 시작한다. "이런 작업을 미국에서 더 이상 하지 않는다면 위험에 처하게 될 것입니다"라고 카난은 분명히 말한다. "제 고객들은 이따금씩 이렇게 얘기 합니다. '카난 씨, 난 왜 당신이 아직도 초보적 업무인 콜센터 사업을 하고 있는지 이해가 안 돼요. 당신에게 우리가 얻는 가치는 데이터와 분석 자료에요. 그 부분만 따로 독립된 사업으로 분리해서 상장해보면 어떨까요?' 저는 고객과 직접 마주하는 사업 부문을 그만둔다면 현실감각을 잃게 되고 그러면 말 그대로 구름 속에 떠다니게 될 것이라고 답변합니다."

카난은 자기 회사 직원 다수는 인도에 있지만 그의 모든 기술 기반은 미국에 있는 서버들을 통해서 미국 내에서 운영되고 있음을 설명했다. 데이터 분석의 일부를 미국에서 하고 있고 고객이 데이터를 해석하고 그 데이터가 고객의 사업에서 어떤 의미를 갖는지를 설명해주는 전문가들은 실제로 고객 바로 옆에 앉아 있다. "그러니 여러 의미에서 최고의 일자리는 캘리포니아에 있는 셈이지만 이들은 또한 최고의 기술력을 갖추어야 합니다"라고 카난이 말했다.

분명 모든 공장을 미국 내에 계속 둘 수는 없다. 그러나 특히 첨단 제조 분야의 경우 공장을 국외로 옮기면 지금 현재의 일자리만 가지고 가는 것이 아니라 미래의 일자리까지 가져간다는 점을 이해해야 한다. 카난은 모든 제조업, 그리고 더욱더 많은 엔지니어링 활동들이 인도나 중국으로 옮겨 간다면 다음번 구글이나 페이스북이 그곳에서 나타나는 것은 시간문제라고 경고했다.

## | 화이트칼라 미국인

부실주택담보대출이 초래한 서브프라임 위기가 최악의 국면을 맞고 있을 때였다. 톰은 국제 법무법인 닉슨피바디Nixon Peabody의 워싱턴 사무실에서 대표변호사로 일하는 친구 제프 레스크Jeff Lesk에게 부실주택담보대출 문제가 법조계에 어떻게 영향을 끼치고 있는지 물어보았다. "엄청나지요"라고 레스크가 답했다. 너도나도 변호사를 해고하고 있었다. 톰은 호기심이 발동하여 누가 가장 먼저 잘렸는지 물어보았다. 대답은 의외였다. 레스크의 설명에 따르면 제일 나중에 들어온 사람이 반드시 제일 먼저 해고되지는 않았다고 했다. 대형 법률법인에서 가장 먼저 해고된 변호사들은 신용 거품과 부동산 거품 시기 업계가 호황을 누리고 있을 때 독자적으로 일을 수주받아서 하던 사람들이었다. 이들은 전문적인 업무를 틀에 박힌 방식으로 수행하는 비창조적 창조자였다. 계속 자기 일을 할 수 있었던 변호사들은 원래부터 하던 업무를 신기술과 새로운 프로세스를 사용하여 좀 더 새롭고 효율적인 방법으로 하거나 완전히 새로운 업무를 새로운 방법으로 수행하는 부류였다.

이는 초연결 사회에서 새로운 노동시장의 추세를 잘 보여준다. 변호사 및 그와 유사한 직업에 종사하는 사람들은 이론적으로 비정례적 창조자의 범주에 속한다. 하지만 그렇다고 해서 이들이 세계화와 정보혁명 기술의 압박으로부터 자유로운 것은 아니다. 신용 거품이 최고조에 달했던 시절에는 회사들이 명문 로스쿨을 나온 사람이면 누구라도 고용했고 보너스도 두둑이 챙겨주었다. 그러나 요즘은 세계화, 정보기술, 빠듯한 경제 상황으로 점점 더 많은 대기업들이 법률 업무를 상품으로 취급하며 가능한 한 입찰에 부치고 있다. 따라서 계속해서 높은 보너스를 지불하고자 하는 법무법인은 높은 수수료를 정당화할 수 있는 특별한 무언가를 고객들에게 제공해야 한다.

이것이 2011년 겨울 닉슨피바디가 최고혁신책임자Chief Innovation Officer 라는 새로운 직위를 만든 이유이다.

최고혁신책임자? 대체 왜 법무법인에 최고혁신책임자가 필요한가?

"우리는 다른 회사를 돕는 일을 하고 있습니다." 저소득층 대상 주택 건설과 같이 지역사회를 위한 개발 프로젝트에 소요되는 자금을 모으기 위해 세액공제를 수반하는 부동산 거래들을 결합하는 전문가인 레스크가 설명했다. "우리는 미국 기업의 핵심이 변화하고 있다는 사실을 발견했지요. 구조가 동일한 반복적인 거래는 점점 줄어들고 있습니다. 경쟁은 점점 치열해지고 진입장벽은 낮아지고 고객들은 점점 더 자주 우리에게 새로운 아이디어를 구하고 있지요." 따라서 닉슨피바디는 모든 측면에서 좀 더 창조적으로 민첩하게 대처해야 한다.

예를 들어 닉슨피바디는 저소득층을 위한 태양열에너지 설비가 딸린 저렴한 주택건설에 소요되는 자금을 확보하기 위해 저소득층 주택건설 세액공제와 태양열에너지 세액공제를 결합하는 부문에서 선구자 역할을 했다.

레스크는 "업계에서 경험이 풍부한 몇몇 변호사들이 우리가 수년간 사용해왔던 기본 제품인 저소득층 대상 주택건설 세액공제를 검토하고 있었고, 동시에 우리는 재생에너지 세액공제에 대해 연구하고 있었죠. 우리는 이 둘을 결합하면 어떨까 생각했어요. 그래서 몇몇 고객, 동료들과 함께 이 자금조달 방법을 나란히 놓고 법률, 요건 그리고 이 2가지 복잡한 정부 프로그램이 충돌하는 부분을 검토하면서 충돌을 해결할 방법을 찾아내기 위해 고심했죠"라고 말했다. 이들은 자금조달 모델을 만들고 가격 책정에 관한 가정을 세우면서 이 2가지 주요 프로그램의 세액공제를 모두 사용하여 태양전지판을 장착한 적절한 가격의 주택을 아주 적은 비용으로 공급하는 프로젝트를 구축할 수 있다는 사실을 보여주는 비즈니스 모델을 제시했다. "그래서 사람들은 이러한 세액공제 혜택을 받을 수 있는 개인 투자가들이 제공한 자금으로 건설한 적절한 가격에 전기요금도 적게 나오는 집을 가질 수 있게 되었습니다. 그 결과 우리는 모든 쟁점을 해결하고 정부 요건에 부합하면서 무엇보다도 민간자본을 대규모로 끌어올 수 있는 상품을 고안한 선발 기업들 중 하나가 될 수 있었습니다."

그러나 닉슨피바디가 새로운 방법을 개척하기가 무섭게 경쟁 법무법인들과 회계법인들이 이를 모방하는 바람에 일반적인 상품이 되고 말았다. "우리는 상품을 개선하고 변형하는 방법을 끊임없이 모색해야 합니다. 지금 우리는 적정 가격의 주택건설을 지열에너지와 결합하는 일과 연료전지를 활용하는 프로젝트를 구상하고 있습니다. 지역 풍력에너지 사업은 어떨까요? 경쟁 상대보다 한 발 앞서가기 위해서는 기발한 조합과 접근 방식을 찾아내야 합니다." 레스크는 계속해서 말을 이어갔다. "필요는 발명의 어머니라고 하지요. 수임료, 사업의 형태, 거래 구조, 자금조달 가능성 등 많은 것들이 지금은 예전만큼 풍족하지 않습니다. 저는 세액공제와 적정 가격 주택 분야에서 25년간 일해왔습니다. 이는 특화된 분야였고 꽤 오랜 기간 이 분야에서 일하는 사람 수는 얼마 되지 않았습니다. 요즘 이 분야는 쉴 새 없이 변화하고 있고 진입장벽이 너무 낮아져서 법무법인 외에도 온갖 종류의 새로운 경쟁자가 나타나고 있습니다."

닉슨피바디의 새로운 최고혁신책임자는 변호사를 채용하고, 지도하고, 격려하여 그들이 현재의 표준적인 법률 업무뿐만 아니라 미래의 새로운 업무를 창조할 수 있도록 이끌어나갈 것이다. 닉슨피바디는 소속 변호사의 연봉과 보너스를 결정할 때 이러한 자격 사항을 이미 고려하고 있다.

닉슨피바디의 세액공제 자금조달 실무그룹도 이끌어가고 있는 레스크는 "올해 파트너들에 대한 실적 점검에서 나는 우리 팀에 속한 각 변호사에게 작년에 자기가 냈던 가장 획기적인 아이디어가 구체적으로 무엇이었는지, 올해에 내놓을 아이디어는 무엇인지 물었습니다. 우리 회사는 파트너십 형태이기 때문에 과거 공헌도를 반영하고 미래의 성과를 예측하는 방식, 즉 각 파트너 변호사가 공정하게 보상을 받을 수 있는 방식으로 이윤을 분배해야 합니다"라고 말했다. 레스크는 과거 성과가 미래예측 가능성과 반드시 밀접하게 연결되어 있지는 않다고 설명했다. 이는 직원이 얼마나 적응하고 창조하고 혁신을 추구해왔는지 여부와도 연관된다. "변호사 간의 보상 문제를 결정하기 어려울 때 제가 지금 고려하는 중대한 요소는 새로운 일들을 만들어내는 그들의 능력입니다. 그리고 이런 기술을 타고나지 못한 변호사들을 가르치는 방법을 찾는 것이 제 도전과제죠." 레스크가 말했다.

레스크는 비판적 사고만으로는 예전에 얻을 수 있었던 것을 이제 얻을 수 없게 되었다고 결론 내렸다. "비판적 사고는 기본 입장료가 되었습니다. 닉슨피바디가 성공을 지속해나갈 수 있도록 도울 사람을 선택해야 한다면 제가 고려할 가장 중요한 자질 중 하나는 검증된 혁신 능력입니다. 이렇게 빠른 속도로 변화가 일어날 때 혁신 능력이야말로 우리를 구해줄 유일한 힘이기 때문이죠."

## | 그린칼라 미국인

마틴 뎀시Martin Dempsey 장군은 미국에서 가장 계급이 높은 장교인 합동참모본부Joint Chiefs of Staff 의장이다. 그는 2003년 미군이 바그다드를 장악했을 때 제1기갑사단을 지휘했고 중동 전 지역에 걸쳐 전체 미군을 지휘하는 중부군사령부CENTCOM 사령관 서리로 복무했다. 뎀시는 2008년부터 2011년까지 미육군교육사령부 사령관이었으며 그곳에서 21세기 전쟁을 준비하는 미국 장병의 훈련과 교육을 담당하는 신병훈련소를 우연히 목격했다. 뎀시는 머릿속에서 섬광이 번쩍이기 시작하면서 "우리 장병과 지휘관을 다른 방식으로 훈련시키고 교육시켜야 합니다"라고 말했던 순간을 정확히 기억하고 있다.

"제가 중부군사령부에서 사령관 서리로 근무하고 있었을 때의 일입니다. 아프가니스탄 내 파키스탄 국경지대 기지에 배치된 젊은 미국 육군 대위를 방문한 적이 있습니다. 2008년 여름이었죠. 기지 밖에서 그는 저에게 자신의 임무와 목적 그리고 잠입하려던 탈레반 세력에 맞섰던 최근 교전을 설명해주었습니다. 그는 아마도 다른 기지로부터 25킬로미터 정도 떨어져 있었을 겁니다. 그럼에도 그 작은 전진기지에서 최하급 전술적 수준부터 위로는 국가 차원에 이르는 정보 및 첩보 시스템에 접속할 수 있었고 공군과 포병대에 합동화력 지원을 명령할 수 있는 권한을 갖고 있었습니다. 그 대위는 스물여섯 살 정도였을 겁니다. 얘기 중 나는 그에게 '자네는 내가 2003년 바그다드에서 사단장을 맡고 있을 때보다 더 많은 군사력을 당장 사용할 수 있군'이라고 말했습니다. 과학기술이 그만큼 많이 발전했습니다. 오늘날 우리가 직면한 위협은 분산되어 있고 네트워크로 얽혀 있으며 조직화되어 있습니다. 집결된 위협이 아니라 분산된 위협이죠. 네트워크에 대항하기 위해서는 우리도 네트워크를 갖춰야 하고 분산된 적에 대항하기 위해서는 우리도 분산되어야 합니다."

뎀시는 아프가니스탄에서 플로리다 탐파에 있는 중부군사령부로 돌아오면서 "우리는 장병들이 이런 새로운 형태의 전투에 효율적으로 대처할 수 있도록 권한을 부여해왔어. 우리는 분산되어서 수행되는 작전에서 장병들이 어느 정도 자율적으로 제 역할을 다할 수 있도록 능력과 권한과 책임을 부여했지. 그런데 그들이 이러한 책임을 받아들일 수 있도록 훈련하는 방법은 바꾸지 않고 있어"라고 되뇌었다.

뎀시는 미군의 훈련 및 교육 시스템을 책임지게 되었을 때 이 점을 가장 중요하게 생각했다. "우리는 지도자의 책임이 구상, 이해, 결정, 지휘라고 말합니다. 그럼에도 우리는 지휘관이 결정하고 지휘할 수 있는 지식 기술과 자질을 가르치는 데 대부분의 훈련 시간을 할애합니다. 하지만 구상하고 이해하는 방법은 거의 가르치지 않았습니다." 뎀시가 말했다.

미국 군대에서 현재 진행되고 있는 변화는 신병 모집에서 시작된다. "30년 전이라면 우리는 신체 건강하고 적절한 교육과 규칙을 지킬 줄 아는 사람을 원한다고 했겠죠. 이제 우리는 가치준거집단에 속하고 싶어 하며, 원활하게 의사소통할 수 있고, 호기심이 많고 협력 본능이 있는 사람을 원합니다. 나머지는 우리가 책임질 수 있습니다."

그는 "우리는 어떤 세상에 살고 있는가?"라는 가장 중요한 질문을 하면서 군사 훈련을 개혁하기 시작했다. 뎀시는 군대가 '경쟁 학습 환경'에 있다고 결론 내렸다. 이는 군사력이 비국가 행위자, 테러리스트, 범죄자들의 수중으로 분산되고 있음을 의미한다. 국민국가는 경쟁적인 군사력에 있어 더 이상 독점권을 누리지 못한다.

"새로 나온 급조폭발물이든 GPS 신호를 교란시키는 장치이든 간에 적진에서 새롭게 개발되는 전력을 모두 일일이 추적하는 일은 헛수고일 뿐입니다. 이런 장치들을 고려하지 않을 수는 없겠지만 여기에만 집착하고 있을 수는 없습니다. 우리가 집중해야 할 임무는 어떤 미래에도 적응할 수 있고, 우리에게 더욱 유리한 미래를 창조하도록 개척해나갈 수 있는 지도자를 우리 군 내에서 양성하는 일입니다." 과학기술과 적들이 과학기술을 이용하는 방법은 끊임없이 변화한다. 때문에 항상 환경에 순응하고 새로운 영역을 개척해나갈 수 있는 사람이 필요하다.

30년 전에는 동네 고등학교에서의 경험, 신병 기본훈련 시의 경험, 자대배치 받은 군부대에서의 경험, 장병이 전장에서 겪는 경험이 크게 다르지 않았다고 뎀시는 말했다. 이 때문에 훈련이 용이했지만 이제는 더 이상 그렇지 못하다. 이제는 전통적인 군대들조차 전쟁터에서 분산된 '하이브리드' 방식으로 미국에 맞설 것이다. 따라서 군대는 이러한 측면을 반영하여 장병들을 훈련시켜야 한다. 군은 장병들이 이라크 또는 아프가니스탄의 한 마을에서 겪게 될 예상치 못한 경험에 대응할 수 있는 능력을 제공해야 한다.

뎀시는 분산된 적을 상대로 싸우는 일은 '수은에 볼링공을 떨어뜨리는 것'과 같다고 비유했다. 그러니 가끔은 교실 내에 일부러 혼돈 요소를 도입할 필요가 있다. 색다른 학습 모형을 만들어내기 위해 혼동 요소를 도입하고 창조력을 기르고 기술력을 향상시키고 싶다고 말할 때는 훈련 교관 역시 변화해야 한다는 의미라고 설명했다.

"무대 위에서 박학다식한 사람처럼 보이고 싶어 하는 교관들이 많습니다. '나는 필요한 지식을 다 알고 있고 너희들은 아무것도 모르니 내 파워포인트 프레젠테이션에 주목하고 열심히 받아 적어라. 그러면 마지막 날엔 문제 해결을 위한 훈련을 할 수 있을 것이다'라는 식이죠. 새로운 모델은 신병들이 다운로드 받고 의견을 제시할 수 있는 일종의 도구 및 애플리케이션 창고를 강의실에 제공하는 것입니다."

이에 따라 군사교범도 바뀌고 있다. "우리는 대략 400페이지 내지 500페이지 정도 되는 교리교범을 위키백과 형태로 바꾸고 있습니다. 전진기지 작전수행 방법, 교량 횡단 지침, 급조폭발물 처리 방법, 이라크 또는 아프가니스탄 내 중심인물과 교류하는 방법, 무인항공시스템을 가장 잘 활용하는 방법 등 벌써 절반가량 진행했습니다. 가령 아프가니스탄 내 전진작전기지 조직법 교범을 가지고 있었다고 합시다. 예전 같으면 교리 작성을 담당하는 집단이 그 교범을 발간했을 것입니다. 그 작업은 운영위원회나 심의위원회를 거쳐 3년 내지 4년 정도 걸리고 군대 교육 현장에 스며들기까지는 5년에서 7년이 더 걸렸을 겁니다. 지금은 실제 작전을 담당하는 집단에서 교범을 지속적으로 편집하고 전장 경험을 바탕으로 교범 작성에 기여할 수 있도록 교범을 모두 위키백과에 올리고 있습니다. 이로서 교범은 항상 최신 정보를 담고 있고 자체 수정되며 전장에 있는 병사들이 실시간으로 적용할 수 있습니다. 이는 장교들에게 각 교리 위키사이트를 지켜보고 관리하도록 할당된 살아 있는 교리 교과서입니다."

뎀시는 요즘 입대하는 신병들이 거의 만족을 모를 정도로 정보, 접속, 연결을 강하게 갈망한다고 말했다. 그는 "요즘 신병들은 축구장 한가운데 혼자 앉아 있고 싶어 하면서도 동시에 나머지 세계와 연결되고자 합니다. 이들은 운동 부족으로 이전 세대에 비해 신체 조건이 훨씬 떨어집니다. 그리고 다양한 가치관이 혼재된 상태로 입대하죠"라고 말한다. 즉, 요즘 신병에게는 진정한 목적의식과 애국심, 그리고 어딘가에 소속되고 싶어 하는 일반적 욕구는 있지만 그 이상 발전된 경우는 별로 없다고 한다. 뎀시는 "그래서 우리는 체력 훈련 부분과 가치를 심어주는 방식을 크게 바꾸었습니다. 그들의 가치관이 나쁘다는 얘기는 아닙니다. 다만 그 모든 가치 중에 우리 직업을 규정하는 가장 중요한 가치는 신뢰입니다. 우리가 신병들에게 단 한 가지 일만 할 수 있다고 한다면 그 일은 바로 지휘계통과 국가를 위해 서로 신뢰하는 마음을 심어주는 일입니다"라고 설명했다.

10년 전만 해도 미국 육군은 특히 기초훈련에서 반복적 암기를 통해 지식을 주입하려고 했다. "지금도 암기를 통한 지식 주입 훈련을 합니다만 결과 중심 훈련과 균형을 맞추고 있습니다. 사상자 후송 임무를 예로 들어보겠습니다. 예전에는 교실에서 파워포인트로 교육을 시킨 다음 훈련병들을 현장으로 데리고 나가 시범을 보이는 식이었죠. 지금은 처음부터 현장에서 시작합니다. 훈련을 통해 임무를 처리하는 실력뿐만 아니라 결과적으로 신뢰도 형성하길 원하기 때문입니다. 우리는 동료교수법도 활용합니다. 이전에 교관은 신과 같은 존재였습니다. 교관이 하는 말은 다 믿었죠. 그리고 교관이 언급하지 않으면 그것은 중요치 않은 내용이었습니다. 이제는 신병들 중에 통솔력이 뛰어난 병사가 있다는 생각을 교관들도 염두에 두고 있습니다. 교관들이 이런 병사를 지도자로 길러내죠. 교관은 신병 몇몇에게 이렇게 말할 겁니다. '제군들에게 임무를 맡기겠다. 여기 애플리케이션 하나가 설치된 아이폰이 있다. 제군들은 이 애플리케이션을 공동으로 연구하여 금요일 수업 시간에 동료들에게 가르쳐주도록 한다.' 우리는 훈련병들이 교관보다 자기 동료들에게 더 집중한다는 사실을 알았습니다. 동료교수법을 사용하면 가르치는 병사가 그 기술을 자유롭게 구사할 수 있게 될 뿐만 아니라 그 기술을 동료에게 가르치면서 더 많은 가치를 창출합니다. 결론적으로 전장에서 협동은 중요하고 신뢰는 협동을 강화합니다. 그리고 신뢰는 창조성의 전제조건입니다. 자기가 한 말을 상대방이 신뢰하지 않을 것이라고 생각하면 절대 창조성을 발휘할 수 없죠. 즉, 신뢰가 없다면 창조성 발휘도 의

사소통도 협동도 불가능합니다. 신뢰가 필수 동력이죠. 이것이 이제 권위를 상의하달식이 아니라 하의상달식으로 세워야 하는 이유이기도 합니다." 뎀시의 말이다.

뎀시의 설명에 따르면, 얼마 전까지만 해도 하급 장교는 상부에서 정보와 첩보를 얻고 그 정보에 기초해 작전을 수행했다. 누구도 하급 장교에게 사령부의 이해를 돕거나 상당한 공헌을 하라는 책임을 지우지 않았다. "현재와 같은 환경에서 중요한 정보는 위에서 아래로 내려가는 경우보다 아래에서 위로 오는 경우가 더 많습니다"라고 뎀시는 말했다. 이는 하급 장병들 역시 최고참 지휘관만큼 자기가 수행하는 작전을 만들고 이해하는 데 책임을 지고 있음을 의미한다. 뎀시는 이렇게 덧붙였다. "우리는 애플리케이션을 내려 받아 훈련과제를 해결할 때 협동해 사용할 수 있도록 기초훈련 사병들에게 아이폰을 지급합니다. 나는 군대가 최대한 신속하게 경험에서 배움을 얻고 그에 반응하면서 점점 더 적응력을 높여가길 바랍니다. 우리는 민첩하고 영리하게 적응할 수 있어야 합니다. 나는 미육군이 적응력 높은 학습조직이 되어야 한다고 생각합니다."

이라크에서 뎀시와 함께 복무했던 스탠리 맥크리스탈Stanley McChrystal 장군은 이라크에서 알카에다와 바스당Baathist 지지군들을 상대로 지하전쟁을 성공으로 이끈 특수부대 작전을 지휘했을 때 최전선에서 이 진화 과정을 목격했다. 특수부대 요원들은 혁신적인 방법과 최신 기술을 결합해 적과 맞서 싸웠다. 맥크리스탈 장군은 그가 경험한 진화를 다음과 같이 설명했다.

"저의 조부는 군인이었습니다. 부친도 군인이었죠. 1차 세계대전 말

조부가 중위에서 대령으로 진급하던 기간 중에도 기술은 발전했습니다. 하지만 발전 속도는 그리 빠르지 않았고 대단하지도 않았습니다. 또한 부하의 인정과 신뢰를 얻은 전문지식도 그때 경험으로 얻은 것은 아니었죠. 오늘날 현실을 살펴보면 장군들은 대위들이 사용하는 통신시스템, 정보자산, 무기시스템을 사용하는 경우가 거의 없습니다. 그러니 장군이나 대령이 현장에서 지휘관 노릇을 하려고 하면 대위가 '당신은 내 임무와 비슷한 일조차 해본 적 없잖아?'라는 얼굴로 그를 바라보는 겁니다. 따라서 군대라는 거대 조직에서 지휘관은 어떻게 자기 존재의 정당성을 유지할 것인가? 무엇을 근거로 신뢰를 얻을 것인가? 잘생긴 용모를 근거로? 이는 엄청난 문제입니다. 세상은 너무 빨리 변화하고 있습니다. 따라서 전문가인 동시에 지도자가 되기는 무척 어려워졌습니다."

전문가와 지도자가 동시에 되는 방법은 맹렬히 돌진하며 "나를 따르라!"라고 하는 지휘관보다는 조정자나 격려자 같은 존재가 되는 것이다. 맥크리스탈은 자기 부대를 임무를 수행하러 나가 적군을 죽이거나 생포하는 단순한 '사수'에서 항상 표적을 찾고 전장에 있지 않을 때 표적을 고려하는 '지략가'로 변모시킨 이라크 특수전 지휘자들을 일례로 들었다. 그는 과거 사수들은 표적을 쫓고 있지 않을 때는 운동을 하거나 잠을 잤다고 말했다. 그 대신 이 지휘자들은 사수들에게 잠재적인 표적에 관한 모든 첩보 내용을 분석하고, 유용한 정보를 골라내고, 토론하도록 했다. "결과적으로 그 지휘관들은 아마 전투 능력을 10배는 향상시켰을 겁니다. 그들 덕분에 사수들은 진취적이고 항상 더 많은 정보를 얻고자 노력하는 군인으로 탈바꿈했습니다. 실제로 정보를 모으고 분석하며 우선순위를 정한 덕분에 사수들은 자기 임무를 점점 자기 것으로 만들었습니다. 정보자산을 낭비하면 자신의 생산성에 영향을 미친다는 사실을 알고 있었으므로 정보자산을 낭비하지 않기 위해 주의를 기울였습니다. 그리고 자기 자신이 임무를 수행할 돌격대이기도 했으므로 생각 없이 돌격대를 임무에 투입하지 않았습니다. 포로를 생포하면 그들이 직접 심문했습니다. 훨씬 효율적이었지요."

## 블루칼라 미국인

듀폰은 다양한 물건을 생산한다. 회사가 208년이나 존속하기 위해서는 다양한 물건들을 잘 만들 수 있어야 한다. 실제로 듀폰은 정말 수많은 물건을 만든다. 때문에 듀폰 웹사이트에 가서 '제품과 서비스'를 클릭하면 제품 분류 알파벳이 나타난다. J, Q, X를 뺀 그 어떤 알파벳을 눌러도 그 알파벳으로 시작하는 듀폰 제품이 나타난다. H를 눌러 보면 Harmony® Extra XP 제초제로 연결되고, Z를 누르면 Zenite® LCP 액정고분자수지로 연결된다. 듀폰이 만드는 수많은 종류의 제품과 듀폰이 세계 각지에서 고용한 블루칼라 노동자의 수를 생각할 때, 2009년 듀폰의 19대 CEO로 취임한 엘렌 쿨먼Ellen Kullman만큼 21세기가 원하는 블루칼라 노동자의 유형을 잘 설명할 수 있는 경영진은 그리 많지 않을 것이다.

쿨먼은 델라웨어 주 윌밍턴에 있는 듀폰 본사에서 인터뷰를 했다. 그는 오늘날 수석부사장에서 생산 현장의 직원에 이르는 모든 직원이 갖추었으면 하는 자질이 무엇이냐는 질문에 '존재감presence'이라는 단어로 요약해 답변했다. "우리는 모든 직원이 자기 자리에 존재하기를 바랍니다. 단순 반복 작업은 모두 사라졌어요. 그건 기계가 대신하죠. 이제는 생각하고 소통하고 협력할 줄 아는 직원이 필요합니다. 그러기 위해서 모든 직원들은 그저 자리만 차지하고 있을 것이 아니라 가치를 추가할 수 있도록 참여하고 주의를 기울임으로써 존재감을 입증해야 합니다. 회사에서 어떤 일을 맡고 있든 간에 자기가 하는 일이 어떻게 가치를 부가하는지 이해해야 합니다. 그것을 이해하면 가치를 부가할 수 있기 때문입니다. 그저 건성으로 직장에 나와 언제 출근하고 언제 퇴근할지에만 관심을 가진다면 성공할 수 없을 것입니다.

듀폰 공장 생산라인 노동자들은 팀을 이루어 협동해서 일해야 하며 엔지니어들과 의사소통할 수 있어야 하고 생산 현장에서 목격한 모든 사항을 매일 엔지니어에게 보고해야 합니다. 생산 담당 직원들은 자기 자신의 생각을 자기가 하는 일에 반영해야 합니다. 그저 자기 자리에서 하루 종일 버튼만 눌러서는 안 됩니다. 생산 현장은 훨씬 더 통합되고 협동적인 환경입니다."

쿨먼은 생산라인 노동자가 제시하는 단순한 통찰력으로 회사가 수백만 달러를 절약할 수 있다고 설명했다. 듀폰이 매년 공장과 설비에 막대한 금액을 투자하며 수익을 올리는 비결 중 하나는 기계가 하루 24시간 쉬지 않고 돌아가도록 유지하는 것이다. "그래서 우리는 각 기계별 가동 시간과 산출량을 지속적으로 측정하고 있습니다"라고 쿨먼은 말했다. 버지니아 주 스프루언스에는 대규모 듀폰 공장이 있다. 케블라Kevlar 섬유를 생산하는 방적기 한 생산라인에서 새 기계들이 계속 고장을 일으켜 전체 라인이 멈추는 일이 발생했다. "엔지니어들이 해당 라인에 모여 문제를 해결하려고 애쓰고 있었죠." 쿨먼이 회상하며 말했다. "그때 라인 작업자가 끼어들어 엔지니어들에게 '이상하다고 생각한 점이 있는데 고장 나는 기계는 소리가 달라요'라고 말했죠. 엔지니어들이 그 직원과 함께 협력하면서 문제를 찾아냈는데 그 문제는 새로운 부품과 관련이 있었습니다. 문제를 해결하자 전체 공장의 가동률이 즉시 높아졌습니다. 엔지니어들은 라인 작업자처럼 생산 현장에 상주하지 않습니다. 매일 귀 기울여 듣진 않죠. 이것이 모든 직원이 제품을 개선하기 위해 협조하려는 마음가짐을 갖도록 해야 하는 이유입니다."

듀폰은 최근 회사 전체에 걸쳐 제품이나 제조 과정 개선에 모든 직원이 기여하도록 요청하는 생산관리시스템을 도입했다. "모든 직원이 관여해야 합니다. 따라서 우리는 회사 임원으로서 어떻게 하면 직원이 관여하기에 더 좋은 환경을 만들 수 있을지 생각하는 데 많은 시간을 투자합니다. 그렇게 함으로써 우리의 직원, 설비와 공장, 회사로부터 최대한 많이 이끌어낼 수 있습니다"라고 쿨먼은 설명했다.

케블라는 방탄조끼를 만드는 데 사용되는 인조섬유이다. 이는 듀폰의 대표 제품 중 하나이다. 전체 회사 자산을 완전하게 활용하는 것만으로 케블라는 해당 제품 영역에서 선두를 유지해오고 있다. "지금 우리가 만드는 케블라는 강도와 경량화 측면에서 20년 전 제품과 완전히 다릅니다. 전체 시스템을 향상시키기 위해 연구자들이 엔지니어 및 생산직 직원들과 함께 일했습니다. 그렇게 해야만 했죠. 세상은 우리를 기다려주지 않아요. 경쟁자들은 매우 공격적입니다. 최근 텍사스에 있는 우리 공장에 내려간 적이 있었는데 유지 보수 직원, 작업자, 엔지니어 총 10명이 한 방에 모여 어떻게 한 기계의 유지 보수에 들어가는 소요 시간을 줄여서 더 많은 생산 시간을 확보할 수 있을지 논의하고 있었습니다. 이들이 각자 제도판 주위에 서서 문제를 논의하고 함께 해결하려고 애쓰는 모습은 정말 장관이었습니다." 쿨먼의 말이다.

듀폰은 값싼 인력을 고용하지 않는다. 쿨먼의 설명을 들어보자. "우리 공장은 거대한 설비로 이루어져 있습니다. 우리가 공장을 세울 곳을 고를 때 고려하는 중요 요인 중 하나는 충분한 교육을 받은 인력이 있는지 여부입니다. 케블라를 생산하는 스프루언스 공장에는 생산라인 작업자를 고용할 때 적용하는 3가지 조건이 있습니다. 지역 전문대학 또는 직업학교 졸업장이 있을 것, 다른 회사에서 근무한 경력이 있을 것 또는 퇴역 군인일 것 등이 바로 그것입니다. 채용되기 위해서는 이 조건들 중 2가지 이상을 만족해야 합니다. 또한 우리는 지역 전문대학과 제휴하여 훈련을 받을 수 있는 적절한 기회를 얻을 수 있도록 하고 있습니다. 면접도 수십 년 전과는 다른 방식으로 봅니다. 생산직 직원들은 엔지니어와 의사소통을 할 수 있어야 합니다. 그리고 자기 생각을 업무에 반영할 수 있어야 합니다."

## 칼슨의 법칙

이 이야기들을 종합해보면 오늘날 업무 현장에서 나타나는 매우 중요한 경향이 명확하게 보인다. 업무 현장에서 가장 낮은 위치에 있는 사람들에게 점점 더 많은 권한이 부여되고 있다. 혁신이 단지 하향식으로 일어나는 것이 아니라 상향식으로 일어나는 경우가 많아지고 있다는 점이다. 따라서 미국 노동자들이 이 혁신에 참여할 수 있도록 제조업을 미국 내에 최대한 많이 존속시키는 것이 필수적이다.

"사람들은 혁신이 샤워하다 불현듯 떠오르는 아이디어라고 생각합니다. 혁신은 대개 문제 관찰에서 시작합니다. 대상을 연구하면서 나오죠." MIT에너지계획연구소를 책임지고 있는 물리학자 어니스트 모니즈 Ernest Moniz가 말했다.

그 누구도 이전에 생각한 적 없는 제품이나 서비스를 제안하는 정말 순수한 혁신도 물론 있다. 그러나 작업라인에서 일하다가, 문제점을 관찰하다가, 해결책을 고안하다가 혁신이 일어날 때가 훨씬 더 많다. 이것이 미국이 고급 제조업을 국내에 계속 보유하지 않으면 제품을 직접 제조하고 어떻게 향상시킬지, 어떻게 더 좋은 다른 제품으로 교체할지 궁리하는 혁신의 중요한 원천 하나를 잃어버리게 되는 이유이다.

HP CEO 레오 아포테커는 수많은 혁신이 이제 작업 현장에서 일어나고 있다고 말했다. 맥킨지 이사인 바이런 오거스트는 실제로 당신이 공장을 세우고 일을 제대로 한다면 "공장 현장에서 일하는 작업자들이 비판적으로 사고하면서 공정을 향상시킬 수 있기 때문에 공장은 1년 후 생산성이 증가할 것입니다"라고 이야기했다. 공장이든 콜센터이든 오거스트는 "동일한 시스템에서도 부문마다 생산성에 상당한 차이가 있기 마련입니다. 작업 현장이나 콜센터에 끊임없이 학습하는 직원이 있다면 정보를 학습하고 퍼트릴 지속적인 기회가 있을 것이고 그러면 모든 직원이 발전합니다. 이를 모든 생산, 설계, 애프터서비스의 각 접점에서 실시하면 회사는 매년 생산성이 3퍼센트씩 증가하고 카네기멜론대학교나 실리콘밸리에서 나오는 새 발명품에 의존하지 않는 시스템을 갖추게 될 것입니다"라고 강조했다.

　예전에는 회사들이 '혁신센터'를 별도로 두고 그곳에서 원대한 생각을 하는 연구개발팀이 새로운 장치를 고안한 뒤 조립라인에서 생산했다. 아직도 혁신센터가 남아 있는 회사가 있지만 상당수는 최고경영진을 비롯하여 일선 작업자가 참여하는 지속적인 혁신을 선택하고 있다. 이제 모든 직원이 혁신 과정의 일부로 참여하며 트위터나 페이스북 같은 소셜 네트워크를 적극적으로 사용한다. 요즘 조립라인 작업자는 이전과 비교할 수 없이 많은 정보를 보유하고 있다. 뿐만 아니라 자기가 알게 된 내용을 즉각 경영진 및 회사 전체와 소통할 수 있는 능력을 지니고 있다.

　지속적인 혁신은 더 이상 사치가 아닌 필수다. 초연결 세계에서는 실현 가능한 모든 일이 이루어질 것이다. 회사 스스로 혁신해나갈 것인가 아니면 끌려갈 것인가를 선택할 수 있을 뿐이다. 아이폰 같은 획기적인 제품이 출시되면 즉각적으로 안드로이드 같은 경쟁상품이 등장한다. 아이패드가 출시되고 몇 달 만에 여러 경쟁상품들이 나타났다. 따라서 회사 전체 직원의 지적 능력을 총동원해 이용함으로써 지속적인 혁신을 추구하지 않는 회사는 갈수록 그 어느 때보다 더 빨리 뒤처지게 될 것이다.

　세계가 지금처럼 초연결 상태에 이르기 전 미국 기업들은 비용 절약을 목적으로 회사 업무를 세계 도처에 아웃소싱했다. 절약한 비용은 신제품, 서비스, 미국 내 직원들에게 재투자했는데 이는 기업의 선택사항이었다. 이제 미국 기업들은 '크라우드소싱(제품이나 서비스 개발 과정에 대중을 참여시켜 생산단가를 낮추고 수익의 일부를 대중에게 보상하는 경영 기법—옮긴이)'과 개방형 혁신을 실시하기 위해 세계 도처로 업무를 옮기고 있다. 이는 기업의 필수 사항이 되었다. 기업들은 그래야만 하기 때문에 가장 창조적인 인재, 가장 생산성 높은 인력, 가장 유리한 과세 규정 그리고 가장 빠르게 성장하는 시장 내 또는 그 근처에서 가장 뛰어난 사회기반시설을 찾는다. 기업은 제품을 개발, 디자인, 제조, 개선, 판매하기 위해 세계 도처의 '대중'을 활용해야 한다. 그렇지 않으면 경쟁사가 선수를 칠 것이다. 다시 한 번 말하겠다. 초연결 세계에서는 실현 가능한 모든 일이 이루어진다. 그 일을 당신이 할 것인가 아니면 끌려갈 것인가 택일할 수 있을 뿐이다.

교육에서 청정에너지, 국토방위에 이르기까지 다양한 분야에서 정부와 회사를 위한 혁신 발전소 역할을 해온 스탠포드국제연구소 소장 커티스 칼슨에게 물어보자. 정부부처와 민간기업들은 과학자, 엔지니어, 교육자로 구성된 칼슨의 팀에게 와서 보통 비현실적인 희망 사항 목록이나 척 보기에 해결 불가능한 문제에 대한 해결책 등 자기들이 원하는 바를 설명하며 그것을 만들어달라고 요청한다. 칼슨이 의뢰를 받았을 때 가장 먼저 하는 일은 연구소의 과학자, 엔지니어, 디자이너 및 문제 해결에 가장 적합한 외부 전문가로 팀을 꾸리는 일이다.

"오늘날 한 가지 기술을 갖춘 한 사람이 해결할 수 있는 문제는 거의 없습니다. 즉, 최고의 팀을 꾸려야 한다는 뜻이죠. 그저 괜찮은 팀이 아니라 최고의 팀입니다. 그저 '세계 수준'으로는 충분하지 않습니다. 그 말은 그만한 팀이 그 외에도 많이 있다는 뜻이니까요. 사람들은 세계 최고의 팀을 원합니다." 칼슨이 설명했다.

그저 위에서 아래로 전달되는 것이 아니라 밑에서 위로 쉽게 전달될 수 있는 혁신적인 힘과 지식 즉, 제품을 발명, 디자인, 제조, 개선, 판매하는 능력이 고조되고 있다는 사실을 고려할 때 칼슨은 다음과 같은 거대한 조류가 굉장한 속도로 다가오고 있다고 예상한다. "날이 갈수록 하향식 혁신은 질서정연하기는 하나 둔해진다. 상향식 혁신은 혼란스럽기는 하나 영리해진다. 따라서 혁신에서 가장 중요한 비중을 차지하는 위치는 계속 아래로 이동하고 있다."

'하향식 혁신은 질서정연하기는 하나 둔해진다. 상향식 혁신은 혼란스럽기는 하나 영리해진다'라는 규칙을 칼슨의 법칙이라고 한다. 이는 모든 노동자가 창조적인 창조자 또는 창조적인 제공자가 되어야 하며 모든 경영자는 칼슨의 법칙을 최대한 활용하는 일이 자신의 임무임을 이해해야 한다는 사실을 한층 강조한다. 즉, 경영자는 상향식으로 혁신적인 아이디어를 이끌어내고 돋우고 불러 모은 다음 제품, 서비스, 개념을 만들 수 있도록 하향식으로 그 혁신 아이디어를 고치고 다듬고 통합하는 방법을 찾아야 한다.

다음은 칼슨이 우리에게 2011년 3월에 한 얘기다. "며칠 전 일본에서 한 그룹이 우리 연구소를 찾아왔습니다. 그중 한 명이 저에게 '매일 몇 건이나 중요한 결정을 내리십니까?'라고 물었습니다. 저는 '제 목표는 어떤 중요한 결정도 하지 않는 것입니다. 저는 고객이나 기술과 일상적으로 접촉을 하는 사람이 아닙니다. 그러니 일이 진행될 때 내 결정을 기다려야 한다면 진행 속도가 너무 느려집니다. 그렇다고 해서 제가 할 일이 없지는 않습니다. 그런 중요한 결정을 내려야 하는 곳에서 내릴 수 있는 환경을 만들어나가고 그런 결정을 뒷받침하고 보상하고 격려하는 것이 저의 일입니다'라고 답했습니다."

칼슨은 자신이 고전적인 상의하달식 CEO라기보다는 모든 부서를 조정하고 고객의 의견에 귀를 기울이는 회사의 '시장(市長)' 같은 존재라고 생각한다고 말했다.

  사실을 직시하라. 지금 노동시장은 더 이상 우리 조부모 세대의 시장이 아니다. 심지어 부모 세대와도 다르다. 우리 각자는 항상 어떤 일을 하건 간에 지금 '존재'해야 한다. 그렇게 해야만 창조적인 창조자 또는 창조적인 제공자가 될 수 있다. 그리고 이 두 부류만이 일자리를 찾을 수 있게 될 것이다. 이것이 학교들이 모든 학생들에게 주어진 업무를 수행할 뿐만 아니라 특별한 무언가를 수행해야 하는 직업 현장에 대처할 수 있도록 준비를 시켜야 하는 이유이다. 각자가 자신만의 특장점을 찾기 위해서는 더 오랜 기간 동안 더 좋은 교육을 받아야 한다. 다음 6장과 7장에서는 우리가 어떻게 더 우수한 교육을 실시해서 모든 미국인이 세계화와 정보기술혁명이 함께 가져온 변화에 적응할 수 있도록 할 것인가를 다룬다.

**6장**

# 숙제 × 2 = 아메리칸 드림

플로리다 주 올랜도 2011년 5월 31일 〈PR뉴스와이어〉

2011년 국제 대학생 프로그래밍 경진대회에서 중국의 저장대학교 Zhejiang University 학생들이 세계 챔피언의 영예를 안았다. IBM이 후원하며 '두뇌들의 전쟁'이라고도 부르는 이 대회는 5시간 내에 가장 난해한 컴퓨터 프로그래밍 문제들을 풀어야 한다. 이를 위해 105개 대학 팀들이 도전하였다. 속도와 기술을 모두 겸비한 저장대학교 팀은 5시간 내에 8문제를 푸는 데 성공했다. 세계 챔피언들은 '세계최고두뇌'에게 수여되는 트로피와 IBM의 부상, 장학금, IBM에 정규직 또는 인턴으로 취업할 수 있는 기회를 손에 넣게 되었다. 올해 메달을 획득한 최우수 12개 팀은 다음과 같다.

• 저장대학교(금메달, 세계 챔피언, 중국)

- 미시간대학교University of Michigan at Ann Arbor(금메달, 2위, 미국)
- 칭화대학교Tsinghua University(금메달, 3위, 중국)
- 상트페테르부르크 국립대학교St. Petersburg State University(금메달, 4위, 러시아)
- 니즈니 노브고로드 국립대학교Nizhny Novgorod State University(은메달, 5위, 러시아)
- 사라토프 국립대학교Saratov State University(은메달, 6위, 러시아)
- 에어랑엔-뉘른베르크 프리드리히 알렉산더대학교Friedrich-Alexander-University Erlangen-Nuremberg(은메달, 7위, 독일)
- 도네츠크 국립대학교Donetsk National University (은메달, 8위, 우크라이나)
- 자기엘로니안대학교Jagiellonian University in Krakow(동메달, 9위, 폴란드)
- 모스크바 국립대학교Moscow State University(동메달, 10위, 러시아)
- 우랄 국립대학교Ural State University(동메달, 11위, 러시아)
- 워털루대학교University of Waterloo(동메달, 12위, 캐나다)

힐러리 클린턴Hillary Clinton은 우리에게 진로 상담을 요청한 적이 없다. 만약 그랬더라면 우리는 그녀에게 이렇게 말했을 것이다. 오바마 대통령이 당신한테 와서 국무부 장관직을 제의했을 때 당신은 이렇게 말했어야 했습니다. "감사하지만 사양하겠습니다. 그보다 저는 국가안보책임자 자리를 맡고 싶습니다. 국무부 장관직이 매우 중대했던 냉전시대에는 국무부 장관이 되면 정말 멋졌겠죠. 물론 바뀌지 않은 점도 있습니다. 지금도 예전처럼 국무부 장관은 다른 나라 정부와 의사소통하고 협상하는 데 대부분의 시간을 보내죠. 지금도 예전처럼 협상의 성공 여부는 국무부 장관의 언변보다는 협상 테이블에서 얼마나 많은 영향력을 발휘할 수 있느냐에 달려 있습니다. 지금도 예전처럼 다른 무엇보다도 미국의 경제력에 따라 성공 여부가 좌우됩니다. 하지만 오늘날 예전 그 어느 때보다 국가안보는 우리 교육 시스템의 질에 달려 있습니다. 이것이 제가 국무부 장관이 되고 싶지 않은 이유입니다, 대통령 각하. 대신 저는 국가안보정책의 중심에 서고 싶습니다. 저는 교육부 장관을 맡고 싶습니다."

국가교육성취수준에 관한 한 교육부 장관의 힘도 한계가 있다는 사실을 우리는 잘 알고 있다. 사실 우리는 이 책임이 모든 미국인 즉 사회 전체에 있다고 생각한다. 그러나 위 내용이 제시하는 상징적인 주장은 옳다. 세계화와 정보기술혁명의 결합으로 미국 교육에서 수학, 과학, 독서, 창의성 수준은 경제성장을 결정하는 핵심요인이 되었고, 경제성장은 국력과 영향력, 국민 개인의 행복을 결정하는 핵심요인이 되었다. 오늘날 초연결 세계에서 교육성취수준을 높일 수 있는 국가와 개인이 받을 수 있는 보상은 그 어느 때보다 커질 것이다. 반면에 교육성취수준을 높이지 못하는 국가와 개인이 받는 불이익 역시 그 어느 때보다 가혹해질 것이다. 교육성취수준을 높이지 못하면 개인의 안전도 국가의 안전도 보장할 수 없는 것이다. 바로 이것 때문에 오바마 대통령이 "오늘날 교육에서 우리를 앞지르는 나라는 미래의 경쟁에서 우리를 앞지를 것이다"라고 선언한 것이다. 그리고 임원 전문 헤드헌팅 업체인 하이드릭 앤 스트러글스Heidrick & Struggles가 〈이코노미스트The Economist〉의 계열사

EIU<sub>The Economist Intelligence Unit</sub>와 협력하여 '재능은 새로운 석유이며 꼭 석유처럼 수요가 공급을 훨씬 능가한다'라는 모토 하에 다양한 국가의 순위를 매기는 글로벌인재지수<sub>Global Talent Index</sub>를 개발한 것이 결코 우연이 아닌 이유이다.

국가 차원에서 볼 때 미국은 아직 이 새로운 현실에 적응하지 못하고 있다. 미국 역사 전체를 통틀어보았을 때 교육은 국가 전체의 이슈가 아니라 지역에 국한된 분권적 이슈였다. 때문에 미국은 교육을 국가 성장과 국가안보에 투자한다는 개념으로 생각하지 않았다. 하지만 오늘날 중요한 것은 우리 동네 학교가 자치구 또는 주에서 몇 위인지가 아니라 미국의 학교가 세계에서 몇 위인지다.

전 워싱턴 D. C. 교육감인 미셸 리<sub>Michelle Rhee</sub>는 교육감에서 물러난 직후인 2010년 12월 〈워싱토니안<sub>Washingtonian</sub>〉 매거진과의 인터뷰에서 이렇게 말했다.

> 미국은 교육 분야에서 심각한 위기에 놓여 있습니다. 하지만 우리는 그 사실을 모릅니다. 예를 들면, 싱가포르는 교육을 완전히 개혁하고 있습니다. 왜냐고요? 그들 경제계획에 있어 가장 중요한 전략이 교육이기 때문입니다. 우리는 교육을 사회적 사안으로 취급합니다. 사회적 사안에 어떤 일이 발생하는지 알려드리죠. 갑작스런 재정부족 사태가 발생하면 사회적 사안은 감춰지고 옆으로 밀려납니다. 우리도 교육을 경제적 사안으로 취급하기 시작해야 합니다.

그녀 말이 맞다. 50년 전에는 "교육은 필수가 아니라 선택이었습니다.

나는 교육을 받을지 말지 선택할 수 있었고 어느 쪽을 선택하든 적당한 직업을 얻을 수 있었고 괜찮은 삶을 누릴 수 있었습니다"라고 파리에 있는 경제협력개발기구OECD 교육국장인 안드레아스 슐라이허Andreas Schleicher가 말했다. 오늘날 교육은 더 이상 선택이 아니다. 교육은 중산층 생활수준을 누리기 위한 필수조건이다.

이는 임금 통계를 보면 명확히 드러난다. 지난 30년간 고용기회의 양극화가 진행되면서 중등과정 후의 교육과정, 즉 전문대학 이상의 교육을 받은 사람들의 소득 수준이 상당히 지속적으로 상승하는 현상이 함께 나타났다고 로렌스 카츠와 데이비드 아우터가 지적했다. "1979년 평균적인 대학교 졸업자의 시급은 평균적인 고등학교 졸업자 시급의 약 1.5배였습니다. 2009년에 이르자 이 비율은 1.95배가 되었습니다. 대졸 노동자와 고졸 노동자 간 소득 차가 이렇게 엄청나게 벌어졌다는 사실은 지난 30년 간 거의 지속적으로 증가한 누적 효과를 반영합니다."

2010년 11월, 브루킹스 연구소Brookings Institution는 〈분리의 정도: 교육, 고용, 미국 대도시 지역의 대침체Degrees of Separation: Education, Employment, and the Great Recession in Metropolitan America〉라는 제목의 연구를 발표했다. 연구를 통해 "대침체 시기 동안 다른 노동자들에 비해 대학 교육을 받은 노동자들의 고용이 훨씬 덜 가파르게 감소했다. 2007년부터 2009년 사이 학사학위를 소지하지 않은 노동인구의 고용률은 2퍼센트 포인트 이상 떨어진 반면 대학 교육을 받은 노동인구는 0.5퍼센트 포인트밖에 하락하지 않았다"라는 사실이 드러났다. 브루킹스 연구소는 약간의 지역적 편차가 있기는 하나 교육은 대침체 기간 중 노동자들에게 상당히 훌륭한 보험증서 역할을 수행한 것으로 보인다고 주장했다.

미국은 역사적으로 각 시대의 기술요구 수준 이상으로 국민을 교육시켜왔다. 로렌스 카츠와 클라우디아 골딘Claudia Goldin은 《교육과 기술 사이의 경주The Race Between Education and Technology》에서 미국의 교육 시스템이 기술 변화 정도에 발맞춰갔던 1970년 전후까지 경제성장의 혜택을 전 국민이 함께 공유했다고 설명한다. 그리고 교육이 기술변화를 따라가지 못하게 되자 고등학교 중퇴자가 얻을 수 있는 취업 기회는 줄어드는 반면 회사들은 얼마 되지 않는 고도의 전문인력을 채용하려고 하면서 소득불균형이 심화되기 시작했다. 오늘날 초연결 세계는 교육 분야에서 또 다른 도전과제를 던지고 있다. 즉, 미국이 번영하기 위해서는 이 나라의 젊은이들을 새로운 기술 수준 이상으로 교육시켜야 한다.

오늘날 모든 사람이 좋은 직업을 얻는 데 필수적인 비판적 사고와 문제해결능력을 배양하기 위해 더 많은 교육을 받아야 할 뿐만 아니라 학생들도 더 좋은 교육을 받아야 한다. 우리는 '더 좋은 교육'을 젊은이들이 창조적인 창조자와 창조적인 제공자가 될 수 있도록 키워내는 교육이라고 정의한다. 교육 시스템을 통해 읽기, 쓰기, 산수와 같은 기초학습능력을 강화해야 하는 것은 물론 모든 미국인이 전에 없던 새로운 일을 시작하고, 특별한 가치를 더하거나 옛것을 현재 자기가 하고 있는 업무에 적용시킬 수 있도록 가르치고 격려하여야 한다.

세계가 계속해서 점점 초연결 상태로 나아가면서 아메리칸 드림을 유지하기 위해서는 2배로 열심히, 2배로 빠르게, 2배로 자주, 그리고 2배로 많이 배우고 일하고 생산하고 재학습하고 혁신해야 한다. 따라서 6장의 제목과 미국 중산층을 위한 새로운 방정식을 '숙제×2 = 아메리칸 드림'으로 정했다.

교육 분야의 도전과제는 매우 중요하다. 그래서 두 부분으로 나누어 논의하고자 한다. 6장의 나머지 부분은 '더 많은' 교육이 의미하는 바를 살펴볼 것이다. 그 다음 장에서는 '더 좋은' 교육을 하기 위해 필요한 요소를 설명하겠다.

## | '더 많은' 문제점

미국은 교육 분야에 있어 2가지 격차를 한꺼번에 좁혀야 한다. 우선 표준화된 읽기, 쓰기, 수학 시험에서 흑인, 히스패닉, 기타 소수 인종 학생과 백인 학생 평균 간 격차를 좁혀야 한다. 뿐만 아니라 싱가포르, 한국, 대만, 핀란드, 중국 등 많은 산업국가의 평균적인 학생 간에도 이와 똑같이 위험한 격차가 존재한다.

이 시험의 결과가 교육수준 전체를 반영하지는 않으며 미국의 우수한 학생들과 학교들이 여전히 세계 최고 수준과 맞먹을 정도로 뛰어나다고 주장하는 사람들도 있다. 하지만 이들은 틀렸다. 전국주지사협회National Governors Association 의뢰로 실시된 〈국제 비교에 관한 신화와 실재Myths and Realities About International Comparisons〉라는 제목의 연구에서는 미국 이외의 국가들이 선별된 엘리트 그룹 학생에게 평가를 받게 한다는 통념은 틀렸다고 결론지었다. 현재 비교평가는 각국 전체 인구를 대상으로 하는 표본 추출을 포함한다. 〈러닝 시스템The Learning System〉은 2011년에 실린 연구 역시 비교평가에서 미국의 성적이 좋지 않은 이유가 빈곤 및 기타 가족요인 때문이라는 견해를 일축했다. 실제로 미국 학생들은 다른 비교 국가의 시험대상 학생들과 사회경제적 조건이 거의 유사했다. 미국이 더 많은 학생들을 교육시키려고 노력하기 때문에 미국 학생의 성취도를 다른 국가 학생의 성취도와 비교할 수 없다는 생각을 가진 사람들이 있다. 이에 대해 이 보고서는 분명 미국의 고등교육 접근도가 평균 이상이기는 하나 이 점이 OECD 평균보다 훨씬 많은 미국 학생들이 대학에 입학하고 있음에도 대학 수료 비율은 평균보다 17포인트 낮다는 사실을 설명하지는 못한다는 점을 지적하였다. 또한 핀란드처럼 인구구성이 전혀 다양하지 않은 나라가 교육 분야에서 뒤처져 있다가 어떻게 정상 수준으로 올라갈 수 있었는지도 설명하지 못한다. 핀란드는 보통 수준이었을 때에도 다양하지 않았고 뛰어난 수준에 올랐을 때도 다양하지 않았다. 다양성은 논쟁거리가 될 수 없다. 핀란드는 명확한 교육 정책이 있었기 때문에 앞서 나갈 수 있었다. 이것이 비교평가가 의미를 갖는 이유이다.

표준화된 국제 수학 및 읽기 평가 결과를 보면 미국의 초등학교 4학년 학생들은 핀란드, 한국, 싱가포르 등의 같은 또래와 대등한 수준임을 알 수 있다. 그러나 고등학생들은 뒤처지고 있다. 이는 미국 학생들은 학교에 오래 다닐수록 다른 나라의 또래 학생과 비교했을 때 학력이 처진다는 의미라고 컨설팅 회사 맥킨지는 〈미국 학교 내 성취도 격차의 경제적 영향력The Economic Impact of the Achievement Gap in America's Schools〉이라는 제목의 보고서에서 결론 내렸다. 이 보고서 작성자 중 한 명인 매트 밀러Matt Miller는 변두리 고등학교에 다니면서 자기가 얼마나 뒤처져 있는지 실감하지 못하는 학생들이 많이 있다고 말했다. "그들은 시간당 40달러에서 50달러를 받는 직업이 아니라 12달러를 받는 직업을 준비하고 있는 셈이죠."

매 3년마다 OECD 국제학업성취도평가PISA는 수십 개 산업국가의 만 15세 학생들에게 본인의 수학 및 과학 지식을 이용하여 현실세계 문제를 풀도록 한다. 그리고 읽기 능력을 이용하여 자기가 읽은 내용의 의미를 구성, 확장, 반영하도록 함으로써 장래 직업을 어떻게 준비하고 있는지 측정한다.

여기 PISA 과학 문제 예시가 있다. 한번 풀어보라. '레이의 버스는 대부분의 버스들처럼 가솔린 엔진으로 움직인다. 이러한 버스들은 환경오염의 주범이다. 어떤 도시에는 트롤리버스가 다닌다. 이 버스들은 전기엔진으로 움직인다. 이러한 전기엔진에 필요한 전기는 전차처럼 외부 전기선에서 전기를 공급받는다. 전기는 화석연료를 사용하는 발전소에서 공급한다. 도시에서 트롤리버스를 사용하자고 주장하는 사람들은 트롤리버스가 환경오염을 일으키지 않는다고 말한다. 이들의 주장은 옳은가? 당신의 생각을 설명하라.'

다음은 수학 문제 예시이다. '한 피자 가게가 두께는 동일하고 크기가 다른 둥근 모양 피자 2종류를 판매한다. 작은 피자는 지름이 30센티미터이고 가격은 30제드이다. 큰 피자는 지름 40센티미터이고 가격은 40제드이다. 어떤 피자가 더 이득인가? 이유를 설명하라.'

PISA가 비판적 사고력과 그 외 21세기에 필요한 직업 기술을 배양하고 측정하기 위해 OECD가 설계한 평가라는 점을 고려할 때, 2009년 미국 학생들의 성취도를 보면 무척 걱정스럽다. 읽기 부문의 경우 상하이, 한국, 핀란드, 홍콩, 싱가포르, 캐나다, 뉴질랜드, 일본, 오스트레일리아가 최고 점수를 기록했다. 미국 학생들은 아이슬란드와 폴란드 학생들과 동점을 이루며 중간 그룹에 속해 있다. 수학의 경우 미국의 15세 학생들은 국제 평균 수준을 밑돌고, 아이슬란드나 포르투갈과 거의 비슷한 수준이다. 한국, 상하이, 싱가포르, 홍콩, 핀란드, 스위스와 비교하면 한참 뒤처져 있다. 과학 역시 미국 학생들은 중간 그룹에 속해 있다. 반면 상하이, 싱가포르, 핀란드에 뒤져 있다. 중국에서 유일하게 평가에 참여한 상하이가 수학, 과학, 읽기 분야에서 다른 65개국에 앞섰다는 사실은 주목할 만하다.

상하이의 성취도에 관해 레이건 정부 시절 교육부에서 근무했던 체스터 핀 2세는 〈뉴욕타임스〉에서 이렇게 말했다. "아, 전 정말 놀랐습니다. 스푸트니크호가 생각나네요. 저는 중국인들이 목표를 달성하기 위해 얼마나 집요하게 노력하는지 보아왔습니다. 2009년에 중국인이 상하이에서 이런 결과를 얻을 수 있었다면 2019년에는 10개 도시에서, 2029년에는 50개 도시에서 같은 결과를 낼 수 있을 것입니다." 실험을 실시하고 무엇이 효과가 있는지 확인한 다음 확대해나가는 것이 중국인의 방식이다. 미국 교육 및 경제협의회 National Center on Education and the Economy 회장인 마크 터커 Marc Tucker 는 "미국은 국민 모두가 교육을 받도록 하는 데 비해 다른 국가들은 국민 일부만 교육받도록 하기 때문에 평가에서 더 좋은 성적을 기록한다고 많은 미국인들이 생각합니다. 하지만 이는 사실이 아닙니다"라고 지적했다. 터커는 상위권을 기록한 국가의 저소득층 가정 출신 학생들도 미국과 비교했을 때 더 좋은 성적을 나타냈다고 말했다.

축구계에서는 "당신의 가치는 당신 성적이 말해준다"라는 말이 있다. 미국 학생들의 성적은 미국 교육의 성과를 아무리 좋게 봐주려 해도 평균점밖에 되지 않는다고 말한다. 던컨Arne Duncan은 평가 결과에 대해 아무런 변명도 하지 않았다. 2009년 PISA 평가 결과가 발표된 2010년 12월 7일, 던컨은 "읽기와 과학 부문에서 평균점을, 수학에서 평균점 이하를 기록한 성적은 혁신과 국제 경쟁력을 유지함에 있어 과학적 소양과 기술적 소양이 핵심적인 역할을 하는 지식경제사회에서 경쟁력을 갖추기에 매우 미흡한 결과입니다"라는 내용의 성명을 발표했다.

PISA 평가 결과는 잠깐 동안 신문 지면에 실리다가 이내 사라졌다. 미국의 성적이 얼마나 안 좋았는지 알리기 위해 프로그램을 할애하는 라디오나 텔레비전 방송국은 없었다. 민주당도 공화당도 2010년 중간선거에서 이 쟁점을 다루거나 사용하지 않았다. 부분분만낙태partial-birth abortion가 더 많은 관심을 받았다. 오바마 대통령은 대국민 연설을 하지 않았다. 21세기 버전 스푸트니크호 사건이 일어나고 있음에도 불구하고 그 사건이 보내는 신호에 귀 기울이는 미국인은 거의 없는 실정이다.

윌리엄스대학Williams College 심리학과 부교수로 교육프로그램을 책임지고, 《주의 환기 또는 주의 분산? 당신 자녀가 어떤 사람이 될지 예측하기Red Flags or Red Herrings? Predicting Who Your Child Will Become》의 저자인 수잔 엥겔Susan Engel은 미국이 직면한 도전과제를 이렇게 표현했다. "미국 교육계에는 2가지 기본적인 문제가 있습니다. 첫 번째 문제는 너무 많은 아이들이 위험하고, 교사들 자질이 부족하며, 교육적으로 무관심하고, 예산이 부족한 학교에 다닐 수밖에 없다는 사실입니다. 이러한 아이들을 데려다 적정한 예산이 확보되고 합리적인 학무위원회school board가 있으며 직원들이 만사에 관심을 가지고 교사들은 의욕에 넘치는 학교에 보낸다면, 이 아이들은 엄청난 발전을 보일 것입니다. 따라서 평균적인

**2009년 PISA 수학, 읽기, 과학 분야 평가에서 일부 국가들의 수행 성적**

| 수학 | | 읽기 | | 과학 | |
|---|---|---|---|---|---|
| 상하이-중국 | 600 | 상하이-중국 | 556 | 상하이-중국 | 556 |
| 싱가포르 | 562 | 대한민국 | 539 | 핀란드 | 539 |
| 홍콩-중국 | 555 | 핀란드 | 536 | 홍콩-중국 | 536 |
| 대한민국 | 546 | 홍콩-중국 | 533 | 싱가포르 | 533 |
| 대만 | 543 | 싱가포르 | 526 | 일본 | 526 |
| 핀란드 | 541 | 캐나다 | 524 | 대한민국 | 524 |
| 리히텐슈타인 | 536 | 뉴질랜드 | 521 | 뉴질랜드 | 521 |
| 스위스 | 534 | 일본 | 520 | 캐나다 | 520 |
| 일본 | 529 | 오스트레일리아 | 515 | 에스토니아 | 515 |
| 캐나다 | 527 | 네덜란드 | 508 | 오스트레일리아 | 508 |
| 네덜란드 | 526 | 벨기에 | 506 | 네덜란드 | 506 |
| 마카오-중국 | 525 | 노르웨이 | 503 | 대만 | 503 |
| 뉴질랜드 | 519 | 에스토니아 | 501 | 독일 | 501 |
| 벨기에 | 515 | 스위스 | 501 | 리히텐슈타인 | 501 |
| 오스트레일리아 | 514 | 폴란드 | 500 | 스위스 | 500 |
| 독일 | 513 | 아이슬란드 | 500 | 영국 | 500 |
| 에스토니아 | 512 | **미국** | **500** | 슬로베니아 | 500 |
| 아이슬란드 | 507 | 리히텐슈타인 | 499 | 마카오-중국 | 499 |
| 덴마크 | 503 | 스웨덴 | 497 | 폴란드 | 497 |
| 슬로베니아 | 501 | 독일 | 497 | 아일랜드 | 497 |
| 노르웨이 | 498 | 아일랜드 | 496 | 벨기에 | 496 |
| 프랑스 | 497 | 프랑스 | 496 | 헝가리 | 496 |
| 슬로바키아 | 497 | 대만 | 495 | **미국** | **495** |
| 오스트리아 | 496 | 덴마크 | 495 | 체코 | 494 |
| 폴란드 | 495 | 영국 | 494 | 노르웨이 | 494 |
| 스웨덴 | 494 | 헝가리 | 494 | 덴마크 | 494 |
| 체코 | 493 | 포르투갈 | 489 | 프랑스 | 489 |
| 영국 | 492 | 마카오-중국 | 487 | 아이슬란드 | 487 |
| 헝가리 | 490 | 이탈리아 | 486 | 스웨덴 | 486 |
| 룩셈부르크 | 489 | 라트비아 | 484 | 오스트리아 | 484 |
| **미국** | **487** | 슬로베니아 | 483 | 라트비아 | 483 |
| 아일랜드 | 487 | 그리스 | 483 | 포르투갈 | 483 |
| 포르투갈 | 487 | 스페인 | 481 | 리투아니아 | 481 |

■ OECD 평균보다 현저히 우수    ■ OECD 평균    ■ OECD 평균보다 현저히 미흡

PISA는 현실 생활 문제 해결에 자신의 지식과 기술을 사용하는 청소년의 능력에 초점을 맞추고 있다. 이러한 방침은 학생들이 특정한 교과과정 내용을 습득하는 것뿐만 아니라 학교에서 배운 내용으로 학생들이 무엇을 할 수 있는지 점점 더 많은 관심을 기울이고 있는 교과과정 자체의 목표와 목적 변화를 반영한다.

출처: OECD PISA 2009 데이터베이스

실력을 갖출 수 있다는 희망을 미국 아이들에게 주려는 노력조차 하지 않는 학교에 다니고 있다는 사실이 첫 번째 문제입니다."

엥겔은 우리의 두 번째 문제 역시 중대한 문제라고 설명한다. "괜찮은 학교 정도로는 충분하지 않아요. 이런 학교들은 괜찮은 시설을 갖추었고 학급 크기도 적정합니다. 자기의 일과 아이들을 좋아하는 교사를 충분히 확보하고 있으며 학교에 소속된 대부분의 학생들이 글을 읽을 수 있고 표준화된 국가시험에 통과할 수 있습니다. 이런 학교들은 괜찮은 수준이긴 하지만 정말 뛰어난 정도는 아닙니다. 아주 뛰어난 교육을 받지도 않았고 교사라는 직업에 큰 열정을 보이지도 않습니다. 그리고 시스템 내에서 특출한 교사가 되려고 도전하지 않는 교사들이 너무 많지요. 이런 학교들은 좋은 교육은 무엇으로 이루어지는지, 고등학교가 강조해야 하는 점이 무엇인지, 또 어떻게 해야 정말 활기찬 학습공동체가 될 수 있을지에 대한 분명하고 확실한 기조를 세우고 있지 않습니다. 이런 평범한 학교도 좋은 대학, 좋은 직업 등 괜찮은 길로 아이들을 인도할 수는 있습니다만 여기에서도 너무 많은 아이들이 자기 자신의 지적, 개인적 잠재력을 전부 발휘하지 못하고 있습니다. 이 아이들은 우리가 앞으로 필요로 할 발명가, 기업가, 세상의 청지기가 되는 길로 향해 나아가고 있지 않아요."

교육부 발표에 따르면, 대학에 진학한 1학년 학생 중 3분의 1가량이 읽기, 쓰기, 수학 과목에서 적어도 한 과목 이상 보충수업을 들은 것으로 나타났다. 심지어 이 수치는 흑인과 히스패닉 학생들 사이에서는 더 높게 나타났다. 공립 2년제 대학의 경우 이 평균 수치가 40퍼센트 이상까지 올라간다. 그리고 단 한 과목이라도 보충수업을 들었다는 사실은 대학을 졸업하지 못하는 것과 높은 상관관계가 있다.

엥겔이 지적한 점은 무척 중요한 내용이다. 비판적 사고, 읽기, 기초적인 수학 능력을 전달하는 고등학교 교육을 받지 못한 사람은 말할 것도 없고, 고등학교 교육을 수료한 이후 어떤 형태이든 교육을 받지 못한 사람에게 웬만한 생활수준을 제공해줄 만한 직업은 사실상 아예 없다. 이러한 사실을 고려할 때, 미국 교육계는 소수민족과 평균적인 백인 학생 간 격차를 좁혀야 한다. 뿐만 아니라 흑인 및 히스패닉 학생의 학업성취 수준을 평균적인 백인 학생 수준으로 올릴 수 있다고 하더라도 미국 평균은 세계 전체 수준에서 평균에 불과하다. 이대로는 새로운 일을 개발하는 것은 고사하고 중요한 업무를 해내기 위한 필수 인력도 확보하기 어려우므로 전체 미국 평균도 끌어올려야 한다. 할렘에 있는 학교 수준을 스카즈데일에 있는 학교 수준으로 높이는 것도 필요하지만, 이 학교들을 상하이에 있는 학교 수준만큼 혹은 그 이상으로 높이는 것만으로는 부족하다. 미국은 현재의 성취도와 잠재력 사이의 격차도 좁혀야 하지만, 미국의 장기적인 경제 활력은 우리 사회 전체의 미래 잠재력 향상에 달려 있다. 따라서 밑바닥은 더 빠르게, 천장은 더 높게 끌어올려야 한다.

또한 정상으로 향하는 경로를 다양화해야 한다. 미국에 존재하는 좋은 직업 중 상당수는 4년제 대학 교육은 필요로 하지 않는다. 대신 고급 직업훈련을 필요로 한다. 전기자동차의 엔진, 자동절단기계, 아폴로 우주선보다 더 많은 컴퓨팅 파워를 탑재하고 있는 새로운 가스동력차의 수리와 같은 기술은 고등학교 기술 수업 한 학기만에 배울 수 있는 기술들이 결코 아니다. 고등학교와 지역 전문대학들이 유망한 직업 진로를 제공하고 이러한 진로를 인문학이나 대학 진학과 동일하게 존중하는 것이 필수적이다. 고등학교 진학 초기에 4년제 대학교나 2년제 또는 그 이상의 직업훈련 과정으로 진로를 결정해주는 싱가포르, 핀란드, 독일처럼 학생들의 진로를 공식적으로 구분할 필요까지는 없을 수도 있다. 하지만 모든 학생이 중등과정 이후의 교육을 받도록 해야 하고 세상에는 다양한 기회가 있기에 학생들은 고등학교에 다닐 때부터 이러한 기회를 준비해야 한다. 궁극적으로 지역 전문대학에서 노트북 해체 방법을 배우는 것이 주립대학교에서 《호밀밭의 파수꾼The Catcher in the Rye》의 분석 방법을 배우는 것만큼 가치 있는 일임을 명확히 할 필요가 있다.

던컨은 오늘날 고등학교 교육은 학생이 4년제 대학교에 갈 것인지 또는 직업학교에 갈 것인지를 진로 수정하지 않고 준비할 수 있도록 도와야 한다고 말한다. 이것이 적당한 직업에 종사할 수 있는 길이기 때문이다. 지금까지 고등학교의 목표는 그저 학생들이 고등학교를 졸업하도록 하는 것이었다고 던컨은 덧붙였다. 하지만 졸업 그 자체만으로는 충분하지 않다. 이런 사람들을 위한 웬만한 일자리는 이제 거의 남아 있지 않고 고등학교를 졸업하지 않은 젊은이는 정말 극소수다. 고등학교는 학생들이 다음 단계 교육 또는 기술 배양을 준비하도록 도와야 한다. "이것은 근본적인 변화입니다." 우리는 25년 전에 이 변화를 실시했어야 했습니다. 하지만 우리는 그러지 않았습니다. 이제라도 따라잡아야 합니다." 던컨이 말했다.

'더 많은' 교육은 다양한 관점이 존재하는 주제이다. 우리는 이를 위해 필요한 정책의 엄밀한 조합을 알지 못한다. 즉, 특성화학교charter school(주 및 지방 당국의 규제 없이 주로 학부모, 교사, 지역단체 등이 공동으로 위원회를 구성해 학교를 운영하는 특수화된 공립교육기관—옮긴이)이 더 필요한지, 그냥 더 효율적인 공립학교가 더 필요한지 우리는 모른다. 수업일수를 늘려야 하는지, 학년을 늘려야 하는지, 둘 다 필요한지, 둘 다 필요 없는지 모른다. 어떤 기술이나 소프트웨어 프로그램이 학생 교육에 가장 적합해서 수학능력과 시험성적이 올라갈 수 있는지도 모른다. 우리는 교원노조가 자격 미달 교사의 일자리를 보호함으로써 어느 정도까지 문제가 되는지 훌륭한 교사에 대한 포상으로 어느 정도까지 이 문제에 대한 해결책이 되는지 모른다. 모든 국민을 위해 더 많은 교육을 실시하기 위하여 이 모든 부문에서 충분한 것이 어떤 상태인지에 대해 규정하는 일은 교육 전문가들에게 맡기겠다.

그러나 우리는 미국에게 필요한 것을 생산하기 위해 무엇이 필요한지 분명히 알고 있다고 생각한다. 더 좋은 교사, 더 좋은 교장, 자녀 교육에 더욱 관심을 가지고 요구하는 부모, 교육 수준을 무작정 낮추는 대신 향상시키려고 독려하는 정치인, 자기 자녀가 다니지 않더라도 주변 학교에 투자할 준비가 되어 있는 이웃, 공동체 내 교육 수준 향상에 헌신하는 경영지도자, 마지막으로 휴대폰으로 문자나 보낼 준비가 아니라 배울 준비를 하고 학교에 오는 학생들이라는 6가지가 필요하다고 믿는다.

이 목록이 미국 사회의 모든 사람을 포함한다고 생각했다면 당신은 요점을 제대로 이해하고 있는 것이다. 미국의 교육 문제는 교사와 교장이 단독으로 떠맡기에는 너무 벅차다. 이들 각 그룹을 살펴보도록 하자.

## | 교사와 교장

교사와 교장 단독으로 우리 교육의 열세를 극복하리라고 기대할 수는 없다. 하지만 뛰어난 교사와 교장은 학생의 성취도에 막대한 영향력을 미칠 수 있다. 따라서 우리 사회는 가능한 한 최고의 교사단과 교장단을 채용, 육성, 발전시킬 수 있도록 온 힘을 다해야 한다. 빌과 멜린다 게이츠 재단Bill and Melinda Gates Foundation을 통해 유치원부터 고등학교에 이르는 공립학교 교육을 연구하고 개선하기 위해 막대한 투자를 하고 있는 빌 게이츠는 재단에서 실시한 연구를 인용하여 이렇게 말했다. "학교 통제 하에 있는 모든 변수들 중 학업성취도에 가장 결정적으로 영향을 미치는 단일 요인이 우수한 수업입니다. 훌륭한 교사가 학생들을 위해 할 수 있는 일은 놀라울 정도입니다. 불행히도 교육 분야에서 우리를 앞서고 있는 국가들과 비교할 때 우리는 우수한 수업을 측정, 개발, 보상하려는 노력을 거의 하지 않고 있습니다. 우리는 우수한 수업을 규정하고, 보상하고, 모든 교사가 발전할 수 있도록 돕는 특별한 교사인사시스템을 만들어야 합니다. 이 시스템은 우리가 놓쳤던 부분이고 우리 학교를 바꿀 수 있는 기제입니다. 하지만 요즘 훌륭한 교사들의 특별한 점은 대부분의 경우 누구도 그들에게 훌륭한 교사가 되는 방법을 가르쳐주지 않았다는 것입니다. 그들은 스스로 방법을 터득했습니다."

스탠포드대학교 후버 연구소Stanford University's Hoover Institution의 선임 연구원인 에릭 하누셰크Eric A. Hanushek는 〈에듀케이션 위크Education week〉(2011년 4월 6일자)에서 수업 품질의 중요성에 관한 연구에서 발견한 결과를 요약해 발표했다.

여러 주 및 교육구(敎育區)에서 입수한 데이터를 검토한 연구에서 교사의 효율성 차이가 중요하다는 결과가 나왔다. 이 연구는 서로 다른 교실에서 얼마나 많은 학습이 이루어지고 있는지에 중점을 두었다. 결과에 놀라는 부모는 아마 없을 것이다. 교사는 매우 큰 영향을 미치며 교사 간 편차도 매우 컸다. 많은 부모들을 놀라게 한 점은 좋은 교사 또는 나쁜 교사가 미치는 영향력의 중대성이다. 분석 결과에 따르면 학생의 성취도에 기초하여 평가한 교사 성취도 상위 15퍼센트에 해당하는 교사가 1년을 가르치면 분포도에서 백분위 중 중간인 50번째에 속하는 평균적인 학생을 58번째 백분위 또는 그보다 위 구간으로 올릴 수 있다. 이는 하위 15퍼센트에 속하는 교사가 1년을 가르치면 같은 학생을 42번째 구간 이하로 떨어뜨릴 수도 있다는 뜻이다. 분명히 일련의 우수한 교사 또는 열등한 교사는 한 학생의 학습 경로를 완전히 변화시킬 수 있다. 이 결과는 교외나 시골학교, 그리고 빈민층들이 다니는 학교에도 적용된다.

왜 사람들은 이 문제에 더 많은 주의를 기울이지 않을까? 하누셰크는 "첫째, 나쁜 교사에게 연달아 배우게 되는 아이들은 거의 없다는 측면에서 무능한 교사들은 일반적으로 숨겨져 있을 가능성이 큽니다. 교장들은 어떤 교사가 무능한지 잘 알고 있기 때문에 무능한 교사와 우수한 교사를 교대로 배치해서 균형을 맞출 수 있습니다. 이러한 암묵적인 평균화 과정은 학교가 가정환경이나 아이들이 학교에 가지고 오는 것을 바꾸기 위해 학교가 할 수 있는 일이 많지 않다는 뜻이기도 합니다. 둘째, 부모들은 성과평가의 결과를 어떻게 해석해야 할지 잘 모릅니다. 교원노조는 2002년 낙제학생방지법No Child Left Behind Act 실시 이후 성과평가 점수가 그리 중요하지 않다고 사람들을 설득하기 위한 캠페인을 벌이고 있습니다. 연구 결과와는 완전히 모순되는 주장이죠"라고 답했다.

학업성취는 중요하다. 그 중요성은 평생 동안 계속된다. 하누셰크는 "성취도 분포에서 백분위 중 85번째에 속하는 성적으로 졸업한 학생은 평균적인 학생에 비해 13퍼센트에서 20퍼센트가량 소득 수준이 높다고 예측할 수 있다. 이는 한 사람의 직장 생활 전체에 걸쳐 매년 적용되며 그 결과 평생 동안 평균 15만 달러에서 23만 달러 정도 소득의 현재 가치에서 차이가 발생한다. 금번 연구 결과에 따르면, 적게 잡더라도 상위 15퍼센트에 해당하는 교사는 1년에 한 학생의 생애소득을 2만 달러 이상 높일 수 있다. 한 학급에 학생이 스무 명이라면 아주 뛰어난 교사 한 명이 매년 우리 경제에 40만 달러에 달하는 가치를 더한다는 사실을 알 수 있다"라고 보고서에 썼다. 당연히 하위 15퍼센트에 속하는 무능한 교사는 동일한 가치를 감소시킨다.

세계 최상의 학교 시스템들은 최고의 교사와 교장을 유치하고 유지하기 위해 무엇을 하고 있을까? 미국은 어떻게 이와 비슷한 개혁을 도입할 수 있을까? 이 질문에 답하기 위하여 맥킨지는 2007년 9월 〈세계 최우수 학교 시스템들은 어떻게 정상을 차지하였나How the World's Best-Performing School Systems Come Out on Top〉라는 제목의 연구를 발표했다. 보고서에서는 핀란드나 싱가포르 등 세계에서 가장 우수한 학교 시스템을 그보다 미흡한 시스템과 비교하였다. 연구 결과, 핵심적인 발견 사항은 다음과 같다. 성공적인 교육 시스템을 갖춘 국가에서 교사가 되는 대부분의 사람은 고등학교 또는 대학교 졸업반에서 상위 10퍼센트에 속하고 대학생들은 교사직을 자신이 선택할 수 있는 최상위 3개 직업 중 하나라고 생각한다. 이러한 국가에서 교직 수업을 이수하기 위한 경쟁률은 대략 10대 1에 달하며 교사 초임연봉은 다른 대졸 초임연봉과 비슷하다. 이러한 국가의 교사들은 자기 시간의 10퍼센트가량을 교육연수에 투자한다. 이는 미국의 교사들보다 훨씬 높다. 또한 정기적으로 다른 교사들을 자기 수업에 초청하여 참관하게 하고 서로 조언한다. 마지막으로 매 학년마다 학생이 무엇을 알아야 하고, 이해해야 하며, 할 수 있어야 하는지에 대한 명확한 기준이 있다.

이 보고서는 "교육 시스템의 질은 교사의 질을 뛰어넘을 수 없으며 성과를 향상시키기 위한 유일한 방법은 교수법을 향상시키는 것이다. 교육 전반에 걸쳐 높은 성과를 달성하기 위해서는 학교가 모든 학생들에게 우수한 교육을 전달할 수 있도록 하는 기제를 구축해야만 한다"라고 결론 내리고 있다.

맥킨지 보고서는 교장을 평가하지 않았지만 교장 역시 실제로 학생들 성취도에 중대한 영향을 미친다. 또한 교장평가방법 마련을 모든 교육개혁 프로그램에 포함하여야 한다. 우수한 교사를 채용하고, 모든 교사의 능력을 발전시키고, 교사와 학생들로부터 잠재된 최고 능력을 이끌어내도록 영감을 주는 지도자 역할을 수행할 수 있는 교장의 능력을 모든 학교 시스템 평가과정에 포함하여야 한다. 모든 교사들이 말하는 것처럼 훌륭한 또는 무능한 교장이 전체 학교에 미칠 수 있는 차이는 막대하다. 하버드대학교 기술 및 기업문제 연구센터Technology and Entrepreneurship Center의 혁신교육연구위원인 토니 와그너Tony Wagner는 교사나 교장이 되고자 하는 사람들을 위한 사관학교를 만들어야 한다고 주장한다. "우리는 교사의 자격을 향상시키고 21세기 교육, 학습, 평가 개혁에 필수적인 연구 개발을 지원하기 위해 미국 군사교육기관을 모델로 한 새로운 국립 교육아카데미National Education Academy를 설립해야 합니다."

## | 콜로라도, 우리가 왔다

미국의 공교육 시스템은 1만 4000여 개의 독립적인 교육구들로 이루어진 분산된 구조이다. 때문에 워싱턴에서 마술지팡이 한 번 휘두르는 것만으로 필요한 모든 개혁을 도입할 수는 없다. 그러나 학생들의 교육성취도를 높이기 위해 교원노조, 교직원, 정치인 사이의 긴장감을 극복할 수 있으며 국가 전체가 모방할 수 있는 성공적인 지역 및 지방 모델을 만들 수는 있다. 이러한 개혁 모델의 한 예가 콜로라도 주의 모델이다.

우리는 콜로라도 주의 공교육을 더 자세히 알기 위해 콜로라도 주 상원의원 마이클 존스턴Michael Johnston을 인터뷰 했다. 그는 도시지역 학교를 위한 지도자 훈련과 모집에 전념하는 기관인 '새로운 학교를 위한 새로운 지도자New Leaders for New Schools' 설립을 지원했으며 콜로라도 주 교육개혁에서 주도적인 역할을 수행하기도 했다. 2005년 존스턴은 형편이 어려운 청소년들을 위한 공립학교인 메이플턴예술실험학교Mapleton Expeditionary School of the Arts를 콜로라도 주 손튼Thornton에 공동으로 설립하였다. 존스턴은 이 학교의 교장으로서 중퇴율이 50퍼센트에 달하던 학교를 졸업반 학생 100퍼센트가 4년제 대학교에 입학한 콜로라도 주 최초의 공립학교로 변모시켰다. 주 전체 고교 중퇴율이 25퍼센트에 달하고 심지어 흑인과 히스패닉 학생 사이에서는 50퍼센트나 되는 콜로라도 주에서는 효과적인 프로그램들을 확대 적용하는 일은 무엇보다 시급한 사안이다.

존스턴이 설립한 공립학교에서 특이할 만한 점은 존스턴이 해당 교육구에게 스스로 교원을 모집할 수 있는 재량을 받았다는 사실이다. 2010년 콜로라도 주 상원의원으로 선출된 후 존스턴은 자신의 경험을 바탕으로 하여 '위대한 교사와 위대한 지도자 법Great Teachers and Leaders Bill'으로 알려진 획기적인 '교사 자질 법(SB 10-191)'을 통과시키기 위해 주지사, 지역 지도자, 교원노조의 일부 조합원들과 팀을 이루었다. 수많은 사회경제적 요인이 학생의 성취도에 영향을 미치지만, 존스턴의 접근법은 학교 자체 내에서는 교사와 교장의 자질이 가장 중요하다는 확신에서 시작한다.

"저는 교사들에게 이야기할 때 항상 이렇게 말하면서 시작합니다. '먼저 우리는 모두 같은 소임을 공유하여야 합니다. 우리는 모두 성취도 격차를 줄여야 하고 모든 학생들을 졸업시켜야 하며 진로를 수정할 필요 없이 대학에 보내거나 취직시켜야 합니다.' 하지만 우리는 대부분 교육 부족이라는 문제를 논의하고 있다는 사실을 알죠. 이 정도로 거대한 문제를 해결하려고 한다면 그 문제만큼 큰 지렛대가 필요합니다. 그리고 지금 우리가 알고 있는 사실은 학생의 성공을 결정하는 가장 중요한 단일 변수가 수업시간에 교사가 얼마나 능률을 발휘하는가라는 점입니다. 교사의 영향력이 그만큼 중대하기 때문에 교과내용, 직업 개발, 심지어 학급 크기를 논의할 때 그런 변화는 훌륭한 교사의 영향력에 비하면 말 그대로 반올림 오차에 불과하다고 할 수 있습니다. 학급에서 가장 성적이 낮은 학생 4분의 1을 데려다 매우 우수한 교사가 가르치는 학급에서 배우도록 하면 3년 후에는 성취도 격차를 거의 줄일 수 있습니다. 그 반대 경우도 성립합니다. 학급에서 가장 성적이 낮은 학생 4분의 1을 가장 무능한 교사와 교장이 맡은 학급에 넣는다면 성취도 격차가 너무 크게 벌어져서 다시는 좁힐 수 없게 될 것입니다. 다른 모든 직업과 마찬가지로 학급마다 교사의 능력에 상당한 차이가 있다는 사실을 우리는 압니다. 우리는 사람들이 자기 아이들이 다닐지도 모르는 학교를 고려하여 집을 구매하기 위해 수많은 시간을 쏟아 붓는다는 사실을 알고 있습니다. 하지만 실제로 중요한 사항은 어떤 학교에 다니느냐가 아닙니다. 교사 간 능력 차이가 학교 간 수행 격차 차이보다 2배는 크기 때문입니다. 덴버에 있는 가장 가난한 동네에 집을 사고도 당신 아이가 매우 우수한 교사를 만났다면, 덴버에서 가장 부자 동네에 집을 샀지만 아이가 무능한 담임교사를 만난 사람보다 잘 된 것이겠죠." 존스턴이 말했다.

이제 우리는 교실에서 1년 만에 3년 치 결과물을 만들어낼 수 있는 교사들을 분간할 만큼 데이터를 모았다. 하지만 대학에서부터 학교 배정, 교사 평가, 보수 및 승진 시스템으로 이어지는 정보를 전달할 경로를 갖고 있지 못하다. 존스턴은 "우리가 보유한 뛰어난 교사들은 그들을 위해 전용으로 설계된 온실에서 부족함 없이 자란 꽃들이라기보다는 콘크리트를 뚫고 나오려고 애쓰는 꽃들과 같습니다"라고 말한다.

존스턴은 우리가 교사들에게 요구해온 바를 생각할 때 이는 별로 놀랄 만한 일이 아니라고 덧붙였다. "제가 스물한 살이었을 때, 전 1년차 고등학교 교사였고 9학년 학생들에게 매일 셰익스피어의 줄리어스 시저를 6절씩 가르쳤습니다. 건너편 교실에서는 연세가 예순둘인 선생님이 계셨는데 그분도 줄리어스 시저를 매일 6절씩 가르치셨습니다. 그것이 저에게 주어진 진로였던 셈이죠. 이것이 첫 3년에서 5년 사이에 50퍼센트에 달하는 교사가 그만두는 이유입니다."

교사들은 청소년들과 문학을 나누겠다는 생각에 들떠서 시작한다. 그러나 지속적인 교육연수의 기회는 거의 없고 평가나 피드백에는 일관성이 없다. 자신의 강의를 곰곰이 생각하고 개선하기 위해 진지하게 고민하는 동료와 교류할 기회는 한정되어 있다. 따라서 이 일을 계속하는 한 직무역량 성장가능성이 거의 없다는 사실을 발견하게 된다고 존스턴은 말했다.

교장에 관해서도 역시 마찬가지다. 담임교사를 제외하고 교장은 학교 건물 내에서 가장 중요한 인물이다. "미국 전체를 둘러보면 훌륭한 교장들이 우수한 교사를 유치하고 유지하고 있다는 사실을 알 수 있습니다. 형편없는 교장들은 우수한 교사를 학교에서 쫓아냅니다. 놀라운 사실은 교장의 질이 고르지 않다는 사실을 고려할 때 우리 교육계는 우수한 교사를 많이 보유하고 있다는 점입니다. 우리는 교사가 문제이기 때문에 교사에게 집중하는 것이 아닙니다. 교사가 해답이기 때문에 집중하는 것입니다"라고 존스턴은 설명했다.

훌륭한 교사가 미칠 수 있는 영향력 데이터를 보면 교사는 고성능 지렛대와도 같아서 지렛대를 조금만 움직여도 학생성취도 결과에 기하급수적으로 영향을 미칠 수 있다는 사실을 깨닫게 된다. 이는 변화를 가져올 시스템 구축을 의미한다. 우수한 교사를 더 많이 유치하고 계속 유지하며 능력 없는 교사들을 개선시키거나 해고하는 것이다. 가르침의 질적 측면에서 전 시스템에 걸친 변화를 가져올 수 있다. 2010년 5월

20일 콜로라도 주지사 빌 리터Bill Ritter가 서명함으로써 발효된 '위대한 교사와 위대한 지도자 법'은 이 목표 달성을 위한 것으로 다음 5가지 원칙에 기초하고 있다.

첫째, "우리는 각 교사와 교장의 수행 평가에 실제 나타난 학생의 성장을 50퍼센트 비중으로 반영합니다. 여기에서는 '성장'이 가장 중요한 단어입니다. 9월 1일 개학일에 학생이 어떤 수준에서 시작했는지는 중요하지 않고 5월 30일 학년을 마칠 때 학생들의 지식수준이 실제로 얼마나 높아졌는지 보고자 하는 것입니다. 우리는 지금 현재 교사 및 교장과 협의 하에 이 평가를 위한 측정 기준을 개발하고 있습니다. 이는 '잡았다!'는 의미가 아닙니다"라고 존스톤은 설명했다.

사실 교사평가시스템을 마련하는 것은 중요하다. 또한 그 시스템 설계에 교사들이 참여하여 그 시스템이 공정하다고 인정하는 것도 매우 중요하다. 콜로라도 주의 교사평가 방법은 학생 설문 데이터, 교장의 평가, 시험 결과의 조합으로 이루어지고, 수석교사의 평가 또는 동료 교사의 평가를 포함할 가능성도 있다. 교사들에게는 감독관들의 불시 방문뿐만 아니라 자신이 최상의 수업을 하고 있는 모습을 보여줄 수 있는 기회도 부여된다.

둘째, 존스틴은 "우리는 능력이 매우 뛰어나다고 나타난 교사와 교장에 위한 경력개발시스템을 설치할 것입니다. 그들에게 이렇게 말하는 거죠, '선생님의 교수법을 배우고 싶습니다. 선생님이 어떻게 해서 학생들을 성공적으로 이끌 수 있었는지 기록해서 다른 교사들과 공유할 수 있게 해주십시오. 물론 추가로 수당을 드리겠습니다.' 미국에서 가장 뛰어난 수학교사 스무 명을 찾아내서 그들이 수업하는 모습을 동영상으로 촬영하고 수업계획서를 웹사이트에 올리도록 수당을 지급하는 것입니다. 새롭게 7학년을 맡게 된 교사가 웹사이트를 방문해서 '7학년 수학'을 클릭한 다음 특정 기준을 클릭하면 미국에서 가장 유능한 교사들은 그 기준을 어떻게 가르치고 있는지 볼 수 있습니다. 동일한 웹사이트에서 수석교사들도 찾아낼 수 있고, 실제로 그들 수업에 대한 참관 신청을 하고서 교실 뒤에 앉아 실제로 학생들 앞에서 그들이 수업하는 모습을 볼 수도 있죠.

이는 모든 교사들에게 탁월한 동료 교사들로부터 배울 수 있는 기회를 부여할 뿐만 아니라 가장 우수한 교사들이 교사직을 계속할 수 있도록 하는 인센티브로 작용할 것입니다. 지금까지 교사로서 사실상 더 많은 급여를 받을 수 있는 유일한 방법은 교실을 떠나 교장이 되는 길밖에 없었습니다. 이제 또 다른 진로 경로가 생기는 것입니다"라고 말했다.

중국을 예로 들면 교사직을 능력에 따라 네 단계로 나누고 높은 단계로 올라가기 위해서 교사들은 평가단 앞에서 자신의 탁월함을 증명해야 한다. 가장 높은 단계를 '명교사'라고 한다. 이는 중국에서 대단히 영예로운 지위다.

셋째, 콜로라도 주의 교사 종신재직권tenure은 연공서열이 아니라 능력에 따라 결정될 것이다. 종신재직권을 폐지하지는 않겠지만 교사들은 이를 획득하고 재획득해야 할 것이다. 교사 경력 4년차가 되는 첫날, 종신재직권을 자동적으로 부여하는 대신 이제 교사는 3년 연속 '우수' 교사로 평가받아야 종신재직권을 획득하게 된다. 이후 그 지위를 유지하기 위해서는 지속적으로 우수한 성과를 내야 한다. 2년 연속 '무능' 등급을 받으면 종신재직권을 잃게 된다. 이는 해고된다는 뜻은 아니다. 1년 단위로 계약을 갱신해야 한다는 의미이다.

이는 넷째 원칙과 연결된다. 콜로라도 주에는 인원감축을 시행할 때 학교나 학생에게 가장 이익이 되는 처사가 아니라 하더라도 가장 늦게 고용된 교사를 가장 먼저 해고한다는 오래된 규칙이 있었다. 더 이상 이 법칙은 적용되지 않는다. "이제 교장이 어쩔 수 없이 인원을 감축해야 할 때 제일 먼저 적용해야 하는 기준은 '교사의 능력'입니다. 가장 뛰어난 교사들을 계속 보유해야 합니다. 그리고 능력이 동일한 경우에만 연공서열을 적용합니다. 능력이 뛰어난 2년차 교사가 무능한 20년차 교사를 능가할 수 있는 것이죠"라고 존스턴은 설명했다.

다섯 번째 법칙은 교장에게 자기 학교 교사를 채용할 수 있는 권한을 부여하는 것이다. 즉, 교육구는 어떤 학교도 채용하려고 하지 않는 무능한 교사를 강제로 어떤 학교에 근무시킬 수 없다. 자기 실력 때문에 어떤 학교에도 고용되지 못한 교사는 1년 후 퇴출된다.

해당 법안으로 타격을 입을 수많은 세력들이 있음에도 불구하고 대체 어떻게 이 법안이 통과되었을까? 존스턴은 "우리는 이 법안이 왜 모두에게 이득이 되는지 설명하기 위해 관련된 모든 집단을 참여시켰습니다"라고 말했다.

존스턴과 그의 정치적 동지들은 전국유색인종지위향상협회NAACP에 현재 학교 시스템이 어떻게 가장 무능한 교사들을 흑인 및 히스패닉 학교에 우선적으로 떠넘기고 있는지 보여줬다. 그들은 기업주와 상공회의소에 어떻게 평균 이하 학생들이 나중에 평균 이하 직원들이 되는지 보여주었다. 그들은 콜로라도에 있는 규모가 큰 교원노조 두 곳을 방문했고 "훌륭한 동료들도 있지만 오랜 기간 여러분들에게 짐이 되어온 동료들도 있습니다. 이제는 더 이상 그럴 이유가 없습니다"라며 설득했다.

하지만 존스턴에게 문제 해결의 열쇠가 되어준 돌파구는 랜디 웨인가튼Randi Weingarten이 이끄는 미국교사연맹American Federation of Teachers이 이 법의 제정에 지지를 표명한 것이었다. 웨인가튼은 대담한 입장을 분명하게 표시했다. 또 다른 대규모 교원노조인 전국교육협회National Education Association는 이 법안에 반대했지만 콜로라도에 있는 상당수의 전국교육협회 지부장들은 본부와 의견을 달리하고 법안 지지를 선언했다.

조합원수가 150만 명에 달하는 미국교사연맹의 회장인 웨인가튼이 미국교사연맹이 콜로라도 주 개혁안을 지지한 이유를 우리에게 설명했다. 웨인가튼을 포함한 미국교사연맹 조합원들에게 가장 중요한 문제는 교사를 평가하는 방법이었다. 그들은 자동적으로 종신재직권을 부여하는 예전 시스템을 더 이상 유지할 수 없다는 사실은 이해했다. 그러나 새로운 시스템 중 일부, 예를 들어 교사 한 명당 수석교사 또는 교장이 각각 30분에 걸쳐 총 5회 불시에 실시하는 평가나 사실상 교사에 대한 전체 평가를 이처럼 단시간에 걸친 방문 평가로 실시한다는 점, 그리고 학생들의 표준화된 시험성적 등이 너무 제한되어 있다고 웨인가튼은 주장했다.

웨인가튼은 "교사의 업무수행과 학생이 무엇을 배우고 있는지 둘 다 측정할 수 있는 다양한 도구에 근거한 평가 시스템이 필요합니다. 콜로라도 주에서는 교사와 교직원이 지속적인 발전에 대한 평가 시스템을 어떻게 만들 것인지 서로 토론하는 데 많은 시간을 보냈고 이것이 결국에 우리가 법안을 지지하게 된 이유입니다. 콜로라도 주 교육개혁 법안에는 어떻게 학교를 발전시킬 것인가에 대한 교사의 목소리가 있었습니다. 학생의 학습성취를 구성하는 내용에 상당히 유연성이 있었습니다. 그저 시험성적만 들어가는 것이 아니라 교사가 공평한 기회를 누릴 수 있도록 수많은 정당한 절차가 법안 내에 내재되어 있었습니다." 이 법안은 학생의 성장을 위한 여러 수단을 요구하고 교사들에게는 발전할 수 있는 다양한 기회를 부여하며 그 누구도 강제로 해고하지 않고 그 결정을 항상 교장과 감독자에게 일임합니다"라고 말했다.

존스턴은 자신과 동료들이 교육계에 불러일으키려고 하는 변화를 생각할 때면 워싱턴에서 열렸던 오바마 대통령 취임식에 참석했던 때를 회고한다고 말했다. 존스턴이 가장 감명 받은 광경은 대통령이 선서를 한 후, 한 휠체어 무리가 내셔널 몰에 운집한 군중을 가르고 지나가는 모습이었다. 휠체어에 앉아 있던 이들은 미군 최초 아프리카계 미국인 비행조종사 부대인 터스키기 에어맨Tuskegee Airmen 생존자들로 그들은 2차 세계대전 중 수많은 임무를 성공적으로 수행했었다.

"그때 제가 깨달은 것이 있습니다. 사람들이 불가능하다고 믿었던 순간에 그들이 살았다는 사실이었습니다. 사람들은 흑인이 미국에서 가장 비싼 전투기를 조종할 용기, 지적 능력, 체력을 지녔다고 생각하지 않았습니다. 그래서 터스키기 에어맨들은 '저를 비행기에 태워만 주시면 여러분에게 보여 드리겠습니다'라고 말했죠. 그리고 그들은 2차 세계대전에서 단 하나의 폭격기도 잃지 않은 유일한 비행중대가 되었습니다"라고 존스턴은 회상했다. 물론 그들은 성공적인 비행사가 될 수 있었고 실제로도 되었다. "실제로 그들이 해냈을 때 세상은 변했습니다. 인간은 모두 평등하게 태어났느냐, 그렇지 않으냐에 대한 논쟁이 영원히 끝났습니다. 트루먼 정부는 결국 공군을 통합했고 존슨 대통령은 '공민권법Civil

Rights Act'에 서명했으며 60년 후에는 최초의 흑인 대통령이 취임했습니다. 교육계 역시 터스키기와 같은 순간이 필요합니다. 우리 사회 전체가 교육개혁에 적극적으로 참여할 수 없었던 이유 중 하나는 우리 학생들 모두가 싱가포르나 중국에서 가장 총명한 학생들과 경쟁할 수 있다고 믿지 않는 사람들이 있었기 때문입니다. 적극적으로 행동하고 그들이 틀렸다는 사실을 입증하는 것이 우리 책임입니다. 그러면 온 세상이 바뀔 것입니다." 존스턴은 결론을 맺었다.

## | 어떤 교사도 섬이 아니다

모든 교사가 더 유능해지길 바란다면 미국 국민 모두가 더 많이 협조해야 한다. 이는 교사들을 너그럽게 대하자는 주장이 아니다. 교사 이외 모든 사람에게도 관대하지 않아야 한다는 주장이다. 미국은 교사들에게 9·11 테러 이후 이라크와 아프가니스탄에 파병되었던 병사들에게 했던 것처럼 모든 짐을 그들 어깨에 떠넘기고 나머지는 방관자로 그저 칭찬이나 비판만 해서는 안 된다. 지금부터 국민 모두가 어떻게 힘을 모아야 할지 말하고자 한다.

**지역공동체** 교사의 능력을 향상시키기 위해서는 공동체가 모든 중요 참여자가 원하는 효율적인 개혁 방법을 마련해야 한다. 뿐만 아니라 비금전적인 방법을 통해 교사들에게 보상할 수 있는 방법을 찾아야 한다. 교사는 힘든 직업이다. 교원노조 소속 여부와 관계없이 교사 대부분이 다른 어떤 전문직업인들보다 더 많은 시간을 초과근무수당도 받지 않고 일하고 있다. 돈을 벌기 위해 교사직을 택하는 사람은 아무도 없다. 수많은 교사들이 매년 자기 주머니를 털어 수업 자재를 사고 있다. 교사가 그렇게도 중요하다면 학부모교사협의회에서 50달러짜리 상품권을 주는 것 말고 지역공동체에서 정기적으로 그들의 공로를 인정하고 공표하는 것이 어떨까?

2010년 11월 1일 워싱턴 D.C. 공립학교 시스템의 비영리 기금 모금 창구인 '워싱턴 공교육기금 D.C. Public Education Fund'이 워싱턴 D.C.가 새로 제정한 임팩트IMPACT 평가 시스템에 따라 '매우 유능'하다는 평가를 받은 662명의 교사들에게 경의를 표하기 위한 행사를 개최했다. 'D.C. 선생님들을 위한 기립박수A Standing Ovation for D.C. Teachers' 행사이다. 행사 기획은 케네디 센터가 주관하는 공연예술 평생공로상Kennedy Center Honors의 프로듀서인 조지 스티븐스 2세George Stevens Jr.가 담당했고 교사들을 위한 아카데미상 시상식과 같은 모든 볼거리가 준비되었다. 교사 662명은 자기 학교에서 최우수교사로 선발되었다. 행사는 분명 이들 모두를 위한 특별한 밤이었다. 초청가수 중 한 명이었던 그룹 너바나Nirvana와 푸파이터스Foo Fighters 출신인 데이브 그롤Dave Grohl은 노래하기 전에 그의 인생에 가장 많은 영향을 미친 선생님이며 버지니아 주 공립학교에서 35년간 교사로 재직했던 자신의 어머니를 회상했다. "어머니는 매일 아침 해가 뜨기 전에 일어나셔서 시험지 채점을 하셨고 해가 진 밤에도 매일 채점을 하셨습니다"라고 그롤은 말했다. 자기 학교 교장으로부터 추천받은 7명의 교사는 올스타로 선발되었다. 각 교사들은 기념패와 1만 달러 상금(662명 모두 성과급을 받았다)을 받고 수락 연설을 하기 위해 무대 위로 올랐다. 케네디 센터 회장 데이비드 루빈스타인David Rubenstein은 이

행사에 깊은 감명을 받아 현장에서 스무 명에게 5000달러 상금을 기부했다. 모든 지역이 케네디 센터를 사용할 수는 없을 것이다. 하지만 모든 지역사회가 교사들이 인정받고 있음을 실감하도록 만들고 그들의 뛰어난 자질을 이끌어내기 위해 더 노력할 수 있다.

예를 들어 매사추세츠 주의 윌리엄스대학은 매년 고등학교 교사 4명을 선정하여 명예학위 수여와 더불어 경의를 표하고 있다. 윌리엄스 대학은 자기 학교 졸업반 학생 중 500여 명에게 자신의 인생에 가장 중대한 영향을 미친 고등학교 선생님 성함을 물어본다. 그리고 매년 위원회가 대략 학생 50명의 추천을 검토한 후 고등학교와 협력하여 자체 조사를 실시한다. 그리고 윌리엄스대학 졸업생들에게 가장 큰 영감을 일으킨 교사 4명을 선정한다. 이 4명에게는 각각 3000달러의 상금을 수여하며 교사가 재직하는 고등학교에도 2500달러씩 기부한다. 이들과 그 가족은 녹음이 울창한 버크셔Berkshires에 있는 윌리엄스대학에 초청받아 졸업식에서 공로상을 받는다. 졸업식 전날, 이 고등학교 교사 4명과 그들을 추천한 학생들은 대학에서 주최하는 행사 무대에 올라오고, 대학 학장이 학생들의 추천서를 읽으면서, 어떻게 그리고 왜 각 선생님이 윌리엄스 학생에게 영향을 미쳤는지 얘기한다. 이후 교사들은 명예학위를 받은 인사들과 함께 디너에 초청받는다. 지금은 노스웨스턴대학교 총장이지만 이전에 윌리엄스대학 총장이었던 모튼 오웬 샤피로Morton Owen Schapiro는 자기가 이 행사를 주관할 때마다 고등학교 교사 중 한 명은 그에게 "오늘은 제 인생 최고의 주말입니다"라고 말하곤 했음을 회상했다. 샤피로는 "윌리엄스대학에서 가르치고 이 대단한 학생들로부터 혜택을 받을 수 있게 되어도 교수들은 이를 때때로 당연하게 여기곤 합니다. 우리가 이 학생들을 키워냈다고 생각하죠. 하지만 우리는 교수단의 일원으로서 항상 우리가 훌륭한 고등학교 교사들의 뒷받침에 의지하고 있으며 그들로부터 좋은 교육과 훈련을 받았고 배움에 대한 갈증을 지닌 훌륭한 인재들을 얻었다는 사실을 기억해야 합니다"라고 덧붙였다.

1978년 이래 계속 진행되고 있는 이와 비슷한 프로그램이 있다. 제임스 비비안James R. Vivian이 이끄는 예일-뉴헤이븐 교사 연구회Yale-New Haven Teachers Institute이다. 이 학회는 예일대학교 교수들과 뉴헤이븐 지역 공립학교 교사들을 예일대학교 교수가 전공으로 하는 과목을 주제로 개최하는 세미나에 초청한다. 정기적으로 열리는 이 세미나에서 교사들은 예일대 교수들과 함께 그들이 공부하는 과목에 대한 교과과정을 준비하기 위해 협력한다. 이후 교사들은 다음 해 자기 학교에서 세미나를 통해 습득한 내용을 가르친다. 즉, 교사들은 이 세미나를 화학, 수학, 문학, 미국역사, 기타 수많은 관심 과목에 대해 배울 수 있는 기회 및 초등학교나 중학교에서 그 과목을 가르치는 전략을 준비하는 기회로 활용할 수 있다. 교사들은 참여의 대가로 적정한 보수도 받는다. 이 프로그램은 무척 성공적이다. 그래서 현재 11개 주의 21개 교육구들이 공교육을 강화하기 위해 2004년 시작된 예일국가계획Yale National Initiative에 참여하고 있다. 예일국가계획은 미국 전체에 걸쳐 유사한 연구회를 설립하고, 교사의 교육연수에 관해 공공정책에 영향을 미치기 위한 장기적 노력의 일환이다.

교사연구회는 교육구에서 제공하는 대부분의 교육연수프로그램 및 대학에서 제공하는 일반적인 지속적 교육프로그램과 다르다. 교사연구회는 교사와 대학교수가 교육계에 종사하는 동료로서 협력하고 교사 스스로가 대단한 관심을 가지고 진행하기 때문이다. 이는 교사의 교수 능력을 향상시킬 뿐만 아니라 그들이 교사로서 계속 근무하도록 하는 데 기여한다.

2010년 10월 29일 예일대에서 열린 연례모임에 있었던 일이다. 델라웨어 미들타운 고등학교에서 영어를 가르치는 제임스 톨츠는 연구회 참여에 대해 이렇게 말했다. "최근 아내가 저에게 '당신은 교사를 얼마나 더 할 수 있을 것 같아요?'라고 물었습니다. 1년 전에 같은 질문을 했다면 전 아마도 몇 년, 길어도 5년이라고 답했을 겁니다. 지금 제 대답은 좀 달라졌습니다. 이는 이 곳 예일에서 제가 했던 경험 덕분입니다. 교사들은 항상 어떻게 학생들을 격려해야 하는지에 대해 이야기하고 실제로 그렇게 합니다. 하지만 때때로 우리는 교사들도 격려를 받아야 한다는 사실을 잊곤 합니다."

돈을 벌 목적으로 교직을 택하는 사람은 거의 없지만 많은 교사들, 특히 남자 교사들은 돈 때문에 교직을 떠난다. 우리가 진심으로 교사들에게 감사하는 마음을 표하고 싶다면 그들의 급여를 올려줄 획기적인 방안을 찾아야 한다.

**정치인** 더 우수한 교사를 원한다면 정치인은 더 우수한 교육 전문가가 되어야 할 것이다. 정치인은 우리가 살고 있는 세상, 교육이 미국 경제와 국가안보에서 맡고 있는 핵심적인 역할, 교육 수준 향상이 반드시 필요한 이유 그리고 학생들이 습득해야 하는 기술에 관하여 나라 전체를 교육시켜야 한다. 정치인은 교육에서 가장 우수한 방안이 무엇인지 이해하고 자신이 속한 공동체에서 교육 쟁점에 관한 논의를 주도하고 알릴 수 있도록 미국 전체, 심지어 세계 곳곳을 누비는 것이 자기 임무 중 하나라는 사실을 이해해야 한다. 여기에 미국 경제성장의 사활이 달려 있는 것이다.

각 주의 공무원들은 교육 수준을 높이고 교육예산 집행시 창조성을 발휘하도록 서로 경쟁하여야 한다. 한동안 정반대 상황이 계속되었다. 2002년 의회가 '낙제학생방지법'을 통과시키면서 학교가 연방기금 지원을 받기 위해서는 학생들이 매년 일정한 수준을 달성해야 했다. 하지만 이 기준을 정하는 주체는 각 주였다. 최근 학생들이 이 기준을 달성하지 못하는 경우, 학생들이 시험에 쉽게 통과하고 학교들이 처벌로 재정지원을 받지 못하거나 '부실학교'로 낙인찍히게 되는 사태를 피하도록 하기 위해 많은 주에서 이 기준을 낮추었다. 요즘 세상에 이보다 더 위험한 일은 없다.

이에 대응하여 2009년 전국주지사협회와 교육감협의회Council of Chief State School Officers는 칼리지보드College Board(미국대학수능시험 주관기관), 액트ACT(미국대학입학자격시험 주관기관), 고등학교 졸업 기준을 강화하기 위해 오랫동안 노력해온 어치브Achieve, Inc.는 영어 및 수학 전문가를 모집하여 표준학습기준을 마련하기 위해 전국적인 노력을 기울이기 시작했다. 이러한 노력들은 학업성취도를 향상시키기 위한 방침을 제시함으로써 40억 달러 규모의 학교 발전 기금의 수혜 대상이 되기 위해 각 주들을 경쟁시키는 교육부의 '정상을 향한 경주Race to the Top' 프로그램을 통해 더욱 강화되었다. 정상을 향한 경주 프로그램에서 기금을 지원받기 위해 경쟁하는 주들은 전국적인 기준을 확립하려는 노력에 동참하고 이 기준을 채택함으로써 추가점수를 획득했다.

던컨은 교육부 장관으로서 가장 힘든 문제 중 하나가 자기 지역 학교들은 기본적으로 양호하고 문제가 있는 학교는 다른 지역 학교라고 믿는 미국인이 너무 많다는 사실이라고 말한다. 사람들이 이렇게 느끼는 이유가 있다. 자기네 학교를 이웃학교 또는 근처 교육구의 학교들과 비교하기 때문이다. 그들 학교와 남부 타이베이, 서울의 강남 또는 서부 상하이에 있는 명문 공립학교들과 비교해야 한다. 이는 아이들이 대학에 지원해서 이런 학교 졸업생들과 경쟁하게 되면 명확해질 것이다. 적당히 괜찮은 정도로는 더 이상 충분하지 않다.

정상을 향한 경주 기금을 처음으로 따낸 2개 주 중 하나가 델라웨어 주(다른 하나는 테네시 주였다)이다. 델라웨어 주지사이자 전국표준학력 쓰기 계획을 이끌어온 잭 마켈Jack Markell은 "그동안 실종되었던 것 중 하나는 정직입니다"라고 말했다. "실제로 아이들은 자기가 살고 있는 주 경계 밖에 있는 아이들과 대학, 그리고 일자리를 놓고 경쟁해야 하는데 주 경계 안에서 관리되는 시험을 기준으로 아이들에게 우수하다고 말한다면 이는 아이들에게 거짓말을 하는 셈입니다. 예전 시험에서는 델라웨어 주 4학년 학생 중 76퍼센트의 읽기 능력이 우수하다는 결과가 나왔습니다. 새로운 시험 및 점수 체계 하에서는 48퍼센트만 읽기 능력이 우수하다는 결과가 나올 것입니다. 이는 우리가 우수하다는 의미를 아이들에게 더 솔직하게 알려주고 있기 때문입니다."

마켈은 어떻게 회의적인 델라웨어 주민들에게 이 개혁의 가치를 설득할 수 있을까? 그는 교육과 일자리를 연결시킴으로써 설득한다. 2010년 1월 마켈이 우리에게 이렇게 말했다. "한 달 전에 대만에 갔습니다. 델라웨어에는 대만 기업이 2개 있고 그들은 합쳐서 250명 정도를 고용하고 있습니다. 그 중 한 회사는 태양전지판을 만듭니다. 그 회사는 델라웨어에 공장을 세웠을 때 중국에서도 동시에 공장을 시작했습니다. 제가 궁금한 점은 단 하나입니다. '그들은 다음번에 어디에 투자할까?' 우리는 그들 입장에서 생각해야 합니다. 다음 투자는 수익률이 가장 높은 곳에 하게 될 것입니다." 그리고 생산성이 가장 높은 노동자가 있는 곳이 어디인지도 고려할 것이라고 마켈은 덧붙였다. 이는 그저 저렴한 노동력에 관한 문제가 아니다. 기술이 뛰어난 노동자에 관한 문제이다.

**이웃** 오늘날 이웃 주민들의 역할이 있다. 자기 자녀들이 오래 전에 졸업했거나 자녀가 없다 하더라도 자기 집 주위에 있는 공립학교의 중요성을 인정하는 것이다. 좋은 학교는 좋은 지역사회와 공동체의 기반이다. 학교기금 마련을 위한 세금인상에 반대하는 투표를 함으로써 단기적으로는 돈을 아낄 수 있을지도 모른다. 하지만 그 결과 학교 중퇴율과 실업률이 높아진다면 공동체가 짊어져야 하는 전체 비용은 분명히 올라갈 것이다. 지역 내 학교의 학업성취도가 하락하면 보통 그 주변 지역 집값 역시 머지않아 내려간다. 2010년 3월 톰은 미국의 차세대 과학자를 발견하고 지원하기 위해 마련된 고교생 대상 전국대회인 인텔과학영재발굴대회Intel Science Talent Search에 참석했다. 톰은 그때 "캘리포니아 주 세너제이San Jose에 있는 린브룩 고등학교에서 생물을 가르치는 30세 교사 아만다 알론소와 대화했을 때 가장 즐거웠습니다"라고 썼다. "결승까지 진출한 학생 중 2명을 아만다가 가르쳤습니다. 제가 비결을 물어보았을 때 아만다는 그 비결이 학교가 제공한 자원, 적극적으로 지원해주신 부모님들, 그리고 대회에 참석할 학생들을 격려하고 준비시키는 데 아만다가 매일 시간을 투자할 수 있도록 인텔에서 지원해준 장학금 덕분이었다고 말했습니다. 그 다음 아만다는 세너제이 부동산 중개업자들이 중국과 인도의 신문에 이민 예정자들을 상대로 인텔과학영재를 2명이나 배출한 린브룩 학교구역에 집을 사라는 광고를 싣고 있다고 저에게 얘기했습니다." 모든 아이들의 교육 체험은 원칙적으로 누구에게나 중요한 문제이지만 나아가서 훌륭한 교육은 경제적으로도 모두에게 도움이 된다.

맥킨지는 2009년 4월 발표한 〈미국 학교 내 성취도 차이의 경제적 영향력The Economic Impact of the Achievement Gap in America's Schools〉이라는 제목의 보고서에서 바로 이 점을 지적했다. 이 보고서는 "1983년 '위기에 처한 국가A Nation at Risk' 보고서가 미국 교육계에 만연하던 '평범한 학생들만 양산하는 교육풍조'에 대해 경종을 울렸던 때로부터 15년 내에 뒤처진 학생들의 학업성취를 끌어올렸다면 어떤 일이 일어났을까?"라고 물었다. 답변은 이렇다. "1998년까지 흑인 및 히스패닉 학생의 학업성취도가 백인 학생 수준을 따라잡았다면 2008년 국내총생산은 3100억에서 5250억 달러가량 더 높아졌을 것이다. 저소득층 학생과 나머지 학생의 격차를 좁혔더라면 2008년 국내총생산은 대략 4000억에서 6700억 달러 더 높아졌을 것이다."

애틀랜타 시장인 카심 리드Kasim Reed는 우리에게 이렇게 말했다. "우리는 솔직히 우리 국민 중 무능하고 제한된 삶을 사는 상당수를 짊어질 여력이 없습니다. 그런데도 미국이 여전히 높이 날아오를 수 있고 특별하며 세계 최고선의 원천이라고 생각하고 있죠."

**부모** 2011년 1월 〈월스트리트저널〉에 예일대학교 법학교수 에이미 추아Amy Chua의 저서 《타이거 마더Battle Hymn of the Tiger Mother》의 발췌본이 게재되었을 때이다. 미국 전역에 논란의 불길이 폭풍처럼 번져나갔다. 추아의 양육전략은 매우 엄격했고 《타이거 마더》는 많은 부모와 교육자로부터 심한 반발을 불러일으켰다. 하지만 우리는 추아가 유용한 토론에 불을 붙였다고 생각한다. 이는 일종의 경고 신호였다. 추아의 혹독한 육아방식을 어떻게 생각하든 이 점을 명심하길 바란다. 추아같은 육아방식을 따르는 사람은 그녀만이 아니다. 그 접근방식은 아시아 문화권에서는 그리 드물지 않다. 그곳에서는 그것이 일반적인 표준이다.

추아는 "중국 부모들이 어떻게 그처럼 자식을 전형적인 엘리트로 키워내는지 많은 사람들이 궁금해합니다"라고 썼다.

내가 경험한 일이기 때문에 그들에게 자신 있게 말할 수 있다. 내가 우리 딸 소피아와 루이자에게 절대 허락하지 않았던 일들이 있다. 친구 집에서 자고 오기, 아이들끼리 모여 놀기, 학교 연극에 참여하기, 학교 연극에 참여할 수 없다고 불평 늘어놓기, 텔레비전을 보거나 컴퓨터 게임하기, 학교의 과외활동을 자기 마음대로 정하기, A학점보다 낮은 학점 받기, 체육과 연극을 제외한 모든 과목에서 1등을 놓치는 것, 피아노와 바이올린을 제외한 다른 악기를 연주하는 것, 피아노 또는 바이올린을 연주하지 않는 것 등이다. 서양 부모들이 자신이 엄격하다고 생각하는 경우에도 이들은 중국인 엄마의 엄격함에는 미치지 못한다. 연구 결과들을 보면, 서양인 부모와 비교했을 때 중국인 부모는 아이와 함께 학습 활동을 하는 시간이 대략 10배는 길다는 것을 알 수 있다. 중국인들은 자기 아이를 보호하는 최고의 방법은 아이들이 미래를 준비하도록 하고 스스로의 능력을 깨닫게 하며, 기술, 일하는 습관, 그 누구도 빼앗아 갈 수 없는 내적인 자신감으로 아이들을 무장시키는 것이라고 믿는다.

모든 부모가 추아의 엄격한 사랑을 흉내 내리라고는 기대하지 않는다. 열성적인 양육과 아이를 신경과민으로 만드는 것은 종이 한 장 차이라는 사실은 추아도 인정한다. 하지만 2가지 면에서 추아의 생각은 옳다. 아이들이 스스로 편하다고 느끼는 영역에서 몰아내도록 최고의 기준을 요구해야 하며 아이들의 학교교육에 관여해야 한다는 점이다. 아이들이 부모의 기대가 높다는 사실을 알고 학교에 갈 때 교사는 하고자 하는 모든 일을 보다 쉽고 효율적으로 할 수 있다. 자존감은 중요하지만 이는 주어지는 것이 아니다. 자존감은 스스로 얻어야 한다.

던컨은 그 점을 미국 부모들에게 납득시키기 위해 2009년 오바마 대통령이 한국에 갔을 때의 이야기를 한다. "서울에서 오바마 대통령이 이명박 대통령과 오찬회동을 가졌습니다. 30년 남짓한 시간 동안 한국은 세계에서 최고 수준의 인력과 고속 성장하는 경제를 일궈냈습니다. 오바마 대통령은 한국이 어떻게 이를 이룩할 수 있었는지 궁금했습니다. 그래서 이 대통령에게 이렇게 물었습니다. '한국 교육계에서 가장 큰 문제점은 무엇입니까?' 이 대통령은 망설임 없이 대답했습니다. '우리 교육계의 가장 큰 문제점은 부모들이 너무 많은 것을 요구한다는 점입니다.'"

이 일화를 들으면 미국인들은 대체로 낄낄대며 웃다가 움찔한다고 던컨은 말한다. 이 대통령의 부모님은 이 대통령이 일생 동안 제대로 이루어놓은 것이 없다고 불평을 늘어놓는다.

"우리가 당면한 가장 큰 난제, 즉 미국 교육계의 가장 큰 난제가 학구열이 지나친 부모가 너무 많은 것이었으면 좋겠습니다. 저는 지금 학부모들이 우리 집 문을 두드리며 자기 아이들에게 더 좋은 교육을 제공해 달라고 요구했으면 좋겠습니다. 아, 그리고 이명박 대통령은 오바마 대통령을 놀리려는 의도가 아니었습니다. 이 대통령은 오바마 대통령에게 자기의 가장 큰 고민거리는 한국 부모들, 심지어 최빈곤층 부모들조차 영어교사 수천 명을 수입해 자기 아이들이 초등학교 2학년 때까지 기다리지 못하고 1학년 때부터 영어를 배울 수 있도록 해달라 요구하는 것이라고 말했습니다." 던컨이 말했다.

미국 젊은이들은 어릴 때부터 세상은 노력이 아니라 결과를 중요하게 여긴다는 사실을 알아야 한다. 정말이지 오늘날 미국의 상태는 이상한 나라의 앨리스에서 도도새가 경주를 준비하는 장면을 떠올리게 한다.

> 도도새가 먼저 둥근 모양으로 경주로를 그렸고(도도새는 "조금 비뚤어져도 괜찮아"라고 말했다) 그 다음 모든 동물이 경주로를 따라 여기저기 늘어섰다. "하나, 둘, 셋, 출발"이라는 신호도 없이 내키는 대로 달리기 시작했다. 또 내키는 대로 멈췄기 때문에 경주가 언제 끝날지 알 길이 없었다. 하지만 모두들 30분쯤 뛰어서 다시 몸이 제법 건조해졌을 때 도도새는 갑자기 "경주 끝!"이라고 외쳤다. 동물들은 도도새 주변으로 몰려들어 숨을 헐떡이며 물었다. "그런데 누가 이겼지?"
>
> 이 질문은 도도새도 수많은 생각을 하지 않고서는 대답할 수 없는 문제였다. 도도새는 한동안 손가락 하나로 이마를 누르고 앉아(셰익스피어 초상화에서 많이 볼 수 있는 셰익스피어 자세처럼) 있었고 나머지 동물들은 쥐죽은 듯 조용히 기다리고 있었다. 마침내 도도새가 말했다. "모두가 이겼으니 우리 모두 상을 받아야해."

모두가 상을 받아야 한다니! 크리스타 타우버트Krista Taubert는 핀란드

국영방송국 워싱턴 주재원이다. 타우버트에게는 워싱턴 D.C.에서 학교를 다니는 아홉 살과 다섯 살의 두 딸이 있다. 핀란드의 학교 시스템은 세계 최고수준이다. 그리고 톰은 핀란드 학교에 대한 방송 프로그램에서 그녀를 만난 적이 있어서 톰은 타우버트에게 미국과 핀란드에서 딸들이 경험한 교육을 비교해달라고 요청했다.

"미국 부모들과 이야기를 할 때면 종종 그들이 아이들이 잘 했을 때가 아니라 노력했을 때 칭찬한다는 점이 눈에 띕니다. 제 딸은 축구를 합니다. 아홉 살인데 벌써 이렇게 큰 트로피들을 받아왔지요. 하지만 정작 딸아이는 한 번도 우승한 적이 없어요. 제 남동생은 핀란드에서 수년 동안 프로 하키선수로 뛰었지만 우리 딸이 받은 트로피만큼 큰 트로피는 받은 적이 없어요."

안드레아스 슐라이허는 위에서 언급했던 국제학업성취도평가PISA를 관장한다. 이 프로그램은 세계 34개 산업국가가 참여하고 있으며 파리에 본부를 두고 있는 OECD가 관리한다. 슐라이허는 2009년 처음으로 PISA가 평가했던 항목 중 하나는 부모 관여의 효과였다고 말했다. "우리는 우리가 시험을 실시했던 16개 각기 다른 국가에서 15세 청소년을 자녀로 둔 3000명에서 5000명 사이의 부모들을 인터뷰했습니다. 자녀교육에 대한 부모의 관여와 그 자녀의 PISA 점수 사이에는 명백한 연관관계가 있었습니다. '오늘 학교는 어땠니?'나 '오늘 학교에서 뭐 했니?'라고 매일 물어보거나 아이들에게 책을 읽어주는 등 부모가 자녀교육에 관여하는 부모의 아이들은 부모가 무관심한 아이들에 비해 PISA 성적이 더 좋았습니다. 어떤 국가에서는 부모의 참여도가 다른 많은 전통적인 학교 요인보다 더 중대한 영향을 미치는 경향이 뚜렷하게 나타났습니다다." 교육 분야의 공공정책은 모두 제도 문제에만 집중하는 경향이 있다고 지적하면서 슐라이허는 덧붙였다. "하지만 우리가 작업을 통해 확인할 수 있었던 것은 스칸디나비아 국가들처럼 학부모들에게 열려 있고, 그들의 적극적인 참여를 권유하는 실질적인 공동체 센터로서의 역할을 하는 학교가 자녀 교육에 학부모들이 더 많이 참여하도록 유도하며, 이는 아이들의 성적 향상으로 이어진다는 사실이었습니다. 그냥 부모들에게 말로만 더 많은 관심을 보이라고 요구할 수는 없습니다. 부모들은 폐쇄적인 기관에는 관여하고 싶어 하지 않습니다. 학교는 지역공동체의 일부여야 합니다. 사람들도 그렇게 느껴야 하죠. 비결은 교육 수준이 비교적 낮은 부모를 학교 일과 자녀들의 학습에 참여하도록 만드는 것입니다. 핀란드에서는 고등학교 때까지 연말이면 학생들이 담임교사, 부모와 함께 면담을 하고 학생이 무엇을 성취했는지, 그리고 무엇을 성취해야 하는지 논의하고 다음 해 목표를 세웁니다."

2005년 12월, 20년간 축적된 데이터에 근거하여 미국과 오스트레일리아의 연구자 4명이 발표한 〈27개국의 학문적 문화와 교육적 성공 Scholarly Culture and Educational Success in 27 Nations〉이라는 제목의 연구에서 다음과 같은 사실들이 확인되었다.

> 부모의 교육 수준, 직업, 계층과 관계없이 책이 많은 집에서 자란 아이들은 책이 없는 집에서 자란 아이들보다 3년 더 오래 교육을 받는다. 이는 부모가 대학교육을 받은 경우와 정규교육을 받지 못한 경우의 차이와 동일하다. 그리고 아버지가 전문직인 경우와 단순노동직인 경우의 2배에 달하는 차이이다. 이 경향은 국가 간 빈부 차이, 과거와 현재, 공

산주의, 자본주의, 인종격리정책에 관계없이 나타났으며 중국에서 가장 강하게 나타났다.

집에 책이 500권 이상 있는 중국 어린이는 책이 없는 집에서 자란 아이에 비해 6.6년 더 교육을 받는다. 집에 20권 정도의 적은 책만 있어도 뚜렷한 차이를 나타냈다.

**학생** 학생들 스스로도 예외일 수 없다. 특히 중학교나 고등학교에 진학할 정도 시기라면 자신이 살고 있는 세계와 그 세계 안에서 성공하기 위해 무엇이 필요한지 책임지고 이해하여야 한다. 2010년 11월 21일 〈뉴욕타임스〉는 미국 청소년이 과학기술 때문에 너무 주의가 산만해지지 않았는지 의문을 제기하는 기사를 실었다. 이 기사는 다음 일화를 포함한다.

14살인 앨리슨 밀러는 한 달에 2만 7000건의 문자메시지를 주고 받는다. 7개에 달하는 문자 대화를 동시에 할 때면 앨리슨의 손가락은 맹렬한 속도로 움직인다. 앨리슨은 수업시간 사이, 축구 연습이 끝나자마자, 등하교 시간, 그리고 공부하는 중에도 자주 문자를 보낸다. 하지만 이 문자 전송 실력 때문에 대가를 치렀다. 앨리슨은 최근 중간성적평가에서 B학점을 3개 받았다. 하지만 멀티태스킹을 탓했다. "숙제로 책을 읽고 있었습니다. 그런데 문자메시지가 와서 읽기를 멈추고 책을 내려 놓은 후 문자에 답변을 보내려고 휴대폰을 들었죠. 그러다가 20분 후에 '아, 숙제 깜빡했다'라는 사실을 깨닫는 겁니다."

한 달에 문자메시지 2만 7000건은 믿기 어려운 수치이다. 하지만 사실이다. 실제로 이것이 새로운 표준이 되고 있다. 2010년 1월 10일 카이저가족재단Kaiser Family Foundation은 '5년 전에 비해 아동과 10대 청소년 사이의 하루 매체 사용량이 급증하고 있다'라는 제목의 연구 결과를 발표했다.

오늘 카이저가족재단이 발표한 연구에 따르면 기술발달로 아동과 청소년이 하루를 보내는 동안 거의 24시간 내내 매체 접속이 가능해지면서 젊은이, 특히 미성년자들이 오락매체와 보내는 시간이 엄청나게 늘어나고 있다. 오늘날 8세에서 18세에 해당하는 아동 및 청소년들은 보통 하루에 평균 7시간 38분을 오락매체 사용에 쏟고 있다(일주일에 53시간 이상). 실제로는 이 시간 중 상당 부분을 '매체 멀티태스킹'(한 번에 2개 이상의 매체를 동시에 사용)에 사용하기 때문에 사실상 7시간 38분 동안 총 10시간 45분 분량에 달하는 매체 내용을 꽉꽉 채워 넣고 있다. 지난 5년간 하루 매체 사용시간은 2004년 6시간 21분에서 현재 7시간 38분으로 1시간 17분 증가했다. 이 연구로 매체 사용과 학년 간의 인과관계를 정립하지는 못했지만 이와 관련하여 헤비 유저와 라이트 유저 간에는 차이가 있다. 라이트 유저의 약 4분의 1(23퍼센트)이 보통 양호 또는 나쁜 성적(대부분 C 이하)을 받는다고 답한 데 비해, 헤비 유저의 약 절반(47퍼센트)은 보통 양호 또는 나쁜 성적(대부분 C 이하)을 받는다고 답했다. 지난 5년 동안 책을 읽는 시간은 하루에 25분정도를 유지하였으나 잡지나 신문을 읽는 시간은 줄어들었다(잡지는 14분에서 9분으로, 신문은 6분에서 3분으로). 일상적으로 신문을 읽는 젊은이의 비율은 1999년 42퍼센트에서 2009년 23퍼센트로 하락했다.

- 미국 10대(12세에서 17세 사이) 중 절반이 하루에 50건 이상 문자를 보내고 1/3은 하루에 100건 이상 보낸다.
- 1960년대 미국 4년제 대학생은 일주일에 24시간 공부했다. 요즘 평균은 14시간으로 42% 감소했다.
- 지난 10년 간 미국 젊은이들은 텔레비전 시청, 음악 감상, 컴퓨터 사용, 그리고 비디오게임에 훨씬 많은 시간을 소비했다. 매일 총 7시간 30분을 스크린 앞에서 보냈다. 시간을 적게 보낸 유일한 활동이 독서이다.

출처: 2010년 1월 20일자 〈뉴욕타임스〉

이 연구의 한 구절이 추세를 잘 표현하고 있다. "젊은이들이 전자 매체에 사용하는 총시간이 1주일 총노동시간보다 더 많아졌다"라고 카이저가족재단의 이사장 겸 CEO인 드루 앨트먼 Drew Altman 박사가 말했다.

하위권 학생을 평균 수준으로, 미국 평균을 세계 정상 수준으로 끌어올리기 위해 더 많은 교육을 실시해야하는 시점이다. 그러나 미국 학생들은 문자 전송과 게임에 더 많은 시간을 보내고, 공부와 과제에는 그 어느 때보다 적은 시간을 보내고 있다. 우리 학생들이 하나의 주제를 습득하는 데 필요한 시간을 그 주제에 소비하도록 만들지 않는 한, 이 세상 모든 교사 훈련은 무용지물이다.

**기업** 오늘날 미국 정치에서 가장 불행한 측면 중 하나는 세계 노동시장을 가장 잘 알고 그 속에서 번영하기 위해 필요한 기술과 가장 친숙한 사람, 즉 경제계 인사들이 교육이라는 국가적 논의에서 갈수록 소외되고 있다는 사실이다. 역사적으로 비즈니스라운드테이블Business Roundtable과 같은 경제단체나 산업계의 리더들은 위대함에 대한 전통적인 미국의 공식을 옹호하고 지지하는 것을 자신의 책임이라고 생각했다. 사람들은 이들이 자기 기업의 이익뿐만 아니라 나아가서 더 좋은 교육, 사회기반시설, 이민, 자유무역, 건전한 형태의 위험부담을 촉진시킬 수 있는 규칙을 위해 연방정부를 찾아가서 로비를 할 것이라고 믿을 수 있었다. 이것이 지난 10년 동안 점점 진실과 멀어졌다. 경영지도자들은 전체 사회 문제에 점점 흥미를 잃어 갔고, 자신들의 문제에만 더 많은 관심을 가지게 되었다.

세계화와 정보기술혁명이 결합함에 따라 요즘은 미국에 근거지를 두고 있는 다국적 기업들, 예컨대 전문인력에 대한 비자발급을 확대해줄 것을 요구하는 주장을 하고 있다. 그들은 자신들의 주장이 미국 정부의 저항에 부딪히면 연구시설을 해외로 이전하거나 업무를 외국 자회사에 아웃소싱해버린다. 마이크로소프트는 워싱턴 주 시애틀 근교 본사에서 일할 전문 기술을 갖춘 이민자들에 대한 비자를 더 발급받을 수 없게 되자 북쪽으로 185킬로미터 떨어진 캐나다 밴쿠버에 연구센터를 열었다. 세계가 더 평평해질수록 대기업은 워싱턴을 상대로 비자 문제로 다투는 일, 또는 특정 세금 문제와 독과점금지법 이외의 사항들에 대해서는 관심을 두지 않게 될 것이다. 오늘날 미국 정부를 향한 미국 경제계의 일반적인 접근방법은 중세 세계지도에 적혀 있는 '용이 출몰하는 지역'을 대하는 듯하다. 일단 찾아가서 세금감면을 요청해보고, 재빨리 자리를 뜨는 것이다.

전환점은 2004년 1월 컴퓨터시스템정책프로젝트Computer Systems Policy

Project라고 알려진 정보기술을 선도하는 8개 기업의 임원들로 구성된 컨소시엄 때였을지도 모르겠다. 노동비용이 저렴한 해외시장으로 일자리 이동을 금지하는 입법에 대한 의회를 상대로 하는 반대 로비를 위해 워싱턴에 모였다. 당시 HP의 CEO였던 칼리 피오리나Carly Fiorina는 "하느님이 미국 사람들에게만 내려주신 그런 일자리는 더 이상 존재하지 않습니다"라고 선언했다. 이와 동시에 컴퓨터시스템정책프로젝트는 고도기술산업에서 다른 국가들의 도전이 거세짐에 따라 미국의 주도적 위치는 심각한 위기에 처해 있다고 설명하는 보고서를 발행했다.

〈샌프란시스코 크로니클San Francisco Chronicle〉은 이 행사를 다룬 2004년 1월 9일자 기사에서 컴퓨터시스템정책프로젝트가 초·중등학교와 고등학교 교육을 개선하고 자연과학분야 기초연구에 연방 정부 세출을 2배로 늘리며, 일본이나 한국이 이미 완료한 것처럼 초고속 광대역 커뮤니케이션 네트워크를 촉진시키기 위한 국가 정책을 시행하는 장기 계획을 제안했다. 이는 당연히 환영해야 할 업계의 중재안으로 지금 이 세상과 그 안에서 미국의 번영을 누리기 위해 필요한 것이 포함되어 있었다. 안타깝게도 이 주제에 대한 전국적인 토론을 촉구하는 대신, 이후 이어지는 보도내용은 대부분 일자리가 미국인의 권리가 아니라고 한 피오리나의 직설적인 발언만 집중적으로 조명했다. 피오리나는 전 국민의 비판을 받았다.

회의에 참석했으나 익명을 요구한 한 CEO는 피오리나의 입에서 그 말이 나오자마자 거센 반발을 예상했고, 그와 그의 동료들은 회견장 밖으로 슬그머니 걸어 나가고 싶었다고 7년 후 우리에게 말했다. 그리고 역시나 반발이 있었다. 〈시애틀 포스트 인텔리전서Seattle Post-Intelligencer〉

는 2004년 1월 9일자에 '우리 생각은 다릅니다'라는 표제로 전형적인 내용의 반박 사설을 실었다. "CEO 집무실이나 수출하지 그러나? 머나먼 나라 어딘가에 분명 우리나라에서 CEO들이 받는 금액보다 훨씬 적은 금액으로 회사를 운영해줄 적당한 사람들이 분명히 있을 텐데?"

피오리나가 한 말은 6년 후 캘리포니아 상원의원에 공화당 후보로 출마했을 때 끈질기게 붙어 다니며 피오리나를 괴롭혔다. 복서는 자신의 텔레비전 선거 광고 방송에서 피오리나의 2004년 선언과 피오리나가 HP에 재직하던 당시 기업 구조조정의 일환으로 실시했던 일자리 삭감을 잘 이용하였다. 사실을 직설적으로 말한 것이 입후보자에게 악영향을 미치는 네거티브 선거 전략으로 바뀌는 것은 좋은 징조가 아니다.

## | 교육의 의미

교육과 경제성장 사이의 관계가 전에 없이 밀접한 관계를 맺고 있다고 한다. 하지만 그렇다고 미국 젊은이들이 그저 더 우수한 노동자가 될 수 있도록 하기 위해서만 교육을 시키는 것은 아니다. 우리는 모든 시민들이 더 좋은 교육을 받음으로써 더 좋은 시민이 되기를 바란다. "우리는 아이들이 비판적으로 사고하고 읽고 창조하기를 바라지만, 이런 학습이 아이들에게 일자리와 금전적 여유를 가져다주기 때문만은 아닙니다"라고 윌리엄스대학의 교육전문가 수잔 엥겔은 말했다. "이러한 시민들로 구성된 사회는 더 좋은 사회가 될 것이기 때문이기도 하죠. 사람들은 더 많은 정보를 근거로 결정을 내리고 세상에 해악이 되기보다는 도움이 되는 물건을 만들고 적어도 어느 정도는 자기 이익보다 다른 사람들의 이익을 우선으로 생각하게 될 것입니다."

이는 의심할 여지가 없다. 교육은 전인교육에 집중하여야 한다. 그저 시험을 더 잘 치는 사람을 양성하는 것이 아니라 더 훌륭한 시민 양성을 목표로 하여야 한다. 이 점에서 엥겔의 의견은 분명 옳다. 학교가 미국 아이들에게 미국 시민이 된다는 것이 무엇을 의미하는지 가르친다면 아이들과 미국은 미래 세대들에게 위대함에 대한 미국인의 공식을 물려줄 훨씬 더 큰 기회를 갖게 될 것이다.

그러나 사회 전체로서 미국은 교육 전반에 걸쳐 따라잡아야 할 숙제가 있다. 따라잡아야 하는 위치에 있을 때는 더 열심히 일하고 기본에 충실하며 모든 사람들이 열심히 일하도록 격려해야 한다. 부모가 아이들의 숙제에 관심을 갖고, 주민들은 지역 학교의 수준에 관심을 가지며, 정치인들은 자기 지역 학교를 경쟁 학교의 수준과 비교하여 평가하도록 요구하고, 기업가는 학교가 세계 최고 수준에 들기를 요구하며 학생들은 이 세계가 얼마나 경쟁이 치열한지 이해하는 곳, 즉 모든 사람들이 교육발전에 실제로 이해관계가 있다고 느끼는 나라가 된다면 훌륭한 교사들은 더욱 훌륭해지고 평균적인 교사는 발전하며 최악의 교사들을 금방 골라낼 수 있게 될 것이다.

2010년 말, 그릇된 생각을 담은 영화 한 편이 나왔다. 이 영화의 제목은 '정처 없는 경주Race to Nowhere'이다. 교외에 사는 미국 학생들이 너무 심한 압박감에 시달리고 있다는 내용이었다. 학생들은 숙제, 축구, 페이스북, 레슬링 연습, 학교 연극, 무도회, 대학수능시험 준비, 대학과목 선이수 시험 준비를 정신없이 해야 한다. 어떤 사람들은 이를 스트레스라고 부르는 모양이다. 우리는 이를 우선순위가 잘못되었다고 말한다.

스트레스라고? 스트레스란 당신이 대학을 졸업하고 나서 구한 유일한 직장에서 중국인 상사가 말할 때마다 그 특유의 심한 악센트를 이해하지 못 해 느끼는 감정이다.

스트레스란 그런 것이다.

7장

# 평균의 시대는 끝났다

우리는 영화 '소셜 네트워크The Social Network'를 쓴 작가에게 따질 일이 있다. 작가가 영화의 배경이 되던 시점에 하버드대 총장이었던 로렌스 서머스를 묘사한 방식에 이의를 제기하고자 한다. 영화 속 한 장면에서는 하버드 재학생이며 쌍둥이 형제인 카메론과 타일러 윙클보스가 서머스를 찾아간다. 동료 학생인 마크 주커버그가 '페이스북'이라고 하는 자기들의 아이디어를 훔쳤다고 불만을 늘어놓았다.

서머스는 일말의 동정심도 없이 쌍둥이 형제의 우는 소리를 듣고 있다가 이런 조언을 획 던진다. "모든 하버드 학생은 새로운 무언가를 만들어내고 있지. 하버드 학부생들은 취업보다는 창업이 낫다고들 믿고 있네. 그러니 자네 2명도 완전히 새로운 프로젝트를 제시해보라고 재차 권하겠네."

이 대사의 의도는 서머스를 오만하고 매정하며 아무것도 모르는 사람으로 만들려는 것이다. 사실 그가 지적한 사항은 '더 좋은' 교육이 성취하고자 갈망하는 바이다. 즉 기발한 생각, 독창성, 그리고 학생들이 무엇을 하건 간에 평범함 그 이상의 특별한 무언가를 가져오는 영감을 완벽하게 서술하고 있다.

"인생의 9할은 일단 출근하는 것이다"라는 우디 앨런Woody Allen의 의견은 더 이상 진실이 아니다. 그저 출근하는 것만으로는 충분하지 않다. 지금은 보여주어야 한다. 거드름을 피우거나 관심을 끌려고 해야 한다는 뜻이 아니다. 사람들의 주목을 받을 만큼 뛰어난 능력을 발휘해야 한다는 뜻이다.

미국 경제의 미래는 미국 전체가 개리슨 케일러Garrison Keillor가 창조해낸 '모든 여인들은 강하고 모든 남성들은 잘 생겼으며 모든 아이들은 평균 이상의 능력을 지닌' 가상의 마을 워비곤 호수Lake Wobegon를 얼마나 잘 닮아갈 수 있는지에 달려 있다.

평균으로 충분하던 시절은 공식적으로 끝났다.

사실상 모든 고용주가 재능 있는 수많은 비미국인과 평범함 이상의 업무를 할 수 있고, 똑똑한 기계를 쉽게 사용할 수 있는 초연결 세계에서 10년 전 '평균'적이었던 업무는 이제 평균 이하가 되었다. 그리고 지금으로부터 10년이 지나면 훨씬 더 평균에 못 미치게 될 것이다. 세계가 상대평가를 적용하는 하나의 큰 교실이라고 생각해보라. 지적 능력, 컴퓨팅 파워, 자동기계장치가 더 많이 그 교실로 들어옴에 따라 상대평가곡선은 꾸준히 상승한다. 그 결과 남들보다 앞서 가는 것은 고사하고 자기 자리를 지키려고만 해도 각자의 능력을 끌어올려야 한다. 이전 기준으로 평균에 해당하는 성과로는 평균학점, 평균임금, 또는 중산층 생활수준을 누릴 수 없게 될 것이다.

당신이 내년에 그리넬대학을 지망한다고 가정해보자. 아이오와 주 시골에 있는 전교생 1600명의 그리넬대학은 "2015년도에 지망할 지원자 10명 중 1명 정도가 중국인일 것으로 예상한다"라고 2011년 2월 11일자 〈뉴욕타임스〉가 보도했다. "미국에서 유학 중인 중국인 학생 수가 작년 30퍼센트 증가한 데 이어 다른 미국 대학교 수십 곳에도 중국 학생들의 입학신청서가 물밀듯 밀려오고 있다. 이는 입학사정관들에게 고민거리를 안겨주고 있다. 그리넬대학은 200명이 넘는 중국인 지원자 중에서 15명가량을 어떻게 선택할 것인가? 예를 들어, 올해 그리넬대학에 지원한 중국인 학생의 절반은 SAT 수학부문에서 만점인 800점을 받아 학생들 간 실력 차를 구별하기 어려웠다."

이는 당신의 '특기'가 새로운 제품 개발이든 원래 있던 제품 개선이든 또는 일상적인 업무를 새롭고 혁신적인 방법으로 할 수 있도록 스스로를 개혁하는 것이든지 간에 창조적인 창조자 또는 창조적인 제공자가 되어 본인의 업무가 아웃소싱, 자동화, 디지털화되거나 교체가능한 일용품으로 취급되지 않도록 갈고 닦아 증진시켜야 하는 이유 중 하나이다.

각자의 '특기'는 서로 다를 수도 있고, 아마도 다를 것이다. 어떤 사람들의 경우 이 특기가 말 그대로 우리의 삶을 더욱 편안하고 건강하게 만들어줄 기업을 창업하는 일일 수도 있다. 그리고 다행인 것은 초연결 세계에서는 이런 일이 쉬워졌다는 점이다. 오늘 새로운 아이디어가 번쩍 떠올랐다면 대만에 있는 기업에게 설계를 의뢰하고, 중국의 알리바바 Alibaba 웹사이트를 통해 저렴한 비용으로 제품을 만들어줄 중국 제조업체를 찾을 수 있으며, 아마존닷컴에 제품 배달을 의뢰할 것이다. 그리고 아마존닷컴의 클라우드에서 조건에 적합한 기술서비스를 제공받을 수 있다. 회계업무를 처리할 직원은 생활정보 사이트 크레이그스리스트Craigslist에서 구할 수 있고 프리랜서닷컴Freelancer.com에서 회사 로고를 만들 디자이너도 찾을 수 있다. 당신이 해야 할 일은 번득이는 상상력과 창조력을 발휘하는 것뿐이다.

2010년 1월 25일자 〈와이어드Wired〉에 기술전문기자 크리스 앤더슨Chris Anderson은 무언가 시작하고 싶어 하는 사람들을 위해 초연결 세계가 무엇을 하고 있는지 생생하게 설명하였다.

현재를 기준으로 앞뒤 20년의 역사를 한 문장으로 정리해보자면 이렇다. 과거 10년의 주제가 웹에서 후기제도주의적 사회적 모델을 발견하는 것이었다면 향후 10년의 주제는 이 모델을 현실세계에 적용하는 것이다. 이 글은 향후 10년에 관한 내용이다. 산업계가 민주화되었을 때, 산업계가 회사, 정부, 그리고 다른 기관들의 독점 영역에서 떨어져 나와 평범한 사람들의 손으로 넘어갈 때 혁신적인 변화가 발생한다. 인터넷은 출판, 방송, 커뮤니케이션을 민주화했다. 그 결과 디지털 방식으로 된 모든 일에 대한 참여와 참여자의 범위가 엄청나게 증가하여 디지털 정보에 있어 롱테일법칙(The Long Tail, 80퍼센트의 '사소한 다수'가 20퍼센트의 '핵심 소수'보다 뛰어난 가치를 창출한다는 이론으로 앤더슨이 처음 사용했다-옮긴이)이 성립되었다. 이제 이와 똑같은 일이 제조업에서도 발생하고 있다. 전자기기조립에서부터 3-D 인쇄에 이르기까지 공장 생산에 사용하는 모든 도구를 지금은 개인이 최저 1개 단위로 사용할 수 있다. 아이디어와 약간의 전문지식이 있는 사람이라면 누구나 노트북 자판을 두드리는 일만으로도 중국에 있는 공장의 조립라인을 움직이게 할 수 있다. 며칠 후 제품 견본이 집문 앞에 도착할 것이다. 그러면 일단 확인하고 나서 버튼 몇 개만 더 누르면 정식 생산에 들어가 수백, 수천 혹은 그 이상의 제품을 생산할 것이다. 이들은 아무런 기반 시설, 심지어 재고조차 없이 상품을 설계하고 판매할 수 있는 사실상의 초소형 공장이 될 수 있다. 수많은 고객을 동시에 상대하는 계약업자가 제품을 모아 정리하여 직송으로 보낸다. 오늘날 초소형 공장은 자동차, 오토바이 부품, 원하는 대로 만들어주는 주문 가구에 이르기까지 모든 물건을 만든다. 아이디어가 자금조달이나 설비 마련 없이 바로 생산으로 이어지게 되면서 수백만 초소형 공장의 집합적 잠재력이 세계시장으로 쏟아져 나오려는 태세이다. '노트북을 가진 세 사람'은 이전에는 웹을 이용해서 창업을 하는 것을 묘사하는 표현으로 쓰였다. 이제는 동일한 표현을 하드웨어 기업의 창업에 대한 설명에도 사용할 수 있다. MIT 교수인 에릭 폰 히펠Eric von Hippel은 이를 "하드웨어가 점점 더 소프트웨어처럼 되어가고 있습니다"라고 표현했다. 우리는 이런 광경을 전에도 본 적 있다. 이는 획일적인 산업들이 음악 산업에서부터 신문에 이르기까지 셀 수 없이 많고 작은 진입자들을 상대하게 되면서 해체되기 직전에 일어났던 일이다. 진입장벽은 낮아지고 사람들이 쏟아져 들어온다.

모험을 즐기지 않아 회사를 새로 차릴 만큼 활발하거나 기업가 기질이 뛰어나지 않은 사람들도 있다. 그래도 괜찮다. 하지만 그런 사람들은 통상적인 창조자나 통상적인 제공자 업무를 사람들이 추가로 비용을 더 지불하고 싶어 할 만큼 뭔가 특별한 업무로 변화시켜야 한다. 그럼으로써 자기가 몸담고 있는 회사나 직업 내에서 스스로를 재창조하는 작업을 해야 한다.

  어떤 사람들에게는 이런 작업이 창조적인 창조자여야 할 만한 정교한 무언가를 제공하는 일, 예컨대 건물 설계, 창조적인 법정진술서 작성, 새로운 사업의 발견, 광고문 작성, 부엌 새로 꾸미기, 아이패드 애플리케이션 만들기 등일 수도 있다. 하지만 대부분의 사람들은 이를 창조적인 제공자가 되어 돈을 지불하는 사람들의 경험을 진정으로 풍부하게 만들 수 있는 방식으로 업무에 각별한 열정 또는 인간미를 더하는 일로 받아들인다. 실제로 그런 일을 접하게 되면 다 알게 된다. 요양원에 있는 아버지를 방문했을 때, 어느 건강관리조무사가 아버지 옆에 계속 앉아 보살피고 있는 광경을 보면서 "추가로 비용을 지불할 테니 저 건강관리조무사가 우리 아빠를 매일 돌보게 해달라고 관리자에게 말해야겠어"라고 생각하는 순간 이를 깨닫게 된다. 신사복 매장이나 여성용 구두 매장에서 상냥하고 최신 유행을 꿰고 있으며, 우리에게 가장 잘 어울리는 제품을 찾아주어 나중에 이름을 따로 물어보게 되는 판매원의 서비스를 받고 있노라면 이 사실을 알게 된다. 또한 각 동작을 올바르게 가르치는 방법을 정확히 알고 있어서 자기 동료보다 더 비싼 비용을 받음에도 모든 사람이 줄서 기다리는 트레이너나 필라테스 강사를 볼 때도 이 사실을 깨닫게 된다. 그리고 이코노미 좌석에도 특별함을 더한 사우스웨스트 항공을 이용할 때도 이를 알게 된다. 사우스웨스트 항공의 기장과 남녀 승무원들은 업무를 할 때 약간의 유머와 인간적인 교감을 더하고자 애쓴다.

  이번 장과 교육의 핵심은 이것이다. 수십 년 동안 미국 경제에는 지속적으로 생산성을 높이려는 욕구와 블루칼라 일자리를 유지하려는 욕구 사이에 투쟁이 계속되었다. 우리는 점점 더 많은 기계와 저렴한 외국인 노동력이 미국인 육체노동자를 대체하는 과정을 보았다. 이처럼 블루칼라 일자리가 감소할 때 화이트칼라 일자리를 창조함으로써 상쇄시켰다. 그러나 초연결 세계에서 점점 위협을 받고 있는 화이트칼라 일자리 감소는 어떻게 상쇄할 것인가? 이는 새로운 종류의 화이트칼라 일자리를 만들어냄으로써 상쇄한다. 이렇게 하기 위해서는 더 많은 신생 업체를 만들어야 하고 더 우수한 교육을 실시하여야 한다. 또한 과학과 기술의 경계를 허물기 위해 연구 개발 분야에 더 많은 투자를 해야 한다.

지금 중국은 현재 부유한 국가에서 하고 있는 업무를 하기에 충분할 정도로만 자국민을 교육시켜도 경제성장을 가져올 수 있다. 미국의 경제가 성장하기 위해서는 국민들이 아직까지 존재하지 않는 일을 할 수 있도록 교육시켜야 한다. 즉, 일자리를 만들어냄과 동시에 국민들이 그 일을 할 수 있도록 훈련시켜야 한다. 이는 더 힘든 작업이다. 따라서 국민 모두가 창조적인 창조자 또는 창조적인 제공자가 되고자 열망해야 한다.

창조적인 창조자나 창조적인 제공자가 되는 방법을 생각할 때 도움이 되는 3가지 사고방식이 있다. 이는 이민자처럼, 장인(匠人)처럼, 웨이트리스처럼 생각하는 것이다.

오늘날 모든 미국 노동자는 자기 자신을 막 이민 온 사람이라고 생각해야 한다. 이민자처럼 생각하는 것이 의미하는 바는 무엇일까? 이는 가진 것이 아무것도 없고 주어진 것도 없어서 스스로 모든 것을 만들어나가야 한다는 관점으로 세상을 접근해야 한다는 뜻이다. 그 어떤 곳에도 당신을 기다리고 있는 '준비된 자리'는 없다. 세상에 나가서 직접 구해야 한다. 아니면 자신이 자리를 직접 만들어야 한다. 그리고 자기가 살고 있는 이 세상에 세심한 주의를 기울여야 한다. 미국 역사와 함께 해온 이민자들과 마찬가지로 미국인들은 현재 여러모로 생소한 환경에 처해 있다. 초연결된 현대 21세기 사회에서는 우리 모두 이민자이다.

하버드대학교 노동경제학자 로렌스 카츠는 모든 사람들은 장인처럼 생각해야 한다고 주장한다. '장인'이란 대량생산시스템이 등장하기 전, 개인적인 자부심을 느낄 만큼 특출한 솜씨와 재주로 물건을 만들거나 서비스를 제공했던 사람을 가리킬 때 사용하는 말이다. 산업혁명이 발생하기 전에는 제화공, 의사, 재봉사, 안장제작자 등 대부분의 사람이 여기에 속했다. 장인은 본인만의 특징이 나타나도록 모든 제품을 만들었다. 완성품에 자기 이름의 머리글자를 새겨 넣는 경우도 많았다. 이는 무슨 일을 하든 간에 훌륭한 태도이다. 당신은 작업이 완성되었을 때 당신 이름의 머리글자를 거기에 새기고 싶은가?

마지막으로 때때로 웨이터나 웨이트리스처럼 생각해보는 것도 손해 보는 일은 아니다. 2010년 8월 말, 톰은 고향인 미니애폴리스에 있는 퍼킨스 팬케이크하우스에서 친구 켄 그리어와 함께 아침을 먹었다. 켄은 버터밀크 팬케이크 3장과 과일을 주문했다. 웨이트리스는 아침식사가 담긴 접시를 가지고 돌아왔다. 톰과 켄 앞에 접시를 내려놓았고 켄의 접시를 내려놓으면서는 그저 "과일 좀 더 가져 왔어요"라고 말했다. 톰은 그때를 떠올리며 "우리는 과일값의 50퍼센트에 해당하는 팁을 그 웨이트리스에게 주었습니다"라고 말했다. 그 웨이트리스는 팬케이크하우스에서 그다지 많은 권한을 가진 사람은 아니었다. 하지만 접시에 담을 과일양은 그녀 마음대로 조절할 수 있었고, 켄에게 추가로 과일을 가져다준 것은 그녀 나름의 방식으로 특별한 일을 한 것이었다. 여러 방면에서 우리 모두 그 웨이트리스처럼 생각하며 "남과 나를 구별할 업무방식은 대체 무엇일까?"라는 질문을 해야 한다. 우리 모두는 그 어느 때보다도 기계, 컴퓨터, 로봇, 또는 외국인 노동자와 구별되는 무언가 특별한 일을 하려고 노력하는 웨이터와 웨이트리스가 되어야 한다.

이런 종류의 '특별함'이 '더 좋은' 교육을 통해 획득하고 성취해야 하는 대상이다. 지난 235년 동안 미국은 교육 시스템을 기술 진보에 맞춰 확대하고 개선했다. 미국이 농업사회였을 때 이는 보편적인 초등교육 도입을 의미했다. 산업사회에 진입하면서 이는 보편적인 중고등학교 교육 장려를 나타내게 되었다. 지식경제사회에 들어서면서 이는 보편적인 고교 과정 이수 이후의 교육 추구를 의미하게 되었다. 이제 초연결 세계는 또 다른 도약을 요구하고 있다. 전체 학생수가 4만 2000명인 플로리다국제 대학교Florida International University 총장 마크 로젠버그Mark Rosenberg는 이 현상을 이렇게 요약했다. "좋은 직업을 구하기 위해서뿐만 아니라 좋은 직업을 창조하기 위해서 학생 교육 향상은 불가피합니다." 최고의 성과를 내도록 노동자를 교육시키고 권한을 부여하는 나라가 분명 가장 번성할 것이다.

실제로 세계화와 정보기술혁명이 계속 결합하고 팽창하고 진보할수록 '선진국'과 '개발도상국'으로 구분하던 예전 범주는 사라져갈 것이다. 장차 세계는 국민의 상상력 발휘와 특기 계발을 장려하고 기회를 부여하는 상상력고취high-imagination-enabling 국가와 국민의 창조 능력과 새로운 아이디어를 창출하는 능력, 새로운 산업 개시, 자기만의 특기 계발을 억압하거나 계발하는 데 실패하는 상상력저하low-imagination-enabling 국가로 나뉘게 될 것이다. 미국은 그동안 세계에서 가장 앞서가는 상상력 고취 국가였다. 이제는 극도의 상상력 고취 사회가 되어야 한다. 그것만이 기업 생산성이 계속해서 증가하고 많은 노동자들이 적절한 봉급을 받는 직업에 종사할 수 있는 유일한 길이다.

교육자의 큰 숙제는 어떻게 실제로 '특별함'을 가르칠 수 있느냐 하는 문제이다. 우리는 3가지 R(읽기reading, 쓰기writing, 산수arithmetic)을 어떻게 가르치고 어떻게 그 수준을 검증할지 알고 있다. 하지만 '특별함'을 가르치려면 창조력을 가르치고 고취하여야 한다. 지금은 하나로 정해진 방법이 없다. 때문에 창조성과 특별함을 가르치는 여러 가지 시도가 오늘날 교육계에서 진행되고 있다. 이는 가장 흥미로운 실험들 중 하나이다. 하지만 우리는 이것을 할 수 있다는 사실을 안다. 왜냐하면 사람들은 이미 실천하고 있기 때문이다.

## 세 가지 C

하버드대학교 기술 및 기업가 연구소의 혁신교육 연구위원이며《글로벌 실력 격차The Global Achievement Gap》《혁신하기 위한 학습, 학습하기 위한 혁신Learning to Innovate, Innovating to Learn》의 저자인 토니 와그너는 '더 좋은' 교육의 정의를 훌륭하게 풀이했다. 이는 와그너가 '세 가지 C'라고 부르는 개념, 즉 비판적 사고critical thinking, 효과적인 구두 및 서면 의사소통 기술effective oral and written communication, 협력collaboration을 가르치는 교육이다.

와그너는 비판적으로 사고하기 위해서는 올바른 답변을 암기하기 보다는 올바른 질문을 해야 한다고 말한다. 의사소통기술과 협력에는 목표를 규정하고 그 목표를 달성하기 위하여 다른 사람들과 협력하는 작업이 필요하다. 창조적인 창조자나 창조적인 제공자가 되기 위해서는 이 3가지 요소를 모두 갖추어야 한다.

와그너는 "의사소통기술이 없으면 협력할 수 없습니다. 그리고 협력할 수 없다면 창조성은 떨어지기 마련입니다"라고 설명한다. 그는 가장 창조력이 뛰어나고 혁신적인 사람들은 그 일을 혼자 했을 거라는 잘못된 생각이 퍼져 있다고 말한다. "이는 제가 작업현장에서 직접 관찰한 내용이나 아주 혁신적인 사람들과 얘기한 내용으로 미루어볼 때 절대 사실이 아닙니다. 오늘날 혁신이란 다양한 언어를 사용하는 다양한 국적의 사람들이 심지어 가상공간을 활용하는 팀에서 이루어집니다." 와그너는 이러한 팀에서 효율적으로 일하기 위해서는 효율적으로 의사소통하여야 한다고 주장한다.

그렇다면 첫 번째 C인 창조성과 비판적 사고를 교실에서 어떻게 키울 수 있을까? 창조성을 측정하거나 가르치는 것은 차치하고 창조성을 정확히 규정하기조차 쉽지 않다. 그럼에도 세계화와 정보기술혁명의 결합이 모든 직업을 압박하고, 보수가 높은 직업은 점점 더 창조성을 필요로 하게 될 것이며, 미국인을 노동인력으로 준비시키는 부담은 학교가 지고 있기 때문에 학교는 3가지 R을 가르침과 동시에 3가지 C를 고양시킬 수 있는 방법을 찾아내야 한다.

여기에서 우리는 이를 수행하기 위한 성공적인 노력이라고 생각한 몇 가지 예를 들어보겠다. 우리는 스티브 잡스Steve Jobs가 2005년도에 스탠포드대학교에서 했던 졸업 연설부터 시작하겠다. 잡스는 오리건 주에 있는 리드칼리지Reed College에 한 학기 다닌 다음 자퇴했지만 그 짧은 경험도 흔적을 남겼다.

저는 순진하게도 거의 스탠포드만큼 비싼 대학을 선택했고, 노동자 계층이었던 부모님의 저축액 대부분이 제 대학 학비로 들어갔습니다. 6개월이 지났을 때 대학이 그만한 가치가 있는 곳이라는 생각이 들지 않았습니다. 내가 인생에서 무엇을 하고 싶은지, 대학교육이 그것을 이루기 위해 얼마나 도움이 될지 알 수 없었습니다. 그런데도 저는 거기서 제 부모님이 평생 동안 모은 돈을 전부 쓰고 있었죠. 그래서 전 학교를 그만두기로 했고 모든 일이 잘 풀릴 것이라고 믿기로 했습니다. 당시에는 꽤 무서웠지만 뒤돌아보면 대학을 자퇴한 것은 제 인생에서 가장 잘한 결정 중 하나였습니다. 대학을 그만둔 순간 저는 재미없던 필수과목들을 듣지 않아도 되었고, 재미있어 보이는 강의에 마음대로 들어가기 시작했습니다.

그렇다고 해서 전부 낭만적이기만 하지는 않았습니다. 기숙사에 제 방이 없었기 때문에 친구들 기숙사 방바닥에서 자기도 했습니다. 음식을 사기 위해 5센트짜리 콜라 공병을 모아 팔기도 했고, 1주일에 한 번이라도 제대로 된 식사를 하기 위해 매주 일요일 밤이면 하레 크리슈나 사원까지 11킬로미터를 걷기도 했습니다. 정말 맛있었습니다. 그리고 호기심과 직감을 따라 우연히 발을 들였던 일들 중 상당 부분이 훗날 대단히 귀중한 자원이 되었습니다. 예를 하나 들어보죠.

당시 리드칼리지에서는 미국 최고의 서체 강의를 들을 수 있었습니다. 캠퍼스 전체에 있는 모든 포스터, 서랍에 붙여져 있는 각 라벨이 예쁜 손글씨로 만들어져 있었습니다. 저는 중퇴해서 정규 과목을 들을 필요가 없었기 때문에 손글씨 만드는 방법을 배우려고 서체 수업을 듣기로 했습니다. 저는 세리프와 산세리프 글씨체, 서로 다른 글자 조합 간 여백 조정, 훌륭한 활판 인쇄술의 요건이 무엇인지 배웠습니다. 이는 과학이 따라잡을 수 없는 방식으로 아름답고, 유서 깊고, 예술적으로 미묘한 것이어서 저는 완전히 빠져들었습니다.

이 중 어느 하나도 제 인생에 실질적인 도움이 될 것 같지는 않았습니다. 하지만 10년 후 우리가 처음으로 매킨토시 컴퓨터를 구상할 때 이 기억은 고스란히 되돌아왔습니다. 그리고 우리는 그것을 모두 맥 컴퓨터에 담았습니다. 맥은 아름다운 서체를 사용한 최초의 컴퓨터였습니다. 제가 대학에서 서체 수업을 듣지 않았더라면, 맥에는 다양한 서체나 균형 잡힌 글자체가 들어가지 못했을 것입니다. 윈도우즈 역시 맥을 그대로 베꼈기 때문에 결국 개인용 컴퓨터에는 이런 기능이 탑재될 수 없었을 것입니다. 제가 학교를 중퇴하지 않았다면 이 서체 수업을 듣지 않았을 것이고 개인용 컴퓨터에는 지금처럼 환상적인 서체가 없었을 것입니다.

잡스의 연설은 2가지 메시지를 담고 있다. 첫 번째는 인문학 교육의 중요성이다. 물론 수학이나 기본적인 전산 지식이 없으면 누구도 창조적인 프로그래머가 될 수 없다. 그리고 기초 물리학을 모르면 누구도 창조적인 엔지니어가 될 수 없고, 생물학과 화학에 대한 배경지식이 없다면 신약을 발명할 수도 없다. 읽기, 쓰기, 산수와 지적 훈련의 기초를 배우는 것은 중요하다. 하지만 만약 모든 학생에게 수학과 과학의 기초를 가르치는 데 급급해서 많은 공립학교들이 어쩔 수 없이 하고 있는 것처럼 미술, 음악, 저널리즘, 합창, 밴드, 영화, 체육, 무용, 서체교육을 내던지거나 축소한다면 협력을 장려하고 창조성과 융합을 고무하는 바로 그 자체를 잃게 된다.

창조성 교육에 있어 잡스의 연설이 담고 있는 또 다른 교훈은 와그너가 '놀이'와 '발견'이라고 부르는 개념의 중요성이다. 놀이와 발견은 아이들에게는 어릴 때부터 서로 연결되어 있다. 잡스는 서체 수업을 들을 때 전에는 전혀 몰랐거나 탐색할 만한 시간이 있다고 생각하지 않았던 대상을 그저 탐색하는 데 빠져들었다. 잡스는 교육학자들이 사용하는 의미의 '놀이'를 하고 있었다. 와그너는 "유치원에 다닐 때는 모든 아이들이 예술가입니다. 놀이는 발견의 한 형태이고 우리가 세계를 이해하기 시작하고 열정을 발견하는 방법입니다"라고 설명한다. 와그너가 주장하는 현재 학교의 문제점은 "학교가 놀이, 열정, 그리고 목적을 존중하지 않고 순응하지 않는 학생은 격리시킨다는 것"이다. 이런 특성은 측정할 수 없기 때문에 시험할 수 없다. 따라서 진정한 가치를 평가받지 못한다.

마크 터커는 미국 경제교육협의회 회장직을 맡고 있다. 그는 덴마크의 학교 시스템 등 자신이 연구했던 최고의 학교 시스템 중 일부는 목적이 있는 놀이를 장려하되 매우 높은 수준으로 한다고 말했다. 터커는 이렇게 말했다. "저는 이런 경우를 덴마크의 기술고등학교에서 보았습니다. 한 반을 4개 내지 5개 팀으로 나누고 각각에게 개썰매를 만들라는 과제를 줍니다. 그들은 서로 경쟁합니다. 먼저 결정을 해야 하죠. 속도, 장거리 운행, 화물 적재 중 어디에 최적화할 것인가? 자기 기준을 사전에 알리고 계획을 마련한 다음 그 계획에 맞춰 만들어야 합니다." 팀들은 각자의 작업 계획을 결정할 수 있지만 이는 단순한 체계 없는 탐구가 아니었다. "이는 지원받는 탐구였습니다. 즉, 다른 사람들이 해결하려고 애써왔던 문제를 선택하고 그 문제를 해결하기 위해 자기 고유의 방법으로 노력하는 탐구를 말합니다. 다른 사람들의 작업에 의지해서 시작하기는 하지만 그 이후에는 필요한 관련 정보를 찾고, 문제를 해결하기 위해 사용할 수 있는 자료와 그렇지 않은 자료로 걸러 내고 어떤 정보를 의심해야 하는지 배우며 궁극적으로 정보를 해결책으로 바꾸기 위해 교실에서 배운 지식을 확장해야 합니다. 각 단계에서 학생들은 선생님들의 지원을 받으므로 체계가 전혀 없지는 않습니다."

터커는 "저는 미국에서 실시하는 수많은 계획과제 위주 교과과정을 보아왔습니다. 그러나 실질적인 내용이 너무나 피상적인 경우가 많았습니다. 계획과제 위주 교과과정을 제대로 실시하기 위해서는 견고한 지식 기반 위에 쌓아야 합니다. 개썰매를 만들기 위해서는 몇몇 공학 기초 내용을 알아야 합니다. 기반이 되는 기술로 탄탄한 기초를 마련하지 않는다면 아무것도 할 수 없습니다"라고 덧붙였다. 목표는 학생들이 탐구하고 협력할 수 있는 교실 환경을 만드는 것이다. 하지만 학생들이 아무렇게나 만들어 제출하고 그것이 창조적이라고 말할 수 없도록 계획과제에 적용하는 높은 기준을 설정하여야 한다고 터커는 설명했다.

학생들이 이 작업을 진지하게 해냈을 때, "학생들이 자신감을 얻어야 된다는 점이 매우 중요합니다. 창조성을 발휘하기 위해서는 할 수 있다는 자신감을 가져야 합니다"라고 터커는 결론지었다. 또한 정체된 상태에서 벗어나서 자신이 편하다고 느끼는 영역 밖에 있는 새로운 곳을 탐구할 수 있다고 믿는 대담함이 필요하다.

최고의 회사들은 이미 이를 이해하고 있다. 성인용 '놀이'는 구글이나 3M과 같은 회사들이 실시하고 있는 프로그램으로 직원들은 1주일 근무시간의 15퍼센트 내지 20퍼센트가량을 자기가 고안한 계획과제를 수행하는 데 보낸다. 이 프로그램은 회사의 주요 임무와 어느 정도 연관은 있지만 어느 방향으로도 진행될 수 있다. 와그너는 이는 근무시간에 놀라는 허락과도 같다고 말했다. 이러한 프로그램들은 두 회사 모두에게 혁신의 풍부한 원천이 되고 있다. 웹사이트 '이위크닷컴eWeek.com'은 2008년 10월 31일 기사에서 "구글은 프로그래머와 기타 구글 직원들이 매주 5일 근무 시간 중 하루를 자기 자신만의 프로젝트를 진행하는 데 쓸 수 있도록 하는 20퍼센트 시간 규칙을 정해놓고 있다. 이러한 프로젝트들의 결과물은 일정 기간 회사 내에서만 머물러 있지만 바깥세상으로 나가게 된 경우도 있다. 지메일, 구글뉴스, 구글토크는 그 중 일부이다"라고 보도했다.

| 좋은 소식

다행히도 많은 미국 교육자들은 이러한 도전과제를 완전히 인식하고 있다. 이를 실행하기 위해 파격적인 방법도 탐색하고 있다.

1981년 스티브 마리오티는 이스트 강변을 따라 조깅하다가 강도를 당했다. 그때 포드자동차의 분석가 자리를 그만두고 새로운 일을 시작하기 위해 뉴욕으로 이사했다. 10대 청소년 5명이 마리오티에게 달려들어 그를 때린 후 10달러를 빼앗았다. 이후 마리오티는 "저는 그들이 그냥 도와달라고 했으면 돈을 주었을 것이라고 생각했습니다"라고 말했다. 부모님이 학교 선생님이었던 마리오티는 사건 후 직장을 그만두고 도심 지역에 있는 학교에서 가르치기로 마음을 먹었다. 이 전환은 험난했다. 2003년 9월 13일자 〈피플People〉은 "브루클린 남녀고등학교에 처음 출근한 날 문제아들은 그를 마니코티 씨라고 불렀다. 한 학생은 다른 아이의 코트에 불을 질렀다. '전 겁에 질렸죠'라고 마리오티는 말한다. '교장선생님은 제가 학교 최악의 교사라고 했죠. 저는 착한 아이들이 정말 질 나쁜 몇몇 아이들에게 괴롭힘을 당하고 있다는 사실을 깨달았습니다'라고 했다. 그래서 그는 곧 교습법을 바꾸었다"라는 기사를 실었다.

마리오티는 그 학교의 전형적인 수업방식에서 벗어나 학생들이 배우고 싶어 하는 것을 가르치기로 했다. 즉, 돈 버는 방법을 가르치기로 했다. '기본적인 수학, 영어, 장사하는 기술, 도매 시장 같은 장소 탐방으로 구성된' 마리오티의 비즈니스 수업에 갑자기 학생들이 몰려들기 시작했다고 〈피플〉은 전했다.

이 경험을 바탕으로 1987년 마리오티는 이 경험을 바탕으로 저소득층 청소년들에게 자기 사업을 시작할 수 있는 방법을 가르침으로써 이 내용을 배우는 동안 학생들이 학교에 계속 다니도록 하고 잠재된 기업가적 창조성을 발휘할 수 있도록 돕는 기관인 '기업가정신 교육을 위한 네트워크NFTE'를 설립했다.

현재 미국 전역의 중고등학생 33만 명이 NFTE 수업이나 NFTE가 주관하는 11세에서 18세까지 학생들이 모여 최고 신규사업을 계획하는 전국 대회에 참여하고 있다. NFTE의 운영방식은 이렇다. 일단 학교가

NFTE에 가입하면 교사를 NFTE대학에 보내야 한다. NFTE의 현직 회장인 에이미 로젠Amy Rosen은 "우리는 NFTE의 프로그램을 가르칠 교사들이 수학, 기초 회계, 기업가정신, 경제학이 혼합된 우리의 독특한 교과과정을 잘 전달할 수 있도록 훈련시키는 NFTE대학을 운영하고 있습니다"라고 설명했다.

그런 다음 NFTE는 기업가정신의 기본을 가르치기 위해 NFTF가 특별히 고안한 교과서(현재 개정 11판)를 학교에 제공한다. 학생들은 독립된 수업으로 또는 일정 수준의 수학실력을 갖추어야 하는 경제학 등 다른 수업의 일부로 프로그램에 참여한다. 로젠은 "분수 곱셈을 할 수 없다면 투자수익률을 계산할 수 없습니다"라고 말한다. 수업은 각 학생에게 25달러씩 주고 NFTE 후원 학교 바자회에서 이윤을 남겨 되팔 물건을 사오라고 시키는 것으로 시작한다. 로젠은 이를 통해 총이익과 순이익 간 차이를 배우게 되는 것이라고 말했다. 그 다음 각 학생은 정해진 본보기에 따라 사업을 구상하여야 한다.

수업과정 동안 학생들은 자기만의 사업을 위한 사업계획을 개발하는 데 매진하고 다음해 봄에 이를 발표한다. 원한다면 지역, 시, 주, 국가 단위로 개최되는 경쟁대회에 참여하여 전국대회 결승전 진출자가 될 수도 있다. 2010년 오바마 대통령은 전체 2만 명 출전자 중에서 선발된 결승전 진출자들을 만났다. 전체 우승자는 뉴욕 주 밸리 스트림Valley Stream 출신인 17세 학생 니아 프룸이다. 프룸이 시작한 사업인 니아 엄마의 채식주의자 빵집Mamma Nia's Vegan Bakery 창업자금으로 1만 달러를 받았다. 하트퍼트Hartford 출신인 보스니아 이민자 제르미나 벨리치Zermina Velic와 벨마 아메토비치Belma Ahmetovic는 보스니아 이민자들의 컴퓨터 문제 해결을 돕기 위해 시작한 컴퓨터 서비스 회사인 베타 바이츠Beta Bytes로 준우승을 차지했다.

로젠은 오늘날 많은 학생들이 교사나 교과과정과 관계를 맺지 못하기 때문에 학교를 그만둔다고 지적했다. "NFTE가 하고 있는 일은 학생들이 타당하다고 생각하는 계획에 머리를 쓰도록 하고 우리 모두가 가지고 있는 독특한 능력을 끄집어내도록 돕는 일입니다. 자유기업 체제는 모두 개인적 특성과 독립을 향한 자기 자신만의 길을 찾아내는 사람들에게 뿌리를 두고 있다는 사실을 기억하세요. 아이들이 스스로 머리를 굴리도록 하는 방법을 찾고 아이들이 자기의 관심 분야를 찾도록 하는 방법과 결합한다면 이는 필승 조합이죠. 이 학생들은 세상 물정에 밝아요. 학생들 대부분이 정말 어려운 환경 속에서도 살아남았습니다. 아이들에게 최소한의 정보만 제공하고 그들이 속해 있는 사회 너머의 넓은 세상을 보여주면 많은 아이들은 저절로 기업가정신을 발휘합니다. 학생들은 수많은 기회들을 포착하죠. 그들은 이 세상에서 돈을 버는 완전히 새로운 방법을 찾아냅니다."

2009년 NFTE에 대한 다큐멘터리 'Ten9Eight'가 방송되었다. 우리는 이 방송을 통해 NFTE의 창업 프로그램에 대해 알게 되었다. 그 해 결승전 진출자 3명은 이민자의 아들로 세무법인 에이치앤알블록H&R Block에서 수업을 들었다. 그리고 고등학생과 대학생을 대상으로 세금환급 업무를 하는 기업을 창업한 학생, 주문맞춤복을 만들고 디자인하는 방법을 독학으로 배운 젊은 여성, 그리고 우승자인 '사회적으로 의미 있는' 티셔츠를 제조한 아프리카계 미국인 소년이었다. 의류사업을 시작했던 이 젊은 여성은 아이비리그 대학들을 마다하고 노스웨스턴대학교

Northwestern University에 다녔다. 그 이유는 노스웨스턴이 그녀가 재봉틀을 학교에 가져올 수 있도록 방을 마련해주겠다고 약속했기 때문이다.

## | 창조력 1급 위기 사태

많은 대학이 창조성과 비판적 사고를 가르치고자 한다. 이러한 목적으로 개발된 비교적 최신 프로그램 중 하나가 앨라배마대학교에서 시작한 '창조캠퍼스Creative Campus'다. 교무부처장이자 창조캠퍼스 프로그램 사무총장인 행크 레이저Hank Lazer는 이 프로그램이 특별한 무언가를 찾던 학생들에 의해 우연히 시작되었다고 설명했다. 2005년 앨라배마대학교는 공공기관이 어떻게 예술을 지원할 수 있을지 논의하는 '예술과 공공기관의 목적'이라는 세미나를 열고 있었다. 학기말이 되었을 때 학생 13명이 개별 보고서를 쓰는 대신 함께 모여 "교무처장에게 캠퍼스 안팎에서 앨라배마대학교 학생들이 예술을 더 넓고 깊이 접할 수 있도록 하여 예술을 전공하지 않는 학생들이 더 많은 예술적인 영감을 받을 수 있는 방법을 연구한 장문의 보고서와 제안 사항을 제출했습니다"라고 레이저가 말했다. "그 학생들은 이 점을 중요하다고 생각했죠." 최근 대학당국에서 의뢰했던 연구에서 앨라배마대학교에 입학한 학생의 70퍼센트가 대학 입학 전에는 밴드나 합창단, 졸업앨범 제작 스태프, 신문, 기타 예술과 관련된 작업에 참여했었지만 대학에 입학한 이래 이런 활동을 하는 학생은 19퍼센트에 지나지 않는다는 결과가 나왔다. 그래서 대학당국 역시 그 필요성을 느끼고 있던 터였다. "교육계에 종사하는 사람과 취업을 하고자 하는 사람에게 '창조성'이 필수요소로 떠오르고 있던 시점에 그 통계는 신경이 쓰이는 결과였습니다." 레이저가 말했다.

대학당국은 보고서의 취지를 이해했다. 2006년 학생들이 지역사회와 캠퍼스 안팎에서 예술을 활성화할 수 있는 방안을 생각하도록 하여 그들의 창조성을 키울 수 있도록 고안된 창조캠퍼스라는 프로그램을 개시했다. 창조캠퍼스 프로그램은 앨라배마대학교 캠퍼스에서 가장 높은 위치에 있고 오래된 천문관측소인 맥스웰 홀에 번듯한 본부를 차렸다. 더 중요한 점은 이 본부가 대학의 미식축구 스타디움 바로 길 건너편에 있다는 것이었다. 레이저는 '창조성이 경제와 사회 발전을 위한 원동력이라고 끈질기게 홍보한' 《새로운 미래가 온다A Whole New Mind: Why Right-Brainers Will Rule the Future》의 저자 다니엘 핑크Daniel Pink와 《내 안의 창의력을 깨우는 일곱 가지 법칙Out of Our Minds: Learning to Be Creative》의 저자 켄 로빈슨 경Sir Ken Robinson이 캠퍼스를 방문한 후 학교가 창조캠퍼스 재정 지원에 박차를 가했다고 말했다.

창조캠퍼스 운영방식은 이렇다. 매년 40명에서 45명의 학생을 선정해서 학생들의 삶과 주변 지역사회의 예술적 환경을 풍요롭게 할 수 있는 방식으로 예술과 문화를 융합하고 조성할 수 있는 아이디어를 제공하도록 한다. 그리고 주당 10시간씩 시간당 8달러에서 10달러 정도를 지급한다. 학생들은 프로젝트에 관한 아이디어를 계발하고, 그 아이디어를 실행할 때 협력하기 위해 각자 팀을 꾸린다. 예를 들어 한 프로젝트에 참여한 학생들은 "우리 지역을 위한 폭넓은 문화예술과 경제발전 계획을 개발하기 위해 웨스트앨라배마 상공회의소, 터스컬루사 시청, 노스포트 시청, 터스컬루사 카운티, 그리고 비영리단체인 로버트 맥널티의 살기 좋은 지역공동체를 위한 동반자 등 다양한 단체들과 제휴관계를 맺어 공동으로 일을 해나갔습니다"라고 설명했다. 이 캠페인의 명칭은 '문화 건설Culture Builds'이었다. 또 한 팀은 다양한 지역 예술가와 밴드를 홍보하기 위해 터스컬루사 시내에서 열리는 '드루이드 예술 축제Druid City Arts Festival'를 함께 진행했다. 이제 이 행사는 올해로 두 번째 해를 맞이했다. 또 다른 팀은 장애인들의 예술 작품을 전시하기 위한 '자유로운 예술Unbound Arts'이라는 프로그램을 만들어냈다.

레이저는 "우리는 일부러 불안정하고 유기적으로 결합한 집단입니다"라고 말한다. 창조캠퍼스 프로그램의 목적은 학생들이 예술을 접할 기회를 확대시키는 방법에 관해 창조적이고 기업가처럼 사고하도록 '학생 모두가 안전지대 밖으로 나가게끔 몰아붙이는 방법'으로 독려하는 것이다. 프로그램에 참가하는 학생은 지역 예술 및 음악계에 대해 깊이 있게 공부해야 한다. 뿐만 아니라 이와 관련된 아이디어를 제안하고 제법 큰 행사를 진행하는 데 관련된 행정문제 전반을 해결해야 한다.

정말 창조적인 작업이라도 이를 완수하는 과정은 지겨울 때가 많다고 레이저는 말했다. 이는 창조캠퍼스 프로그램이 상상력 배양뿐만 아니라 시행 훈련까지 목표로 삼는 이유이다. "끈기는 재능을 능가합니다. 하지만 둘 다 있으면 가장 좋겠죠. 예술축제를 준비하고자 하는 학생들은 시장과 협력하고 협의해야 하는 시의 규정을 연구하기 위해 공부합니다. 학생들은 모든 신나는 일에는 그런 행정적인 일이 상당 부분 붙어 다닌다는 사실을 배웁니다." 레이저가 덧붙였다. 이 프로그램의 취지는 학생들이 목적을 정하고 조직적인 방법으로 '놀이'를 즐기도록 하는 것이다.

창조적이고 협력적으로 사고하는 것 이외에도 레이저는 "우리는 학생들에게 실패를 헤쳐나갈 수 있는 능력을 부여하는 자신감과 융통성 2가지를 가르치고 있습니다. 정말 훌륭한 아이디어 하나를 얻기 위해서는 적어도 아이디어를 10가지 이상 생각해내야 합니다"라고 말한다. 그리고 훌륭한 아이디어를 완수하기 위해서는 인내가 필요하다. 레이저는 말을 이었다. "전자공학을 전공하는 학생 중에 1년 휴학하고 밴드활동을 하기로 결정한 학생이 있습니다. 그 학생의 어머니는 아들이 창조캠퍼스 프로그램을 통해 자신감을 쌓았기 때문에 지금 휴학하고 밴드 활동을 하는 것이 나중에 가치를 발휘할 것이고, 그래서 걱정하지 않는다고 우리에게 말했습니다. 저는 몇 년 후 그가 애플이나 구글에서 일하게 되면 그가 밴드에서 겪었던 경험이 많은 도움이 될 것이라고 생각합니다."

## | 아이디어랩

창조성을 발휘하거나 창업자가 되기 위해 무엇이 필요하냐고 빌 그로스 Bill Gross에게 물어보면, 그는 수학, 인문학, 협력이라고 대답하지 않는다. '용기'라고 말한다.

그로스가 하는 사업이 신생 기업을 만들어내는 일이라는 단순한 이유로 그는 미국 첨단기술계에서 그 누구보다 신생 기업과 창업자들을 잘 안다. 1996년 그로스는 캘리포니아 주 파사데나 Pasadena에 아이디어랩을 창립했다. 그는 아이디어랩을 제품과 서비스가 사람들의 사고, 생활, 업무방식을 변화시킬 신기원을 이룰 회사를 지원하는 혁신실험실이라고 설명했다. 커다란 창고에서 일하면서 그로스는 동시에 한 지붕 아래에서 신생회사 6개 이상에 대한 자금조달을 주관하고 지원한다. 아이디어랩 사무실을 걷다보면 한쪽에서는 신생 태양에너지 회사가 있고, 그 옆에는 신생 소셜게임 회사가 있는 광경을 볼 수 있다. 그로스는 캘리포니아공과대학Caltech을 마친 직후에는 자신이 회사를 계속해서 창업하는 '연쇄 기업가serial entrepreneur'였지만 이후에는 자기가 '병렬 기업가serial entrepreneur'라는 사실을 깨닫고 동시에 수많은 신생 기업을 키우는 인큐베이터이자 협력자가 되었다고 말한다. 아이디어랩을 통해 약 100여 개의 기업이 탄생했고 1996년 이래 지속적으로 운영하고 있다. 최근 성공사례 중 하나는 사용자들이 사진을 정리하고 편집할 수 있도록 돕는 다운로드용 소프트웨어로 구글에 매각된 피카사Picasa다.

"세상을 바라볼 때 마음에 안 드는 부분이 보이면 저는 직감적으로 저걸 어떻게 고칠까라고 생각하게 됩니다. 제가 다른 사람들에 비해 이 업무를 하는 기술이 더 뛰어나다고 생각하지는 않습니다만 다른 사람들에 비해 실행에 옮길 때 두려움이 적은 것 같습니다." 그로스는 모든 수준의 창의력 과정을 가르칠 때 중요한 부분은 사람들이 실패할지 모른다는 두려움을 극복하도록 하고 아이디어가 생각났을 때 실행에 옮기도록 하는 것이라고 주장했다.

무엇이 그로스에게 이 사실을 가르쳐주었을까? 그로스는 "실패입니다"라고 말한다. "지난 20년 동안 아이디어랩에는 100개의 기업들이 그중 60개는 성공했고 40개는 실패했습니다. 저는 모든 것을 실패에서 배웠죠. 모든 사람은 인생을 살아가다 어떤 사물을 보고 '저건 이런 식이면 좋겠는데'라고 말합니다." 대부분의 사람들은 거기에서 멈춘다. 성공적인 창조자와 기업가들은 두려움을 극복하고 행동에 옮기는 사람들이다. 창조성을 가로막는 가장 큰 장애물은 '자신감 결여'라고 그로스는 주장한다.

그로스는 "초기에 제가 했던 몇몇 실패에서 자신감을 얻었습니다. 이는 아마도 초기에 몇 번 실패하는 일이 그렇게 나쁘지는 않다는 사실을 깨달았기 때문인 것 같아요. 배움을 동반하는 실패는 주홍글씨로 여기지 않습니다. 고용주로서 저는 실패에 대한 책임을 졌습니다. 그리고 그 속에서 배움을 얻은 지원자를 고용하는 편이 운이 좋아 성공했을지도 모르는 사람을 고용하는 것보다 훨씬 기대가 됩니다. 모든 큰 회사는 어떤 시점에서 어려운 일을 겪게 됩니다. 그러므로 실패를 겪어본 사람이 있으면 무척 유용합니다."

성공하는 창조자들은 다른 사람들보다 사물을 먼저 관찰하는 재능이 있다고 그로스는 주장한다. 또한 그들은 이보다는 덜 매력적일지는 몰라도 그것만큼 중요한 다른 기술도 지니고 있다. 성공하는 창조자들은 어떻게 일을 완결시키는지를 안다. "일을 완결시키는 능력은 정말 과소평가되고 있습니다. 빌 게이츠는 선견지명이 있는 사람이기도 했지만 자기 일에 계속해서 몰두하는 사람이었습니다. 비웃는 사람들도 있었죠. 하지만 일을 끝까지 하는 능력은 누가 가르칠 수 있는 부분이 아닙니다. 감탄할 만한 일이고 배울 점도 있죠." 그로스가 말했다.

이 세상에 몰입하는 사람들 중 한 명으로서 그로스는 모든 사람이 소위 창조적 창조자나 창조적 제공자가 되겠다는 열망을 품어야 한다고 생각한다. 하지만 그에 못지않게 어떤 일을 하는 데 더 좋은 시기란 없다는 것도 확신한다. "지금 당장이 기업가가 되기에 매우 좋은 시기입니다. 시중에 자금은 풍부하게 있습니다. 인기를 얻을 만한 상품만 개발하면 지구상 어디라도 닿을 수 있습니다. 사람들이 주목할 제품이나 서비스를 만드는 일이 우선이지만 일단 만들고 나면 생각지도 못했던 전 세계 그 어디로도 손을 뻗을 수 있죠." 그로스의 주장이다.

## | 그렇구나, 다음엔

그로스처럼 최고의 교육자들은 보통 '특별함'과 '창조성'은 개인 스스로의 추진력에 의해 드러나는 특성이기 때문에 가르칠 수 있는 부분이 많지 않다는 사실을 안다. 이를 양성하기 위해 만든 학교가 힐스버러Hillsborough에 위치한 사립 누에바 학교Nueva School이다. 누에바 학교는 개교 43주년 된 재능 있는 아이들을 위한 학교이다. 누에바는 학생수가 400명 남짓이다. 학생들이 창작하는 데 필요한 모든 도구를 완비한 어린이 작업장과 같은 시설을 갖추고 있기에 자원과 교사-학생 비율 측면에서 누에바를 따라올 공립학교는 거의 없다. 그러나 누에바가 어린이들을 아주 어릴 때부터 창조성을 발휘할 수 있도록 가르치기 위해 적용하는 원칙은 재정문제, 교실크기, 개별 학생의 타고난 자질과도 관계가 없다. 때문에 누구라도 따라할 수 있다. 그 원칙들은 눈에는 보이지 않는다. 선생님을 신뢰하기, 학생들이 위험을 무릅쓸 수 있는 자신감을 고취시키도록 돕기, 그리고 가장 중요한 "그렇구나, 다음엔"이라고 말하는 법을 배우는 것이라고 누에바의 교장 다이앤 로젠버그가 말했다.

로젠버그는 동료들과 함께 "누가 인생에서 성공한 사람인가?"라는 간단한 질문을 던지면서 독창력 양성 방법이라는 쟁점에 접근했다고 말한다. "주위를 돌아보니 정답은 뚜렷한 목적을 세우고 가장 좋아하는 일을 계속해서 추구한 사람들이었습니다. 그리고 그들은 그 일에 최선을 다했습니다. 그 일이 무엇이든 간에 전력을 기울여서 했죠. 그들은 누가 시켜서가 아니라 자기 내면에 잠재된 힘의 이끌림을 받았습니다." 로젠버그는 기억을 떠올렸다.

그렇기 때문에 누에바 학교는 필수 수업과정과 프로젝트를 기본으로 한다. 로젠버그는 이러한 학습의 조합을 통해 유치원 과정 이전 단계에 있는 4세 유아부터 모든 학생들에게 내면의 힘을 찾아낼 수 있도록 격려한다. 그녀는 모든 일은 기초를 튼튼하게 하는 데서 시작한다고 마크 터커와 같은 의견을 말한다. "창조성은 기초지식을 완전히 이해할 때 비로소 나올 수 있습니다. 우리는 핵심 개념과 기술을 탄탄히 다질 수 있도록 학생들에게 기초를 가르친 다음, 정말 좋아하는 대상을 개발하기 위한 아이디어를 활용하도록 격려합니다. 핵심 개념을 이해하지 못하면 아이디어를 활용할 수 없습니다." 로젠버그가 말했다.

예를 들어 고대 이집트를 공부한다고 하자. 학생들은 먼저 기본적인 정보를 깊게 공부한다. 그 다음, 선생님들은 각 학생에게 과학, 피라미드, 경제, 문화 등 자기가 흥미를 느낀 고대 이집트 사회의 측면을 탐구하도록 장려하는 것이다.

로젠버그는 교사들이 조금 더 나아갈 수 있어야 한다고 설명한다. 학생이 무엇을 탐구하고 싶어 할지 정확히 알 수 없다. 따라서 교사는 아이들이 교사가 답변할 수 없는 질문을 하리라는 사실을 알아야 한다. 그리고 교사는 "선생님은 잘 모르겠는데 누가 아는지 한번 찾아볼까?"라고 말할 수 있어야 한다.

"이는 학생들에게 질문하는 방법과 세상을 헤쳐나가는 방법을 지도하고 가르치는 일입니다. 이 일에는 학생들이 놀림 받을지도 모른다는 두려움 없이 어떤 아이디어든 자유롭게 추구하도록 하여 아이들이 관습에 따라야 한다고 느끼지 않는 교실 환경 조성도 포함됩니다."

이는 누에바 학교의 전체 교육철학인 '그렇구나, 다음엔'으로 연결된다. "한 학생이 프로젝트 아이디어를 제안할 때 우리는 교사들에게 '그렇구나, 다음에는 이 방향으로 추진해보겠니?'라고 말할 것을 장려합니다." 이는 어떤 아이디어이든 단순히 받아들이기만 할 것이 아니라, 항상 학생 내면에서 나오는 에너지에 근거하고 이를 생산적인 방향으로 유도하도록 노력함으로써 시작하는 것이다. 그러나 이러한 가르침은 가능한 한 학생들이 생각해낸 아이디어에 "그렇구나"라고 동의하면서 시작해야 한다.

오늘날 자발성이 필수적인 요소로 떠오른 데는 다른 이유도 있다. 그 어느 때보다 빠른 속도로 혁신이 일어나는 초연결 세계에서 오늘 알고 있는 지식은 내일이면 이미 시대에 뒤처지게 된다. 이러한 세계에서 가장 중요한 생존 기술 중 하나는 평생학습자가 되려는 능력과 욕구이다. 평균의 시대가 끝났다면 학습은 절대 끝나지 않는다. 태어날 때부터 호기심이 왕성하고 학교를 졸업한 후에도 계속해서 배우려는 사람들도 있다. 자기 내면에 잠재되어 있는 호기심을 이끌어내야 하는 사람들도 있다. 두 번째에 해당하는 경우 학생이 어떤 주제에 대해 흥미를 가질 수 있도록 이끌어주거나 학생이 흥미를 가지고 있는 대상에 관심을 보이면서 "그렇구나, 다음엔"이라고 말해주는 좋은 선생님을 만났을 때 종종 발생한다. 오늘날 더 좋은 교육이란 학생이 아직 출간되지 않은 책을 이해하고 아직 생기지 않은 일에 정통하며 존재하지 않는 제품을 고안하도록 준비시키는 것이다. 그러므로 어떤 경우이든 모든 사람들에게 호기심은 필요할 것이다.

'신뢰' '주인정신' '자발적 추진'은 사람들에게 특별함을 이끌어낼 때 매우 중요한 단어이다. 로젠버그는 이를 많이 사용한다. "모든 훌륭한 교사들은 자기 자신을 위해 일한다고 생각합니다"라고 로젠버그가 말했다. 이는 모든 총명한 학생들도 마찬가지다. 교실에 신뢰가 전파될수록, 즉 재단이사들이 교장을 신뢰할 수 있고, 교장이 교사를 신뢰할 수 있고, 교사가 학생을 신뢰할 수 있을수록 그들은 남들이 원하는 것보다 더 많은 일을 해내면서 자발적으로 행동하게 된다.

따라서 혁신적인 새로운 교과과정으로 창조력을 가르치는 것도 물론 가능하지만 신뢰, 주인정신, 자신감, 용기, '그렇구나, 다음엔'과 같은 전통적인 가치로도 창조성을 가르칠 수 있다. 분명히 미국의 모든 학교에 이런 기초적인 가치를 수업에 적용할 만한 여유는 있을 것이다.

칼슨의 법칙대로 더 훌륭한 혁신이 상향식으로 일어나는 경우가 많아지고 하향식으로 일어나는 경우가 적어진다면 리더, 교사, 교장은 노동자나 학생을 격려하는 것 이외에는 효율성을 발휘할 수 없다.

LRN의 CEO 더브 사이드먼은 협력과 창조성은 명령할 수 없다고 말한다. "협력과 창조성이 일어날 수 있는 맥락, 환경, 문화를 마련하여 고취시켜야 하며, 그 곳에서 비전의 공유를 통해 하나 된 사람들은 목표를 달성하기 위하여 함께 협력해서 일할 것입니다."

'특별함' 역시 고취시켜야 하는 덕목이다. 우리가 그동안 얘기한 것처럼 대부분의 경우 업무에 더해야 하는 특별함은 획기적인 소프트웨어도, 로켓 설계도, 판매 목표를 초과하기 위한 추진력도 아니다. 이는 단순하지만 요즘은 정말 찾아보기 힘든 능력, 즉 기계가 절대 할 수 없는 방식으로 사람들을 이어주는 능력이다. 사이드먼은 "친절을 베풀고 다른 사람에게 희망을 주고 도움이 될 수 있는 인간만의 독특한 능력은 사람에게 단순히 가르칠 수 없습니다. 이 부분 역시 인간 내면으로부터 불러일으켜야 합니다"라고 단언한다.

## | 일자리 킬러

이러한 모든 이유로 인해 세계화와 정보기술혁명의 결합은 직업 영역에서의 능력이 평균이라고 해도 안정성을 보장받지 못하게 만들었다. 어떤 방법으로든 모든 사람은 각자의 '특별함'을 찾아야 한다.

레드프레리RedPrairie와 파이브큐비츠FiveCubits 등 다양한 기술 신생 기업을 이끌어온 존 재즈위에크John Jazwiec만큼 왜 평균의 시대가 끝났고, 이것이 교육계에서 의미하는 바가 무엇인지 솔직하게 요약한 사람은 없었다. 그는 존재즈위에크닷컴JohnJazwiec.com의 블로그에서 다음과 같은 고백을 했다.

> 나는 일자리를 없애는 사업에 종사하고 있다. 3가지 방법으로 일자리를 없앤다. 기업을 매각할 때, 경쟁사를 없앨 때, 그리고 내부 생산성에 집중함으로써 일자리를 없앤다. 나는 CEO로 재직했던 모든 회사에서 베스트 프랙티스와 소프트웨어를 사용하여 일자리를 없앴다. 그 방

법은 자동화, 아웃소싱, 공정 효율성 증대이다. 마케팅은 명확해서 직원 수가 적어지면 산출은 더욱 일정하게 유지된다. 지난 10년 동안 우리 회사에서 판매한 소프트웨어와 서비스로 전 세계 경제에서 사라진 일자리를 세어보니 10만 개가 넘는다. 내가 이 숫자를 계산해낼 수 있는 까닭은 내 수입이 내가 없앤 일자리 수에 비례하기 때문이다. 나는 수많은 경쟁자를 없앴다. 지난 10년 동안 없앤 일자리 중 여기에 해당하는 경우도 세어보니 10만 개가 넘는다. 이 숫자를 아는 이유는 이전에 내가 기업을 인수했을 때 우리 회사는 수많은 경쟁자들이 있는 큰 시장에 놓여 있었는데 이제는 남은 2개 회사 중 하나가 바로 우리이기 때문이다. 마지막으로 나는 많은 내부 직원을 해고했다. 회사를 인수했을 때 발생하는 시너지 효과 중 하나는 중복되는 일자리를 제거하는 것이다. 나는 생산성 향상 소프트웨어를 구매하거나 원래 노동비용보다 더 낮은 가격으로 아웃소싱을 주는 방법으로 내부 일자리를 없앴다. 회사가 성장하면 내부 직원에게도 성장을 요구한다. 회사가 커지면 더 뛰어난 입사지망자를 영입한다. 회사 성장은 경제진화론에 따라 내부 일자리를 없앤다. 이런 관점에서 나는 일자리 연쇄 살인범이다.

기술 또는 더 값싼 노동력을 이용해서 제거할 수 있는 모든 일자리는 절대 다시 돌아오지 않는다. 노동자는 재취업할 수 있다. 대부분은 이전보다 낮은 수준의 일자리에 취직한다. 능력을 키워서 예전과 비슷한 보수를 받는 자리를 구하는 경우도 있다. 전체적으로 보면, 지난 20년에 걸쳐 일어난 생산성 향상으로 지속가능한 일자리의 전망이 변화했다.

그렇다면 지속가능한 일자리는 무엇일까? 존 재즈위에크가 묻는다.

지속가능한 일자리가 무엇인지 내가 분명히 말할 수 있는 최선의 방법이 있다. 일자리 킬러로서 내가 없앨 수 없었던 직업을 말하는 것이다. 나는 창조적인 사람들은 없앨 수 없다. 창조적인 사람들을 없애기 위해 내가 판매할 수 있는 생산성 향상 해결책이나 아웃소싱 전략은 없었다. 나는 독특한 가치를 지닌 창조자들을 없앨 수 없다. 독특한 가치를 지닌 창조자들은 역시 독특하다. 이들은 고객들과 관계를 맺고 있는 사람일 수도 있다. 혹은 정말 뛰어난 판매원일 수도 있다. 한 분야 시장을 통달하는 데 많은 시간을 들인 결과 해당 주제에 대한 전문가가 된 사람일 수도 있다.

경제체제 전반에 큰 영향을 주는 실업의 가장 큰 요인이 있다. 우리 학교와 인력이 우리 사회가 노동력의 '프리랜서' 시대에 들어섰다는 사실을 인지하지 못하고 있다는 점이다. 지금은 모두가 프리랜서이다. 사람들이 한 회사에서만 근무하는 시대는 이미 예전에 사라졌다. 본인이 열심히 일하고 자기가 속해 있는 회사가 좋은 성과를 올리면 자기도 안전하다고 생각할 수 있었던 시대도 이제 끝났다. 일자리 킬러들이 도처에 숨어 있는 있다는 점에서 이런 시절은 끝났다. 아이들이 독립된 개인이 되는 법을 배우기 전에는, 미국 대학이 창조적인 실용성에 더 많은 시간을 투자하기 전에는, 우리가 이전에는 급여가 많은 직장에 고용되어 있었던 전문가들을 훈련하고 조언하기 전에는 체계 전반에 퍼져 있는 실업은 결코 사라지지 않을 것이다. 조만간 창조적이고 독특한 가치 기여 능력이 없는 직장인들은 직업 연쇄 살인범의 먹잇감이 될 것이다.

3부

# 수학과 물리학 전쟁

# 8장

# 우리가 만든 결과

만일 미국이 세계화와 IT혁명의 영향을 과소평가하고 교육 시스템 개선을 통해 이에 적절히 대응하지 못한다면 미국의 미래는 악화될 것이다. 하지만 미국은 이와 비슷한 실수 2가지를 더 했다. 바로 재정적자, 그리고 에너지와 기후 문제이다. 미국은 재무자원을 절약하고 국가세금을 가능한 한 미국의 전통 포뮬러를 개선하기 위해 현명하게 지출해야 했다. 하지만 그렇게 하지 않았다. 2000년부터 2010년까지 10년 동안 미국의 국가부채는 역사상 가장 급격하게 증가했다. 그리고 평평해진 세계는 20억 이상의 경쟁자뿐만 아니라 20억 이상의 소비자를 양산했다. 또한 이 새로운 소비자들은 미국 사람들이 사는 집과 똑같은 집에서 살고, 미국 사람들이 몰고 다니는 자동차와 똑같은 차를 몰며, 미국 사람들이 즐겨먹는 빅 맥과 똑같은 빅 맥을 먹게 되는 기회를 얻었다. 그리고 이들의 높아진 에너지 수요는 기후와 식품가격에 영향을 미치면서 싸고 청정하고 재생 가능한 에너지의 필요성을 제기했다. 이 모든 상황을 인식한 중국은 바람, 태양, 전지, 원자력에 막대한 투자를 시작했다. 그러나 미국은 주저하고 미뤘다. 그러면서 에너지 분야를 비롯한 경제성장에 기반이 되는 전 분야에 투자를 하지 않았다.

우리 눈에 보이지도 않고 충분히 이해할 수도 없었던 세계화 및 IT혁명과 달리 이러한 상황이 훨씬 심각한 이유가 있다. 바로 우리 눈앞에서 에너지, 기후, 재정 위기가 벌어지고 있다는 점 때문이다. 과거에 미국은 세계화와 IT혁명을 이해하지 못했다. 중요하게 여기지도 않았고 문제 해결을 위한 정치적 노력도 하지 않았다. 그러는 동안 미국은 문제를 외면하는 것보다 더 심각한 잘못을 저질렀다. 지난 20년 간 미국의 핵심부문에서는 이러한 문제가 존재한다는 사실까지도 부정해왔던 것이다.

21세기가 시작되고 첫 10년 동안 미국은 수학과 물리학에 전쟁을 선포했다. 론 서스킨드Ron Suskind의 저서 《충성의 대가The Price of Loyalty》는 조지 W. 부시 정부의 초대 재무장관 폴 오닐Paul O'Neill이 세금감면에 반대하기 위해서 어떻게 노력했는지 들려준다. 폴 오닐은 미국 정부가 세금감면을 할 만한 여유가 없다고 생각했다. 이 책의 저자 서스킨드에 따르면 2002년 말, 폴 오닐은 부통령 딕 체니Dick Cheney에게 늘어나는 예산적자가(당시 회계연도에만 5000억 달러를 넘어설 것으로 예상됐) 미국 경제의 장기 건전성에 위협이 될 거라고 경고했다. 부통령은 오닐의 말을 자르며 "그거 아는가, 폴. 레이건 대통령은 재정적자가 문제가 안 된다는 사실을 증명했다네. 우리는 이번 중간 선거에서 승리했지. 우리가 만든 결과라네"라고 말했다. 한 달 뒤 부통령은 오랜 친구였던 재무장관에게 다른 일을 알아보라고 통보했다.

한편, 오클라호마 주 공화당 상원의원이자 전 미상원환경공공사업위원회 회장이었던 제임스 인호프James Inhofe는 지구온난화가 미국인들을 골탕 먹이는 가장 심각한 거짓말이라고 주장했다.

같은 맥락으로 애리조나 주 공화당 상원의원 존 킬Jon Kyl은 〈폭스 뉴스 선데이〉(2010년 7월 11일자)에서 민주당이 한 지역에 대한 지출을 늘리면 다른 지역의 지출을 줄여서 상쇄해야 하지만, 공화당이 한 지역의 세금을 감면하면 다른 지역의 지출을 줄여서 상쇄할 필요가 없다고 단언했다. "늘어난 지출은 어딘가에서 상쇄해야 합니다. 그래서 공화당이 반대하는 겁니다. 그러나 세금을 감면하면 지출을 상쇄할 필요가 전혀 없습니다." 달리 말해서 지출을 늘린다는 것은 1더하기 1은 2라는 의미, 즉 재정적자가 증가한다는 뜻이다. 그러나 지출을 줄이지 않고 세금을 낮추면 1더하기 1은 그대로 1이라는 것이다. 즉, 재정적자에 아무런 효과가 없다는 논리이다. 이는 마치 중력의 법칙이 사과에는 적용되고 오렌지에는 적용되지 않는 것과 같다.

물론 모든 미국인들이 중력의 법칙을 거스르는 이러한 논리에 동의하지는 않았다. 하지만 이런 주장을 펼친 사람들은 예산, 에너지, 기후 등 국가의 전반적인 정책을 결정하는 강력한 세력이 되었다. 동시에 미국의 개혁을 가로막았다. 이들은 제111차 의회에서 에너지 법안 통과를 저지하고 포괄적인 재정적자 축소 방안도 차단했다. 어떻게 변명하든 현재 미국이 처한 상황은 미국 자신이 저질렀던 행동의 결과이다. 그리고 이는 한 국가로서 미국이 취했던 행동, 즉 수학 및 물리학을 상대로 전쟁을 벌여온 대가이기도 하다. 그동안 미국은 재정적자에 대한 부정과 기후변화에 대한 부정에 일제히 동참해왔다.

베이비부머들이 주도했던 지난 20년 동안, 미국인들이 모든 것에 대해 마치 천부적인 권리가 있는 것처럼 행동했다는 데에는 달리 말할 방도가 없다. 미국인들은 국가가 아프가니스탄, 이라크, 리비아와 전쟁을 벌일 때에도 낮은 에너지 가격에 중형 자동차, 더 많은 세출과 더 낮은 세금, 주택 소유와 건강 보험, 그리고 대규모 실업을 겪지 않으면서 고공행진하는 경제적 호황을 누렸다. 모든 것을 당연시하는 미국인들의 의식은 사회보장과 메디케어를 너머 모든 것들에까지 뻗어 나갔다.

미국은 이러한 환상을 충족시킬 수 있는 재원의 조달을 위해 수학과 물리학에 전쟁을 벌였다. 하지만 실제로는 테네시 윌리엄스Tennessee Williams의 희곡 〈욕망이라는 이름의 전차A Streetcar Named Desire〉의 여주인공 블량슈 뒤부아Blanche Dubois처럼 '친절한 이방인들'이 재원을 댄 것이다. 미국에게 친절한 이방인들은 기꺼이 자금을 빌려준 중국, 넘치는 석유와 오일머니를 변함없이 쓰게 해주는 사우디아라비아, 미국에게만 특유의 관대함을 보여준다고 착각하고 있었던 시장과 자연이었다. 그러나 이러한 친절함은 고갈되고 있다. 미국 앞에는 신중하고 계획적인 방식으로 재정적자와 온실가스 방출을 줄이는 것, 아니면 시장과 자연이 급격하고 혹독한 방식으로 그렇게 하라고 강요할 때까지 기다리는 것, 2가지 선택권이 놓여 있다.

에너지와 기후변화의 적절한 대응에 대해서는 논의의 여지가 많다. 또한 침체기 경기 부양을 위한 예산적자의 운용여부와 그 시기에 대해서도 논의의 여지가 많다. 마찬가지로 미국 경제를 위험에 빠뜨리지 않을 정도의 적자규모가 얼마인지에 대해서도 많은 논란이 있다. 그러나 재정적자가 중대한 문제가 아니라는 주장과 인류에 의한 지구온난화는 진보성향의 과학자들과 앨 고어의 지구 음모설로 촉발된 이론일 뿐이라는 이야기는 전혀 근거도 없다. 그리고 과학적으로도 수학적으로도 진실이 아니다.

미국의 수학과 물리학 문제들이 갖고 있는 또 다른 공통적인 문제가 있다. 바로 그것들에 대한 해법들이다. 해법의 도출은 그 자체가 최종적인 목표가 아니다. 그것들은 더 큰 목표, 즉 우리가 도달하고자 하는 곳으로 나아가기 위한 수단일 뿐이다.

미국의 목표는 대내적으로는 아메리칸 드림을 다음 세대들도 누릴 수 있게 보존하는 것이다. 대외적으로는 미국의 힘을 그대로 유지해서 미국이 세계정세의 안정과 모범으로서의 역할을 변함없이 수행하는 것이다. 이 2가지를 이루기 위해서는 지속적인 경제성장이 필요하다. 그리고 지속적인 경제성장을 위해서는 수학과 물리학이 당면하고 있는 도전에 대해 전쟁이 아닌 체계적인 대응을 해야 한다. 수학에서 체계적인 대응이란 지출 절감, 세금인상, 성공 포뮬러에 대한 투자 등 3가지 과제를 동시에 수행하는 것을 말한다. 물리학에서 체계적인 대응이란 에너지 효율을 극대화하고, 청정에너지에 대한 연구와 개발에 더 많이 투자하며, 탄소 배출에 대해 가격을 부과하는 것 등이 포함된다. 물론 이 역시 통합적으로 접근해야 한다. 미국은 흥청망청 낭비했던 자신을 처벌하기 위해서가 아니라, 그동안 수학과 물리학을 적대시하면서 저질러놓은 막대한 피해를 복구하고 무엇보다도 미래의 경제성장을 보장받기 위해 이러한 일들을 해야 한다. 만일 그렇게 하지 않는다면, 체니 부통령의 표현대로 미국은 그들 자신이 만들어놓은 결과를 떠안게 될 것이다.

21세기 첫 10년 동안 미국 사람들의 머릿속에는 뉴욕과 워싱턴에 대한 9·11 공격, 회교도들의 테러리즘, 오사마 빈라덴, 아프가니스탄, 이라크, 그리고 국토안보부라는 단어들로 채워져 있었다. 그러나 우리는 미국이 방향을 바꾸지 않는다면, 25년 후에는 알카에다와 벌였던 전쟁이 물리학과 수학을 적대시하며 벌였던 전쟁과 비교해서 그다지 중요하지 않았던 것으로 보이게 될 것임을 확신한다. 미국은 이 2가지 전쟁에 대하여 더 오랫동안 대가를 치러야할 것이다. 그리고 그것조차도 낙관적인 시나리오이다.

만일 미국이 성공을 위한 전통적인 포뮬러에 투자는 하면서 재정적자를 감당할 수 있는 수준으로 감축하지 않는다면, 그리고 기후변화를 완화하면서 장기 과제인 청정에너지 문제를 해결하지 않는다면 미국의 운명은 지구상에서 가장 무자비하고 냉정한 힘에 의해 아웃소싱 될 것이다. 그 힘이란 시장과 자연이다. 시장과 자연은 나름의 방식과 나름의 시간으로 어디쯤에서 한계를 드러낼지, 어느 시점에서 자연의 법칙과 경제의 법칙을 적용할지, 언제 음악을 멈추고, 언제 미국인들의 생활방식을 오랜 조정의 시간으로 끌어넣을지 결정할 것이다.

다음 두 장에서 이 부분을 어떻게 해결해야 할지 살펴보자.

**9장**

# 수학에 대한 전쟁

산수는 의견이 아니다.

―이탈리아 속담

2011년 겨울 〈뉴요커〉는 한 노인이 은행직원과 상담하는 모습의 삽화 하나를 실었다. 삽화 밑에 적혀 있는 노인의 말은 이랬다. "대출금 중 일부는 내 손자 녀석이 갚았으면 합니다."

그 조그마한 삽화는 미국이 과거에 어떻게 처신했었는지를 보여준다. 뿐만 아니라, 미국이 앞으로 방향을 바꾸지 않고 국가채무, 정부의 복지지원 혜택, 연간 재정적자를 현명한 방식으로 통제하지 못한다면 여전히 미국의 미래에 막대한 피해를 끼칠 것이라는 사실을 단적으로 보여주었다. 냉전종식 이후 미의 과도한 지출을 고려해보았을 때, 누가 지불할 것인가에 대한 심각한 세대 간 갈등은 현재 피하기 어려운 문제가 되고 있다. 결정해야 할 사항이라곤 노인과 젊은이들 사이의 국지적 전투냐 아니면 전면전이냐 뿐이다. 전선은 이미 정해져 있다. 메디케어냐 대학 수업료에 대한 무상장학금이냐, 양로원이냐 커뮤니티 칼리지냐, 메디케어 지출의 약 30퍼센트를 필요로 하는 말년을 병원에서 보내야 하는 할머니의 인생이냐, 18년을 공립학교에서 교육받아야 하는 자녀들의 인생이냐를 미국은 선택해야 한다.

물론 오늘날 이러한 전투는 계산기를 두드리는 회계사들에 의해 벌어지고 있다. 하지만 이들이 도출하는 결과는 19세기 게티즈버그 전투나 불런 전투만큼 앞으로의 국가 방향을 결정하는 데 중요한 역할을 할 것이다. 현재 많은 미국인들이 그들 앞에 놓인 사안들을 두고, 과연 정부의 연간 예산을 축소할 수 있을지 그리고 어떤 사업들이 폐기되고 삭감될 것인지의 문제라고 잘못 믿고 있다. 안심하라. 국가예산은 당연히 축소될 것이고 사업들은 감축될 것이다. 결국엔 시장이 그것을 수행하게 된다. 미국에게는 어떤 선택권도 없다.

중요한 문제는 이렇다. 어떤 순위와 어떤 비전을 바탕으로 삭감할 것인가? 정부 세출을 미래에 투자하는 방식으로 재조정할 것인가 아니면 그저 과거에 더 많은 돈을 쏟아 붓는 방식을 계속할 것인가? 선택하기 어려운 문제다. 미국은 스스로 맹세했던 모든 약속들을 그대로 다 지킬 수는 없다. 때문에 당연히 지속되어야 할 사업들은 폐기되고 지원받아야 할 사람들은 더 이상 지원받지 못하게 될 것이다. 그동안 미국은 너무나 방대하고 장기적인 계획들을 많이 만들었다. 따라서 지금 미국이 살고 있는 세계와 그 속에서 미국이 번영하기 위해 필요한 사항이 무엇이 될 것인지에 대한 정확한 이해를 바탕으로 지출을 줄여야 한다. 또한 세금을 인상하고 미래에 투자하는 조치들을 동시에 수행하지 않는다면 앞으로 미국은 엄청난 대가를 치르게 될 것이다. 계획하지 않아도 부채는 쉽게 늘어나지만 계획 없이 부채를 효과적으로 줄일 수 있는 방도는 없다.

오늘날 곤경에 처한 미국의 모습은 멕시코 국경 작은 마을에서 벌어지는 강도, 납치, 음모, 부정부패를 다룬 오손 웰즈Orson Welles의 1958년 영화 '터치 오브 이블Touch of Evil'의 한 장면을 떠올리게 한다. 오손 웰즈는 그의 멕시칸 파트너를 살인하고자 함정을 파는 부도덕한 경찰의 모습을 연기했다. 우연히 그는 매음굴을 찾게 되고, 점술가이자 그곳의 주인인 마를렌 디트리히가 카드를 펼쳐놓고 있는 모습을 발견한다.

"내 미래를 읽어보시오." 웰즈가 말한다.

"아무것도 보이지 않아요. 당신에겐 미래가 없군요." 마를렌의 단호한 대답이다.

만일 미국이 정부예산을 합리적으로 재조정하지 않고, 급등하는 재정적자를 줄이지 않으며, 위대함을 위한 아메리칸 포퓰러에 투자하지 않는다면 미국의 미래도 그럴 것이다.

이번 장에서는 미국이 이러한 상황에 놓인 원인과 어떻게 이 상황을 극복하고 미래로 나아가야 하는가를 살펴볼 것이다.


## | 숫자로 그림을 그리다

1960년대 후반에 들어서면서 미국 연방정부는 조세징수를 통해 조달한 돈으로 지출하는 방식을 저버렸다. 정부는 매년 적자를 기록했다. 성장하는 미국 경제에서 정부채무의 비중은 급격하게 증가하지는 않았지만 매년 적자가 누적되면서 총 국가채무는 계속해서 늘어났다. 2001년 미국 국가채무는 5조 6000억 달러 수준이었으나, 그 후 9년 동안 엄청나게 증가했다. 2011년 현재 총 국가채무는 14조 달러로 이는 미국 전체 GDP와 맞먹는 액수이다. 이를 억제하려는 노력이 없다면 2012년까지 16조 달러로 늘어날 것이다.

"오늘날 미국 정부의 전체 일반채무는 엄청난 수준이다." 하버드대 경제학 및 공공정책 교수이고 국제통화기금에서 수석경제학자로도 근무했던 케네스 로고프Kenneth Rogoff의 말이다. 로고프는 카르멘 라인하트 Carmen Reinhart와 함께 채무와 금융위기의 역사를 다룬 《이번엔 다르다 This Time Is Different: Eight Centuries of Financial Folly》를 저술했다. 로고프는 다음과 같이 덧붙였다. "우리의 기준에 따르면, 지방정부, 주정부, 연방정부의 채무를 모두 합하면 전체 채무는 GDP 대비 119퍼센트에 달합니다. 이 수치는 우리 역사상 국가채무가 가장 높았던 2차 세계대전이 끝났을 때보다도 훨씬 높은 수준입니다. 우리는 지금 지난 200년 동안의 경험과는 동떨어진 상태에 처해 있습니다. 우리는 이 책에서 미국의 지난 200년을 되돌아보고 세계 66개국을 살펴보았습니다만 그래도 GDP 대비 120퍼센트가 넘는 국가채무는 가히 이례적이라는 사실을 발견했습니다."

그리고 상황은 금세 더 나빠질 것이다. 1946~1964년 사이에 태어난 7800만 명에 달하는 베이비부머들의 은퇴로 정부지원복지프로그램인 사회보장과 메디케어 비용이 급등할 것이다. 2010년부터 2020년까지 사회보장과 메디케어에 들어갈 비용은 각각 70퍼센트와 79퍼센트씩 증가할 것으로 예정되어 있다. 여기에 저소득층을 위한 메디케이드Medicade 비용까지 포함하면 2050년까지 소요될 총지출은 미국이 1년 동안 생산하는 모든 것들의 18퍼센트를 차지할 것이다. 베이비부머들에게 은퇴 후 수십 년 간 지불하겠다고 약속한 금액과 미국 정부가 현재 세율로 거둬들일 수 있는 금액 간의 실제 갭도 중요한 논의사항이다. 하지만 한 가지 확실한 점이 있다. 만약 그러한 갭을 줄이려는 노력이 취해지지 않는다면 그것이 상당히 심각할 정도로 더 벌어진다는 사실이다. 이 갭들에 대한 추정은 50조~75조 달러에 달할 정도로 엄청나게 충격적인 수치이다(다시 한 번 말하지만 2010년 미국 GDP는 약 14조 달러였다).

따라서 빌려야할 돈이 많다. 개인이든 기업이든 국가든 돈을 빌리는 것이 언제나 잘못된 것은 아니다. 사실 그것은 정당한 일이다. 심지어 2008년의 경제위기와 같은 긴급 상황에 대처하기 위해 돈을 빌려야 하는 경우에는 필요하기까지 하다. 글로벌 투자관리 기업이자 세계 최대 채권투자기업인 핌코PIMCO의 공동 최고정보책임자CIO 모하메드 앨 에리언Mohamed El-Erian은 다음과 같이 말했다. "글로벌 금융위기가 정점으로 치달았을 때 정책입안자들은 은행, 기업, 가계 등 민간부문들의 무질서한 대규모 부채 정리를 상쇄하기 위해 공공부문 대차대조표 상의 부채를 활용하는 정확한 판단을 내렸습니다. 폴 맥컬리Paul McCulley의 표현을 빌리자면 책임질 수 있었던 것들이 책임질 수 없게 되기도 합니다." 채무는 소득이 증가하면 쉽게 상환할 수 있다. 때문에 돈을 빌리는 것은 국가의 장기적인 생산능력을 강화하기 위해서도 타당하다. 개인은 교육을 위해, 기업은 공장을 현대화하기 위해, 국가는 첨단기술의 수입을 위해 돈을 빌려야 현명하다.

그렇지만 미국은 이러한 일들에 투자하기 위해서가 아니라 경제위기를 모면하거나 전쟁을 하거나 소비를 위해 돈을 빌렸다. 빌려온 자금으로 장난감, 자동차, 아이팟을 구입하거나 휴가를 보낼 수는 있게 되었다. 그러나 상환능력은 조금도 개선되지 않은 채 국가채무만 쌓여가고 있다. 반면, 통제가 불가능한 국가채무는 미국의 미래에 심각한 위협이 되고 있다. 단기적으로 미국에 대한 채권자들이 채무상환에 대한 미국의 능력이나 정치적 의지를 의심하게 될 수도 있다. 그 경우 가치가 하락된 통화가 인플레이션을 초래하고 인플레이션은 보다 높은 이자율과 연결된다. 이는 다시 추가적인 평가절하, 더욱 더 높은 이자율을 초래하는 악순환, 또는 피드백루프feedback loop로 이어질 수 있다.

우리는 로버트 베넷Robert Bennett이 설명하는 방식을 좋아한다. 그는 유타 주 출신으로 공화당 3선 상원의원을 역임한 인물로서 한때 사업가이기도 했다. 2010년 공화당 후보경선에서 티파티가 지지하는 후보에게 패한 그는 이렇게 말했다. "만일 당신이 잘못된 질문을 하고 있다면 그에 대한 대답은 중요하지 않습니다. 그리고 더욱더 우리는 잘못된 질문들만 하고 있습니다. 정말로 근본적인 질문은 단 하나, 아메리카합중국의 차입능력은 얼마인가입니다. 내가 플랭클린 국제연구소Franklin International Institute를 기업체로 운영하기 위해 인수했을 때 그 연구소는 당시 7만 5000달러의 채무를 지고 있었습니다. 하지만 제가 CEO를 그만 둘 무렵의 부채는 750만 달러였습니다. 당초 그 연구소는 7만 5000달러의 채무를 갚을 수 없는 상태였기에, 만약 그 당시 은행이 채무 상환을 요구했더라면 연구소는 문을 닫아야 했을 것입니다. 그리고 나는 완벽한 실패자가 되었을 것입니다. 그런데 우리가 750만 달러의 부채를 안고 있을 때는 은행에 800만 달러 이상의 현금을 보유하고 있었습니다. 매출은 1억 달러에 가까웠고 세전 이익마진은 20퍼센트였습니다. 따라서 1년에 거의 2000만 달러를 벌고 있었고, 우리가 채무를 상환하지 않았던 유일한 이유는 조기상환수수료 때문이었습니다. 사실 우리는 750만 달러를 훨씬 넘는 차입능력을 보유했던 것입니다. 따라서 문제는 '미국의 차입능력이 얼마인가?'라는 것입니다. 경제는 끊임없이 성장하고 변화하기 때문에 아무도 그것을 예측할 수 없습니다. 그러나 나와 몇몇 경제학자들은 우리가 그 한계에 가까워지고 있다고 생각합니다. 그 한계가 얼마든 일단 당신이 그 한계를 넘어서게 되면 당신은 그리스가 될 수도 있고, 아일랜드가 될 수도 있고, 짐바브웨가 될 수도 있습니다. 가장 중요한 쟁점은 '미국 정부가 누구도 알 수 없는 그 수치(한계)에 도달하지 않았다는 사실을 어떻게 우리가 확인할 수 있는가?'입니다."

지금 상황에서 이 질문은 정말로 중요한 문제이다. 그리고 사람들은 미국이 그 알려지지 않은 수치에 도달하고 있다는 데 점점 더 의견을 같이 하는 분위기이다. 이렇게 한계점에 도달해가고 있기에 우리는 로고프의 충고에도 귀를 기울여야 한다. "얼마나 많은 채무가 과도한가에 대해 정확히 아는 사람은 아무도 없다. 그러나 복잡한 논증이 이 길로 계속가면 더 위험해진다는 상식을 이겨서는 결코 안 된다." 그리고 앨 에리언의 "더 이상 책임을 질 수 없게 되는 것은 무책임해지는 것이다"라는 조언도 귀담아 들어야 한다.

상식적으로 지금 미국이 택할 수 있는 올바른 전략은 정부의 모든 재량적 지출을 갑자기 전액 삭감하는 것이 아니다. 마치 장래에 그것이 아무런 영향도 초래하지 않을 것처럼 경제를 부양하기 위해 계속 부채를 늘리는 것도 아니다. 올바른 전략은 장기적으로 미국을 성장시키고 대내적으로 국가를 강건케 하는 전략을 준비하는 것이다. 이러한 전략을 위해서 미국은 지출을 줄이고, 세금을 인상하고, 미국의 강건함을 구성하는 원천에 투자하는 등 이 3가지 모두를 적절하게 조화시키면서 추진해 나아가야 한다.

그러나 이 문제를 논의하기 전에 잠시 한 발 물러서서 물어보자. 도대체 어쩌다가 미국은 이 지경이 되어버렸는가?

## | 예산적자 창조에 참여

2차 세계대전이 끝나고 로널드 레이건 대통령이 집권하기 전까지 미국의 예산 역사는 상당히 지루한 양상을 띠었다. 연방정부는 연간 예산적자를 관리할 수 있는 수준으로 유지했고 경제는 꾸준히 성장했다. 이에 따라 GDP 대비 국가채무비율은 하락했다. 그러나 레이건 집권기 동안 큰 변화가 나타났기 때문에 우리는 그 변화가 발생하던 시기에 현장에 있었던 누군가에게 질문을 해보기로 결정했다. 바로 데이비드 스토크먼David Stockman이다. 그는 레이건 대통령의 첫 임기 동안 예산국장을 역임했고, 최근의 미국 재정정책을 신랄하게 비판하는 사람이었다. 스토크먼은 1980년대에 시작된 예산 파탄의 토대는 이미 40년 전에 발생했던 사건 때문이라고 주장한다.

1971년 8월 15일. 미국 정부는 1944년 미국과 영국이 뉴햄프셔 주 브레튼우즈에서 합의했던 소위 브레튼우즈 체제라는 국제통화제도에 종지부를 찍었다. 이 체제 하에서 달러는 금 가격에 묶여 있었고 국제환율은 고정되어 있었다. 그리고 미국을 포함한 브레튼우즈 참여국 모두는 재정운용에 대한 규칙을 준수해야 했다. 정부는 대통령들이 원하는 만큼 돈을 찍어낼 수도 지출할 수도 없었다. 스토크먼은 이렇게 주장했다. "우리가 브레튼우즈 체제를 폐지했을 때, 우리는 세계 경제가 준수해야 할 규칙도 함께 폐기했던 것입니다. 달러가 고정환율로 묶여 있었을 때는 무역적자를 메울 수 있는 방법이 우리의 준비자산(외환보유고)을 푸는 것뿐이었습니다. 이는 보다 높은 이자율이라는 형태로 즉각적인 경제적 어려움을 초래했기 때문에 정치가들은 이에 필요한 하제(下劑)를 어쩔 수 없이 관리하려고 했습니다."

리처드 닉슨 대통령은 베트남전쟁의 전비조달을 위한 과도한 정부 지출 때문에 경기침체로 떨어지는 상황을 피하기 위해 브레튼우즈 체제를 포기했다. 스토크먼은 닉슨이 시카고대학의 저명한 경제학자 밀턴 프리드먼Milton Friedman의 주장을 듣고서 이렇게 생각했을 것이라고 말했다. "미국의 달러와 그 외 모든 국가의 통화들이 변동될 수 있도록 하자. 그러면 자유시장이 우리 모두에 대해 적절한 환율을 찾아 줄 것이다. 만일 우리가 지속적인 무역적자를 기록한다면 미국 화폐는 무역적자를 기록하지 않은 다른 나라 화폐들에 비해서 가치가 떨어질 것이다. 이에 따라 무역적자는 바로 시정될 것이다. 우리들 각국이 자신의 경제 펀더멘털을 어떻게 관리하는가에 따라서 시장의 보이지 않는 손은 각국 통화들이 자동적으로 가치가 상승 또는 하락하도록 조절되는 것을 보장해 줄 것이다." 그런데 현실은 이처럼 간단하지 않았다. 그것을 파악하는 데는 상당한 시간이 걸렸다.

부유층에 유리한 세금감면이 GDP의 5퍼센트에 해당되는 세입기반을 감소시켰다. 하지만 대내적인 지출에 대해서는 사실상 전혀 손을 대지 않았던 레이건 대통령의 첫 임기동안 재정적자는 급속히 증가했다 (재정적자는 거의 GDP의 1퍼센트 수준까지 떨어졌고, 레이건 행정부의 군사력 증강에 따른 비용으로 악화되었다). 이러한 사실은 위대한 세대의 일원이며 재정적자를 완전히 반대했던 레이건 대통령에게 경종을 울렸다. 그래서 그는 남은 임기동안 5종류의 세금인상조치들을 시행했다. 스토크먼에 따르면 당초 감면했던 세금 중 40퍼센트 이상을 회복시켰다고 한다. 또한 레이건 대통령은 사회보장제도를 강화하기 위해 1983년 이를 개혁했다.

우리가 앞서 인용했던 전 부통령 딕 체니의 "레이건 대통령은 재정적자가 중요하지 않다는 것을 증명했다"는 말을 다시 떠올려보자. 레이건 대통령은 재정적자가 중요하지 않다는 사실을 증명하지 않았을 뿐만 아니라, 재정적자가 중요하지 않다는 사실을 믿지도 않았다. 레이건 대통령이 재정적자가 중요하지 않다고 증명했다는 말은, 새로운 세대의 보수주의자들이 무지함, 그들 자신의 이기심, 이념적 이유로 나중에 날조한 허구일 뿐이다.

"로널드 레이건은 절대로 그것들을 세금이라고 부르지 않았습니다." 전 유타 주 공화당 상원의원 베넷이 회상했다. "세수 확충이라고 불렀죠. 언젠가 상원의원 피트 도미니치Pete Domenici가 나에게 이런 말을 했습니다. '우리는 백악관으로 가서 레이건 대통령에게 "각하, 현재 세입 수준으로는 버틸 수 없습니다"라고 말했습니다. 그러자 대통령은 "좋습니다. '세수 확충'이 필요한 것 같군요"라고 대답하더군요.' 그래서 유류세가 인상되었습니다. 그렇게 해야만 했기 때문입니다. 그리고 유류세는 지금도 인상되어야 합니다."

레이건 이후의 대통령들은 세금인상을 원하지 않았다. 하지만 그 자신들을 위해 수학과의 전쟁보다는 세금인상을 택했다. 조지 H.W. 부시 대통령은 "내 말을 믿으십시오. 더 이상 새로운 세금은 없습니다"라는 그의 유명한 공약을 깨면서까지 재정적자를 관리했다. 그럼으로써 오히려 자신의 대통령직이 위험에 처해지는 쪽을 택했다. 그리고 나서 미국의 첫 번째 베이비부머 대통령인 민주당의 빌 클린턴 역시 1992년 대통령 선거에서 재정적자를 대폭 축소하겠다는 공약을 가장 우선순위에 두었다. 이는 부분적으로는 제3정당으로 출마해서 재정적자 해소를 무엇보다도 우선적으로 처리하겠다고 공약한 로스 페로H. Ross Perot에 대한 강한 지지세를 의식해서였다. 1993년 민주당은 공화당 의원들은 한 명도 참석하지 않은 하원에서 재정적자법안을 통과시켰다. 앨 고어 부통령은 1993년 8월 6일 여야 동수인 상원에서 의장으로서의 캐스팅 보트를 행사함으로써 이 법안을 통과시켰다. 나흘 후, 클린턴은 고소득자들을 대상으로 2400억 달러의 세금을 인상하고, 2550억 달러의 정부 세출을 삭감한다는 내용이 포함된 통합예산조정법Budget Reconciliation Act에 서명했다.

레이건의 엉터리 모방자들이 공화당에서 그들의 존재를 드러내기 시작한 시점이 바로 이때였다. 클린턴의 1993년 예산안이 통과된 후, 텍사스 주 공화당 하원의원 딕 아미Dick Armey는 "고용창출에 미치는 충격이 대단히 끔찍할 것이다"라고 예상했다. 조지아 주 공화당 하원의원 뉴트 깅리치Newt Gingrich는 "세금인상으로 인해 불황이 찾아올 것이며, 재정적자는 더 늘어날 것이다"라고 주장했다(1995년 딕 아미와 뉴트 깅리치는 각각 미하원 다수당 원내대표와 의장이 되었다). 그러나 그런 일은 일어나지 않았다. 대신 닷컴 붐과 평화배당금 덕택에 클린턴의 재정적자 축소 조치는 그 당시까지 미국 역사상 가장 큰 규모였던 재정적자를 흑자로 전환시켰다. 그리고 그 후 몇 년 동안 건실한 경제성장의 기초가 되었다. 당시 미국은 2012년이 되면 '부채에서 벗어날 것'으로 예상되었다. 그런데 1970년대 이후로 보험계리사들은 베이비부머 세대의 고령화에 따라 2010년에서 2020년 사이 언젠가 재정 위기가 발생할 것이라는 내용의 보고서를 발표하고 있었다. 클린턴 정부의 경제정책은 부분적으로는 베이비부머들이 은퇴해서 사회보장과 메디케어에 대한 자금을 인출하기 전, 재정흑자를 창출해서 재정적자를 해소하겠다는 구상 아래 계획된 것이었다. 그 결과, 1993년에서 2001년까지 미국의 GDP 대비 국가채무비율은 49퍼센트에서 33퍼센트로 떨어졌다. 간단히 말하면 미국 연간 생산량의 절반을 차지하던 부채를 3분의 1로 줄였다. 예전에 우리는 그랬다.

## | 젊은 공화당 의원들

조지 W. 부시 정권이 들어섰다. 프린스턴대학 경제학 교수이자 연방준비제도이사회의 전 부의장인 앨런 블라인더Alan Blinder는 당시 벌어졌던 일들을 〈월스트리트저널〉에 다음과 같이 간단하게 표현했다.

> 미국의 재정은 완전히 궤도를 벗어나버렸다. 43대 조지 W. 부시 대통령이 집권했던 8년 동안 모든 것에 대한 지불을 중단했다. 다만, 막대한

세금감면만 예외였다. 그것은 다시 한 번 부자들에게 유리하게 작용했다. 메디케어에 따른 약값 혜택도 예외였다. 공정하게 말하면 그것은 가난한 사람들을 위한 것이었다. 두 곳에서의 전쟁도 예외였다. 그렇게 흥청망청 써버린 돈은 금융위기와 대침체Great Recession에 대한 정책 대응으로 이어졌으며, 이 모든 것이 오바마 대통령 집권 하에서 재정적자를 악화시켰다.

이 느슨함은 어느 정도 공화당에서의 세대교체 때문에 초래된 것이었다. 2차 세계대전 세대였던 리처드 닉슨, 제럴드 포드, 조지 H.W. 부시, 밥 돌, 조지 슐츠, 로널드 레이건 등의 구세력들은 필요하면 세금을 인상해서 재정적자를 관리할 수 있다고 믿었다. 이들을 공화당의 새로운 세대, 즉 뉴트 깅리치, 톰 딜레이, 딕 아미, 딕 체니, 조지 W. 부시 등이 계승했다. 공화당의 새로운 세대는 실제 40대 미국 대통령이 아닌 그들이 상상 속에서 만들어낸 레이건을 공화당의 영웅으로 받아들였고, 레이건이 재정적자는 중요하지 않으며 어떤 시기 어떤 상황에서도 최상위 부유층을 대상으로 하는 세금인상에도 거부했었다고 믿었다.

앞서 언급한 바와 같이, 부시정권의 초대 재무 장관이었던 폴 오닐은 정부의 감세조치 결정에 반대하여 해임되었다. 실질적으로 균형예산을 유지하고 있었던 2001년, 정부는 폴이 취임한 뒤 몇 주 후 1조 3500억 달러의 세금삭감 조치를 취했고 2003년에는 3500억 달러의 추가적인 감세조치를 시행하겠다고 결정했다. "나는 근본적인 조세개혁을 용이하게 하고 자금조달 방법이 마련되지 않고 시행된 사회보장제도와 메디케어를 제대로 작동시키기 위해서는 자금이 필요하다고 믿었습니다." 폴 오닐이 〈워싱턴 포스트〉와의 인터뷰(2011년 5월 1일자)에서 말했다. 그는 백악관이 2004년 4분기 경제성장률만 높이는 데 모든 관심을 집중하고 있었다고 주장했다. "그들은 경제상황이 대통령 재선으로 연결된다는 사실을 확실히 해두고 싶었던 겁니다."

이 시기 전체를 회고하는 〈뉴욕타임스〉(2010년 7월 31일자) 기고문에서 데이비드 스토크먼은 이렇게 기술했다.

> 1981년의 경우, 전통적인 공화당원들은 인플레이션이 많은 납세자들을 보다 높은 소득세율이 부과되는 계층으로 밀어 올리는 현상을 상쇄하고 투자를 진작시키기 위해서 세출삭감과 동시에 진행되는 세금감면을 지지했다. 1984년 선거를 통해 구세대 공화당원들은 재정적자를 관리하기 위해 최선의 노력을 기울였다. 이에 따라 당초 레이건 정부의 세금감면액의 약 40퍼센트를 보전했다.
>
> 그러나 그 후 몇 년 동안 연준 의장인 폴 볼커Paul Volcker가 마침내 인플레이션을 진압하고 건실한 경기회복을 달성했을 때, 새로운 감세론자들은 그들의 공급중시전략supply-side strategy의 승리를 주장했다. 뿐만 아니라 충분한 세금감면 조치를 제대로 활용하면 경제가 재정적자의 증가속도를 능가하게 될 것이라는 착각에 빠져들었다.

스토크먼이 설명하듯이 이러한 '이념적 감세론자들 중 핵심 요원들'은 보수적인 재정운용으로 재정건전성을 유지한다는 공화당의 공약을 훼손시켰다.

21세기 첫 10년 동안 어떠한 세출도 삭감할 수 없다는 입장이었던 민주당원들, (상상 속에서 만들어낸 레이건을 언급함으로써 자신들을 정당화하면서) 세금 감면에 열광했던 공화당원들, 두 차례의 전쟁 그리고 금융시스템의 붕괴와 대규모 경기침체에 대응하기 위한 비용들, 이 모든 것들이 오늘날의 거대한 재정적자와 엄청난 국가채무를 만들어냈다.

그러나 밀턴 프리드먼의 자유통화시장 학설에는 무슨 일이 벌어졌는가? 왜 자유통화시장은 달러의 급격한 평가절하로 이어지지 못했으며, 백악관과 의회로 하여금 세금인상과 세출삭감이라는 극약처방을 내리도록 강제하지 못했는가? 스토크먼은 그 이유에 대해서 전혀 예기치 못했던 상황들이 전개되면서 미국이 하늘을 날고 있다고 생각하게끔 만들었다고 주장했다. 즉, 미국은 너무도 쉽게 다른 나라들로부터 자금을 차입함으로써 늘어가는 예산적자를 채울 수 있었다. 미국이 이런 예산관행을 갖는 데 가장 영향을 끼친 나라가 중국으로 드러났다. 중국은 미국채의 매입을 통해 이전에는 상상조차 할 수 없는 규모의 자금을 미국에게 빌려줄 의사가 있음을 입증했다. 중국 정부는 수출주도형 경제성장 전략 때문에 이를 원했다. 중국의 성장을 지속하기 위해서는 공산당이 계속해서 국가를 장악해야 했고, 많은 중국인들에게 직장을 만들어 주기 위해서는 수출을 유지하거나 확대해야만 했다. 이를 위해서는 중국산 제품의 주요 소비국인 미국이 계속해서 중국의 수출품을 사줄 수 있는 여유가 있어야 했다. 미국 달러화를 매입함으로써 중국은 위안화에 대한 달러 강세를 유지했고, 다시 미국 소비자들이 계속해서 중국산 제품들을 엄청난 규모로 구입할 수 있도록 만들었다.

"밀턴 프리드먼이 예상하지 못했던 점은 통화에 대해서는 세계적인 자유시장이 존재할 수 없다는 사실이었습니다. 일본이나 중국 같은 나라들은 그들의 수출성장 모델을 뒷받침하기 위해 자국 통화를 조작했고, 그들의 수출성장 모델은 우리의 소비성장 모델을 뒷받침했다는 사실이 드러났습니다." 스토크먼의 말이다. 그 결과는 미국이 중국 및 다른 나라들로부터 과도하게 자금을 차입하도록 허용해준 시스템이었다. 그리고 이는 다시 중국과 그 이웃 국가들이 대규모 수출, 높은 저축, 낮은 소비를 통해서 성장을 이루어내면서 1970년 이전 세계였더라면 그들이 달성했었을 수준보다 훨씬 더 빨리 발전할 수 있도록 해주었다.

"중국과 미국은 완벽한 공생관계로 들어섰습니다. 중국은 엄청나게 매입한 외화를 어딘가에 보관해둘 안전한 장소가 필요했기에 그들은 그것을 미국 국채에 투입했습니다. 갑자기 우리에게 엄청난 규모의 채권을 사주겠다는 사람이 생긴 것입니다. 역사상 어느 시기에도 존재하지 않았던 일이지요. 우리는 마치 가로등도 없는 길에서 서로에게 기대어있는 2명의 술주정뱅이와 같았습니다." 스토크먼이 말했다.

미국은 지난 20년 동안 한 국가가 감당할 수 있는 재력을 넘어선 상태로 살아왔다. 그리고 7조 달러가 넘는 재화와 서비스 및 소득에서의 복합적인 적자를 쌓았다. 스토크먼은 이를 두고 '장대한 규모의 차입금에 의한 번영'이라고 표현한다.

스토크먼은 체니 부통령이 "레이건 대통령은 재정적자가 중요하지 않다는 사실을 증명했다"라고 단언했을 때 그는 경제적으로 전혀 "터무니없는 말"을 했다고 언급했다. 그러면서 이렇게 말했다. "그러나 체니는 경험적으로 정확하게 관찰했던 겁니다. 도덕적으로는 무책임한 말이었지만 경험적으로는 정확했습니다. 중국 덕분에 모두가 재정적자를 두려워한다는 것은 더 이상 진실이 아니었습니다. 프랑스의 어느 유명한 경제학자의 말처럼 당신은 '눈물을 흘리지 않고도 적자를 받아들일 수' 있었던 것입니다."

물론, 이러한 사실은 중국과 다른 나라들이 자금을 계속해서 빌려주려고 할 때까지만 적용되므로, 현재 상황은 중국 대여자뿐만 아니라 미국 대여자들에게도 문제가 되는 것으로 보인다. 만일 자금 공급이 늦춰지거나 중단될 경우 잔치는 끝날 것이다. 그리고 그와 같은 중단은 갑자기 다가올 수도 있다. 그 시점에서 미국은 3가지 불행한 선택권을 갖게 될 것이다. 첫째, 자본을 끌어들이기 위해 이자율을 급격하게 인상하고, 그 경우 경기하강이 촉발된다. 둘째, 재정적자를 보전하기 위해 돈을 찍어내고, 이에 따라 인플레이션이 발생한다. 셋째, 세출삭감과 세금인상을 모두 동원해서 갭을 줄인다. 이 3가지 대안을 어떤 형태로든지 결합한 방법이 가장 그럴듯한 결과가 될지도 모른다. 그런데 이것들 중 어느 것도 대가가 따르지 않는 것은 없다. 어떤 방식이든 미국 사람들에게 경제적 고통을 가하게 될 것이다.

세금을 인상하는 한편 세출을 삭감하고 미국의 성공 포뮬러에 투자한다는 세 번째 선택은 국가의 장기적인 행복을 위한 방안으로 유일하게 합리적인 방안이다. 비록 고통을 느끼지 않고서 미국의 재정적 과오를 바로잡을 수 있었던 시기는 이미 지나가버렸다. 그러나 하루라도 빨리 세 번째 선택을 받아들인다면 앞으로 겪어야 할 경제적 고통은 줄어들 것이다.

한편 대통령 산하 재정적자위원회의 어느 위원은 중국이 대만을 침공하지 않도록 비는 것이 미국에게는 좋을 것이라고 말하면서 다음과 같이 표현했다. "우리에겐 중국이 대만을 공격할 경우 대만을 방어하도록 하는 조약이 있습니다. 문제는 대만을 방어해주기 위해서 필요한 돈을 우리는 지금 중국으로부터 빌릴 수밖에 없다는 사실입니다."

| **이봐요, 돈 잘 쓰시는 분!**

수학에 대한 전쟁은 연방정부나 공화당에게만 한정되지 않았다. 민주당은 특히 각 주와 지방 수준에서 나름대로 수학과의 전쟁을 벌여왔다. 공화당 역시 이러한 행위에 대해 결백하지는 않지만, 민주당은 특히 경찰, 소방관, 교사, 공무원 등 공공기관 종사자 노조에 대해 급여와 연금 인상을 선물처럼 주는 나쁜 습관에 빠져 있었다. 이는 미래의 조세수입과 미래의 연금 수익률에 대한 낙관적인 가정을 바탕으로 하고 있었다. 이러한 예측들은 평화배당금과 닷컴버블 및 신용버블이 경제문제에 대해 일종의 마술적 사고방식을 조장했던 1990년대와 2000년대 초의 풍요로운 기간이 앞으로도 지속될 것이라는 가정에 따라 작성된 것이었다.

단순히 나쁜 셈법뿐만 아니라 정치도 관련되어 있었다. 대부분이 민주당 출신인 수많은 주지사와 시장들은 주와 지역 단위 노조들과 서로 편의를 봐주는 협약을 맺었다. 그들은 협약을 맺은 노조들에게 후한 급여 및 연금 인상을 제공했고, 노조들은 돌아서서 지역 및 주의 정치인들과 민주당에 넉넉한 선거자금을 지원했다.

시장을 통한 규제를 받지 않는 공무원 급여, 연금, 의료 혜택은 민간부문의 급여, 연금 및 의료 혜택과는 따로 움직였다. 따라서 정치인들이 호경기에 그들의 정치적 충복들을 공직에 추가시킴에 따라 공무원들의 숫자도 늘어났다. 일리노이 주, 뉴저지 주, 뉴욕 주, 캘리포니아 주 등은 이러한 현상이 나타났던 대표적인 지역들이었다. 〈시카고 트리뷴Chicago Tribune〉의 사설란은 일리노이 주에서 벌어지는 기만적인 행위에 대해 격분을 나타내는 일련의 글들을 게재했다. 여기 그 내용들을 옮긴다.

- 시민연합은 2008년 회계연도 말까지의 10년 동안, 10개 정부기관들에서 연금 제공을 약속받은 사람들이 68.9퍼센트나 늘었다고 발표했습니다. 같은 기간 동안 이러한 연금 제공 약속을 이행하기 위한 자금조달은 겨우 26.4퍼센트 증가했습니다. 당신은 일리노이 주 경찰관과 소방관들이 빠르면 50세에 은퇴하고 급여의 75퍼센트에 달하는 연금을 받을 수 있다는 사실을 알고 있습니까?(2010년 3월 9일자)

- 이 신문이 하이랜드 파크에서 벌어졌던 일, 즉 지역 의회 의원들이 지역 공무원들에게 은퇴 전 급여인상과 상여금을 두둑하게 제공했던 사실을 보도한 이후 이 북부 교외 지역 시민들은 합당한 조치를 취했습니다. 사무국장인 랄프 볼프Ralph Volpe의 2008년 연봉은 16만 4204달러였지만, 그 해 그에게 지급된 총액은 43만 5203달러였습니다. 이로 인해 랄프 볼프의 연금은 5만 달러 이상 늘어나 연 16만 6332달러가 되었습니다. 이러한 사실이 공개된 이후, 격분한 납세자들은 당시 지역 의회 의원으로 있었던 사람들을 모두 사임하도록 만들었습니다(2010년 9월 19일자).

- 은퇴와 관련해서 종종 이와 같은 거래가 이루어질 때, 공무원과 노조 간부들은 협상테이블에서 서로 같은 편이 되어서 앉아 있곤 합니다. 정치인들은 공공부문 노조들의 협조에 대한 보답으로 사실상 미래에

거두어들일 세금을 갖고 약속을 했습니다. 이러한 협약을 맺었던 공화당과 민주당원들은 남의 돈을 가지고 놀고 있었던 것입니다. 정치인들은 자신이 다른 누군가의 문제를 만들고 있다는 사실을 알고 있었습니다. 엄청난 비용이 필요해졌을 때, 이들은 자리에서 물러났거나 은퇴하고 없을 것입니다(2010년 11월 28일자).

〈월스트리트저널〉은 전통적으로 민주당에 기부해온 일부 다른 사람들이 선거후원금을 제한하고 있었을 당시, 다음과 같이 보도했다(2010년 10월 15일자).

연방선거관리위원회의 자료를 바탕으로 〈월스트리트저널〉이 분석한 결과에 따르면 공공부문 노동조합들은 이번 가을 민주당 의원들을 위한 보호막으로 남았습니다. 이들 노조는 민주당 선거운동에 오랫동안 재정지원을 해왔지만, 특히 이번 가을에는 일부 대규모 공공부문 노조들이 2006년의 중간선거 때보다 더 많은 비용을 지출하고 있습니다. 미국 최대 교원노조인 미국교육협회NEA는 핵심 선거운동 기간인 9월 1일부터 10월 14일까지 단독으로 광고 및 대량 우편물을 통한 선거운동 비용을 포함해서 반드시 공개해야 되는 금액 기준으로 340만 달러 이상을 지출했습니다. NEA는 2006년 같은 기간에는 44만 4000달러를 지출했습니다. 전미 주, 카운티 및 지역 종사자 연합AFSCME은 2006년 중간선거 당시와 비슷한 금액을 지출했습니다. 이 노동조합과 관련이 있는 2개의 선거유세조직에 대한 연방선거관리위원회 보고에 따르면, AFSCME는 지난 달 초 이래로 210만 달러를 선거자금으로 지출했습니다. 이는 2006년 같은 기간에 지출된 220만 달러에 조금 못 미치는 금액입니다.

이러한 기사들은 2011년 초에 위스콘신 주와 오하이오 주의 공화당 주지사들이 왜 그들 주의 공공부문 노조들이 보유하고 있던 단체협약권을 제한하는 움직임을 보였는지를 설명해준다. 이 조치로 그들은 2마리의 새를 한 번에 잡을 수 있었다. 주의 돈을 절약하고 민주당의 주요 자금출처에 피해를 주는 것이었다.

연방정부와 마찬가지로, 주정부와 지방정부의 지출 행태도 달라져야 할 것이다. 노스캐롤라이나에 본부가 있는 국가정책 싱크탱크인 존 로크 재단John Locke Foundation 대표 존 후드John Hood는 〈미국의 위기The States in Crisis〉라는 보고서에서 이러한 현상에 대해 다음과 같이 설명했다. "2008년 금융위기의 결과로 세수가 급격히 감소했을 때, 주 공무원들의 낙관적인 예산책정이 냉혹하고 험난한 현실과 충돌했습니다." 약속된 월급과 연금 및 서비스와 세입과의 갭이 사실상 아주 크다. "2009년 주 정부의 세수는 2008년보다 8.4퍼센트 감소했고, 2010년에는 추가적으로 3.1퍼센트가 더 감소했습니다." 후드의 설명이다. 캘리포니아 주, 텍사스 주, 뉴저지 주, 일리노이 주 등은 머지않아 주 전체 예산 중 25퍼센트 이상에 해당하는 금액을 재정적자로 떠안게 될 현실에 직면해 있다.

주 정부 재정문제의 핵심이 무엇인가에 대해 후드는 다음과 같이 설명한다.

문제의 핵심은 정부의 연금플랜들이 대부분의 민간연금플랜들처럼 작동되지 못한다는 사실에서 비롯됩니다. 민간부문에 근무하는 미국인들은 401(k)와 같이 일정한 기여액(일반적으로 급여 중 일정 퍼센티지)을 내는 '확정기여형defined contribution' 퇴직연금제도에 가장 익숙해져 있습니다. 근무기간 동안 적립된 개인부담금은 이자가 발생하는 예금계좌로 들어갑니다. 그리고 은퇴를 하자마자 그 계좌에서 연금이 지급됩니다. 이와 같은 퇴직연금플랜은 근무기간 동안 노동자가 기여한 개인부담금에서 연금이 지급되기 때문에 자금부족을 겪을 수가 없습니다. 이와는 반대로 정부가 운영하는 대다수 연금플랜은 '확정급여형defined benefit' 퇴직연금제도입니다. 이들 연금플랜은 퇴직자가 받게 될 연금이 확정되어 있습니다(일반적으로 노동자가 근무하는 기간 동안 얻은 소득, 근무연수에 생계비지수 상승에 따른 임금 인상률 기준). 근무기간 중 저축계좌에 적립된 금액을 기준으로 지급을 하지 않고, 확정급여형 연금플랜은 거꾸로 진행됩니다. 즉 노동자에게 지급할 연금을 먼저 결정한 다음, 그 의무를 충족하기 위해 충분한 돈을 모을 수 있는 방법을 계산하는 것입니다.

계산의 정확성은 주식이나 채권시장이 시간이 흐르면서 얼마나 좋은 실적을 나타낼지에 대한 정확한 예측에 달려 있다. 후드는 다음과 같이 주장했다. "만일 확정급여형 연금이 지나치게 관대한 지급을 약속하거나 은퇴자들에 대한 재무적 약속을 지킬 수 있을 만큼 충분한 자금을 모으지 못한다면, 그 결과는 수많은 노동자들이 퇴직하기 시작하면서 엄청난 액수로 누적되는 부채로 나타날 것입니다."

후드가 인용했던 퓨센터온더스테이트Pew Center on the States 연구소의 최근 보고를 살펴보자.

> 주 정부는 공공부문 종사자들에게 약속했던 퇴직연금과 관련해서 1조 달러에 상당하는 채무를 안고 있습니다. 이 수치는 채무 문제에 대해 가장 정확하게 이용할 수 있는 추정치로 2008회계연도 데이터를 기반으로 작성되었습니다. 금융시장과 경제가 완전히 엉망이 되기 전에 작성됐다는 뜻입니다. 보다 최근에 나온 수치는 노스웨스턴대학 경제학 교수 조슈아 라우Joshua Rauh와 그의 동료들이 산출한 것으로, 자금조달이 연계되지 않은 주 정부의 연금채무가 3조 달러에 가깝다고 보여줍니다(시 정부들의 연금플랜에 따른 부족액은 추가로 5740억 달러에 달했습니다).

오늘날 주 정부와 지방도시가 재정위기에 처하게 된 이유는 한두 가지가 아니다. 단지 경제가 호황이었을 때 지출을 많이 하고 세금을 적게 걷었기 때문만도 아니고, 주 정부가 더 이상 자금을 조달할 수 없고 연방정부가 관장하는 의료비 때문도 아니다. 그러나 분명한 사실은 지난 10년간 공공부문 노동자에 대해 지나치게 관대했던 협약들이 그 이유 중 하나라는 사실이다. 민간부문에 종사하는 노조원들은 그들의 고용주가 언제든 파산할 수 있다는 사실을 알고 있기 때문에 그들의 요구를 적절히 조절한다. 반대로 공공부문 노조원들은 절대로 파산할 리 없는 시나 주 정부의 독점사업 부문에서 근무하면서 그들에게 월급과 후생복지의 인상을 보장할 수 있는 공직자들을 선출하는 데 중요한 역할을 담당한다. 공공부문 종사자들 대다수는 희생을 공유해야 하는 한 보상이 삭감되는 것을 수용해왔다.

결국 지난 20년 동안 이성, 상식, 현실에서 벗어난 민주당과 공화당의 국가 및 주 정부, 지역에 대한 경제정책과 재정정책이 미국의 엄청난 위기를 만들어놓은 것이다. 만일 당신이 민간연금펀드 수탁자이고 주와 지역 민주당 의원들이 예상했던 대로 '투자 수익이 영원히 계속될 것이다'라고 가정했다면, 당신은 지금쯤 해고되었을 것이다. 만일 당신이 민간연금펀드의 수탁자이고 공화당 의원들이 예상했던 대로 '세금감면을 하면 되니까 재정적자는 문제가 안 된다'고 가정했다면 당신은 지금쯤 감옥에 가 있을 것이다.

안타깝게도 이러한 관점을 갖고 있는 사람들이 적어도 지난 20년간 미국의 정치를 좌우했다. 그 중 일부는 자신의 희망을 기준으로 경제학을 제시했고, 다른 이들은 전혀 수학적 요소가 반영되지 않은 경제학을 제시했다. 오늘날 이들이 공동으로 저질러놓은 문제를 해결할 수 있는 유일한 방법은 고통이 없는 것처럼 조작되었던 세월에서 벗어나 현실을 직시하는 것이다.

"세출, 재정적자, 채무한도와 같은 것들에 대한 자료를 살펴보면 우리가 1980년대부터 길을 잃기 시작했다는 사실을 알게 될 것입니다." 전 미국 감사원장이자 채무 전문가이며 《미국의 재기: 국가 회복 및 균형예산으로의 복귀Comeback America: Turning the Country Around and Restoring Fiscal Responsibility》의 저자 데이비드 워커David Walker는 이렇게 말한다. "미국 경제는 41대 부시 대통령이 집권하던 1990년대 초에 일시적인 회복을 보이다가, 클린턴 대통령 집권기에 다시 회복했습니다." 워커는 한 명은 공화당 출신이고 다른 한 명은 민주당 출신인 이 두 명의 대통령이 3가지 공통된 일들 수행했다고 덧붙였다. "첫째, 이들은 엄격하게 법제화된 예산통제 도입을 지원하여 이미 정부가 지킬 수 있는 수준보다 더 많은 약속을 만들어놓은 상황에는 이를 하지 못하도록 막았습니다. 게다가, 안보 및 국방비를 포함한 예산에 대하여 현실적인 지출 상한제를 도입했습니다. 둘째, 그들은 분명 당신이 할 수 있는 행동들 중 가장 무모한 행동인 재정지원에 의한 복지 프로그램을 확대하지 않았습니다. 셋째, 41대 부시 대통령과 클린턴 대통령은 미국의 재정 현실을 판단하고 세금과 관련된 그들의 선거공약을 파기했습니다. 따라서 우리에게는 미국을 아주 잘 다스렸던 민주당 출신 대통령과 공화당 출신 대통령이 있었습니다. 그러고 나서 43대 부시 대통령이 들어왔고, 그는 모든 것을 완전히 망쳐놓았습니다. 아들 부시 대통령은 법으로 정한 예산통제를 2002년에 종료되도록 방치하고, 메디케어를 통한 처방약 지원같은 재정지원에 의한 복지 혜택을 확대했으며, 세금을 감면해주겠다는 자신의 선거공약을 결코 어기지 않았습니다. 오바마 대통령도 지금까지는 같습니다. 하지만 그는 지금이라도 정책 방향을 바꿀 수는 있습니다."

어떻게 해서든 미국인들 모두가 이에 대한 대가를 치러야할 것이다. 그리고 비즈니스 칼럼니스트 스티븐 펄스타인Steven Pearlstein이 〈워싱턴 포스트〉(2011년 2월 22일자)에 표현한 대로 우리에게 남겨진 질문은 다음과 같다.

> 고통은 장기화된 높은 실업률의 모습으로 찾아올 것인가? 임금과 급여의 삭감이라는 모습으로? 또는 주택과 금융자산의 가치 폭락으로?

미국 기업들의 소유권 상실로? 물가상승으로? 높은 세금으로? 정부의 서비스와 혜택들이 축소되는 것으로? 물론 정확한 답변은 '위에 나온 내용 전부'이다. 우리가 스스로 파놓은 구멍은 너무나 깊고 너무나 넓기 때문에 밖으로 나가기 위해서는 이 모든 일들이 필요할 것이다. 다가올 10년의 정치적, 경제적, 사회적 핵심 과제는 바로, 경제를 망치거나 우리 사회와 민주주의를 와해하지 않고, 어떻게 다양한 채널과 다양한 계층과 부문과 지역 간의 문제를 조정해야 하는지 그 방법을 결정하는 일이 될 것이다.


## | 진지함으로의 회귀

2차 세계대전 이후 60년 동안 시장, 주지사, 대학교 총장, 미국 대통령이 된다는 것은 대체로 사람들에게 무언가를 제공하는 일과 관련 있었다. 그러나 적어도 다가오는 10년 동안은 대체로 사람들로부터 무언가를 빼앗는다는 의미가 될 것이다. 미국의 지도자들이 관용을 베풀던 자세에서 희생을 나누는 쪽으로 방향을 변경하고, 누구로부터 얼마만큼을 빼앗을 건지를 결정함에 따라 미국인들은 훨씬 더 똑똑해져야 한다. 미국은 국가재정을 정상화하고 성공을 위한 아메리칸 포뮬러의 요소들에 재투자하는 방식으로 지출을 삭감해야 한다. 그리고 세금을 납부하고 투자를 해야만 한다. 미래에 투자하지 않는 국가는 일반적으로 미래가 어둡다.

이 말은 미국 국민들이 선출한 모든 대통령은 말할 것도 없고 시장,

주지사, 국회의원들이 이러한 진리를 따라야 한다는 뜻이다. 만일 미국이 과거처럼 지출하던 방식을 변함없이 밀고나간다면, 이는 국가의 미래를 저당 잡힌 채 완전히 파괴하는 것이다. 만일 앞으로의 미국이 19세기부터 지금까지 일반적으로 해왔던 방식과 달리 옳은 일에 지출하지 않는다면, 국가의 미래를 저당 잡혀놓고 완전히 파괴하는 것과 다름없다. 미국은 더 이상 선택을 미룰 수 없다. 미국의 미래는 시장이 그들을 짓밟지 못하게 막아내고 성공을 위한 포뮬러를 떠받치고 있는 다섯 기둥을 개선하는 일에 달려 있다. 미국은 한 국가로서 건강을 회복해야 하는 것은 물론 다시 강력해져야 한다.

델라웨어 주지사 잭 마켈은 이러한 도전을 오늘날 매일같이 맞닥뜨린다고 우리에게 설명했다. "다스리는 일이 예전보다 2배는 더 어려워졌습니다. 지난 시절, 미래를 대비하는 주지사는 경제성장에 따라 발생되는 세수 증가분으로 자신의 의제를 진행할 수 있었습니다. 그리고 주 입법부와 격론을 펼쳐야했던 유일한 문제는 '추가로 발생한 수입을 어디에 쓸 것인가'라는 것뿐이었습니다. 이는 경기침체가 있었던 일부 기간만 제외하고 지난 60년 동안 대체적으로 거의 모든 주의 주지사들이 자기 의지대로 처분할 수 있는 세수를 갖고 있었기 때문입니다. 그런 시절은 이제 끝났습니다. 오늘날 주지사들은 2가지 문제를 놓고 주 의회와 싸워야 합니다. 먼저 어느 지역 예산을 삭감해야 하느냐를 두고 격론을 펼쳐야 하고, 자금을 푼다면 어디에 그 돈을 쓸 것인가를 두고 싸워야 합니다. 따라서 오늘날의 정치는 예전보다 2배는 더 어렵습니다."

그러나 정치는 날이 갈수록 훨씬 더 어려워질 것이다.

2010년 미국은 대침체 때문에 여전히 휘청거리고 있었다. 그 당시만 해도 우리가 예산 전쟁을 벌이게 될 것이라고 기대하는 것은 비현실적이었다. 2011년 초, 9월 30일 종료되는 회계연도의 잔여기간에 대한 정부의 자금조달을 놓고 본격적인 싸움이 진행되고 있었다. 오바마 대통령이 제출한 예산에서 추가적으로 400억 달러를 삭감할 것이냐 말 것이냐를 두고 정부는 거의 문을 닫은 상태였다. 이 사건은 미국의 재정위기를 바로잡기 위해서 앞으로 얼마나 오랜 시간 힘겹고 격렬한 정치적 과정을 겪어야 할지 그 시작을 의미하는 것이었다. 문제가 해결될 때까지 우리는 미국이 따라야 할 4가지 지침을 제안한다.

첫 번째 지침은 진지함의 필요성이다. 지금 미국은 엄청난 예산문제에 직면해 있다. 지난 30년간의 총체적 무책임함의 산물인 것이다. 수사적 기교, 가식, 피상적인 변화 및 미래 목표의 설정만으로는 이들 문제를 결코 해결하지 못한다. 누군가가 문제의 범위와도 맞지 않고 즉각적인 행동을 요구하지도 않는 해결책을 제안한다면 그 사람은 이 문제들을 진지하게 대하지 않는 것이다.

두 번째 지침은 실행 목적과 관련된다. 단지 재정적자 축소뿐만 아니라 미국의 번영까지 보장해야 한다. 상환능력이 필수적이지만 그것만으로는 충분하지 않다. 미국의 위대함을 유지하기 위해서는 GDP 대비 국가채무비율을 합리적이고 지속가능한 수준까지 감축시켜야 한다. 또한 언제나 경제성장을 위한 아메리칸 포뮬러의 한 부분이었던 기량과 도구들을 국민들이 갖출 수 있도록 만들어주어야 한다. 이를 위해서는 비용이 소요될 것이기 때문에 새로운 장기적인 투자가 필요하다. 미국 경제의 미래를 보장하려면 어떤 부문에 대해서는 더 많이 지출해야 한다. 사회기반시설과 연구개발 그리고 교육이 이에 해당한다. 가치 있는 계획들은 축소하고 세금은 올리자고 평가받는 상황에서 이러한 일들을 수행하기란 특별히 힘들 것이다. 그러나 미국이 아메리칸 포퓰러를 개선하는 데 투자하지 않는다면 아메리칸 드림을 지키고 세계 속의 미국의 힘을 유지할 수 있는 필수조건을 상실하게 될 것이다. 즉, 경제성장을 위한 필수조건을 상실할 것이라는 말이다. 누군가 여기에 들어갈 비용은 포기해도 된다고 주장한다면, 그는 미국 역사뿐만 아니라 지금 우리가 살고 있는 세상조차 제대로 이해하지 못한 것이다.

세 번째 지침은 예산 삭감이 모든 부문에 대해 보편적으로 수행되어야 한다는 점이다. 미국이 어떤 경우에도 결코 하지 말아야 할 일이 있다. 사회보장, 메디케어, 메디케이드, 국방 및 국가채무에 대한 이자를 제외한 전체 예산 중 12퍼센트를 차지하는 '방위비를 제외한 임의적 지출non-security discretionary spending'을 주로 삭감함으로써 예산의 균형을 회복하려고 해서는 안 된다는 점이다. 이들 예산 항목에는 교육, 혁신, 사회기반시설 프로그램 등 미국의 번영을 위한 포퓰러에 필수적인 사업들 중 일부가 포함되어 있다. 경비 절감을 위해 이를 삭감한다는 것은 손가락 2개를 잘라 몸무게를 줄이는 것과도 같다. 그렇게 해서는 몸무게를 많이 줄일 수도 없다. 오히려 좋은 일자리를 구하고 유지하는 데 영원한 장애만 될 것이다.

이 말은 전반적인 건강관리비용의 증가율을 늦추는 조치로써 사회보장과 메디케어 같은 재정지원에 의한 복지프로그램들의 축소가 불가피하다는 뜻이다. 모든 프로그램들이 재검토되고, 어떤 형태로든 축소되어야 한다. 누군가 이러한 프로그램들을 지금과 똑같은 상태로 유지할 수 있다고 주장한다면, 그 사람은 이 문제를 진지하게 대하지 않고 있는 것이다. 개혁을 위해서는 메디케어와 사회보장 혜택을 받는 수급대상자의 수입과 자산을 조사하는 민즈테스트means-test, 사회보장을 적용받는 은퇴 연령의 상향 및 생계비지수의 조정, 그리고 가장 중요한 사항으로 65세 이상 노인들에 대한 건강보험을 제공하는 메디케어와 빈곤층을 지원하기 위한 메디케어 및 아동건강보험제도 등에 소요되는 비용의 증가를 둔화시킬 수 있는 방안의 모색 등이 필요하다. 1950년대에는 건강관리비용 지출액이 GDP의 4퍼센트를 차지했다. 이 비율이 현재는 약 17퍼센트 수준이다. GDP 중 10퍼센트만 건강관리비로 쓰고 있는 캐나다 같은 나라들보다 더 나은 성과를 얻어내지 못한다면 2030년에는 30퍼센트에 달하게 될 것이다. 전체 메디케어 비용 중 20퍼센트 이상이 사망하기 두 달 이내에, 사망 1년 전 기준으로는 비용 중 30퍼센트가 미국이 개발해낸 새로운 첨단기술들을 사용하는 데 소요된다.

2010년 8월 8일 방영된 CBS의 '식스티 미닛'은 "2009년에 사망한 환자들의 경우, 사망 전 마지막 두 달 동안 진찰료와 입원비 명목으로 메디케어에서 지불한 금액은 550억 달러였다. 이는 국토안보부나 교육부 예산보다 많은 액수이다. 또한 이렇게 지출된 의료비 중 20~30퍼센트는 별다른 효과가 없었던 것으로 평가되었다. 연방정부는 청구된 금액 대부분에 대해서 거의 이의를 제기하지 않고 지불한다"고 보도했다. 사실상 메디케어는 비용을 근거로 어떤 형태의 치료도 거부하는 것이 법으로 금지되어 있다. 인간의 수명은 더욱 길어지고 더 비싼 기술과 약들이 그들의 수명연장에 활용될 수 있게 되었다. 그러면서 이 둘의 결합은 미국이 모든 부문에 있어서의 의료비용 증가를 더디게 만들지 않는 한, 국가 부도라는 처방을 내릴 것이다. 여기에는 정부가 비용을 지불하게 되는 임종 징후기 환자를 의료적으로 어느 수준까지 돌보는 것이 적정한지에 대한 일종의 암묵적인 공감대가 필요할 것이다.

"우리는 메디케어를 감당할 수 있을 정도의 예산이 필요합니다. 백지수표를 계속해서 쓸 수는 없습니다. 현재 메디케어는 예산이 없습니다. 주요 선진국가들 중에서 의료서비스에 공적자금으로 배정된 예산이 없는 국가는 오직 미국뿐입니다. 미국은 의료서비스에 백지수표를 발행할 정도로 멍청한 나라입니다. 미국을 제외한 다른 나라의 모든 사람들은 이런 행태가 미국을 파산시킬 수도 있다는 사실을 알고 있습니다." 워커는 우선 정부가 메디케어와 메디케이드 등 정부지원 의료서비스에 대해서 어느 정도까지 지원할 여력이 있는지 결정해야 한다고 주장한다. 일단 미국의 형편에 맞는 기본적인 의료서비스 예산을 결정한 다음, 어떤 식으로 이를 배분할지 결정해야 한다. 다시 말해서, "사회적 필요성과 개인의 희망을 바탕으로 하는 적절하고, 감당할 수 있고, 지속가능한 보편적 의료서비스의 수준을 결정해야 한다"고 워커는 말했다. 미국이 지금까지 약속했던 의료서비스는 지속적으로 제공할 수 없는 수준의 의료서비스였다.

감당할 수 있고 지속가능한 의료서비스 수준을 결정하면서, 특히 사망하기 전 1년 동안의 의료행위는 근거를 바탕으로 결정되어야 한다. "만일 의학적 개입으로 환자의 삶이 의미 있을 정도로 향상되고 수명이 연장된다면 그러한 의료서비스는 당연히 수행되어야 합니다. 하지만 환자의 삶이 향상되지도 않고 수명을 연장할 수도 없다면, 사망 전 의료행위는 중단되어야 합니다. 오늘날, 사망 전 의료행위 중 대부분은 이러한 검증을 거치지 않았습니다. 실제로 이들 첨단 의료기법 중 일부는 환자에게 전혀 도움이 되지 않습니다." 워커의 주장이다. 개인 및 사업주들은 인생의 마지막 순간에 그들이 원하는 의료서비스에 대해서는 자신의 돈으로 지출할 수 있어야 한다. 워커는 "그러나 당신이 납세자들의 돈에 대해 이야기를 할 때는 우리가 사용할 수 있는 자원에는 한계가 있습니다"라는 말로 결론을 지었다.

의료비 지출 관리의 일환으로, 병원 및 의사들에게 정해진 절차만으로 의료비를 변제해주는 것이 아니라 검증된 의료 품질과 비용 효율이 높은 서비스에 대해 의료비를 변제해주는 시스템으로 바꾸어야 한다. 이를 위해서는 의료 소비자가 병원 및 개별의사의 의료 실적 기록과 각기 다른 수술비용에 대한 자료를 파악할 수 있는 의료서비스 정보에 대한 통일된 시스템이 필요할 것이다. 만일 내가 신장을 제거해야 한다면 나는 독립적인 의료위원회가 정한 기준을 바탕으로 최상의 비용으로 최상의 임상기록을 갖고 있는 의사에게 가기를 원한다. 이 제도에 참여하지 않는 의사나 병원들은 정부 프로그램이나 민간보험회사로부터 의료비를 변제받지 못하게 될 것이다. 또한 소비자들도 그들이 받는 의료서비스의 진정한 비용과 의료품질에서의 차이를 알 수 있어야 된다. 그렇게 되면 그들도 최상의 가격으로 최상의 의료서비스를 받기 위한 동기를 갖게 된다. 오늘날 정부와 민간보험회사들은 의료서비스 제공에 따른 결과는 전혀 고려하지 않는다. 그리고 정해진 절차만을 기준으로 대부분의 의료비 청구금액을 의료서비스 제공자들에게 지급하고 있다. 대부분 환자들은 의료서비스의 비용을 나타내고 있는 의료비청구서를 전혀 검토하지 않는다. 가격을 비교할 수 없는 상황에서 가격을 낮춰달라고 하기는 어렵다.

게다가, 우리 스스로 건강관리에 더욱 신경을 써야 한다. 미국의 의료 서비스 지출 비용 중 상당 금액이 비만으로 인한 합병증과 당뇨 같은 예방 가능한 만성질환(의료산업은 이들 질환을 완화시키는 모든 종류의 값비싼 기법들을 만들어냈다) 치료에 투입되고 있다.

미국은 이토록 많은 비만인구를 감당할 수 없다. 그리고 여전히 담배를 피우는 약 4000만 명의 미국인들도 감당할 수 없다. 질병통제예방센터CDC에 따르면 암으로 인한 전체 사망자의 최소 30퍼센트와 폐암 사망자의 80퍼센트가 여전히 흡연 때문이라고 한다.

미국이 지출을 삭감해야 되는 항목들에서 외교정책을 빼놓을 수 없다. 연방정부 예산에서 국방비는 언제나 가장 큰 항목이었다. 하지만 이 역시도 앞으로는 줄여야 할 것이다. 우리는 유럽, 동아시아 및 중동 등에 이들 지역의 안정과 번영을 위해서 꼭 필요한 미국의 군사력과 정치적 역할을 유지하는 것에 동의한다. 그러나 미국은 과거보다 절감된 비용으로 이러한 일들을 수행할 수 있는 방법을 모색해야만 할 것이다.

마이클은 2010년 그의 저서 《검소한 슈퍼파워: 재정난에 처한 시대에서 미국의 글로벌 리더십The Frugal Superpower: America's Global Leadership in a Cash-Strapped Era》에서 미국은 냉전시대 이후 일반화되었던 것과 같은 형태의 군사적 개입을 더 이상 할 만한 능력이 없다고 주장했다. 미국은 그 시기에 소말리아, 아이티, 보스니아, 코소보, 아프가니스탄, 이라크 및 리비아 등의 지역에서 군사작전을 수행했으며 리비아를 제외한 모든 나라에 군대를 파병했다. 이들 지역에 대한 파병은 미국이 예상치도 못했고 원하지도 않았다. 오랜 시간이 걸리는 힘겨운 일이고 많은 비용이 들기 때문이다. 그리고 나서도 완전한 성공을 거둔 경우가 거의 없는 국가건설이라는 과제, 즉 붕괴되었거나 전혀 존재하지도 않았던 정부기구의 구축이라는 과제에 개입되도록 했다. 이들 개입의 내재적 가치가 무엇이든 여기에 소요되는 비용은 막대했다. 미국은 이 문제에 들어가는 자원을 미국의 재정적자를 줄이고 번영을 위한 포뮬러를 개선하는 데 사용해야 한다. 이 자원은 미국의 재건을 위해 사용되어야 하는 것이다.

네 번째 지침은 재정건전성은 쉽게 달성할 수 없다는 것이다. 미국은 과세를 통해서 세수를 늘려야만 하고, 가능한 한 많은 미국인들이 무언가에 기여해야 한다. 미국 국민 중 가장 부유한 사람들은 가장 가난한 사람들보다 비례적으로 더 많은 것을 기여해야 한다. 하지만 어느 누구도 이 문제에서 완전히 면제될 수는 없다. 위대한 세대의 어느 누구도 2차 세계대전이나 냉전에 참여하지 않겠다고 선택하지 않았으며, 베이비부머 세대 중 어느 누구를 막론하고 국가가 직면한 문제에서 제외될 수 없다. 하나의 사회로서 미국은 빈곤에 대한 일종의 기능적 수준을 정해야 한다. 그리고 그 수준 이상에 있는 모든 미국인들은 소득세라는 방식을 통해서 뭔가를 기여해야 한다. 탈세의 도피구를 메우고, 에너지에 세금을 부과해야 할 것이다. 또한 농업보조금을 철폐하고, 부유층뿐만 아니라 중산층에 대한 한계세율을 인상하는 등 이 모든 것들을 결합한 조세개혁이 필요할 것이다. 세금을 인상하지 않고도 국가재정을 회복시킬 수 있다고 주장하는 사람이 있다면, 그 사람은 진지하게 이 문제를 대하지 않는 사람이다.

끝으로 양대 정당은 각 당의 고유이념을 포기하고 전체 사회부문에 대한 세금인상, 조세제도의 허점 보완, 일부 특정 표적 부문에 대한 투자 등을 해야 한다. 더불어 재정지원에 의한 복지 제공, 국방 및 재량적 프로그램들 전체에 대한 지출삭감 등이 모두 혼합된 조치들을 수용해야만 한다. 2010년 앨런 심슨Alan Simpson과 어스킨 보울스Erskine Bowles가 공동의장을 맡고 양대 정당이 공동으로 참여했던 '재정적 책임과 개혁에 대한 국가협의회The bipartisan National Commission on Fiscal Responsibility and Reform'의 제안이 미국에게 필요한 틀이다. 그러나 21세기의 두 번째 10년을 맞는 미국 정치인들은 이와 같은 거국적인 노력에 참여하지 않고 있다. 참으로 안타까운 일이다.

"양대 정당이 국민들로부터 무언가를 빼앗아오기 위해 협력했던 것은 정말로 오래 전의 일이 되었습니다. 그들은 정상적인 모습이 결코 아닙니다." 데이비드 스토크먼의 의견이다.

미국은 제 모습을 찾아야 한다. 재정적자를 축소하는 것은 단순한 회계 문제도 아니고 정치에 연연하는 사람들의 밥그릇 싸움도 아니다. 그것은 베이비부머 세대들에게 있어서 가장 중요한 순간이다. 노르망디 해안의 군인들이 그랬던 것처럼 미국의 미래는 미국 국민들의 손에 달려 있다. 미국인들은 열심히 일해야 하고, 지금 당장 실천해야 하며, 함께 힘을 모아야만 해낼 수 있다.

애틀랜타 시장 카심 리드Kasim Reed는 미국인들이 무엇을 해야만 하는지 잘 알고 있다. 애틀랜타 시에서 이러한 사건이 오프브로드웨이 미니버전으로 벌어졌을 때 그가 주역을 맡았기 때문이다. 전 조지아 주 상원의원이었던 카심 리드는 2009년 12월 애틀랜타 시장 선거에서 714표 차이로 시장에 당선됐다. 그가 시장으로 취임했던 날, 애틀랜타의 준비금은 겨우 740만 달러로 예산은 통제불능 상태였다. 많은 소방관들을 해고한 상태였기에 소방차에는 고작 3명의 소방관들만 탑승하고 있었다.

이는 국가가 정한 기준에 미달되는 수준이었다. 리드는 도시 운영을 위해 그의 측근이 아닌 2명의 전문가를 채용함으로써 시정개혁을 시작했다. 두 전문가는 컨설팅업체 베인앤컴퍼니Bain & Company의 파트너로 그의 최고운영책임자가 된 피터 아만Peter Aman과 〈애틀랜타저널컨스티튜션The Atlanta Journal-Constitution〉의 전 발행인으로 연금개혁패널을 이끄는 존 멜롯John Mellott이었다. 리드는 애틀랜타 시정에서 수학에 대한 전쟁을 끝내야 했다. 이를 위해 시의 재정 상태에 대해 누구도 이의를 제기하지 못할 정도로 정확하게 평가해줄 외부 인사들을 데려와야만 했다. 2010년 초 그가 시장 직을 인계받았을 때 시의 연금기금은 전체 세수 중 20퍼센트를 차지하고 있었으며 계속해서 늘어나는 추세로 완전히 고삐가 풀려 있었다. 2000년대 초에 30퍼센트까지 증가했고 시의 모든 경찰관과 소방관, 공공기관 근로자들에게 연금을 소급했기 때문이다. 그래서 2001년부터 2009년 사이, 자금조달원이 확보되지 않은 애틀랜타 시의 확정연금 채무는 3억 2100만 달러에서 14억 8400만 달러로 늘어났다. 기존 연금들에 대해서는 소송을 통하지 않고서는 삭감할 수 없었다.

하지만 리드는 모든 신규 종업원들을 대상으로 연금을 2000년 이전 수준으로 축소하고, 근무연수 10년이 지나면 받을 수 있었던 연금수령을 15년이 지나야 받을 수 있도록 개정했다. 노동조합원들이 시청에서 시위를 했다. 그러자 리드는 그들 모두에게 순번을 정해서 시장실로 초청했다. 그래프와 도표들을 보여주면서 연금개혁을 하지 않으면 모두의 연금기금이 결국은 파산할 수밖에 없다는 점을 끈질기게 설득했다. 시 예산이 안정을 찾기 시작하면서 리드는 경찰관 증원을 위해 재정을 일부 투입했다. 그리고 그가 가장 원했던 사업으로 그동안 재정 부족으로 문을 닫았던 애틀랜타 최빈곤층 거주 지역에 있는 16곳의 주민여가센터와 수영장을 재개장했다. 카심 리드는 이렇게 말했다. "사람들은 텅 빈 수영장에서 주사위 게임을 하고 있었지요." 지역 기업체들은 재개장된 센터에서 방과 후 직업기술 프로그램을 운영하는 자금을 지원하고 있다.

수학이 중요하지 않다는 관념을 극복하기 위해 노력하면서 일부 프로그램들을 축소하고, 세금을 인상하며, 꼭 필요한 분야에 대해서는 투자를 늘리는 것이 미국 정치의 핵심이 될 것이다. 우리는 앨런 심슨이 어스킨 보울스와 대통령 직속위원회의 공동의장을 맡으면서 깨달았다는 아래의 위대한 교훈에 대해 전적으로 동의한다. "이 사업에 처음 착수했을 때, 우리는 '이 일을 손자들을 위해서 하고 있다'라고 말했습니다. 그러다가 '우리 자녀들을 위해 이 일을 하고 있다'로 바뀌었습니다. 그런데 지금에 와서 우리는 이 일이 우리 자신들을 위한 일이라는 사실을 깨달았습니다."

그의 말이 전적으로 옳다. 이 일은 미국 전체의 일이다. 미국 국민들이 처리해야 할 일들이다. 미루면 안 된다. 미국이 저질러놓은 것들이다. 현재의 미국인들이 살아 있는 동안 그 대가를 부담해야 하고, 현재만 생각하기보다는 미래를 내다보면서 그것을 바로잡아야 한다. 지금 문제가 되는 것은 다음 세대들에게 아메리칸 드림을 꿀 수 있는 기회를 주느냐 못 주느냐이다.

# 10장

# 물리학과
# 다른 좋은 것들에 대한 전쟁

사실 오늘날 미국이 직면한 에너지 문제와 기후 위기는 이 모든 문제의 중심이 되는 어느 특정 연도로까지 거슬러 올라갈 수 있으며, 그 생생한 현실은 한 편의 드라마틱한 영화에 고스란히 담겨 있다.

때는 1979년, 영화는 '차이나 신드롬The China Syndrome'이다. 이 영화는 캘리포니아의 원자력발전소를 배경으로 했다. 주인공인 제인 폰다가 TV리포터 역할을 맡았고, 마이클 더글라스가 카메라 촬영기사로, 대니얼 발데스가 음향기술자로 출연했다. 영화는 이 세 사람이 지역 TV 방송국 특집기사를 만들기 위해 원자로 관찰실로 안내를 받으며 걸어가는 장면으로 시작한다. 관찰실에는 제어실을 내려다볼 수 있는 커다란 방음창이 있다. 더글라스는 촬영을 해서는 안 된다는 말을 들었지만 남들 모르게 촬영을 한다. 그런데 갑자기 제어실이 패닉 상태에 빠진다. 정수기 물통 가득 거품이 이는 모습이 클로즈업된다. 건물이 흔들린다. "도

대체 무슨 일이야?" 교대 근무조 책임자로 나온 잭 레먼이 묻는다. 비상 경보가 울린다. 잭 레먼은 계기판을 두드리지만 냉각수 수위는 빠르게 내려간다. "위급상황이다!" 잭 레먼이 말한다. 원자로의 노심爐心이 노출될 것처럼 보이자 공포에 질린 직원들은 계기판을 응시한다. 마침내 냉각수 수위는 정상을 회복한다. 사람들은 안도의 한숨을 내쉰다. 더글라스는 TV 방송국 편집실에서 자기가 찍은 화면을 동료들에게 보여준다. 그러나 프로듀서는 소송에 휘말리는 것이 두려워 방영을 거부한다.

폰다는 더글라스가 촬영 테이프를 갖고 종적을 감추었다는 소식을 듣고 테이프를 돌려받기 위해 그를 찾으러 나선다. 그녀는 영사실에서 물리학 교수와 핵기술자에게 촬영 테이프를 보여주고 있는 더글라스를 발견한다. 핵기술자는 원자로의 노심이 거의 노출될 지경까지 갔던 것 같다고 말한다. 교수는 사태가 '차이나 신드롬'으로 이어질 수도 있었다고 설명한다. "만일 노심이 노출되면 연료가 가열되고 그렇게 되면 차이나 신드롬을 멈출 수 있는 방법은 아무것도 없습니다. 노심 용융물은 발전소 바닥까지 뚫고 녹아내려서 이론상으로는 지구 반대편에 있는 중국까지도 도달합니다. 용융물이 지하수와 만나면 대기 중으로 폭발을 하게 되고 방사능 구름이 만들어집니다. 사망자 수는 바람이 부는 방향에 따라 좌우될 것입니다."

교수는 불길한 투로 다음과 같이 덧붙인다. "이는 펜실베이니아 주 규모의 지역을 사람이 살 수 없는 상태로 만들 수 있습니다."

영화의 마지막 장면에서 폰다, 더글라스, 레먼은 발전소 제어실을 점거하고 원자력발전소의 위험 노출을 방송으로 내보내기 시작한다. 경비원들이 들어와 레먼에게 총을 쏜다. 갑자기 제어실이 격렬하게 흔들리기 시작한다. 냉각시스템 일부에 균열이 가기 시작하지만 원자로를 지탱하고 있다. 영화는 생방송을 진행하던 폰다가 이렇게 말하면서 끝난다. "저는 오늘밤에 일어난 일이 술주정뱅이나 미친 사람이 저지른 일이 아니라고 확신합니다. 레먼은 이 발전소가 문을 닫아야만 하는 이유를 보여주는 증거를 제시하려던 참이었습니다."

영화는 종종 우리가 말하지 못하는 두려움을 표현한다. '차이나 신드롬'은 1979년 3월 16일 미국 극장에서 처음 상영되었다. 그리고 12일이 지난 1979년 3월 28일, 메트로폴리탄에디슨이 펜실베이니아 주 해리스버그 외곽 스리마일 섬에 건설한 원자력발전소의 원전 2호기에서 미국 역사상 최악의 원전 사고가 발생했다.

원자력발전소 장비의 오작동이 제어실 직원으로 하여금 노심을 덮고 있는 냉각수의 양을 과대평가하게 만들었다. 사실, 냉각수의 수위는 낮았고, 노심의 절반 정도가 노출되었다. 한 보고서는 노심의 약 3분의 1이 화씨 5000도(섭씨 2870도)까지 올라갔을 거라고 추정했다. 만일 이 사고를 수습하지 못했다면 핵 연료봉이 녹아내려 원자로용기를 파괴하고 방호벽까지 뚫고 나가 차이나 신드롬으로 이어졌을 것이다. 방사능이 대기 중으로 방출되고, 영화에 나온 교수가 경고한 대로 "펜실베이니아 규모 정도의 지역을 사람이 영원히 살 수 없는 상태로 만들 수 있는" 일이 벌어졌을 것이다.

영화에서처럼 스리마일 섬 사고도 사망자나 심각한 부상자 없이 마무리됐다. 방사성 기체와 액체 유출이 심각한 수준은 아니었다. 사고 이후 지역주민들에게서 암이나 기타 질병이 특별히 발생하지도 않았다. 그렇지만 미국의 경제, 지정학 및 환경적 건강에 대해 스리마일 섬 원전 사고가 미친 영향은 방사능에 피폭된 것처럼 극에 달했다.

　영화 '차이나 신드롬'과 실제 스리마일 섬 원전 사고의 우연한 일치, 그리고 무엇보다도 지속적인 건설비용 상승과 1980년대에 불어닥친 원자력발전소 건설에 따르는 법적 책임 등이 복합적으로 작용하여 미국에서는 신규 상업용 원자력 시설의 건축이 서서히 중단되었다. 새로운 차세대 기술이 등장함에 따라 태양열이나 풍력 또는 전지電池는 점점 저렴해졌지만 원자력발전소 건설비용은 날이 갈수록 비싸졌다. 오늘날 1기가와트급 원자력발전소를 짓는 데 드는 비용은 대략 100억 달러이고 완공까지는 6~8년이 걸린다. 따라서 원자로 제어장치 고장에 대한 두려움이 끝없이 치솟는 건설비용에 대한 두려움으로 변해버리는 상황이 되었고, 이는 지난 30여 년 동안 원자력규제위원회Nuclear Regulatory Commission가 미국에 새로운 상업용 원자력발전소 건설을 단 한 건도 승인하지 못하게 한 오늘날의 냉혹한 현실을 낳았다. 미국에서 가장 최근에 설립된 상업용 원자력발전소는 테네시 주에 있는 와츠바원자력발전소Watts Bar Nuclear Plant로 1996년에 완공되었다. 이 발전소는 1977년에 건설 승인을 받았다.

　그렇지만 미국이 원자력에너지를 포기했을 때, 사실상 미국은 세상을 탄소 배출이 없는 동력으로 전력을 생산하는 방향으로 인도했다. 현재 미국에 있는 104기 원자력발전소의 평균 연령은 30세이다. 현재 미국 전력의 약 20퍼센트를 공급하는 원자력을 유지하기 위해서는 향후 10년 동안 전체 원자력발전소를 새로 건설하거나 현대화해야 한다. 2011년 3월, 지진과 쓰나미로 인해 일본 후쿠시마 제1원자력발전소Fukushima Daiichi Nuclear Power Plant에서 방사능이 누출되었다. 이 원자력 대재앙은 미국에서의 원자력 발전이 잘하면 정치적으로 까다로운 문제를 만들고, 최악의 경우에는 해결이 불가능한 문제라는 것을 새롭게 인식하게끔 만들었다. 지난 30여 년간 미국은 전체 발전량 중 원자력이 차지하는 비중을 증가시키지 않았다. 때문에 전체 에너지 수요가 성장하면서 더욱더 석탄, 원유, 천연가스 등 화석연료에 의존해왔다.

1979년에는 다른 몇 가지 이유로 에너지와 환경이 중요하다는 사실이 입증되었다. 당시 석유를 둘러싼 치명적인 지정학적 사건 때문에 석유 가격이 급등했다. 사건은 1979년 2월, 아야톨라 호메이니Ayatollah Khomeini와 그의 추종자들이 이란의 왕정을 타도하고 수도 테헤란Tehran을 장악하면서 시작됐다. 몇 달 후, 1979년 11월 20일 수니파 이슬람 극단주의자들은 사우디아라비아 지배계급의 종교적 자격에 이의를 제기하며 사우디아라비아 메카Mecca의 그랜드 모스크Grand Mosque를 점거했다. 사원을 다시 탈환한 후 공황상태에 빠진 사우디아라비아의 지도자들은 이슬람 원리주의자들과 합의문을 새로 작성함으로써 상황에 대응했다. "우리가 계속 권력을 장악할 수 있게 해준다면, 우리는 여러분에게 사회규범 설정, 여성들의 베일 착용, 음악에 대한 제한, 이성 교제 제한 및 종교교육의 부과 등에 대해 결정권을 갖도록 해주겠다. 우리는 금욕적인 수니 살라피Sunni Salafi 및 와하비Wahhabi의 근본주의를 널리 전파하기 위해 여러분에게 풍부한 자원을 제공할 것이다." 이 때문에 이슬람 세계의 주도권을 장악하려는 이란의 시아파와 사우디아라비아의 수니파 사이에 경쟁 구도가 형성되었고, 이들은 그들 각각의 청교도적인 이슬람주의를 전파했다. 1979년 이집트 출신의 중동 지역 전문가 마문 팬디Mamoun Fandy는 "이슬람은 제어장치를 잃어버렸다"라고 말했다. 이슬람 세계의 모든 학교와 사원은 이슬람 교리에 대해서 더욱 원리주의적인 해석을 달았다. 온건한 반대 성향은 존재하지 않았다. 또한 이란과 사우디아라비아에 조금이라도 필적할 만한 자원을 지원받는 조직도 없었다.

이러한 사건들로도 1년이 충분치 않았던 듯, 1979년 12월 24일에는 소비에트 연방이 아프가니스탄을 침공했다. 이에 대한 대응으로 아랍과 이슬람교 무자헤딘 전사들은 러시아인을 축출하기 위하여 떼를 지어 아프가니스탄으로 이동했고, 미국의 요청에 따라 사우디아라비아는 이 성전聖戰에 자금을 지원했다. 이러한 과정을 겪으면서 파키스탄과 아프가니스탄은 금욕적인 이슬람의 정치적 성향을 더욱 지향하게 되었다. 오사마 빈 라덴이 아프가니스탄의 강경한 이슬람 전사들을 이끌면서, 이들의 총부리는 미국과 아랍 동맹국으로 향했다. 그리고 마침내 2001년 9월 11일에는 절정으로 치달았다.

미국이 해외에서 사들인 휘발유가 그저 사우디아라비아 왕자에게 지중해 연안의 리비에라 해변에 별장과 요트 구입을 가능케 하고 런던과 몬테카를로에서 도박으로 흥청거리게 만들었을 뿐, 아무에게도 해를 가하지 않고 평온했던 지난날은 사라져버렸다. 메카에 대한 공격과 이란혁명 이후, 미국의 석유중독증은 파키스탄의 마드리사madrassah, 아프가니스탄과 유럽의 이슬람 원리주의자 사원, 탈레반들을 위한 스팅어 미사일 등에 대해 자금을 지원하는 일이 되기 시작했다. 그리고 이 모든 것들은 그 후 미국의 문제가 되어 되돌아왔다. 다시 말해 미국의 석유중독증이 1979년 이전까지는 미학적으로 혐오스러운 것이었다면, 1979년 이후부터는 지정학적으로 치명적인 것이 되었다. 미국은 급진주의 이슬람교도들과 벌이는 전쟁에서 피아 양쪽 모두에 자금을 대고 있었다. 미국은 자국의 군대에 국가세금으로 자금을 지원했고 동시에 간접적으로는 오일달러로 적들과 그들의 성전 이데올로기를 지원했다.

1979년은 단지 시작에 불과했다. 에너지 시장은 그 해에 일어난 다른 2가지 정치적 사건으로 큰 영향을 받았다. 1979년 5월 4일, 마가렛 대처가 영국 수상으로 선출되었다. 그녀와 1981년 미국 대통령으로 취임한 로널드 레이건은 베를린 장벽 붕괴 후 세계화의 확산을 위한 길을 닦는 데 기여했던 시장 친화적 경제정책을 실행했다. 그 결과 전 세계 경제활동이 증가했으며, 자동차, 스쿠터, 가전제품을 구입하고 세계여행을 할 수 있는 여유가 생긴 사람들이 크게 늘어났다.

마오쩌둥 사망 후 3년이 되던 시점이었던 1979년, 지금까지 언급한 사건들보다 많은 주목을 받지는 못했지만 마찬가지로 중요한 일이 있었다. 중국의 공산주의 정부는 영세 농부들에게 개별 농지에서 작물을 재배하고 소비한 뒤 남은 것을 판매하여 이익을 챙기는 것을 허용했다. 농업개혁은 1978년 시골에서부터 시작되었지만, 1979년에는 중국 농촌에서 촉발된 자본주의가 중국 경제 전반으로 확산되었다.

런던 〈더 타임스〉(2009년 12월 5일자)는 이 시대를 역사적으로 되돌아보는 보도를 했다. 1979년 "중국에서 최초로 사업허가증을 받은 사람은 장 후아메이Zhang Huamei라는 국영 우산공장에서 일하던 노동자의 딸이다. 당시 그녀는 열아홉 살이었으며 탁자 위에 장신구들을 늘어놓고 불법으로 판매했다. 하지만 합법적으로 자신의 사업을 할 수 있기를 원했다"고 전했다. 〈더 타임스〉는 현재 장 후아메이가 세계의 다양한 단추들을 공급하는 후아메이 가먼트 액세서리 컴퍼니Huamei Garment Accessory

Company의 대표이자 백만장자임을 언급했다. 그녀는 자신의 첫 매출에 대해 이렇게 말했다. "내가 제일 처음 팔았던 물건은 장난감 시계였습니다. 그날은 1978년 5월 어느 화창한 아침이었습니다. 나는 그 시계를 0.15위안에 가져와서 0.2위안에 팔았습니다. 이윤이 생겼다는 사실에 정말이지 신이 났습니다. 그러나 지방정부 공무원이 그 일을 못하게 할까봐 한편으로는 상당히 초조하고 두려웠습니다." 1979년 중국 정부가 그녀에게 사업허가증을 공식적으로 발급했을 때, 13억 중국 국민이 공산주의에서 자본주의로 방향을 틀었던 것이다. 그러한 변화는 우리가 이 책을 시작하면서 이야기했던 톈진의 컨퍼런스센터를 비롯해 다른 많은 곳에서 일어났다. 그 결과 세계의 에너지 수요와 대기 중으로 내뿜는 온실가스 배출량이 급격하게 상승했다. 2010년 1월 7일, 중국의 〈피플스 데일리 People's Daily〉는 "지난 해 중국에서 총 1670만 대의 차량이 판매되면서 현재 중국의 총 차량대수는 1억 8600만 대를 넘어섰다. 그중 절반은 모터사이클이다"라고 보도했다. 1979년에는 중국에서 사실상 개인이 자동차를 소유할 수 없었다.

 마지막으로 주목할 만한 사건도 1979년에 발생했다. 이 사건은 사람들의 관심을 거의 끌지 못했다. 미국 국립과학원은 '지구온난화'라고 불리는 현상을 처음으로 경고했다. 1979년에 수행된 〈차니 보고서 The Charney Report〉라는 제목의 연구에서 국립과학원은 다음과 같이 진술했다. "만일 이산화탄소가 계속해서 증가할 경우, 기후변화로 귀결될 것이라는 사실에 의심할 여지가 전혀 없으며 이러한 변화를 무시해도 된다고 생각할 만한 근거도 전혀 없다는 사실을 우리는 확인했습니다."

 이상의 사건들을 모두 모아놓고 보면, 왜 1979년이 오늘날 에너지와 기후변화 문제를 창출했던 중심이 되는 시기인지 그 이유가 분명해진다. 기후변화 문제를 구성하는 세부 사항들은 복잡하기 때문에 몇 가지 사항들은 이번 장의 나머지 부분에서 논의할 것이다. 그러나 이를 해결하는 열쇠는 간단하다. 미국은 가능한 한 빨리 그리고 가능한 한 현명하게 화석연료 소비를 줄여야만 한다. 아직도 미국은 이를 시작하지 않고 있다. 미국인 전체가 이러한 문제를 회피하고 있다. 어떤 이들은 문제의 존재까지도 부정한다. 에너지와 기후 문제는 미국인들의 생활에서 거의 모든 중대한 문제에 영향을 미친다. 때문에 이 위기를 해결하지 못하면 미국뿐만 아니라 지구 전체가 위험해질 수 있다. 우리가 미국이 직면한 4대 과제에 이 문제를 포함시킨 이유가 바로 이 때문이다. 에너지와 기후 문제에 어떻게 대처하느냐에 따라 미국의 경제 역동성, 국가안보, 식량 공급, 그리고 미래의 가장 중대한 산업에서 미국이 얼마나 혜택을 누릴 수 있느냐가 좌우될 것이다. 에너지 정책은 미국의 국제수지와 통화 가치에 영향을 미친다. 에너지 정책은 우리가 숨 쉬는 공기의 질과 우리의 해안을 둘러싸고 있는 해수면에 영향을 미친다. 현재 우리가 살고 있는 평평해진 세계라는 현실에 맞추어 더욱 개선된 정책을 마련하지 않는다면(즉 미국에게 다른 에너지 정책이 없다면), 미국은 21세기에 번영하지 못할 것이다.

미국은 청정에너지를 더 많이 창출하고 기후변화를 늦추는 방법에 대해서 논의하기보다 그 일들을 해야 하는가 하지 말아야 하는가를 두고 논쟁하고 있다. 우리는 이미 입증된 과학의 영향을 논의하기보다 일부 과학자들의 진실성을 두고 논쟁하고 있다. 미국은 자국의 경제, 대기, 국가안보에 해로운 석유중독증을 끊어버리기보다는 밀매자들에게 원유관에서 기름을 한 번만 더 빼내달라고 애걸하고 있다.

언제 어떻게 지구온난화가 기후에 영향을 미치고 날씨 패턴에 무슨 일을 벌일지 알 수 없는 내용이 많긴 하지만, 전반적인 현상을 거짓이라고 주장하거나 기후변화의 존재를 보여주는 모든 과학적 증거들이 거짓이고 우리가 직면한 모든 것들이 전혀 문제가 되지 않는다고 암시하는 행동들은 물리학의 법칙을 부정하는 처사이다. 그리고 석유, 천연가스, 석탄이 언제 고갈될지 정확히 알지 못하면서 막대한 재정적, 환경적, 지정학적 결과를 치르지 않고도 우리가 원하는 만큼 영원히 소비할 수 있는 것처럼 행동하는 것도 문제이다. 이는 물리학의 법칙을 부정하는 것뿐만 아니라 수학, 경제학, 지정학적 법칙까지도 부정하는 것이다.

한꺼번에 이 모든 것을 다 하겠다는 건 시장과 자연을 동시에 우롱하는 짓이다. 이는 시장과 자연에게 거칠고, 갑작스럽게, 그리고 원하는 시기에 반응하라고 부탁하는 것과 같다.

## | 기후변화를 믿는다면 자동차 경적을 울리십시오

2010년 2월, 워싱턴에 폭설이 내린 다음 날이었다. 오클라호마 출신 공화당 상원의원 제임스 인호프의 딸 몰리 래퍼트와 그녀의 남편, 그리고 네 자녀는 워싱턴 국회의사당 근처의 내셔널 몰에 이글루를 만들었다. 그들은 이글루 한쪽에 '앨 고어의 새집'이라는 팻말을 달았다. 다른 한쪽에는 '지구온난화를 사랑한다면 자동차 경적을 울리십시오'라는 팻말을 달았다.

미국인들은 경적을 울리지 말았어야 했다.

지구온난화를 연구하는 99퍼센트의 과학자들도 경적을 울리지 말았어야 했다. 이 문제는 실제로 복잡한 문제가 아니다. 우리는 지구온난화가 지구에 생명체가 살 수 있도록 해주기 때문에 실재하는 현상이라는 사실을 잘 알고 있다. 이 말은 분명한 사실이다. 우리는 작은 행성 지구에 살고 있다. 지구는 자연스럽게 발생된 온실가스층으로 덮여 있다. 그리고 이 온실가스층은 지구 표면에서 발생한 열과 온도를 가둔다. 온실가스가 없다면 우리 행성의 평균기온은 화씨 0도(섭씨 영하 17도)가 될 것이다. 이것도 논쟁의 여지가 없는 분명한 사실이다.

우리는 실제로 대기 중 이산화탄소 수준을 측정할 수 있다. 때문에 지구 대기권의 온실가스 농도가 산업혁명 이후 계속해서 증가했다는 사실 역시 잘 안다. 온실가스가 증가한 이유는 산업혁명이 시작되면서부터 화석연료의 사용이 계속해서 증가하다가 세계화의 가장 최근 단계인 지난 30년 동안 급등했기 때문이다. 이러한 이유 말고는 과학적으로 그럴듯한 다른 설명이 없다. 산업혁명이 시작되었을 당시, 지구 대기권의 이산화탄소 농도는 약 280ppm이었다. 2011년이 되면서 이산화탄소 농도는 390ppm이 되었다. 이는 분명한 사실이다.

온실가스는 자연스럽게 지구의 평균기온에 영향을 미쳤다. 다시 한 번 말하지만 우리는 이를 측정할 수 있다. 우리가 지구 주변의 온실가스층을 두껍게 만들면서 그것이 태양광선을 더 많이 가두게 되었다. 그로 인해 열이 발생했다. 기후변화를 추적하는 지구정책연구소EPI, Earth Policy Institute는 2010년 연구보고에서 다음과 같이 언급했다.

지구의 기온만 올라가는 것이 아니라 상승 속도까지 올라가고 있습니다. 1880년부터 1970년까지 지구 평균기온은 매 10년마다 약 0.03도씩 상승했습니다. 1970년 이후 상승 속도는 놀랍도록 증가해 매 10년마다 0.13도씩 상승했습니다. 1880년대 이래로 현재까지 지구 평균기온은 약 0.8도 상승했으며 총 증가한 온도의 3분의 2는 지난 40년 동안 상승한 것입니다. 그리고 최근 10년이 지구 역사상 가장 더웠던 기간이었습니다.

EPI 보고서는 지구의 평균기온이 탄소 배출 이외에도 태양과 대기권의 바람 등 여러 가지 자연적으로 발생하는 주기들을 비롯하여 수많은 요인에 의해서 상승 또는 하강의 영향을 받는다고 설명한다. 그러나 근래의 자연주기들을 감안하면 지구의 평균기온은 상승하지 말고 하강해야 한다. 따라서 지구 기온이 올라갔다는 기록은 2배로 우려되는 사항이다.

EPI 보고서는 다음과 같이 결론을 내렸다. "역사상 가장 더웠던 10년이 마감되면서 2010년 지구 평균기온은 14.63도를 기록했습니다. 이는 지난 131년 동안 가장 뜨거웠던 해인 2005년 기록과 같습니다. 게다가, 19개국이 2010년에 최고기온을 기록한 반면 최저기온이 나타난 나라는 없었습니다. 지난 10년 동안 미국에서는 최고기온을 기록한 연도들이 최저기온을 기록한 연도들 보다 2배 이상 많았습니다. 반세기 전만 해도 최고기온과 최저기온 발생 확률은 거의 비슷했습니다."

지구의 온실가스층이 더 많은 열을 가두면서 지구 평균기온이 상승했고 더 많은 빙하가 녹아내렸다. EPI에 따르면 1940년대 이후부터 남극반도의 87퍼센트 빙하가 후퇴했다고 한다. 그린란드와 남극대륙의 얼음이 완전히 녹는다면 해수면은 70미터 이상 상승할 것이다. 이는 분명한 사실이다. 이 모든 사실은 측정할 수 있다.

특정한 기상 현상이 기후변화에 직접적인 영향을 미치지는 않는다. 하지만 2010년에 나타난 여러 가지 심각한 기상 현상은 과학자들이 점점 따뜻해지는 기후의 특징으로 예상하는 현상들이다. 과학자들은 기후변화로 인해 더 많은 비와 폭설이 오고 가뭄이 심화될 것이라고 주장한다. 왜냐하면 더워진 공기가 수증기를 더 많이 갖게 되면서 여분의 수분이 어떤 지역에서 극심한 폭우로 이어지는 반면 다른 지역에서는 비가 내리지 않기 때문이다. 2010년에 기록된 기상 현상으로는 오스트레일리아와 파키스탄의 홍수, 수천 명의 목숨을 앗아간 러시아의 폭염, 이스라엘의 최악의 산불, 중국의 산사태, 미국 중부 대서양 연안 일대의 기록적인 폭설, 대서양에서 열두 차례 발생한 허리케인 등이 있다. 우리가 로키산연구소Rocky Mountain Institute의 공동창립자 헌터 로빈스Hunter Lovins가 주장한 '지구이상화Global Weirding'라는 용어를 믿는 이유는 바로 이러한 기상 현상들 때문이다. '지구이상화'는 '지구온난화'라는 용어보다 현재 기후체계의 변화를 훨씬 더 정확하게 표현한다. 지구온난화는 상당히 긍정적인 기분이 든다. 이 용어는 기상이변을 결코 표현하지 못한다.

잘 정립된 핵심적인 사실들 너머에는 불확실한 것들이 많이 있다. 우리는 세계가 어느 정도로 얼마나 빨리 더워질지 모른다. 이는 지구 위의 68억 인구가 얼마나 많은 온실가스를 배출하게 될지 정확하게 예상할 수 없을 뿐만 아니라, 많은 기후학자들이 믿는 것처럼 지구 기온은 온실가스 배출이라는 하나의 원인으로 상승할 때보다 '피드백 효과'를 통해서 훨씬 높은 비율로 상승할 수 있기 때문이다. 예를 들어 높아진 기온이 북극의 툰드라 지역을 녹이면 땅 밑에 갇혀 있던 강력한 메탄가스가 방출된다. 이러한 메탄가스는 지구를 덮고 있는 온실가스층을 두텁게 만든다. 높아진 기온이 지구에 어떤 결과를 가져올지 아무도 확신할 수 없다. 지구의 대기와 표면은 복잡한 시스템으로 연결되어 있다. 이는 너무나 복잡하기 때문에 최고의 과학자가 세상에서 가장 정교한 수학적 모델을 사용하더라도 정확하게 예측할 수 없다. 높아진 지구 기온에 따른 지정학적 결과의 사회 경제적 효과는 훨씬 더 불확실하다. 예상되는 현상으로는 기근, 대규모 인구 이동, 정부체계 붕괴, 가장 심각하게 영향을 받게 될 지역들에서의 전쟁 등이 포함된다. 유감스럽게도, 지구온난화가 이 모든 일들을 또는 이중에서 어떤 일들을 언제, 어떻게, 그리고 과연 촉발시킬지 시키지 않을지를 미리 알기란 불가능하다.

그렇다. 기후변화의 효과를 둘러싼 내용들에는 불확실성이 존재한다. 그러나 기후변화가 사실이냐 아니냐에 대해서는 불확실성이 전혀 없다. 기후변화 효과가 언제 어떤 식으로 나타날 것인가에 대한 불확실성은 앞으로 밝혀질 것이다. 보통 이러한 불확실성에 대한 논의에서 놓치고 있는 한 가지는 불확실성이 상반된 결과를 가져올 수도 있다는 사실이다. 지속적인 지구 기온 상승에 따른 결과는 대부분 기후학자들이 예상하는 것보다 훨씬 양호한 상태가 될 수도 있다. 그렇게 되기를 바라자. 그러나 한편으로는 더 심각한 상태가 될 수도 있다.

당신은 2010년 신문에서 이 내용을 읽어보았을 것이다. 그렇지만 아마 자세히는 모를 것이다. 화석연료를 사용하는 산업체들로부터 자금을 지원받고 있는 기후변화 회의론자들은 일부 기후변화 연구자들의 행동에 대해서 논란을 불러일으키려 했다. 이를 위해 영국 이스트앵글리아 대학교 기후변화연구소의 기후학자들이 서로 간에 주고받은 이메일에서 기회를 포착했다. 이 특별한 사건에 대해서 어떻게 생각하든, 전 세계에 걸쳐 독립적으로 수행된 연구 결과에 근거한 지구온난화에 대한 과학적 합의를 무효로 돌릴 수는 없다. UN의 기후변화에 관한 정부 간 협의체 IPCC보고서에 설혹 작은 실수가 있었다 하더라도 마찬가지다. 하지만 너무도 바빠서 이러한 이슈들을 살펴볼 시간도 없고, 이러한 작은 실수들이 중대한 과학적 확실성에 얼마나 영향력을 미치는가에 대한 충분한 인식도 없으며, 왜 그리고 어떻게 전 세계 기후학자는 이 엄청난 음모를 만들었는지 묻기를 기피하는 대중들에게 이러한 뉴스는 기후변화에 대한 의심과 혼란을 야기했다. 그리고 미국의 기후 관련 입법을 지연시키는 데도 일조했다.

물리학자이자 홈페이지 Climateprogress.org를 운영하는 조셉 롬 Joseph Romm은 기후변화 회의론자들이 담배 산업의 전례를 그대로 따랐다고 말했다. "담배가 암을 일으킨다는 내용이 이슈가 되었을 때, 담배 산업은 절대로 이 논쟁에서 이길 수 없다는 사실을 깨달았습니다. 그래서 사람들의 생각을 흩뜨리는 의심을 심어놓을 수밖에 없었습니다. 예를 들면 이런 내용이었습니다. '나는 내가 옳다고 당신을 설득하지 않겠습니다. 나는 당신에게 다른 사람이 틀릴 수도 있다는 사실을 설득하겠습니다.' 담배 산업에 종사하는 사람들은 '의심은 우리가 낳는다'라는 유명한 문구를 사용했습니다. 문턱을 넘기 훨씬 쉬운 방법이었죠." 회의론자들에게는 또 다른 유리점이 있었다. 그것은 당신이 지금 살고 있는 방식이 암과는 무관하다는 말로 설득하는 것이었다. "당신의 세계관으로 확인된 것들은 기억하고 이해하는 반면 확인되지 않은 것들은 외면하고 무시하는 것이 인간의 본성이지요. 이를 '확증 편향confirmation bias'이라고 부릅니다."

일반적으로 자신이 알고 있는 내용보다 모르는 내용에 집중하는 경향이 있는 과학자들은 그들의 의사를 제대로 전달하거나 방어하지 못한다. 조셉 롬은 다음과 같이 말했다. "과학자들은 상아탑 속에서 살아가고 있습니다. 이들은 사실이 논쟁에서 승리하고 자신들을 대변하기 때문에 자신의 생각을 광고할 필요도, 반복해서 말할 필요도 없다고 생각합니다. 심지어 이들은 같은 말을 되풀이하거나 공식적인 인지도를 너무 많이 쌓은 사람들을 불신합니다."

결국, 기후변화의 과학에 반대하는 무책임한 캠페인은 국립과학원 255명 연구원들이 2010년 5월 7일자 〈사이언스Science〉에 공개 항의서를 올리는 사태까지 촉발했다. 이들이 주장한 내용은 다음과 같다.

> 모든 미국 시민은 몇 가지 기본적인 과학적 사실을 이해해야 합니다. 과학적 결론에는 언제나 어느 정도의 불확실성이 있습니다. 과학은 어떤 것도 완벽하게 증명할 수 없기 때문입니다. 누군가 사회는 과학자들이 완벽하게 확신할 때까지 기다렸다가 행동을 취해야 한다고 말한다면, 이는 사회가 결코 행동을 취해서는 안 된다는 말과 같습니다. 기후변화는 잠재적으로 치명적인 문제이기 때문에 이에 대해 어떠한 조치도 취하지 않는 것은 지구를 위기로 빠뜨리는 일입니다.
>
> 과학적 결론은 실험실에서의 실험을 바탕으로 한 기본 법칙에 대한 이해, 자연에 대한 관찰, 수학과 컴퓨터를 활용한 모형의 작성 등을 통

해서 도출됩니다. 모든 사람들처럼 과학자들도 실수를 하지만, 과학적인 프로세스는 그러한 실수를 발견하고 바로잡도록 설계되어 있습니다. 이 과정에는 과학자들이 사회적 통념에 따르면서 자신의 명성을 쌓고 인정을 받거나, 과학적 합의가 잘못되었으며, 더 나은 설명이 있다는 사실을 입증하는 2가지 대립되는 상황이 내재되어 있습니다. 갈릴레오, 파스퇴르, 다윈, 에디슨도 바로 이러한 이유로 고민했습니다. 그러나 어떠한 결론을 내리기 전에 철저하고 진지하게 실험하고 의문을 던지며 검증해야 합니다. 그래야만 '확립된 이론'으로 자리를 굳힐 수 있고, 사람들 사이에서 '사실'이라고 회자되는 것입니다.

공개 항의서는 이어서 기후변화에 대한 기본적이면서도 확립된 과학적 결론으로 넘어갔다.

(1) 지구가 더워지는 이유는 대기권에서 열을 가두는 가스층의 농도가 증가했기 때문입니다. 겨울에 눈이 잦았던 워싱턴 지역이 이러한 사실을 바꿔놓지는 못합니다.
(2) 이러한 가스층의 농도는 대부분 지난 세기 동안 증가했습니다. 그 원인은 인간 활동, 특히 화석연료의 연소와 삼림 벌채 때문입니다.
(3) 자연적 원인들이 언제나 지구의 기온변화에 한몫을 합니다. 그러나 오늘날 지구 기온은 인간이 야기한 변화로 인해 급변하고 있습니다.
(4) 더워진 지구는 해수면을 상승시키고 물의 순환을 바꿔놓는 것은 물론, 여러 가지 기후 패턴을 현대에 들어 전례 없는 속도로 변경시키는 원인이 될 것입니다. 이산화탄소 농도가 증가하면서 바다는 점점 산

성화되고 있습니다.

(5) 이렇게 다양한 현상이 복잡하게 나타나는 기후변화는 해안 지역과 도시, 식량과 물 공급, 해양과 담수 생태계, 삼림, 고산지대 환경 등에 위협을 가합니다.

## 딕 체니처럼 생각한다면 자동차 경적을 울리십시오

결론은 기후변화가 변함없이 불확실성을 가지고 있긴 하지만 언제 어떻게든 그리고 분명히 지구에 영향을 미칠 것이라는 점이다. 2007년 2월 과학자협회 시그마크시Sigma Xi는 UN에 제출한 연구보고서에서 언제 그리고 얼마만큼의 피해를 줄지 모르는 중대한 기후변화가 다가오고 있다고 말한다. 때문에 지구온난화라는 지금의 현실을 가장 현명하게 대처하는 방법은 '관리할 수 없는 것은 회피(완화)하고, 회피할 수 없는 것은 관리(적응)'하는 쌍방향 행동 전략을 펼치는 것이라는 결론을 내렸다.

다시 말해, 불확실성이란 행동해야 할 근거가 되는 반면 행동하지 말아야 할 근거가 되지는 않는다. 캔자스 주에 사는 사람들은 어느 날 토네이도가 불어와 모든 것을 쓸어갈 거라고 확신해서가 아니라 언제 토네이도가 불어올지 모르기 때문에 보험에 든다. 잠재적으로 치명적인 결과를 내포한 심각한 위협에 직면했다면 불확실성은 당신이 행동해야 할 이유가 된다. 특히 이러한 기후 문제에 있어서는 더욱 그렇다. 왜냐하면 에너지 및 기후와 관련된 보험에 든다는 것은 보상 금액만큼 돈이 절약될 뿐만 아니라 궁극적으로 이익이 될 것이기 때문이다. 따라서 기후 문제를 다룰 때 이러한 2가지 이유 때문에 우리는 '딕 체니 전략'을 선호한다.

그런데 왜 '딕 체니 전략'이라고 부르는 걸까? 2006년 론 서스킨드는 9·11 테러 이후 테러리스트들에 대한 미국의 전쟁에 관한 책 《1퍼센트 독트린The One Percent Doctrine》을 저술했다. 이 책의 제목은 딕 체니 부통령의 표현을 인용한 것이다. 당시 부통령이었던 체니는 파키스탄 과학자들이 알카에다에 핵무기 기술을 제공하고 있을지도 모른다는 우려에 직면하자 다음과 같이 선언했다. "만일 파키스탄 과학자들이 핵무기를 개발하도록 알카에다를 지원할 가능성이 1퍼센트라고 가정해봅시다. 이럴 때는 그 1퍼센트를 100퍼센트 확실성으로 간주하고 대처해야만 합니다." 체니 부통령은 미국이 상당히 새로운 유형의 위기 즉, '가능성은 낮지만 강력한 충격을 초래할 위기'에 직면했다고 주장했다.

서스킨드의 책이 출간되고 얼마 지나지 않아, 당시 시카고대학교 법학 교수였던 카스 선스타인Cass Sunstein은 체니 부통령이 환경운동가들 사이에서 활발하게 번지고 있는 '사전예방 원칙precautionary principle'을 지지하는 것 같다고 언급했다. 선스타인 교수는 자신의 블로그에 다음과 같은 글을 썼다. "사전예방 원칙은 기후변화처럼 가능성은 낮지만 강력한 충격을 초래할 사건에 적극적으로 대응할 때 적절합니다. 실제로 또 다른 부통령 앨 고어도 (비록 그는 재앙이 일어날 확률이 1퍼센트를 훨씬 넘을 것이라고 믿고 있었지만) 기후변화에 대하여 사전예방 원칙을 주장하고 있다고 이해할 수 있습니다."

핵무기가 불량국가rogue states의 수중에 들어가 있다고 생각한 체니 부통령의 직감은 우리가 기후 문제를 생각할 때 적용할 수 있는 적합한 틀이 된다. 이는 모두 확률게임이다. 우리는 한 번도 경험하지는 못했지만 2가지 사항은 알고 있다. 첫째, 우리가 대기 중으로 배출하는 이산화탄소는 몇 천 년 동안 그 자리에 그대로 머무르게 되고, (대기권에서 온실가스를 추출해낼 수 있는 아직 개발되지 않은 일부 지구공학geo-engineering 기술이 없다면) 즉시 '돌이킬 수는irreversible' 없다. 둘째, 이산화탄소의 축적이 특정수준에 다다르면 잠재되어 있기에 그 누구도 경험하지 못했던 수준의 '치명적인' 지구온난화가 촉발될 것이다. 우리는 이런 일이 일어날 것인지에 대해서 확실히 모르고 (한참이 지나서야 깨닫겠지만) 일어날 가능성이 있다는 사실은 안다. 온실가스의 증가는 돌이킬 수 없기 때문에 그로 인한 충격은 '치명적'일 것이다. 다시 말하면, 온실가스의 증가는 지구 생태계에 치유할 수 없는 심각한 피해를 줄 수 있다. 그리고 지구상에 살고 있는 인류의 정상적인 삶의 형태를 완전히 뒤집어놓을 것이다. 따라서 우리가 해야 할 합리적인 행동은 그것에 미리 대비하는 것이다.

미국인들에게는 바로 지금이 최적의 시기이다. 우리의 대응이 결국 혜택으로 돌아오게 만들고 1979년부터 시작된 모든 에너지와 기후 문제에 대한 해결책을 제시할 수 있는 최적의 시기인 것이다. 만일 미국이 청정에너지시스템을 기반으로 하여 경제를 꾸준히 구축하는 방식으로 기후변화에 대비했는데, 예상한 것만큼 기후변화의 영향이 치명적이지 않다면 어떤 결과가 펼쳐질까? 과도기를 거치는 동안 에너지 가격은 상승할 것이다. 하지만 새로운 기술들이 대량생산을 통해 규모의 경제를 달성한 깨끗한 에너지와 높은 효율성을 제공할 것이다. 에너지 가격은 상당히 급격하게 오르겠지만, 효율이 극적으로 향상된 신기술 때문에 훨씬 저렴한 비용으로 더욱 향상된 동력을 사용하게 되면서 에너지 사용료가 줄어들 뿐만 아니라 온실가스 농도 또한 낮아질 것이다. 온실가스의 농도가 낮아지는 것은 물론이고 우리의 에너지 사용료도 줄어들 것이다. 매킨지는 2009년 발표된 '미국 경제에서 에너지 효율성을 위한 해법Unlocking Energy Efficiency in the U.S. Economy'이라는 제목의 보고서에서 감당할 수 있는 에너지효율개선 대책들이 2020년까지 전체 미국 경제에서 실행된다면, 그 기간 동안 투자되어야 할 5200억 달러의 2배가 넘는 1조 2000억 달러 이상의 에너지 절감이 달성될 수 있음을 확인했다. 에너지효율은 그것에 소요되는 비용의 2배 이상의 절감효과를 거둬들일 수 있는 것이다.

동시에 청정에너지로 전환하면서 미래를 대비한 결과로 미국은 다음 세대에 분명히 거대한 글로벌 산업으로 부상하게 될 부문에서 경쟁력을 확보할 수 있을 것이다. 비록 지구온난화가 발생하지 않더라도, 현재 68억인 세계 인구가 2050년까지 92억으로 꾸준히 늘어날 것이다. 점점 더 많은 사람들이 미국인들이 사는 집과 똑같은 집에서 살고, 미국인들이 몰고 다니는 자동차와 똑같은 차를 몰며, 미국인들이 즐겨먹는 빅맥과 똑같은 빅맥을 먹게 될 것이다. 이 사실은 석유, 석탄, 천연가스 등 지구 에너지에 대한 수요가 급증한다는 의미이다. 그러므로 화석연료는 더욱 비싸질 것이고 화석연료 사용으로 오염은 심화될 것이다. 이러한 상황 때문에 청정에너지와 신재생에너지에 대한 수요가 늘어나고, 공급의 증대를 자극할 것이다. 다시 말해서, 청정에너지는 세계에서 가장 부유한 국가들의 경제적 운명을 결정하는 차세대 첨단 산업으로서 정보기술을 대신하는 후속 주자가 될 것이다. 중국은 2011년 3월에 승인받은 제12차 5개년 계획에서 신재생에너지의 개발이 앞으로 10년 동안 중국의 에너지 안보에 핵심이 될 것이라고 강조하면서 이 부문에 미래를 걸고 있다. 이 계획은 태양에너지와 원자력에너지의 개발을 특히 강조한다.

신재생에너지는 오랫동안 미국이 선도해온 신기술에 바탕을 두고 있다. 그러나 지금은 중국이 그 위치를 장악하기 위해 노력하고 있다. "중국의 태양전지판 제조사들이 작년 세계 생산량의 절반을 차지했다." 〈뉴욕타임스〉홍콩 주재원인 키이스 브래드셔Keith Bradsher가 2011년 1월 14일에 보도한 기사이다. "중국의 미국 시장 점유율은 지난 2년 사이 약 6배, 2010년 대비 23퍼센트 증가했으며 지금도 빠르게 증가하고 있다. 태양에너지뿐만 아니라 풍력 터빈의 제작과 설치에 있어서도 중국은 미국을 추월해서 세계 선두의 자리를 차지했다." 브래드셔는 중국이 기술을 익히고 원가를 절감시켜서, 2007년부터 더욱 효율적이면서도 공해물질을 더 적게 배출하는 석탄발전소 건설 부문에서 세계 선두 자리를 차지하고 있다고 언급했다. 그는 2009년 5월 10일에는 이렇게 기술했다. "미국이 극도로 뜨거운 증기를 사용하는 효율적인 형태의 석탄발전소를 건설할 것인가를 두고 논쟁을 벌이는 동안 중국은 이미 그런 발전소를 한 달에 하나씩 건설하기 시작했다." 또한 오늘날 중국은 자국을 제외한 세계 모든 나라의 원자력발전소를 모두 더한 것보다 훨씬 더 많은 원자력발전소도 건설하고 있다.

미국은 풍부하고 저렴하며 믿을 수 있는 무탄소 에너지를 다양한 방법으로 제공하기 위해 무수히 많은 실험실green garages에서 혁신적인 기술을 개발하는 수많은 그린 이노베이터green innovators를 고무시킬 수 있는 시장생태계의 원칙, 기준, 규정 및 가격신호price signal를 제대로 갖추고 있지 않다. "태양열은 우리가 개척하고 만들어낸 산업입니다. 한때 우리는 태양열 관련 기기 제조 분야에서 선두에 서 있었습니다. 지금은 중국과 독일이 태양열과 풍력의 가장 큰 제조국들입니다. 2008년 우리는 청정에너지에 대한 민간투자와 자금지원 부문에서 세계 선두였습니다. 2009년에는 중국이 540억 달러로 선두였으며, 독일이 410억 달러이고 미국은 340억 달러에 머물렀습니다." 퓨 자선재단Pew Charitable Trust의 청정에너지 프로그램 책임자인 필리스 쿠티노Phyllis Cuttino의 설명이다.

쿠티노는 독일과 중국이 청정에너지 분야에서 부상한 주된 이유를 두 나라 모두 거대한 내부로부터의 수요를 유발시키는 정책을 사용했기 때문이라고 설명했다. 만일 미국이 자국 내 건물, 트럭, 승용차, 발전소에 대하여 에너지효율 기준을 높게 설정할 경우, 미국 기업들에 의한 혁신을 촉발시킬 수 있다. 이 경우 이들 기업은 국제무대에서 더 나은 경쟁력을 갖게 될 것이다. 반면에 국내 기준을 낮게 설정한다면 미국은 싸고 저급한 제품을 만드는 경쟁자들과 경쟁을 해야 될 것이다.

기후변화와 석유중독증을 진지하게 받아들인다면 새로운 산업들이 출현할 가능성을 넘어서서 틀림없이 전략적 이익도 확보할 수 있을 것이다. 현 오바마 정부의 해군장관이자 전 사우디아라비아 주재 미국대사였던 레이 마부스Ray Mabus를 중심으로 하는 미 해군과 해병대가 이런 움직임을 선도하고 있다. 그들은 나름의 자원을 활용해서 알카에다, 탈레반, 세계의 석유 독재자petro-dictators들이 석유를 악용하지 못하도록 하는 소위 '아웃 그리닝out-greening'을 위한 전략을 구축해왔다. 그들의 노력은 미군들이 아프가니스탄에서 매 24회의 연료와 물 수송 호위 작전에 대해 한 명의 병사가 죽거나 부상을 당하고 있다는 2007년도 미 국방부 연구로부터 비롯되었다. 오늘날 아프가니스탄 전역에 흩어져 있는 외딴 기지들로 에어컨을 가동하고 디젤 발전기를 돌리는 데 필요한 연료를 수송하려면 매달 수백 회의 수송 호위 작전이 필요하다.

2010년 4월 22일 지구의 날, 해군의 F/A-18 슈퍼 호넷 전투기는 재래식 제트유와 겨자씨에서 추출한 카멜리나 바이오연료를 50대 50으로 섞은 혼합연료를 채우고 비행했다. 당시 이 전투기는 마하 1.2(시간당 약 1470킬로미터)의 속력으로 날았다. 그 후 바이오연료를 주입하고 마하 1.7(시간당 약 2080킬로미터)까지 속도를 높여서 테스트했는데도 아무런 문제가 없었다. 카멜리나 바이오연료를 생산한 서스테이너블오일스 Sustainable Oils의 본부장 스콧 존슨Scott Johnson은 〈바이오퓨엘 다이제스트Biofuels Digest〉에서 다음과 같이 말했다. "카멜리나 연료로 음속을 돌파하는 것을 보는 것은 굉장했습니다."

레이 마부스는 미 해군과 해병대가 이라크와 아프가니스탄에 더욱 에너지효율이 좋은 막사뿐만 아니라 재생 가능한 에너지를 사용하는 발전기를 배치할 수 있고, 훨씬 많은 선박들이 핵에너지, 바이오연료, 하이브리드 엔진으로 운항할 수 있으며, 일부 전투기들이 바이오연료로 비행할 수 있게 된다면 탈레반과 미국의 다른 적들에 비해 엄청난 우위를 차지할 수 있다고 믿는다. 이렇게 되려면 갈 길이 까마득하지만 국방부가 이 사안에 대하여 리더십을 보였다는 것은 우리에게 희망을 준다. 이 문제가 해병대로서는 생사가 걸린 사안이기 때문이다. 도로에서 포탄 공격을 피할 수 있는 최선의 방법은 연료를 수송하는 차량을 도로 위에서 없애는 것이다. 마찬가지로, 석유 독재자들에게 굽실거리지 않아도 되는 최선의 방법은 그들의 유일한 수입원의 가치를 줄이거나 없애는 것이다. 그리고 미국이 국가안보를 손상시키지 않고 국방예산을 삭감할 수 있는 최선의 방법은 미국과 세계인들의 석유중독증을 완화시키는 것이다. 석유를 보다 덜 중요하게 만들면 페르시아 만에서 세계의 다른 곳으로 운송되는 석유를 보호하기 위해 우리가 그곳에 주둔시켜야만 하는 군사력도 줄어들 것이다. 당연히 석유의 수입이 줄어들면 달러화가 강해질 것이다. 통상적으로 미국은 다른 나라로부터 원유와 정제된 석유제품을 구입하기 위해 하루에 10억 달러 이상을 해외로 보낸다. 에너지효율과 청정에너지로 이 액수를 줄여나간다면 미국의 무역적자는 개선될 것이다. 더불어 우리가 숨 쉬는 공기도 더욱 깨끗해질 것이므로 의료서비스 비용도 줄어들 수 있다.

지금까지 지적한 요점들은 모두 개별적으로 에너지와 기후에 대해 서로 다른 정책을 채택할 것을 주장한다. 그러나 이들을 하나로 합치면 더 큰 효과를 창출해낼 것이다. 한 가지 조치만 취하는 것은 적절한 에너지 전략, 즉 탄소 배출에 대한 가격 부과, 휘발유세의 인상, 모든 건물과 가옥에 적용되는 국가 차원의 에너지효율 기준의 제정 등 미국을 더 강력하고, 더 부유하고, 더 혁신적이고, 더 안전하며, 더 존경받는 국가로 만들 수 없다. 지구온난화를 거짓말로 치부하며 묵살하고 우리의 석유중독증을 치료하기 위해 밟아야 할 단계를 거부하는 행위는 단순히 물리학을 거부하는 전쟁일 뿐만 아니라 미국의 국가적 이익과 기본적인 신중함을 거스르는 것이기도 하다.

중국이 접근하는 방식은 다르다. "중국에서는 기후변화에 대한 논쟁이 없습니다." 중국의 환경운동을 강화하기 위해 노력하는 비영리단체인 미국-중국 청정에너지공동협력단 의장 페기 류Peggy Liu의 말이다. "중국 지도자들은 대부분 기술자이자 과학자이기 때문에 과학적 자료에 이의를 달면서 시간을 낭비하지 않습니다." 중국은 값싼 석탄을 대량으로 태우기 때문에 미국보다 대기오염이 심각하다. 이는 심각한 건강

문제를 유발하지만 다행스럽게도 미국에 살고 있는 우리는 이 문제에 있어서는 안전하다. 류는 다음과 같이 덧붙였다. "하지만 이 때문에 중국에서의 환성 개선은 건강과 재산에 대한 실질적인 논쟁입니다. 이미 사람들이 오염된 물질을 보고, 먹고, 숨 쉬고 있다면 미래의 결과에 대해 강조할 필요가 없습니다." 또한 중국에서의 고삐가 풀린 공해는 오염된 생명체, 공기, 물, 생태계 및 낭비되는 돈을 뜻하며 여기에서 낭비되는 돈은 취업 기회의 감소와 정치적 불안정을 뜻한다. 그러므로 중국 정부는 이를 심각하게 받아들인다.

중국은 에너지효율정책으로 한꺼번에 3가지 목표를 달성했다. 국가는 돈을 절약하고, 차세대 글로벌 산업에서 주도권을 장악했으며, 기후변화의 완화를 위해 노력하면서 국제적으로 약간이나마 신용도 얻었다.

이러한 행동을 따라하는 것이 미국에게는 왜 그렇게 힘든 걸까? 왜 미국은 기후변화와 에너지와 관련된 문제에서 그토록 처참한 실패를 겪었던 것일까?

## 과학 그리고 정치적 과학

우선, 기후변화는 서서히 일어나는 현상이다. 그리고 너무 늦어질 때까지는 진주만 공습처럼 갑작스레 들이닥치지 않을 것이다. 다시 말해서 기후변화 역시 재정적자처럼 한편으로는 문제의 원인과 원인을 일으킨 사람 사이에 근본적인 부조화가 있고 다른 한편으로는 결과와 그 결과의 영향을 받을 사람 사이에 근본적인 부조화가 존재하는 문제라는 말이다. 이런 형태의 문제의 결과는 원인이 발생한 다음, 한참 뒤에 나타난다.

이를테면 오늘날 우리가 경험하고 있는 지구온난화는 중국과 인도, 브라질이 경제 강국이 되기 수십 년 전에 배출한 이산화탄소 때문이다. 그리고 현재 우리가 대기권으로 쏟아내고 있는 이산화탄소는 2050년에 살고 있을 우리의 손자들이 느끼게 될 것이다. 과학자들이 위험한 행동이라고 주장한 사실에 대하여 즉각적인 결과를 볼 수 없는 경우, 사람들의 행동을 일시에 중단시키기란 지극히 어렵다. 그러나 이 말은 만일 진주만 공습처럼 환경적으로 동등한 현상이 벌어진다면 사람들의 반응은 틀림없이 혼란스럽고 충격적일 거라는 의미이기도 하다.

"오늘날 진정한 적은 시간입니다." 에너지 관리 및 세계 기후변화 완화를 지원하는 단체인 클라이밋웍스ClimateWorks 재단의 회장 할 하비Hal Harvey의 말이다. "모든 일들은 작은 상처나 토네이도처럼 갑자기 발생합니다. 경계를 늦추지 말아야 합니다. 그러나 우리는 앞으로 수년에 걸쳐 벌어질 일조차도 인식하지 못하고 있습니다."

미국이 지구온난화에 대처하는 조치들을 계속 미루는 이유는 이를 해결하기 위해서 탄소가격제를 실시해야 하고, 보다 더 강력한 에너지효율 기준을 제정해야 되기 때문이다. 정치인들이 이 2가지 중 어느 것도 제안하기를 꺼리자 그들은 문제를 언급조차 하지 않으려고 한다. 예전의 미국은 이렇지 않았다. 제럴드 포드Gerald Ford 대통령과 지미 카터Jimmy Carter 대통령 시절의 미국은 1973~1974년 아랍권의 석유 금수조치에 대해 자동차와 트럭의 배출 기준을 상향시킴으로써 대응했다. 1975년 미 의회는 양당의 전폭적인 지지로 기업의 평균 연비 절약 기준을 제정해서 새로 개발되는 승용차의 경우 10년 내에 연비를 1갤런당

27.5마일까지 서서히 높이도록 한 에너지정책 및 보존법Energy Policy and Conservation Act을 통과시켰다. 그 결과에 대해 로키산연구소 애모리 로빈스Amory Lovins는 이렇게 말했다. "우리는 1977년부터 1985년까지 8년 동안에 우리의 석유효율을 연 5.2퍼센트씩 끌어올렸습니다. 석유 수입은 50퍼센트 감소했고 페르시아 만에서 수입되는 석유는 87퍼센트 감소했습니다. 우리는 OPEC의 석유 판매량을 절반이 되도록 만들면서 그 10년간 그들의 가격결정력을 무너뜨렸습니다." 당시 석유가격은 배럴당 15달러까지 폭락했다. 로빈스는 다음과 같이 덧붙였다. "생각해보세요, 오늘날의 혁신적인 기술들을 활용하면 우리는 그 당시보다 훨씬 더 잘 해낼 수 있으며 그 효과는 엄청날 겁니다."

대기오염, 수질오염, 유독성 폐기물 등 미국 최초의 주요한 환경문제를 해결하기 위한 법률에 서명한 사람은 공화당 출신인 리처드 닉슨이었다. 특히, 닉슨 대통령은 역사적인 1970년 대기오염방지법을 의회가 통과시키도록 밀어붙였고, 환경보호가 제대로 진행되는지 감독하기 위해 자원관리부와 환경청도 설립했다.

로널드 레이건 정부의 조지 슐츠 국무장관은 자외선으로부터 지구를 보호하는 대기권 밖 오존층 보존을 위해 마련된 기념비적 국제협약인 '오존층파괴물질에 관한 몬트리올 의정서' 제정을 위한 협상을 직접 챙겼다. 또한 환경문제 해결을 위해 '배출권거래제Cap and Trade'를 도입한 것은 조지 H.W. 부시 대통령이었다. 그렇다. 당신은 이러한 사실을 정확하게 알고 있어야 한다.

2009년 8월 〈스미스소니언Smithsonian〉에 게재된 '배출권거래제의 정치적 역사The Political History of Cap and Trade'라는 기사를 보자. 리처드 코니프

Richard Conniff는 배출권거래제로 알려져 있는 이 해결책에 대한 합의를 환경운동가와 자유시장 보수주의자들이 어떻게 도출해냈는지를 자세히 설명한다.

배출권거래제의 기본 전제는 정부가 공해 유발 기업에게 그들의 행동을 어떻게 고쳐야 하는지 말해주지 않는 것입니다. 그 대신 배출 한도만 부과합니다. 소위 오염시킬 수 있는 권한이라고나 할까, 각 기업은 허용된 한도를 가지고 한 해를 시작합니다. 기업은 할당받은 허용량을 놓고 어떻게 사용할지 결정합니다. 생산량을 제한하거나, 청정에너지로 교체하거나, 배출량을 줄이기 위해 집진기를 구입하게 됩니다. 만일 할당량을 모두 소진하지 않았을 경우, 더 이상 필요 없는 양은 판매할 수 있습니다. 그리고 공개시장에서 추가로 구입할 수도 있습니다. 매해 허용되는 오염 한도는 조금씩 감소되고, 전체 허용량도 지속적으로 감소되기에 배출권 가격은 갈수록 비싸집니다.

현실 세계에서 이를 실행하기 위해서는 두터운 신뢰가 필요했습니다. 기회는 조지 H.W. 부시가 대통령으로 선출되던 1988년 선거와 함께 찾아왔습니다. 환경보호기금EDF, Environmental Defense Fund 대표 프레드 크룹Fred Krupp은 부시의 보좌관 보이든 그레이C. Boyden Gray에게 전화를 걸어 산성비 문제를 해결해서 '환경 대통령'이 되겠다고 약속한 부시 대통령의 공약을 지킬 수 있는 최선의 묘책이 있다고 말합니다. 그리고 이를 위해서는 배출권거래라는 새로운 방법을 활용해야 한다고 제안합니다. 그레이는 시장접근 방식을 선호했고, 레이건 대통령의 임기가 만료되기도 전에 배출권거래제 실행을 위한 입법을 위해 EDF 직원을 배치했습니다. 대통령 수석보좌관이었던 존 수누누John Sununu는 격노했습니다. 보이든 그레이는 그가 "배출권거래제가 경제를 멈추게 할 것이다"라고 말했다고 회상합니다. 그러나 백악관 내에서는 "서둘러라, 상황을 지켜보며 노닥거릴 시간이 없다"라고 의견이 모아졌습니다. 부시 대통령은 배출권거래제를 받아들였을 뿐만 아니라 그의 보좌관들이 권고한 연 800만 톤 산성비 감축을 기각하고 환경운동가들이 제안한 연 1000만 톤 감축에 동의했습니다.

1990년 대기오염방지법이 제정된 이후 20년 동안 배출권거래제는 기업들이 산성비의 주요 원인인 이산화황 배출을 억제하기 위해 가장 저렴한 방법이 무엇인지 찾을 수 있도록 이끌어왔습니다.

오늘날의 공화당은 다르다. 2010년 퓨리서치센터Pew Research Center에서 실시한 여론조사에 따르면, 공화당 의원들 중 53퍼센트가 지구온난화를 입증하는 구체적인 증거가 없다고 말했다. 그리고 티파티 공화당 의원들 중에서는 거의 70퍼센트가 그렇게 대답했다. 지구온난화에 대한 공화당의 불신은 최근의 현상이다. 2007년까지만 해도 62퍼센트의 공화당 의원이 지구온난화에 명백한 증거가 있다고 대답한 반면, 그렇지 않다고 대답한 의원은 3분의 1 수준인 31퍼센트에 불과했다.

이러한 현상에 모든 공화당 의원들이 동의하는 것은 아니다. 1984년부터 2007년까지 뉴욕 24선거구 출신 공화당 하원의원이었던 셔우드 볼러트Sherwood Boehlert는 〈워싱턴 포스트〉(2010년 11월 19일자)에서 다음과 같이 말했다.

나는 동료 공화당 의원들에게 전화를 걸어서 인간들의 활동 때문에 발생한 기후변화와 지구온난화를 부정하는 우리 당의 노선을 마음을 열고 재고해보라고 말했습니다. 지난 달 〈내셔널 저널National Journal〉은 공화당 상원의원 예비후보 20명 중에서 19명이 기후변화가 확정적이지도 않으며 완전히 틀린 이론이라고 단언했다는 내용을 보도했습니다. 새로 선출된 많은 공화당 의원들이 이러한 입장을 취하고 있습니다. 이는 미국 국립과학원을 비롯하여 세계 전역의 국립과학아카데미, 그리고 97퍼센트의 기후학자들이 연구한 결과를 공공연하게 무시하는 태도입니다. 정부규제가 점점 늘어나는 것에 대해서는 당연히 반감이 존재합니다.

그러나 문제의 존재 자체를 부정하는 것이 구실이 되어서는 안 되며, 기후변화에 대응하는 방법에 대한 논의에 그것이 포함되어야 합니다. 나의 동료 공화당 의원들은 이념적으로 또는 특정 이익을 위해 과학을 거부하는 것은 나쁜 정책이라는 사실을 깨달아야 합니다. 그것은 장기적으로도 나쁜 정책입니다. 로널드 레이건의 당에 도대체 무슨 일이 일어나고 있는 겁니까? 그는 환경과 오염에 대한 과학적 합의를 적극적으로 받아들였습니다. 그리고 오존을 파괴하는 화학물질의 단계적인 축소에 일조한 자신의 역할을 자랑스러워했습니다. 그것이 현명한 정책이고 현명한 정치입니다.

기후변화에 반대하며 입법 조치를 방해하는 새로운 요인이 또 하나 있다. 바뀐 상원 규칙이다. 현재 상원 규칙은 의사진행 방해를 막고 에너지시스템정비 법안과 같은 주요 법안을 표결에 부치려면 60명 이상이 찬성해야 한다. 오바마 대통령의 집권 후 첫 2년간, 상원에서 다수당이었던 민주당 의원들은 왁스만-마키Waxman-Markey 배출권거래제 법안의 통과를 위한 준비를 마쳐놓은 상태였다. 하지만 석유 및 석탄을 생산하는 주들을 대표하는 상원의원은 표결에 참여할 수 없다는 규칙 때문에 정족수 60표를 확보하고 있었던 민주당은 겨우 50~52표밖에 얻지 못했다. 그러나 분명 민주당 의원들은 이러한 법안을 지원하거나 배출권거래제보다 더 간단한 대안, 이를테면 탄소세와 같은 제안에 동의하는 10명의 공화당 의원을 찾아낼 수도 있었다. 그렇지 않은가?

2007년 사우스캐롤라이나 출신 상원의원 린지 그레이엄은 톰과 인터뷰를 했다. 그는 왁스만-마키 법안에 대한 논의가 진행되었을 때, 국가와 그가 속한 정당은 중요한 청정에너지 법안을 통과시키기 위해 협력해야 했었다고 말했다. "30대나 그보다 젊은 사람들은 이러한 기후 문제를 논의하지 않는지 알아보기 위해서 저는 상당히 많은 대학 캠퍼스를 방문했습니다. 가치 있는 일이었습니다. 이 젊은이들은 재활용을 하면서 환경에 대한 세심한 관심을 가지고 성장했습니다. 따라서 환경문제에 관한 한 세상은 지금보다 나아질 것입니다. 이들은 세뇌되지 않았습니다. 공화당원의 관점에서 우리는 환경문제를 이해하고 포용해야지 그들을 비하해서는 안 됩니다. 기후변화의 과학에 대해서 진심 어린 토론을 벌일 수는 있습니다. 그러나 만일 당신이 기후변화를 믿는 사람들을 거짓말쟁이나 괴짜라고 말한다면, 이는 젊은 사람들과 함께할 당신 당의 미래를 위기로 몰아넣는 일입니다."

그가 출마한 보수적인 주의 지역민들을 회유하기 위해 그레이엄이 접근한 방식은 '기후변화'에 대해 말하기를 회피하는 것이었다. 대신 그레이엄은 '탄소오염 해결의 필요성' '에너지 독립의 필요성' '사우스캐롤라이나에서 더 좋은 일자리와 신규 산업을 창출해야 할 필요성' 등을 역설하며 미국의 에너지 과제에 대한 틀을 잡았다. 그는 '탄소가격제'를 도입하고, 청정에너지 상품에 대한 소비자와 산업체의 투자에 박차를 가하기 위해서는 경제 전반에 걸친 배출권거래제보다 탄소세에 초점을 맞춰서 시작해야 한다고 제안했다. 그는 원자력에너지를 포함시켰고, 우리가 새로운 청정에너지로의 장기적인 이행을 준비하는 동안에는 보다 많은 국내 자원들을 공급하기 위해 석유와 가스에 대해 연안 지역의 해양굴착을 더 많이 허용해야 한다고 주장했다.

그레이엄은 다음과 같이 말했다. "탄소에 가격을 부과하지 않고서는 결코 에너지 독립을 실현할 수 없을 것입니다. 탄소가격제가 기술보다 중요합니다. 원자력은 더 맑은 공기를 보장합니다. 풍력과 태양열도 더 맑은 공기를 보장합니다. 당신은 오염된 공기보다는 맑은 공기 속에서 사는 게 훨씬 유익할 거라고 예상합니다. 그리고 이를 위한 유일한 길은 정부가 당근이 아닌 채찍을 드는 것입니다. 미국의 미래 경제와 일자리는 대기 정화에 달려 있으며, 대기를 정화하는 과정에서 에너지 독립을 실현할 수 있고 국가안보는 크게 강화될 것입니다. 기억하십시오. 오늘날 외국 석유에 대한 우리의 의존도는 9·11 테러 직후보다 오히려 높아졌습니다. 이는 정치적인 과오이며 의회의 모든 의원들이 책임져야 할 문제입니다."

우리는 이와 같은 보수적인 접근법에 대해서는 전혀 이견이 없다. 그레이엄은 조셉 리버만Joseph Lieberman 및 존 케리John Kerry 상원의원과 탄소가격제에 대한 복잡한 메커니즘이 포함된 법률 초안을 작성할 때 그와 뜻을 함께하는 공화당 상원의원을 한 명도 찾을 수 없었다. 탄소가격제는 세금으로 불리지는 않았지만 세금과 다름없는 것이었다. 〈뉴요커〉의 라이언 리자Ryan Lizza가 '상원에서의 에너지 법안 통과의 실패를 되돌아보면서 지적했듯이(2010년 10월 11일자), 그레이엄과 행동을 같이하려고 했던 공화당 의원들은 세금을 올리고 일자리를 없애고 있다고 비난을 받았다. 그 결과 그레이엄을 포함하여 의원들 모두가 이 일에서 손을 뗄 수밖에 없었다. 모든 일들은 공화당 내부 정책과 관련되어 있었다. 리자는 다음과 같이 보도했다. "관계자에 따르면, 그레이엄은 리버만과 케리 상원의원에게 '폭스 뉴스가 이 입법 작업이 구체적으로 진행되고 있다는 것에 대해 감을 잡기 전에' 이 법안에 대한 협상을 가능한 한 많이 진행시켜야 한다고 경고했다고 합니다. 그레이엄은 '폭스의 뉴스 진행자가 우리를 집중 보도하면 온통 배출권거래제에 대한 얘기로 떠들썩하게 될 것이며, 그렇게 되면 나는 방송에서 난타를 당할 것입니다.' 따라서 우리는 가능한 한 빨리 진척시켜야 한다고 말했습니다." 하지만 안타깝게도 이들은 그렇게 할 수 없었다. 폭스 뉴스가 정보를 입수했고 그레이엄은 이 일에서 손을 뗐다. 또한 법안은 사라져버렸다.

기득권을 쥔 석유, 석탄, 가스 등의 산업과 미국상공회의소는 아무 일도 일어나지 않았다는 사실을 확인하기 위해 주위에 정치자금을 뿌렸다. 리자는 이렇게 말했다. "석탄과 전기 사업체들이 가장 큰 기부자들인 뉴트 깅리치의 아메리칸솔루션American Solutions은 '케리-그레이엄-리버만의 가스세금법'이라는 제목의 온라인 기사로 그레이엄에 대한 공격을 개시했다."

이런 와중에 오바마 대통령은 청정에너지 입법에 대한 압박이나 탄소에 대한 가격 책정, 또는 기후변화 회의론자들에 대한 적극적인 반박에 자신의 정치적인 힘을 소모하지 않기로 결정을 내렸다. 오바마의 정치 자문단들은 이러한 행동들이 2012년 선거에 좋지 않은 영향을 미칠 것이라고 충고했다. 대통령은 여론을 바꾸려고 하기보다 여론을 읽기로 선택했다.

따라서 2010년은 에너지와 기후 위기를 처리하기 위해 크고 작은 어떤 일들도 우리가 제대로 할 수 없도록 우리의 역량을 모든 세력들이 약화시켰던 축소판이었음이 밝혀졌다. 민주당은 비겁했고 공화당은 제정신이 아니었다. 민주당은 그들이 살고 있는 세상을 이해하고는 있었지만, 그러한 세상을 받아들임으로써 치러야 할 정치적 대가를 원하지는 않았다. 공화당은 그저 현실을 부정하기만 했다. 민주당은 그들의 신념에 대해 용기가 없었다. 공화당은 잘못된 신념을 갖고 있었다. 두 정당은 에너지 및 기후와 관련된 진지한 정책을 마치 가격표가 없는 사치품처럼 여기고 무기한 미뤄놓아도 되거나 그저 쉽게 투자하고 웃돈만 얹어주면 얻을 수 있는 것처럼 행동했다.

2010년이 끝나갈 무렵, 에너지 논의는 석탄보다 탄소 배출이 절반밖에 되지 않는 풍부한 미국 내 천연가스에 대한 전망으로 옮겨 갔다. 최근 새로 개발된 탐사 및 시추 기술로 미국은 신규 가스 매장량을 경제적으로 상당히 매력적인 수준으로까지 올려놓았다. 이로 인해 지난 몇 년 동안 미국의 가채매장량은 10~20배 증가했다. 대단한 사실로 보이고, 그럴 수도 있을 것이다. 그러나 적절하게 대응하지 못한다면 이 역시 현실적인 문제들을 돌출시키게 될 것이다. 만일 미국이 저렴한 탄화수소를 사용하겠다고 결정한다면, 소비가 급증하면서 이 노다지는 에너지와 기후에 대한 부정을 점차 확대할 것이다. 그리고 상황을 더욱 악화시켜 미국이 다음 세대의 위대한 산업을 선도할 기회를 놓치게 만들 것이다. 그러나 만일 청정에너지의 미래를 위한 현명한 가교로서 가스 사용을 선택한다면 우리가 바라는 미래로의 이행은 훨씬 쉬워질 것이다. 할 수만 있다면 가능한 한 빨리, 오래되고 지저분한 석탄을 때는 화력발전소들을 멈추기 위해 가스를 사용해야 한다. 그러나 깊게 매장되어 있는 새로 발견된 이 많은 천연가스를 이용하기 위해서는 '프래킹fracking'이라는 최신 시추기술이 필요하고, 이 기술을 사용하면 환경이 파괴될 수도 있다. 천연가스 산업과 환경단체는 천연가스 시추의 안전한 장소를 결정하고 대수층 오염을 피할 수 있는 방법을 제시하는 지침을 만들기 위해 서로 협력해야 한다.

## 뜨겁고 평평하고 붐비는 세계,
## 굶주리고 목마르고 불안한 세계

우리는 1979년에 일어났던 사건들을 이야기하면서 이번 장을 시작했다. 이 사건들은 서로 영향을 미치며 거대한 피드백루프를 형성했고, 미국과 세상 사람들에게 최악의 에너지 문제와 기후 위기를 안겨주었다. 이와 유사한 치명적인 피드백루프와 악순환이 2010년에 그 모습을 드러냈다. 미국이 선순환을 만들지 못한다면 이는 훨씬 더 큰 혼란을 초래할 것이다.

이 말의 의미는 다음과 같다. UN 세계식량농업기구FAO는 55개 식료품에 대하여 국제 시세를 추적했다. FAO 식품가격지수는 2008년 식량위기 시 기록했던 고점을 다시 돌파해서 2010년 12월에는 1990년 지수 산정을 시작한 이래 최고 수준을 기록했다. 이렇게 오른 식품가격은 아마도 최후의 결정타였던 한 가지 요인, 바로 튀니지의 정치혁명으로 촉발되었을 것이다. 튀니지에서 시작된 혁명은 이집트, 리비아, 바레인, 시리아, 예멘 등 아랍 국가 전체로 삽시간에 퍼졌다. 이러한 혁명이 국제석유가격을 급등시키면서 석유생산 중단과 투기를 유발했다. 석유가격이 올라가자 이번에는 식품가격이 뒤따랐다. 비료, 식품생산, 수송에서 석유가 중요한 역할을 하기 때문이다. 따라서 세계 최빈국들을 지탱했던 쌀, 옥수수, 감자 등 주요 농산물 가격이 모두 급등했다. 쌀만 해도 30억 인구의 기본 식품이다. 식품가격이 계속해서 상승하자 아랍 국가들 및 세계 다른 지역에서 불만이 고조되었다. 이는 다시 석유가격에 압력을 가했고, 그 압력은 식품가격에 다시 압력을 가하는 등 순환이 반복되었다.

이러한 산업 내부적 순환은 세계인구의 꾸준한 증가, 생활수준의 점진적인 향상, 지속적인 기후변화 등이 결합된 또 다른 순환에 의해서 더욱 심화되었다. 1950년 2200만 명이었던 이집트 인구는 오늘날 8200만 명으로 증가했다. FAO 전문가들이 예측한 자료에 따르면 68억에서 92억으로 늘어날 인구를 부양하기 위해서는 2050년 세계 식품생산량이 지금보다 70퍼센트나 늘어야 한다.

한편, 하나로 연결된 세계 덕분에 점점 더 많은 사람들이 미국인들처럼 살고, 운전하고, 먹을 것이다. 화석연료에 대한 수요도 늘어나 지구의 천연자원과 석유가격은 더욱 강력한 압박을 받을 것이다. 중국은 물에 대한 산업적 수요가 대체로 매 7~8년마다 2배씩 늘어나면서 이미 심각한 물 부족 현상에 직면해 있다. 한편 예멘은 물이 바닥나는 세계 최초의 나라가 될지도 모른다.

세계의 주요 투자자들 중 일부는 이러한 현상이 자원의 수요와 공급에 대해 지구적 변화가 시작되는 단계라고 생각한다. "개발도상국, 특히 급증하는 중국의 수요는 자원의 가격구조에 예상치 못했던 변화를 가져왔습니다. 지난 100여 년 동안 가격이 하락한 후, 오늘날 자원가격은 계속해서 상승하고 있습니다. 그리고 최근 8년간의 가격 상승이 과거 100년간의 하락폭을 모두 제자리로 돌려놓았습니다." 금융자산관리자인 제레미 그랜덤Jeremy Grantham이 2011년 4월 자신의 투자보고서에 썼던 내용이다. "통계학적으로도 가격 상승 수준은 과거 추세가 더 이상 유지되지 않을 것임을 극단적으로 보여줍니다. 향후에는 가격에 대한 압력과 자원 부족이 우리 삶의 영구적인 특징이 될 것입니다. 이는 점진적으로 개발도상국과 선진국의 성장률을 둔화시키고, 빈국들에게는 심각한 부담을 안겨줄 것입니다. 우리 모두는 특히 에너지 정책에 대해 진지한 자원계획을 수립해야 합니다."

이와 같은 추세는 지구상에 점점 더 많은 사람이 생겨나고 세계가 점점 더 도시화되면서 악화되고 있다. 도시화가 지구온난화를 심화시켰다. 그것은 우리가 지금까지 지적했던 것처럼 2010년에 세계 전역의 수확을 망쳐놓았던 폭풍, 가뭄, 삼림 훼손 및 홍수와 같은 자연재해를 더욱 자주 초래하게 될 것이라고 과학자들은 예측한다. 식품가격이 올라갈수록 정치적 봉기는 더 많이 발생할 것이다. 더 많은 정치적 봉기가 일어날수록 연료가격은 더욱 상승할 것이다. 1979년과 같은 피드백루프를

2011년에 우리 스스로 조성한 것이다. 이러한 악순환을 멈출 수 있는 유일한 방법은 미국과 다른 산업 대국이 선순환을 도입하는 것이다.

"우리는 오늘날 가속도가 붙은 이 위험한 피드백루프에 대하여 우리 나름의 인과 논리를 부여해야 합니다." 클라이밋웍스 재단 대표인 할 하비의 주장이다. 그는 성과 기준, 탄소가격제, 연구와 혁신 등 3가지 부분에서 이 문제에 접근할 것을 제안했다. 이 3가지를 결합하면 강력한 선순환을 만들 수 있을 것이다.

캘리포니아 주가 겪었던 지난 20년간의 경험은 지속적으로 높아지는 성과 기준이 가져올 수 있는 효율성과 혁신의 혜택들을 입증한다. 캘리포니아가 채택했던 전략이 냉장고 전기소비를 80퍼센트나 감축시켰다. 건축법이라고 알려진 상향된 기준에 따라 지어진 신축 주택들은 기존 법규에 따라 건축된 주택들에 비해 에너지 소비를 75퍼센트 줄였다. 이 모든 정책들이 캘리포니아 주의 가정들로 하여금 연평균 1000달러 이상을 절약할 수 있도록 했다. 캘리포니아 주는 여기에 더해서 승용차와 트럭의 연비 기준을 높이고, 전력회사들이 태양열, 풍력, 전기, 원자력을 활용하여 생산한 전력 비중을 높일 것을 요구하면서 이 부문에서 미국을 선도하고 있다. 이와 같은 성과 기준들이 캘리포니아의 에너지 경제를 변모시키고 있다.

기술이 발달함에 따라 성과 기준 역시 높아질 수밖에 없다. 앞서 언급했던 것처럼, 1974년 중동의 석유 금수조치가 있자 미국 의회는 미국에서 새롭게 판매되는 승용차에 대하여 10년에 걸쳐 리터당 5.5킬로미터였던 에너지효율을 리터당 10.6킬로미터로 높였다. "최저 목표로 고안되었던 이러한 개선은 대부분 제조업체에 대한 사실상의 최고 연비 목표가 되어버렸습니다. 그 후 20년 동안 연비는 전혀 개선되지 않았습니다." 하비의 말이다. "한 가지 이유를 들자면 연비 기준 상향에 대해 그 기간 내내 자동차 산업계는 계속해서 맹렬하게 저항했습니다. 결국 그것은 자멸을 재촉했던 것으로 판명되었습니다. 그런데 1985년 이후로 연비 기준이 매년 2퍼센트씩만 상향되었다고 가정해봅시다. 금년에 미국에서 생산되는 자동차의 평균 연비는 리터당 18.5킬로미터쯤 되었을 것입니다. 디트로이트는 이 부문 기술에서 리더가 되었을 것이고, 미국의 1일 석유 소비량은 300만 배럴이나 줄어들었을 겁니다." 우리는 수억 달러를 절약했을 것이다. 아니면 최근의 오일쇼크를 피할 수 있었거나 훨씬 심각하지 않게 대처할 수 있었을 것이다.

이 일을 당장 시작하는 것은 어느 경우에도 늦지 않다. 미국이 얻을 수 있는 것은 막대하지만 소요되는 비용은 아주 낮기 때문이다. 2011년 오바마 행정부는 2017~2025년까지 적용될 새로운 연비 기준안을 제안할 것으로 보인다. 이 안은 연도별 개선 목표를 3~6퍼센트로 고려하고 있다. 2012~2016년까지 적용될 현행 기준은 자동차 제조사들에게 연료효율의 또 다른 형태인 배출량을 연 5퍼센트씩 감소할 것을 강제한다. 제조사들은 이 기준을 3퍼센트 또는 그 이하로 낮춰줄 것을 요구하고 있다.

미국은 6퍼센트를 목표로 노력해야만 한다. 이 분야의 전문가이자 오랫동안 환경 로비스트로 활동해온 댄 베커Dan Becker는 그 이유를 이렇게 설명한다. "오늘날의 기술로 6퍼센트까지 충분히 가능합니다. 대다수 자동차들은 토요타의 프리우스Prius 연비를 따라잡을 수 있을 것입니다. SUV와 소형 트럭은 포드 이스케이프Ford Escape의 평균 연비와 같아질 것입니다. 이는 자동차 기술이지 결코 로켓 과학이 아닙니다. 변화는 자동차 보닛 아래, 이를테면 더 좋은 엔진이나 변속기 그리고 공기역학에 달려 있습니다. 높은 기준과 낮은 기준의 차이는 굉장합니다. 연비를 6퍼센트씩 개선한다면 2030년 우리는 하루에 250만 배럴의 석유를 절약하게 될 것입니다. 이는 현재 페르시아 만에서 우리가 매일 수입하는 석유보다 많은 양입니다. 그러나 기준을 배출량 3퍼센트 감소에 맞춘다면 우리가 하루에 절약할 수 있는 석유는 100만 배럴 정도에 지나지 않습니다. 낮은 기준을 적용한 이유로 하루에 150만 배럴이나 더 사용하게 되는 것이지요. 낮은 기준으로는 석유에 대한 우리의 욕구를 억제할 수 없습니다."

환경을 걱정하는 과학자모임 Union of Concerned Scientists에 따르면 휘발유 가격을 갤런당 3.5달러(리터당 약 1000원)로 가정했을 때, 휘발유 사용을 줄일 경우 2017~2030년까지 미국인들이 주유소에서 사용하는 비용은 6450억 달러나 감소된다고 한다.

미국이 국가 전체에 대해 효율 기준을 서서히 높이면 탄소 배출에 대한 세금 부과 및 연방 석유소비세 인상이 일종의 가격 신호가 될 것이다. 따라서 효과를 더욱 크게 할 것이다. 사람들은 더욱 효율적인 집과 자동차, 가전기기를 찾게 될 것이고 성과 기준 덕택에 시장이 그것을 이루어낼 것이다. "그렇게 되면 당신은 정부가 당신에게 요구하는 것을 당신에게 제공해주는 시장의 이 거대한 신호를 보게 될 것입니다." 하비의 말이다.

마지막으로, 시장과 효율 기준이 둘 다 같은 방향으로 움직일 때는 민간부문 투자와 혁신을 유발시키는 거대한 인센티브로 작용하게 된다.

"캘리포니아 주의 건축법은 3년마다 강화됩니다." 하비의 설명이다. 이로 인해 창호 제조업체, 냉난방설비 제작업체 및 단열시공업체들의 기술이 더욱 정교해졌다. 이렇게 되자 이들 기업은 더 높은 기준 덕택에 더 나은 성능의 제품을 찾는 더 많은 고객들을 확보하고, 특히 싸구려 해외 경쟁 기업들을 밀어낼 수 있게 되어 더욱더 높은 기준의 제정을 위한 로비를 하게 되었다. "워싱턴의 탄소 배출권거래제 통과 시도는 기득권 단체들에 의해서 무산되었습니다. 캘리포니아는 화석연료 산업계와 (미국) 상공회의소의 기득권이 이 선순환의 한 부분인 새로운 이해그룹들에 의해서 대체되었기 때문에 워싱턴이 통과시키려고 했던 것보다 훨씬 더 공격적인 정책을 통과시켰습니다."

이 신흥 세력은 캘리포니아 주 정부에서 정한 기준을 충족할 경우 세계무대에서 어느 누구와도 경쟁할 수 있다는 사실을 알고 있었다. 그리고 이러한 사실이 연구와 개발에 대한 정부와 기업의 투자로 이어졌다. 신제품 개발이 계속해서 더 높은 효율성을 추구하면서 소비자들은 더욱 손쉽고 저렴하게 가격 신호에 적응할 수 있게 되었다. "오늘날 가격 신호는 규제장치가 아닌 변환장치가 되었습니다. 휘발유 가격이 비싸지더라도 가격이 낮아지고 있는 우수한 전기자동차 배터리를 사용할 수 있다면, 높아지는 가격은 전혀 문제가 되지 않습니다." 결국 소비자는 돈을 절약할 수 있다.

효율 기준, 탄소가격제, 혁신 이 3가지를 결합하면 청정에너지의 가격을 인하하고 생산 수요를 증대시킬 수 있는 강력한 동력이 구축된다(하비의 그래프 참고). "그렇게 되면 당신의 혁신은 급격하게 가속됩니다. 창업투자업계 사람들이 시장을 주시하고 있으며 금융계 사람들이 소득의 흐름

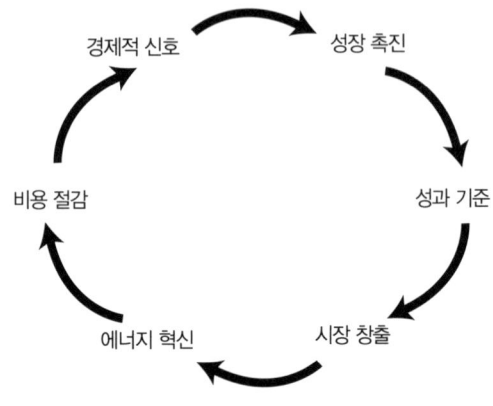

을 보고 있고, 그것이 실제로 세상을 변화시키기 시작하기 때문입니다." 하비는 지금 중국이 구축하려고 하는 생태계가 정확하게 이러한 내용이라고 덧붙였다. "중국은 청정에너지 분야에서 최고의 실력을 갖춘 국제적으로 경쟁력 있는 기업들을 갖고자 합니다. 그리고 바로 이것이 그들이 가고 있는 방향입니다."

미국에게도 같은 말을 할 수 있다면 좋겠다. 그러나 우리는 그럴 수 없다. 미국에게 주어진 선택은 분명하다. 미국은 이 지구상에 존재하는 가장 잔혹한 힘인 시장과 자연의 변덕보다도 그들을 덜 안전하고, 덜 건강하고, 덜 풍요하며, 더 많이 노출되도록 했던 1979년과 2010년에 시작된 에너지와 기후의 악순환 속에서 살아가는 것을 선택할 수도 있다. 혹은, 오늘날 하나로 연결된 세상에서 더 건강하고, 더 번영하고, 더 안전하고, 더 많은 복원력을 갖도록 해주는 그들 자신이 만든 선순환이 작동하도록 시동을 걸 수도 있다.

처음의 선택이 초래할 위험과 혼란과 두 번째 선택이 가져다줄 경제적, 전략적 이익을 고려해볼 때 우리는 적절한 대안이 분명해졌다고 생각한다. 우리는 머지않아 대다수 미국인들도 이런 방식으로 보게 되기를 기대한다. 미국과 지구의 미래가 여기에 달렸다고 해도 과언이 아니다.

4부

# 정치적 실패

## 11장

# 미운 두 살

'창문에서 뛰어내린 남자, 미수거된 쓰레기 덕분에 목숨을 건지다'

월요일 뉴욕에서 9층 창문으로 뛰어내린 남자가 일주일 전 뉴욕시를 덮친 엄청난 눈보라 때문에 수거하지 못한 거대한 쓰레기 더미에 떨어졌다. 그 덕택에 목숨을 구했다.

2011년 1월 3일, 동부시간 오후 12시 07분 뉴욕(로이터통신)

5년 간격으로 미국 국회의사당에서 벌어졌던 두 사건이 지난 10년 간 미국이 얼마나 무모하게 움직여왔는지를 잘 보여준다. 첫 번째 사건은 2005년 3월 18일, 미국에서 가장 뛰어난 야구선수들이 집단으로 의회에 출석해서 선서를 했던 일이다. 결코 보기 좋은 광경은 아니었다.

커트 실링, 라파엘 팔메이로, 마크 맥과이어, 새미 소사, 호세 칸세코 등이 미국 프로야구계 스테로이드 복용에 대한 청문회를 위해 하원 정부개혁감시위원회에 출석했다. 그들은 한 테이블에 어깨를 맞대고 앉아 있었다. 이들은 야구를 비롯한 여러 스포츠에서 약물테스트를 도입하는 법률을 통과시키려는 의회의 거듭되는 위협에 대응하기 위해 출석했다. 이에스피엔닷컴ESPN.com이 맥과이어가 증언하는 장면을 보도했다.

풀이 죽은 야구영웅들로 가득찬 방에서 마크 맥과이어는 내내 할 말을 찾지 못해 우물거렸다. 목소리는 감정에 북받쳐 기어들어갔고 눈물이 글썽거렸다. 모든 사람들이 알고 싶어 했던 "1998년 당시 기록이었던 70홈런을 달성했을 때 혹은 다른 때라도 불법 스테로이드를 복용했습니까?"라는 질문에 몇 번이나 답변을 거부했다. 메릴랜드 출신 민주당 하원의원인 일라이저 커밍스Elijah Cummings가 본인의 유죄를 인정하지 않기 위해 묵비권을 행사하고 있냐고 물었을 때 맥과이어는 "저는 과거를 말하러 이 자리에 온 것이 아닙니다. 저는 약물근절을 위한 의회의 노력에 지지를 보내기 위해 여기 왔습니다"라고 말했다. 스테로이드 사용이 부정한 행위라고 생각하느냐는 질문에는 "그것은 제가 결정할 문제가 아닙니다"라고 답했다.

자서전《약물에 취해Juiced》를 출간해 의원들의 관심을 끌었던 호세 칸세코는 자신이 선수생활을 하는 동안 경기력을 향상시키는 약물을 사용하였다고 말했다. 발티모어 오리올스 팀 동료인 새미 소사와 라파엘 팔메이로는 자기들은 약물을 사용하지 않았다고 말했다. "스테로이드는 야구의 일부였고 그 누구도 스테로이드에 대한 입장을 밝히고 싶어 하지 않을 거라고 생각합니다"라고 칸세코는 말했다. "의회가 이 문제를 방관한다면 약물복용은 영원히 계속될 것입니다."

미국인은 야구계의 영웅들이 그들의 신기록들이 오직 경기장과 체육관에서 열심히 노력한 결과가 아니라 탈의실 구석에서 맞은 스테로이드 주사의 도움을 받은 결과이기도 하다는 사실을 그에 대한 진술을 얼버무림으로 인정하는 모습을 지켜보는 것은 가슴 아픈 일이었다(그중 한 명인 팔메이로는 나중에 실제로 약물테스트에서 양성반응을 보였다).

두 번째 사건은 2010년 1월 13일, 스테로이드 복용에 대한 청문회가 열린 방과 같은 복도에 있는 다른 청문회장에 금융 분야 스테로이드 사용을 조사하기 위해 위원회 의원들이 모인 일이다. 광경은 신기할 정도로 비슷했다. 하지만 이번에는 어깨를 맞댄 야구 스타들 대신 서류가방을 맞댄 투자은행가들이 앉아 있었다. 그들이 받은 막대한 보너스와 급여는 월스트리트판 만루홈런에 상당하는 것이었다. 이 역시 인공적인 흥분제의 도움을 받았다는 의심을 받았다. 골드만삭스Goldman Sachs의 CEO인 로이드 블랭크페인Lloyd Blankfein, JP모건체이스JPMorgan Chase의 CEO인 제이미 다이먼Jamie Dimon, 뱅크 오브 아메리카Bank of America의 CEO인 브라이언 모이니헌Brian Moynihan, 모건 스탠리Morgan Stanley 회장 존 맥John Mack 등 미국 금융계 최고 거물급 인사들이 기다란 증인용 테이블 하나에 비좁게 앉아 있었다. 이는 금융위기조사위원회가 소집한 첫 번째 공청회였다.

다음은 로이터통신이 보도한 공청회 내용이다.

> 월스트리트의 CEO들은 '지나친 위험'을 감수했다는 사실은 인정했다. 그러나 금융위기의 원인을 파헤치려는 위원들과 승강이를 벌이며 사과는 하지 않으려고 했다.

최근 수십 년 이래 최악의 경제침체에 따라 미국의 실업률이 26년 만에 최고치를 기록했다. 그 결과 긴급구제에 투입된 엄청난 비용과 금융업계가 2008년 대폭락 사태에서 벗어났다면서 은행가들에게 지급한 막대한 보너스를 두고 국민들의 분노가 치솟고 있다.

금융위기조사위원회 의장이자 전 캘리포니아 주 출납국장인 필 안젤리데스Phil Angelides는 대폭락 이전 골드만삭스의 업무 행태에 대해 골드만삭스 CEO 로이드 블랭크페인과 설전을 벌였다.

안젤리데스 의장은 골드만삭스가 특정 비우량주택저당채권들을 판매한 다음, 그 채권들의 가격이 하락하는 데 투자한 행위를 "브레이크 결함이 있는 차를 판매하고 나서 중고차 매입자에 대한 보험을 가입한 것"에 비교했다.

미국 정부는 경제에 스테로이드를 주입했다. 월스트리트가 도박을 더 많이 하고, 중산층 가정들이 집을 더 많이 살 수 있으며, 단순근로자들이 집을 더 많이 지을 수 있도록 손쉬운 여신 제공이라는 형태로 주입했다. 이것은 마치 1990년대에 홈런을 더 많이 치기 위해 인공적으로 근육을 만들어주는 스테로이드 주사를 맞은 야구선수들과 똑같다. 스테로이드 주사를 맞은 2000년대 초반 거품경제 시절에 고용이 가장 빠르게 증가했던 부문들은 건설, 주택, 부동산, 국가안보, 금융서비스, 보건의료 및 공공기관들이었다. 이들 분야는 낮은 이자율과 적자재정 지출의 뒷받침을 받았다. 새롭게 가치를 창출하는 산업은 거의 성장하지 못했다.

워런 버핏은 썰물이 빠져나가면 누가 수영복을 입지 않았는지 볼 수 있다고 자주 말했다. 21세기 시작 후, 첫 10년 기간 말에 금융 산업 붕괴와 경기대침체에 따라 경제 썰물이 빠져나갔다. 이에 따라 누가 벌거벗은 채 수영을 하고 있었는지 가차 없이 드러났다.

그것은 바로 미국이었다.

평화배당금, 닷컴 산업 탄생, 휴대용 컴퓨팅과 휴대폰 산업, 빌 클린턴 대통령이 강행했던 세금인상 덕분에 냉전이 끝나고 처음 10년은 미국에게 긍정적이었다. 재정적자를 거의 청산했고 고용도 꾸준하게 증가했다. 클린턴 정부는 에너지세를 도입하려고 노력했고 거의 성공했다. 복지정책에 대한 개혁이 이루어졌다. 미국 기업계는 달리 선택권이 없었기 때문에 평평한 세계에 맞추고 적응하는 듯 했다. 하지만 냉전이 끝난 뒤 21세기의 첫 번째 10년은 그리 호락호락하지 않았다. 기본적인 신중함과 미국 역사라는 잣대로 판단할 때 미국은 완전히 미쳤었다고 밖에 달리 표현할 방법이 없다.

미국이 냉전의 종식이 제기하는 심오한 도전이 무엇인지 알아차리지 못 했을 때 이는 무지했거나 부주의 때문이었다고 볼 수 있다. 미국은 정말로 우리가 살고 있던 세계를 이해하지 못했다. 하지만 미국이 수학과 물리학에 대한 전쟁을 수행하려고 했을 때는 우리는 정신을 바짝 차리고 했다. 그리고 이 모든 일을 한꺼번에 했을 때 미국은 역사의 규범으로부터 급격하게 벗어났다. 이것이 21세기 첫 번째 10년을 '미운 두 살'이라고 부르는 이유이다.

이 용어는 원래 아동심리학에서 나온 말이다. 미운 두 살은 생후 24개월을 지나면서 시작되는 인간의 발달 단계이다. 아이들이 까다롭고 변덕스럽고 고집을 피우는 시기를 일컫는다. 소아과 의사들은 자녀의 심술궂은 행동을 걱정하는 부모에게 그런 행동양식이 정상이라고 안심시킨다. 나쁜 행동은 아이가 크면서 고쳐지게 된다. 이와 달리, 미운 두 살 시기에 나타난 미국인의 행동은 결코 정상이라고 할 수 없다. 미국은 아직 그것들을 고치지 못하고 있다.

국가로서 미국은 일을 어떻게 처리해야 할지 모르게 되었다. 미국이 어떤 나라인지, 어떻게 해서 세계 역사상 가장 부유하고 힘 있는 국가가 되었는지, 어디로 가고자 했는지, 그 곳에 가기 위해 무엇을 해야 했는지 모두 잊었다. 세계의 변화, 특히 세계화의 확대와 정보기술혁명으로 인해 교육, 사회기반시설, 이민, 연구개발, 적절한 규제라는 미국이 위대할 수 있었던 5가지 비법을 새로운 환경에 조화시키는 일이 그 어느 때보다 중요했던 시점에 미국은 이를 새롭게 가다듬는 데 실패했다. 그러고 나서 미국은 중동에서 두 차례 전쟁을 치르면서도 전쟁비용 조달을 위한 세금인상에는 실패했다. 뿐만 아니라 오히려 세금을 삭감한 첫 번째 세대가 되면서 대침체의 늪으로 빠져들었다.

쉽게 말해, 우리는 폭우가 오기 직전에 우산을 내던져버린 세대였다. 그러면서 우리 세대는 주요한 행동양식들 중 하나와 결별했다. "과거에 우리는 시련에 잘 대처했을 뿐만 아니라 우리의 지도적 위치를 단호하게 강조하고 또 강조하기 위해서 다른 국가들을 압도했습니다"라고 《How: 새로운 세계, 새로운 비전》의 저자 더브 사이드먼이 말했다. 미국은 미운 두 살 기간에 전혀 이런 식으로 행동하지 않았다. 그 때문에 매우 어려운 상황에 처하게 되었다. "20년 뒤처지는 대신 20년 앞서 갔어야 합니다. 따라서 우리는 지금 원래 우리가 있어야 할 자리보다 40년이나 뒤져 있는 셈입니다"라고 사이드먼은 덧붙였다.

스테로이드의 힘을 빌린 강타자들의 업적이 최소한 지금은 야구계 기록 중 일부로 남아 있는 데 비해 미운 두 살 시기에 인공적으로 창출했던 부는 자취를 감추었다. 숫자는 거짓말을 하지 않는다. 2010년 1월 2일, 그 과격했던 10년이 끝나갈 때 〈워싱턴 포스트〉는 계산을 했다. '미국 경제와 노동자의 잃어버린 10년Aughts Were a Lost Decade for U.S. Economy, Workers'이라는 제목으로 닐 어윈Neil Irwin이 쓴 기사를 게재했다. 이는 길게 인용할 만한 가치가 있다.

지난 70년 중 대부분의 기간 동안 미국 경제는 미국 가정에 높은 수입과 부를 끊임없이 창출하면서 꾸준하게 성장해왔다. 그러나 2000년 이후의 상황은 완전히 다르다. 지난 10년은 장기간에 걸친 번영에서 급격한 침체로 빠져든 현대 미국 경제 최악의 시기였기에 경제학자와 정책 입안자들은 미국 성장의 토대를 근본적으로 재검토하게 되었다. 광범위한 데이터를 종합해볼 때 이 시기는 미국 근로자들에게는 잃어버린 10년이다. 이 10년은 1999년 경제학자들 사이에서 경기침체는 과거의 얘기라는 생각이 팽배하던 승리주의의 순간에 시작되었다. 빚으로 창출한 경제성장은 결코 견고하지도 지속가능하지도 못했다. 1999년 12월 이래 순고용 창출은 제로였다.

고용성장이 20퍼센트 이하로 떨어진 것은 1940년대 이후 처음이다. 경제적 산출이 1930년대 이후 가장 느리게 상승했던 시기이기도 하다. 2008년 중산층 가정은 물가상승률을 감안할 때 1999년보다 소득이 줄었으며, 경제 상황이 악화되었던 2009년에는 분명 이보다 더 많이 감소했을 것이다. 이 10년은 1960년대에 처음 집계되기 시작했던 소득의 중앙값이 그 이전 10년보다 하락했던 유일한 기간이었다. 또한 미국 가계들의 순재산, 즉 주택, 퇴직연금, 기타 자산에서 채무를 뺀 값 역시 1950년대에 최초로 자료를 작성한 이래 매 10년마다 가파르게 증가했다. 그러나 이 10년 기간에는 인플레이션을 감안했을 때 하락했다.

2008년 9월 15일, 투자은행 리먼브라더스의 붕괴로 인한 금융위기를 낳은 금융사기가 이처럼 우울하고 충격적이며 전례가 없는 실적치에 크나큰 공헌을 했다. 은행업계 거물들은 이 사태에 대해 책임이 크다. 그러나 금융업계의 악행이 유일한 원인은 아니었다. 미운 두 살 시기 중에 나타난 미국 최악의 경제 성과만큼 이 사태에 대해 책임이 큰 요인이 있다. 오랜 기간 미국에게 큰 도움이 되었던 아메리칸 포뮬러를 유지하고 향상시키는 데 국가 전체가 실패했다는 점이다. 미국은 지난 10년 동안 이 포뮬러를 지탱하던 기둥 하나하나가 서서히 부식되는 광경을 쳐다보고만 있었다. 그리고 그것이 미운 두 살 시기를 그토록 끔찍하게 만든 이유라고 생각한다. 여기 그 성적표가 있다.

## | 2 더하기 X가 4라면 X값은 얼마인가?

2010년 10월 24일 〈하트포드 쿠란트 The Hartford Courant〉는 엉클 샘이 손가락으로 정면을 가리키고 있는 유명한 모병 광고 포스터를 실었다. 이는 시사만화가 밥 잉글하트가 네 종류로 각색한 만화이다. 첫 번째 포스터에는 엉클 샘이 "당신을 원합니다"라고 말한다. 두 번째 포스터에서는 양손을 들어 보이며 막는 신호를 하면서 "아니, 잠깐. 당신은 아니고"라고 말한다. 세 번째 포스터에서는 다시 정면을 가리키며 "음, 그래 뭐, 당신"이라고 한다. 마지막 포스터에서는 다시 정지신호로 양손을 들어 보이며 "아니, 잠깐만"이라고 한다.

잉글하트가 2010년 12월 21일 언론에 대서특필된 연구를 예견하고 이 만화를 그린 것은 아닌지 놀라울 따름이다. 같은 날짜 AP통신에 따르면 이 연구 결과, "미국 육군에 입대하고자 하는 학생들 중 거의 4분의 1이 입대 시험에서 탈락한다고 한다. 이는 기본적인 수학, 과학, 읽기 문제에 답하지 못하는 졸업생을 배출하는 형편없는 교육시스템을 반영한다"는 사실이 밝혀졌다고 한다. 워싱턴 D.C.에 본부가 있는 아동시민단체인 '에듀케이션 트러스트Education Trust'가 실시한 이 연구에서 다음과 같은 사실이 확인되었다. "최근 졸업한 고등학교 졸업생 중 미국 군대에 입대하기 위한 선발시험에 필요한 최소 점수를 획득하지 못한 비율이 23퍼센트에 이른다는 사실이 드러났다. 질문은 대부분 '2 더하기 X가 4라면 X 값은 얼마인가?'와 같은 기본적인 문제이다."

AP통신이 보도한 이 기사는 미국 육군이 이러한 시험자료를 공개한 것은 이번이 처음이라는 점에 주목했다. 또한 브루킹스연구소Brookings Institution의 교육전문가 톰 러브리스Tom Loveless는 이 결과가 다른 시험의 결과도 반영한다고 말했다고 한다. 2009년 국가학업성취도평가National Assessment of Educational Progress에 응시한 학생 중 26퍼센트의 성적이 기초적인 읽기 수준에 미달된 것으로 나타났다. 대학수능시험SAT과 같은 다른 시험들에서는 대학에 진학하고자 하는 학생들을 대상으로 한다. "많은 사람들이 요즘처럼 책임을 강조하고 시험이 표준화된 시대에 우리가 기본적인 능력만 너무 지나치게 강조해왔다고 주장합니다"라고 러브리스가 말했다. "이 연구는 그 주장을 완전히 반박하고 있습니다. 미국에는 기본적인 능력을 완전히 습득하지 못하고 고등학교를 졸업하는 아이들이 많이 있습니다."

6장에서 학생들의 읽기, 수학, 과학, 비판적 사고를 측정하는 국제 PISA 시험에서 미국의 15세 학생들이 보여준 실망스러운 결과를 인용했다. 미국 교육시스템이 모든 수준에서 미흡하다는 수많은 경고 조짐이 미운 두 살 시기에 나타났다.

2010년 10월 19일, 미국 외교관계협의회Council on Foreign Relations에서 던컨은 미국 교육 상태에 관한 성적표를 직접 공개했다. 다양한 교육 성취 관련 지표에서 미국은 뒤처져 있었다.

불과 한 세대 전만 해도 미국은 전 세계에서 대학 졸업생 비율이 가장 높은 나라였습니다. 오늘날 미국보다 젊은 성인의 학사학위 보유 비율이 높은 나라는 한국을 포함해 8개국에 이릅니다. 한국의 경우 젊은 성인 중 58퍼센트가 적어도 전문대 졸업 이상의 학위를 보유하고 있습니다. 미국의 경우 42퍼센트만이 이와 유사한 수준의 학위를 보유하고 있습니다. 다른 개발도상국에서도 전문학사 또는 학사 학위를 보유한 젊은 성인의 비율이 지난 15년 동안 급격하게 증가했습니다. 미국에서는 단지 평행선을 그리고 있습니다. 우리는 정체되어 있고 길을 잃은 반면, 다른 국가들은 말 그대로 우리를 앞질러 나가고 있습니다. 이와 똑같이 골치 아픈 문제는 미국 고등학교 학생 25퍼센트가 학교를 중퇴하거나 제때 졸업하지 못하고 있다는 사실입니다. 거의 100만 명에 이르는 학생이 매년 학교를 떠나 길거리를 배회하는 것입니다. 이는 경제적으로 지속 불가능하고 도덕적으로도 용납할 수 없습니다. 오늘날의 고등학교 중퇴자들은 기본적으로 빈곤과 사회적 실패자가 될 수밖에 없는 저주를 짊어지고 있습니다. 제가 작년에 참석했던 기자회견들 중 정신이 번쩍 들었던 기자회견이 있었습니다. 웨슬리 클락Wesley Clark 대장과 제임스 켈리James Kelley 소장을 포함한 퇴역 육군 장성들과 해군 제독들로 구성된 그룹에 의한 보고서 발표였습니다. 그들도 저처럼 미국 교육시스템의 저조한 성취도가 국가안보에 주는 부담을 몹시 우려하고 있었습니다. 장군들이 발표한 보고서는 현재 17세부터 24세 사이의 미국 젊은이 중 75퍼센트가 고등학교 졸업을 못했거나, 전과 기록이 있거나, 신체적으로 부적합해 입대가 불가능하다는 충격적인 수치를 인용했습니다. 우주개발전쟁 시대의 대사를 빌리자면 "휴스턴, 문제가 발생했다(미국 아폴로 13호 우주선 탑승자들이 휴스턴 기지로 기술적인 문제점 등을 통보할 때 쓰던 말-옮긴이)"와 같습니다.

〈포린어페어스〉 2010년 11-12월호에 게재된 후속 보고서에서 던컨은 현재 젊은이들의 미국 대학 졸업률이 그들의 부모 세대 졸업률과 거의 같은 수준이라고 덧붙였다. 다시 말해 미국은 아무런 진전도 이루어내지 못했다. 숫자가 그렇게 말하고 있다.

던컨은 "현재 9학년 학생 중 약 4분의 1이 4년 이내에 고등학교를 졸업하지 못하고 있다. OECD 가입국 중 미국보다 중퇴율이 높은 국가는 멕시코, 스페인, 터키, 뉴질랜드뿐이다"라고 보고했다. 학년이 올라가도 이 수치는 개선되지 않는다.

대학입학시험 결과 고등학교 졸업반 학생 중 4분의 1가량만이 대학에 갈 자격이 있는 것으로 나타났다. 그리고 지역 전문대학에 입학하는 신입생 중 40퍼센트는 첫 학기에서 적어도 한 과목 이상 보충수업을 들어야 한다. 지난 6월 조지타운대학교 교육 및 노동력 센터Center on Education and the Workforce는 2018년까지 미국 경제에는 대학교육을 받은 노동자가 추가로 2200만 명 필요하다. 하지만 현재의 졸업 비율로 미루어볼 때 적어도 300만 명이 부족할 것으로 추정했다. 센터는 대학교에 가고자 하는 미국인이 부족한 지금, 미국은 이대로 가다가는 "미래와 정면충돌할 위기에 처해 있다"라고 경고했다.

미국의 대학 입학 비율은 여전히 세계에서 높은 수준이다. 던컨은 "미국 고등학교 졸업생 중 거의 70퍼센트가 고등학교 졸업장을 취득한 지 1년 이내에 대학에 입학한다. 그러나 4년제 대학교에 입학한 학생 중 60퍼센트만이 6년 이내에 졸업하고, 2년제 지역 전문대학에 입학한 학생 중 20퍼센트만이 3년 이내에 졸업한다"라고 덧붙였다.

던컨이 기술하고 있는 내용은 대부분 중산층 지역사회에서 일어나고 있는 현상이다. 문제가 더 심각한 지역들에서의 상황은 놀랄 만큼 절망적이다. 디트로이트 지역 노동력 재단Detroit Regional Workforce Fund이 2011년 5월 발표한 연구 결과에 따르면, 디트로이트에 거주하는 성인 47퍼센트에 해당하는 약 20만 명이 기능성 문맹이라고 한다. 즉 디트로이트 성인 중 거의 절반에 이르는 인구가 취급설명서 읽기, 포장지나 기계 표시 사항 읽기, 입사지원서 작성과 같은 간단한 임무를 수행할 수 없는 학력 수준인 것이다. 더 암울한 일은 기능성 문맹인 성인 중 약

10만 명은 고등학교를 졸업했거나 고졸 학력 인증서를 받았다는 사실이다. 디트로이트 경제를 주민들이 원하는 대로 활성화시켜 일자리가 다시 생긴다고 하더라도 글을 읽지 못하는 사람들이 그 일자리들을 차지할 수는 없을 것이다.

국가 차원에서 우리는 고등학교와 대학에서 학위를 따고 취업하는 학생들을 위한 보충 교육에 소요되는 자금을 조달하기 위해 엄청난 금액을 지급한다. 고등학교와 대학교 학위를 따면 취업에 필요한 준비가 되어 있어야 하지만 그렇지 못한 것이 현실이다. 칼리지보드가 설립한 패널인 국가작문위원회 National Commission on Writing가 120개 미국 기업을 상대로 실시한 2004년 연구 결과에 따르면, 미국 일류 기업 직원 중 3분의 1가량은 작문 실력이 형편없었고, 기업들은 보충 훈련에 연 31억 달러를 사용하고 있는 것으로 나타났다. 〈뉴욕타임스〉의 교육전문기자 샘 딜런 Sam Dillon은 2004년 12월 7일 다음과 같은 내용을 보도했다.

일리노이 주에서 비즈니스 작문을 가르치는 온라인 학교를 이끌고 있는 전직 대학교수 크레이그 호건R. Craig Hogan은 최근 예비 학생으로부터 이메일을 받았다. 그 이메일에는 "도우미필요함다"라고 맞춤법이 틀리게 적혀 있었고, 구두점도 찍혀 있지 않았다. "내가 이 회사를 위해 일하기 위해서는 작문에 대한 에세이를 써야 하는데 상사가 다른 직원들 작문 기술 향상을 나보고 도와주라고 하는데 정보좀 줄 수 있나여 감솨." 호건 박사는 "그 이메일은 영어 선생으로부터 한 번도 배움을 받지 못한 사람이 쓴 것처럼 보였습니다"라고 말했다.

미국은 모든 미국인이 무료로 고등학교까지 교육을 받을 수 있도록 했을 때처럼 미국의 위대함을 위한 포뮬러를 새롭게 하지 못하고 있다. "우리는 아직 21세기에 걸맞은 약속, 즉 모든 사람들이 중등교육 이후의 교육을 무료로 받을 수 있어야 한다고 자신 있게 말하지 못하고 있습니다." 하버드대학교 노동경제학 교수 로렌스 카츠가 말했다. 속력을 내야 할 때 예전 자리에 계속 머무르고만 있는 것이다.

카츠는 효과적이긴 하지만 맥이 빠지는 통계를 인용했다. "55세 미국인은 여전히 같은 세대들 중 세계에서 가장 교육을 많이 받은 집단입니다. 반면 25세 미국인은 중간에 머무르고 있습니다. 그것이 새로운 현상입니다."


## | 교량

모든 미국인이 호화로운 베를린 중앙역과 더럽고 노후한 뉴욕시의 펜스테이션 기차역을 비교할 수 있다면, 그들은 미국이 2차 세계대전 패전국이라고 단언할 것이다. 일본의 초고속열차를 잘못 베껴 만든 암트렉 아셀라를 타고 뉴욕에서 워싱턴까지 갈 때, 휴대폰으로 긴 대화를 하려고 하는 것은 큰 모험이다. 대화는 15분 동안에도 서너 번은 끊길 것이다. 이 책의 저자들이 아셀라에서 휴대폰으로 통화를 할 때면 늘 "빨리 말해요, 저 지금 중국에서 거는 게 아니고 아셀라 타고 있어요"라는 말로 대화를 시작하곤 한다. 미국의 공항은 또 어떤가? 아마 몇몇은 사적지로 지정할 수도 있을 것이다. 로스앤젤레스 국제공항과 뉴욕의 JFK공항의 일부 터미널들도 여기에 들어갈 수 있을 것이다. 로스앤젤레스 국제공항의 더럽고 답답한 유나이티드에어라인 국내선 터미널은 한때는 잘 나갔지만 이제는 한물간 1970년대 영화배우를 떠올리게 한다. 그러나 여러모로 로스앤젤레스 국제공항, JFK 공항, 펜스테이션은 바로 미국 자신들이다. 미국은 '보수공사 유예 합중국United States of Deferred Maintenance'이다(반대로 중국은 '보상 유예 인민공화국People's Republic of Deferred Gratification'이다).

미운 두 살 시기 동안 미국의 도로는 점점 더 복잡해지고 교량은 점점 더 삐걱거렸다. 수도시설은 점점 더 새는 곳이 많아졌고 공항의 대기 라인은 더 길어졌다. 2009년 미국토목학회ASCE는 '미국의 사회기반시설 성적표'를 발행했다. 미국의 전체 성적은 D등급이었다. 이 보고서는 15개 분야별 사회기반시설의 등급도 매겼는데 C+보다 높은 등급을 받은 분야는 하나도 없었다.

"수십 년에 걸친 예산 부족과 무관심으로 미국의 사회기반시설이 위험에 처해 있습니다." ASCE 소속 엔지니어들은 2005년도 성적표 발행 이후 미국의 도로, 교량, 수도시설, 기타 공공시설의 상태는 거의 변화하지 않은 반면, 수리비용(실제로 수리한다면)은 상승했다고 덧붙이며 이렇게 말했다. ASCE는 2005년 1조 6000억 달러로 추산되었던 미국의 사회기반시설 유지보수비용이 2009년에는 2조 2000억 달러로 늘어났을 것으로 추정했다.

"2009년에 모든 징후는 사회기반시설의 유지보수관리가 엉망이어서 현재와 미래의 수요에 부응하지 못하고 있습니다. 어떤 경우에는 위험하기까지 하다고 지적하고 있습니다." 엔지니어들의 말이다. 2009년 1월

28일 〈미국 환경뉴스서비스Environment News Service〉에 실린 위 연구에 관한 기사는 "고체폐기물관리가 가장 높은 등급인 C+를 받았고 교량은 그 다음으로 높은 등급인 C를 받았다. 그리고 다른 2개 분야인 철로, 공원 및 오락시설은 C+를 받았다. 항공, 댐, 위험물폐기, 내륙수로, 제방, 도로, 학교, 대중교통체계 및 폐수처리 등 나머지 분야는 모두 D 또는 D+를 받았다"고 지적했다.

그런데 미국 사회기반시설의 상태는 이 보고서가 시사하는 것보다 훨씬 더 나쁘다. 마크 거렌서Mark Gerencser는 〈아메리칸 인터레스트The American Interest〉 2011년 3-4월호에 실린 '사회기반시설 다시 상상하기'라는 제목의 기사에서 이렇게 말했다. "미국 정부는 미국의 18개 사회기반시설이 국가 차원에서 '매우 중요'하다고 규정한다. 18개 분야 중 에너지, 운송, 물 등 3개 분야는 근원적인 '생명줄'이 되는 사회기반시설로 가장 중요한 것들이다. 공교롭게도 이 세 분야 모두 너무 노후했고 유효 수명이 끝나는 시기가 가까워 오고 있다. 새로운 필요와 인구 증가 때문에 늘어난 수요에 맞출 수 있도록 공급하기 위해서는 자본 재투자와 현대화가 절실하게 필요한 상황이다."

ASCE 보고서에서는 "더 오래 기다릴수록 비용은 더 많아질 것입니다. 이는 보건의료만큼 긴급하고 절박한 사항입니다"라는 펜실베이니아 주지사 에드 렌델Ed Rendell의 말을 인용했다. 미국은 이미 너무 오래 기다렸다. 20년이나 사회기반시설을 뒤로 밀쳐두었다. 예전의 미국과 미국인들이 그랬던 것처럼 하기 위해 부담해야 하는 비용은 커지기만 할 뿐이다.

## | 인재 유출

2010년 3월 워싱턴에 있는 국립건축박물관 National Building Museum에서 대규모 축하 만찬이 개최되었다. 그저 평범한 만찬 모임이 아니었다. 이 자리에는 명예로운 하객 40명이 모였다. 여기에서 독자들을 위한 문제를 하나 내보겠다. 하객 이름 대부분을 알려줄 테니 그들이 참석했던 만찬 모임이 무슨 행사였는지 맞춰보라. 준비됐는가?

린다 저우, 앨리스 웨이 자오, 로리 잉, 안젤라 위원 영, 리넬 린 예, 케빈 영 쉬, 벤저민 창 순, 제인 윤해 서, 캐서린 청 시, 수난다 샤르마, 사린 가야네 샤흐미리안, 아르준 란가나스 푸라닉, 라만 벤카트 네라칸티, 아크힐 매튜, 폴 마시 다스, 데이비드 치엔윤 리우, 엘리사 비시 린, 이판 리, 라나이르 아마드 레트, 루오이 지앙, 오타나 아가페 자크포르, 피터 단밍 후, 예일 왕 판, 유발 야코브 칼레브, 레벤트 알포게, 존 빈센조 카포딜루포, 남라타 아난드.

미안하지만 틀렸다. 이는 중국-인도우호협회 만찬 모임이 아니다. 정답을 맞추기를 포기했는가? 이들 손님은 미국 고등학교 학생들이다. 이들은 2010년 인텔과학영재발굴대회 최종 결승에 진출한 40명이 대부분이었다. 이 대회는 미국 내에서 가장 우수한 수학 및 과학 영재를 고등학교 학생들 중에서 발굴해서 상을 준다. 명단의 이름을 보면 분명히 알 수 있듯이 결승 진출자 대부분은 이민자 가정 출신이다. 그것도 대부분 아시아 출신이었다.

이민의 미덕에 대한 확신이 필요하다면 인텔과학영재발굴대회 결승전을 참관해보라. 우리는 블루칼라든 연구 인력이든지 간에 계속적으로 합법적인 이민을 받아들여야 한다. 이민은 다른 나라들이 도저히 베낄 수 없는 미국만이 가진 성공 포뮬러의 일부이다. 이처럼 에너지와 열정에 넘치는 사람들이 모두 함께 민주주의, 자유시장에 섞여 들어갈 때 마법이 일어난다. 이 마법을 계속해서 이어가고 싶다면, 세계에서 가장 열정적이고 지적인 사람들을 합법적으로 끌어들이고 유지할 수 있도록 이민개혁이 필요하다.

2010년 인텔과학영재발굴대회에서 최종 결승 진출자 40명 중 최고 프로젝트로 선정된 전체 우승자는 뉴멕시코 출신 에리카 앨든 드베네딕티스Erika Alden DeBenedictis이다. 그녀는 우주선이 '태양계를 통과해 더 효율적으로 항해할 수 있도록' 해주는 소프트웨어 내비게이션을 개발했다. 그날 저녁 행사를 마치면서 위스콘신 주 셰보이건의 노스고등학교에 다니는 앨리스 웨이 자오가 최종 결승 진출자 대표로 선정되어 연설을 했다. 앨리스는 청중들에게 "우리 세대가 해결해야 할 문제에 대해서는 걱정하지 마세요. 절 믿으세요. 우리 미래는 안심하셔도 됩니다"라고 말했다.

우리는 미국이 문을 닫아걸지 않는다면 앨리스의 말이 옳다고 확신한다. 하지만 문제는 미국이 지금 문을 닫아걸고 있다는 사실이다. 과거 미국은 과학 및 공학 분야의 인재 부족 현상을 다른 나라에서 인재를 영입함으로써 극복했다. 안타깝게도 이런 경우는 점점 더 어려워지고 희귀해지고 있다.

이 문제를 연구하는 인도 출신 학자인 비벡 와드와Vivek Wadhwa의 발언이 이 점을 함축적으로 짚어내고 있다. "지금 미국은 역사상 처음으로 인재 유출에 시달리고 있는데 정작 미국은 그 사실을 모르고 있어요." 와드와는 이민자와 혁신 사이의 연결 관계를 주제로 한 많은 연구를 총

괄해왔다. 연구 결과는 수많은 국가들이 인재를 유치하기 위해 더 많은 노력을 기울이고 있다는 것이다. 때문에 이민자와 혁신 사이의 관계를 더욱 고취시키고 더 많은 인재를 유치하기 위한 노력을 강화하는 것이 미국의 미래에 필수적이라는 사실을 보여준다.

와그와는 "미국 내에서 고급인력 이민자들의 역할에 관한 논쟁이 격화되고 있다. 그러면서 우리는 미국이 더 이상 외국 출생 근로자들에게 유일한 기회의 땅이 아니라는 중요한 사실을 놓치고 있다"라고 〈블룸버그 비즈니스 위크〉에서 지적했다.

> 미국 외에도 더욱더 유망해지는 행선지가 있다. 즉 모국이다. 최근 연구에 따르면 더 높은 삶의 질, 더 나은 직업 전망, 가족과 친구 주변에 있다는 편안함을 누리기 위해 많은 이민자, 특히 인도인과 중국인들이 모국으로 돌아가고 있다는 사실이 나타났다. 이러한 추세는 지난 몇 년간 가파르게 상승하고 있다. 부분적으로는 이러한 노동자들이 미국 비자 발급 정체에 인내심을 잃었기 때문이기도 하다. 2006년 말 현재 100만 명이 넘는 전문 인력과 그 가족들이 연간 할당량이 12만 건에 불과한 영주권을 받기 위해 대기하고 있었다. 심지어 10년 이상 기다린 경우도 있었다.

와드와는 "이민자는 미국의 경제적 건전성에 장기적으로 매우 중요하다. 그러므로 이 모든 것이 문제가 된다. 이민자는 미국 인구 중 12퍼센트밖에 차지하지 않지만 실리콘밸리 기술업체 중 52퍼센트를 창업했고, 미국이 보유한 세계 특허의 25퍼센트 이상이 그들로부터 나왔다. 이민자는 학사학위를 소지한 과학 및 공학 분야 종사자의 24퍼센트를 차지하며, 박사학위를 지닌 이들 분야 노동자의 47퍼센트를 차지한다"라고 썼다. 와드와 교수와 2명의 동료는 미국으로 이민을 왔다가 자국으로 되돌아간 인도인과 중국인 1203명을 대상으로 설문조사를 실시했다. 이들 대부분은 젊은 고급인력이고, 고급 학위를 소지하고 있다. 왜 모국으로 되돌아 갔느냐는 질문에는 중국인 84퍼센트, 인도인 69퍼센트가 전문직으로서의 일자리 때문이라고 답했다. 대다수는 가족과 친구들에 대한 그리움 또한 중요 요소라고 답했다. 미국 비자 발급이 결정에 영향을 주었느냐는 질문에는 인도인 3분의 1과 중국인 5분의 1이 그렇다고 답했다. 와드와는 "자국으로 돌아간 이들 대부분이 잘 살고 있다. 모국에서 고급인력 수요가 늘어남에 따라 그들 역시 그곳에서 성공을 누리고 있다. 설문조사에 응답한 인도인 중 10퍼센트가 미국에서 고위경영직이었다. 이 수치는 모국으로 돌아간 뒤 44퍼센트로 상승했다. 중국인의 경우 미국에서 고위경영직에 있었던 사람은 9퍼센트였고, 귀국한 뒤 36퍼센트로 증가했다"라고 말했다.

비미국인 고급인력을 유치하고 유지할 수 있게 하는 비자시스템 개혁에 반대하는 사람들은 외국인에게 일자리를 주는 것은 미국 시민으로부터 일자리를 빼앗는 것과 같다고 주장한다. 와드와는 2009년 5월 4일자 〈블룸버그 비즈니스 위크〉 기사에서 그런 경우도 실제로 일부 있음을 지적했다. 일부 기업들은 고용비용을 낮추기 위해 외국인 근로자에게 제공되는 H-1B 비자(전문직 단기 취업비자-옮긴이)를 이용했다. "하지만 전체적으로 봤을 때 과학 및 기술 부문에서 일하는 외국인 수가 많을수록 미국 경제 상황은 더 좋아진다는 증거가 우세하다. 갈수록 한 지역에 거주하는 H-1B 비자 보유자수와 그 지역의 특허 건수는 밀접한 상관관계를 나타낸다. 또한 학사학위를 보유한 이민자가 1퍼센트 증가할 때마다 1인당 특허 건수는 6퍼센트씩 증가한다."

오늘날의 미국 이민정책은 "분명히 어리석다"라고 예일 로스쿨의 피터 셔크Peter Schuck 교수와 혁신을 연구하는 어윙 매리언카우프만 재단 Ewing Marion Kauffman Foundation의 법무자문위원인 존 타일러John Tyler가 결론 내렸다. 이들은 2011년 5월 11일 〈월스트리트저널〉에 발표한 글에서 "2010년 발급된 영주권은 100만 건이 넘지만 그중 취업 기술에 한정하여 발급된 건은 15퍼센트도 되지 않는다. 또한 영주권 대부분은 고급인력 이민자 그들 자신에게 발급되는 것이 아니다. 그들에게 딸린 식구에게 발급된다"라고 지적했다. 미국에서 일하고자 하는 고급인력 이민자에게 발급되는 H-1B 비자는 아주 적다. 3년 단위로 갱신 가능하고 영주권으로 연결될 수 있기 때문이다. 셔크와 타일러는 현재 발급 가능한 비자 건수는 2003년에 비해 3분의 1에 불과하다고 덧붙였다.

그것은 결코 충분하다고 볼 수가 없다. 급여가 높은 일자리는 긴급 구제에서 나오지 않는다. 이런 일자리는 똑똑하고 창조적이며 영감이 풍부한 모험가들이 설립하는 신생 기업에서 나온다. 이러한 사람들을 확보하는 방법은 딱 2가지가 있다. 미국의 학교를 개선해서 대내적으로 더 많은 인재를 양성하는 방법과 재능 있는 이민자들의 채용을 통해 해외로부터 수입하는 방법이다. 당연히 미국은 이 2가지 방법을 모두 실천해야 한다. "운 좋게도 정부 내에 지능지수가 높은 위험 선호가들이 있고 사회에도 지능지수가 높은 위험 선호가들이 있을 때 국가는 평균을 상회하는 수익을 거둘 수 있습니다"라고 마이크로소프트의 연구전략부문

장인 크레이그 먼디가 주장했다. "싱가포르, 이스라엘, 미국의 공통점이 무엇일까요? 이 국가들은 모두 지능지수가 높은 위험 선호가들이 국가를 건설해서 세 나라 모두 번영을 누렸습니다. 그러나 오직 미국에서만 인종적으로 다양한 사람들이 대규모로 참여했으니 미국은 정말로 풍부한 단면을 가질 수 있었던 것이지요."

미운 두 살 시기에 우리는 재능 있는 이민자들을 미국으로 받아들이는 데 제한을 두면서 고등교육도 축소했다. 다른 국가들은 점점 더 뛰어난 인재들을 자국에 계속 붙들어놓을 수 있게 된 이 시점에, 미국은 이 엉뚱한 조합으로 창조적인 모험가를 생산하고 유치하는 능력을 갉아먹고 있다.

미국이 이 추세를 뒤바꾸지 않는다면 시간이 흐르면서 "우리는 미국이 지닌 가장 중요한 경쟁우위, 즉 지속가능한 이점이 발생하는 우리가 갖고 있는 유일한 장점인 우수한 두뇌의 모험을 즐기는 세계에서 가장 규모가 크고, 가장 다양한 인재풀을 잃을 수도 있습니다"라고 먼디가 말했다. "경쟁우위를 선점하지 못하면 우리의 생활수준은 결국 세계 평균으로 후퇴할 것입니다."

불행히도 미운 두 살 시기에 미국 정치계는 미국 이민제도를 개혁하는 법률을 제정하는 데 실패했다. 조지 W. 부시 대통령이 엄청난 노력을 기울였다. 그러나 불법 이민에 대한 분노만 앞세운 나머지 합법적 이민이 얼마나 중요한지 논리적으로 생각하지 못했던 여당의원들에 의해 무산되었다. "H-1B 비자 프로그램이야 말로 미국을 에너지와 컴퓨터 부문 혁신자로 만들어줄 열쇠입니다"라고 린지 그레이엄이 말했다. 그는 이 문제에 대해 소속 정당의 완고함을 비판해온 사우스캐롤라이나 출신 공화당 상원의원이다. "이민은 우리 삶의 일부가 되어왔습니다. 정말 똑똑해지고 싶고 세계 지도자가 되게 해줄 학위를 원하는 사람이라면 미국으로 왔었죠. 이제 미국으로 오기가 너무나 어려워졌습니다. 그리고 일단 왔다고 해도 계속 머무르기 어렵죠."

국경을 안전하게 지키고, 현재 약 1200만 명에 이르는 미국에 체류 중인 불법이민자들이 합법적으로 시민권을 획득할 수 있는 방법을 모색하며, 유능한 이민자들이 미국 시민이 될 수 있도록 해주고 한 걸음 더 나아가서 그들을 끌어들이는 이민법 개혁은 절박한 과제이다. 미국에는 머리가 좋은 위험 선호가들과 육체가 강건한 근로자 2가지 모두 필요하다. 단순근로자는 소프트웨어를 만들 수 없을 것이다. 그러나 이런 사람들 역시 미국 경제에 활기를 불어넣는다. 인도계 미국인 기업가 비벡 폴 Vivek Paul이 언젠가 톰에게 말했던 것이 있다. "자기가 속한 사회를 떠나올 수 있는 행위 그 자체가 엄청난 동기 인자입니다. 의사이든 정원사이든 성공하기 위해서는 강렬한 동기부여를 받아야 합니다."

| 100만 달러? 에이, 10억 달러겠지요? 아니오, 100만 달러입니다!

2010년 가을, 싱가포르의 학자이자 은퇴한 외교관인 키쇼르 마부바니 Kishore Mahbuban가 톰을 찾아왔다. 톰은 세계에서 가장 큰 에너지 문제 8가지를 해결하기 위해 오바마 정부가 계획하고 있는 8가지 혁신 과제를 마부바니에게 설명했다. 이는 분명히 에너지 분야 전반에 걸쳐 기초과학의 경계를 넓힐 수 있고, 새로운 산업들을 일으킬 수 있는 프로젝트였다.

톰은 요즘 의회가 전체 비용은 차치하고 개별 에너지 혁신 프로그램에 필요한 2500만 달러 예산 요청에 대한 승인을 망설이고 있기 때문에 아직 재정이 확보되지 않은 상태라고 설명했다. 그래서 3가지 프로젝트만 진행되고 있지만 이 중 단 한 프로젝트도 2500만 달러 전부를 확보하지는 못할 것이라고 말했다. 그때 마부바니가 말을 가로막았다.

"250억 달러라는 말씀이죠?"

"아뇨. 2500만 달러가 맞습니다." 톰이 대답했다.

"250억 달러겠죠?" 마부바니가 다시 물었다.

"아뇨, 2500만 달러라니까요." 톰은 굳건한 목소리로 단언했다

마부바니는 아연실색했다. 그는 싱가포르처럼 작은 도시국가도 생물의학 중심지를 구축하고 세계 최고 인재들을 유치하기 위해 10억 달러 이상을 투자하고 있는데, 미국이 판도를 뒤바꿀지도 모르는 에너지 연구에 겨우 몇 백만 달러 지출하는 건으로 논란을 벌이고 있다는 사실을 믿지 못했다. 안타깝지만 이것이 바로 현재 우리의 모습이다. 작은 일에 연연하면서 쓸데없는 자존심만 세다. 이런 일이 하찮은 문제라고 생각할 수도 있겠지만 결코 그렇지 않다.

국가는 우선순위를 잘못 정하고, 자원을 잘못 배치하여, 국가 전체의 잠재력을 발휘하지 못하는 사소한 결정을 잘못 내리는 경우가 많기 때문에 쇠약해진다. 보통 중요한 결정 한 건을 잘못 내려서가 아니다. 이런 현상이 미운 두 살 시기의 미국에서 일어난 일이다. 2011년 4월 11일자 〈워싱턴 포스트〉에 실린 그래프가 요점을 잘 말해준다. 국제경제에서 변화의 속도가 빨라지고 지식의 경제적 중요성이 상승하면서 연구개발 분야에 대한 투자 증가가 급선무로 떠오르는 시점에 미국이 투자하는

연방정부의 연구개발비 지출액

주: 2011년과 2012년 데이터는 추정치
출처: 〈워싱턴 포스트〉, 2011년 4월 30일자

비용은 오히려 감소하고 있다.

2005년에 미국 상하 양원은 합동으로 과학, 공학, 의학 분야 국립학술아카데미들과 국립연구협의회에 대해 세계시장에서의 미국 경쟁력을 연구하도록 촉구했다. 이들은 지식자본, 인적자원 및 창조적 '생태계'의 존재라는 혁신과 경쟁력의 주요 영역에서 미국이 처해 있는 위치를 평가하는 '거세지는 폭풍 위로 비상Rising Above the Gathering Storm'이라는 제목의 보고서를 작성했다. 국립아카데미들 웹사이트에 따르면 "중대한 연구결과가 도출되었다. GDP 대비 연방정부의 연구개발비 지출이 40년 동안 60퍼센트나 감소한 것으로 지적되었다. 인적자원의 경우 미국의 대학들에서 공학 분야의 박사학위를 수여받은 사람 중 3분의 2가 미국 시민이 아닌 것으로 확인되었다. 창조적 생태계의 경우, 미국 기업들은 소송비용으로 연구개발비의 2배 이상을 지출하고 있는 것으로 나타났다."

'거세지는 폭풍 위로 비상'의 마지막 부분은 광범위한 기초과학 연구에 대한 투자를 승인하는 미국경쟁력강화법America COMPETES Act의 입법 제안으로 이어졌다. 보고서는 이에 대해 아래와 같이 근거를 제시했다.

> 미래 경제와 그에 수반되는 일자리 창출의 원동력은 혁신이다. 이는 대부분 과학 및 공학 분야 발전에서 유래한다. 과학자들이 인간 게놈 해독 방법을 발견했을 때, 이는 의약품을 포함한 다양한 분야에 대해 완전히 새로운 기회를 열었다. 이와 비슷하게 과학자와 엔지니어들이 집적회로의 용량을 지난 40년 동안 그렇게 해왔던 것처럼 100만 배로 증가시키는 방법을 발견했을 때, 기업가들은 테이프녹음기를 아이팟으로, 지도를 GPS로, 공중전화를 휴대폰으로, 2차원인 엑스레이를 3차원인 컴퓨터 단층촬영으로, 종이책을 전자책으로, 계산기를 컴퓨터로, 그 밖에도 수많은 변화를 이끌어낼 수 있게 된다.

이 보고서가 권고한 연구 확대를 위한 당초 재정지원금 중 대부분은 2008년 금융시장 대폭락 사태 이후 제정된 경기 부양을 위한 법률에 묻혀서 통과되었다. 그러나 이들 재정지원 중 대부분은 시한부였다. 2010년 이들 그룹은 다시 모여 새로운 보고서를 내놓았다. '다시 생각해보는 거세지는 폭풍 위로의 비상: 빠르게 다가오고 있는 초강력 폭풍Rising Above the Gathering Storm, Revisited: Rapidly Approaching Category 5'이 그것이다.

'거세지는 폭풍 위로 비상' 보고서를 최초로 작성했던 5년 전 미국의 상황과 비교해서 "지금의 미국은 어디에 서 있는가?"라는 질문을 새 보고서는 던졌다. "이 보고서 작성에 참여한 회원들의 일치된 견해는 미국에 대한 전망이 그동안 악화되었다는 것이었습니다. 진전이 있었던 영역도 있었습니다. 하지만 이 기간 동안 국가채무는 8조 달러에서 13조 달러로 늘어났고, 우리 앞에 닥친 문제들을 해결할 수 있는 운신의 폭이 급격히 좁아졌습니다."

요점을 강조하기 위해 개정판 보고서는 다수의 통계를 언급하면서 시작한다. 다음은 그 내용을 요약한 것이다.

2009년에 미국 소비자들이 포테이토칩에 지출한 금액은 71억 달러로 정부가 에너지 연구개발에 투자한 51억보다 훨씬 많다.

중국은 생물의학 연구논문 발행에서 최근 일본, 영국, 독일, 이탈리아, 프랑스, 캐나다, 스페인을 추월하여 세계 2위 자리에 올랐다.

2009년 미국 특허의 51퍼센트가 미국 이외 국가의 기업들에게 부여되었다. 작년에 미국 특허를 받은 상위 10개 기업 중 4개만이 미국 기업이었다.

국내총생산 대비 자연과학 부문 연구를 위한 연방정부의 재정자금 지원은 1970년 이후 25년 동안 54퍼센트 하락했다. 공학 분야에 대한 지원은 51퍼센트 하락했다.

5학년에서 8학년까지 해당하는 미국 공립학교 학생 중 69퍼센트가 수학 분야 학위 또는 인증서를 소지하지 않은 교사들에게서 수학을 배우고 있다.

5학년에서 8학년까지 해당하는 미국 공립학교 학생 중 93퍼센트가 자연과학 분야 학위 또는 인증서를 소지하지 않은 교사들에게서 자연과학을 배우고 있다.

30년 전의 캘리포니아 주는 일반 세수입 중 10퍼센트를 고등교육에 투입했고 단지 3퍼센트만 교도소에 사용했다. 오늘날 거의 11퍼센트에 달하는 금액이 교정 부문에 투입되고 있고, 고등교육에 사용되는 금액은 8퍼센트에 지나지 않는다.

수학, 자연과학, 공학 연구에 투입된 연방재정지원금 총액은 9주가 지날 때마다 늘어나는 미국 보건의료비 증가분과 동일하다.

미국에서 박사학위를 받는 학생들 중에는 중국의 칭화대학교와 베이징대학교 출신이 가장 많다.

마지막으로 우리가 가장 부끄럽게 여긴 사실은 미국 성인 49퍼센트가 지구가 태양을 한 바퀴 도는 데 걸리는 시간을 모른다는 것이었다.

## | 규칙

전통적인 미국의 번영을 위한 포뮬러 중 본질적인 부분은 미국 기업에 대한 적절한 규제이다. 규제는 그 설정과 집행이 적절하게 이루어질 때 중용을 유지한다. 혁신, 기업가정신, 경제성장을 억누를 정도로 지나치게 강하지도 않고 자유시장이 빠지기 쉬운 실패나 방종을 방지할 수 있을 정도로 너무 약하지도 않아야 한다. 미운 두 살 시기에 미국은 양극단 모두로 가는 묘기를 부렸다.

민간부문에 부과되는 연방정부의 규제는 지난 10년 동안 계속 증가했다. 2007년 현행 규정의 내용을 포함하는 미국 연방규정집은 전체 14만 5816페이지에 달했다. 그 이후로도 늘어나고 있다. 연방규정집에 포함된 모든 규제가 미국 시민의 복지를 증진시킨다고 생각하기는 어렵다. 게다가 규제는 의도하지 않은 부정적인 결과를 가져올 수도 있다. 2005년 의회는 신용카드 및 금융 서비스 업계로부터 압력을 받았다. 그래서 개인 또는 파산재단이 파산법 제7장 규정에 따른 파산신청을 하고 새 출발을 하는 과정을 훨씬 더 어렵게 만든 파산남용방지 및 소비자보호법을 통과시켰다. 웹사이트 이파이낸스디렉토리닷컴eFinanceDirectory.com은 새 법률이 '자신이 거주하는 주의 중앙값 임금보다 소득이 많은 경우에는 파산법 제7장에 따른 파산신청을 통해서 부채탕감을 받는 것이 더 이상 불가능하도록 규정'하고 있음을 보여준다. 파산법 제7장은 파산신청을 할 수 있는 사람은 전국소비자신용재단National Foundation for Consumer Credit과 연계된 채무관리에 대한 강좌를 최소 6개월 이상 수강해야 한다고 규정하고 있다. 우리는 방만함을 부추기는 조치는 지지하지는 않는다. 그러나 적절한 위험의 부담을 권장하는 조치는 지지한다. 일부 전문가들은 맥킨지 보고서를 인용하면서 자신의 주장을 펼쳤다. 맥킨지 보고서에는 예전의 경기침체 기간에는 보통 신규 기업 창업이 5퍼센트 감소했던 데 비해, 이번 대침체 기간에는 신규 기업 설립 건수가 23퍼센트나 급격하게 하락한 것을 보여주었다. 전문가들은 이 내용을 활용하여 파산법 개정으로 인해 예측된 위험을 감수하고 새롭게 회사를 시작하려는 사람들이 줄어들었기 때문이라고 추측한다. 닷컴 열풍 이래, 수많은 소규모 기업가들은 그들의 신용카드를 창업자본 조달을 위한 기본적인 자금원으로 사용해왔다. 그러나 이제 그렇게 하기가 훨씬 위험해졌다.

그러나 미운 두 살 시기에 미국의 금융 및 에너지 부문 중 다른 영역은 너무 적은 규제 때문에 피해를 입었다. 2008년 금융 대폭락 사태는 재앙과도 같았다. 금융 대폭락 사태는 미국 금융시스템에 대한 대대적인 규제 완화 조치에 뒤이어 발생했다. 이는 금융 산업이 자체 규제 능력을 충분히 지녔다는 믿음, 그리고 대공황 재발을 방지하기 위해 설정한 장치들인 상업은행업과 투자은행업의 분리 및 이들 은행업과 은행의 고유 자산 운용 사이의 분리가 더 이상 필요하지 않다는 믿음이 이러한 규제 완화를 더욱 조장했다. 이러한 믿음은 대단히 잘못된 오류였던 것으로 드러났다.

분명히 2008년 비우량주택저당채권 대폭락 사태는 여러 가지 원인이 복잡하게 얽혀 일어났다. 이들 채권은 신용위험이 높은 사람들에게 제공된 대출로 구성되었다. 그래서 상당히 높은 이자율을 지급했으므로 아시아에서 생성된 엄청난 규모의 잉여 저축들이 높은 이자율을 찾아 비우량주택저당채권으로 밀려들어왔다. 정부는 더 많은 미국인들이 집을 살 수 있도록 주택저당 기준을 직접적으로 완화했다. 은행과 신용평가기관들도 거품이 가득한 비우량주택저당채권 부문에서 자기 몫을 챙기기 위해 기준을 완화했다. 금융업계는 높은 수익이 나는 이 새로운 영역에 대한 규제를 완화해달라고 요청했다. 압력을 받은 정부는 파생상품과 같은 새로운 금융상품들을 제대로 규제하지 못했다.

UC 버클리의 경제학 교수인 배리 아이켄그린Barry Eichengreen은 서브프라임 위기가 상업은행업, 투자은행업 및 증권위탁업계의 통합과 국제화에 제대로 대응하지 못한 규제 제도와 감독 당국자들에게 부분적인 책임이 있다고 주장한다. 즉, 미국은 금융 부문에서 우리의 번영 포뮬러를 시대에 맞추어 갱신하지 못했다. 지난 20년 동안, 1929년 대공황 이후 구축되었던 주요 차단벽들 중 일부는 연방준비은행들이 보유해야 하는 준비금을 명기한 규정들과 함께 폐기되었다. 아이켄그린은 서로 다른 업종에 속하는 금융기관들 사이의 합병이 사실 "타당하고 좋은 동기에 바탕을 두고 있다"고 주장한다. 이러한 합병의 결과로 소비자들의 주식거래비용이 하락했고, 대출비용이 감소했다. 그리고 이론적으로는 다양한 시장의 성장을 촉진할 수 있는 새로운 금융상품들이 창출되었다. 문제는 이와 같은 세계 금융시장 통합이 미국의 금융규제 체계와 전혀 맞지 않아서 규제 당국자들이 시장 내 각기 다른 주체들이 떠안고 있었을 위험과 채무 수준에 대한 전체적인 그림을 이해하기 어려웠다는 점이다.

아이켄그린은 2008년 10월 발표한 '위기의 근원과 그 대처Origins and Responses to the Crisis'라는 제목의 논문에서 "서브프라임 위기는 금융규제보다 앞서 나간 금융정상화 및 혁신 추구 경향의 결과였다"라고 주장했다. 이 때문에 규제자들은 서로 다른 금융기관들이 떠안고 있는 위험의 수준을 완전히 이해하지 못했다. 뿐만 아니라 금융기관 CEO들마저도 자기 밑에서 일하는 전문가들이 내놓은 상품을 이해하지 못했다.

이들 새로운 금융상품 중 하나로 비우량주택담보대출에 대해 채무불이행이 발생하는 경우, 그 원리금을 지급해주는 신용부도스왑credit-default swap이라는 파생상품은 금융업계의 적극적인 로비 활동 덕택에 정부 감독기관들의 관할에서 벗어나 있었다. 이렇다 할 정부로부터의 감독도 없고 투명성도 없었던 이들 스왑 거래가 1조 달러에 달하는 시장으로 성장하도록 방치해두었다. 신용부도스왑 시장의 무너지면서 1929년 이래 최악의 금융시장 붕괴를 불러왔다.

이처럼 신용부도스왑이 규제의 사각지대에 놓이도록 만들기 위해 초당적인 노력이 있었다. 1999년 공화당은 규제에서 신용부도스왑을 특별히 면제하는 법안을 통과시켰고, 빌 클린턴 대통령은 그 법안에 서명했다. 시장경제에 필요한 위험 부담을 촉진하는 규제 환경과 파괴적인 무모함을 조장하는 규제 환경의 경계는 구분이 쉽지 않다. 미운 두 살 시기 동안 미국은 그 경계를 넘어섰다. 이는 부분적으로는 중요 인물 중에서도 특히 연방준비제도이사회 의장 앨런 그린스펀Alan Greenspan이 신용부도스왑 시장이 '스스로 규제 가능'하며 대형 금융기관들은 그들 기관의 이익을 위해서 스스로를 감시할 것이라고 믿었기 때문이다. 다른 한편으로는 금융업계가 그들이 개척한 신규 시장에 느슨한 규제가 적용되도록 하고 규제 당국자들을 그들의 편으로 만들기 위해 그 어느 때보다도 강력하게 의회에 영향력을 발휘했기 때문이기도 하다. 금융업계는 그들의 경영진들이 천문학적인 금액의 개인적인 부를 형성할 수 있도록 위험 부담을 최대화하기 위해 그렇게 했다.

규제체계가 좀 더 적절하고 규제 당국자들이 더 우수했다고 하더라도 미운 두 살 시기 말에 발생한 경제위기를 막을 수는 없었을지도 모른다. 하지만 만약 그랬다면 분명히 그 위기는 훨씬 덜 가혹했을 것이다. 금융위기에 뒤이어 의회는 금융업계가 영업을 보다 안전성 위주로 영위하도록 만들기 위해서 금융업계에 새로운 규제를 부과하는 도드-프랭크 월스트리트 개혁 및 소비자 보호법Dodd-Frank Wall Street Reform and Consumer

Protection Act을 통과시켰다. 오바마 대통령은 여기에 서명했다. 그러나 금융업계는 이 법을 약화시키기 위해 입법 과정에 모든 수단을 동원했다. 그래서 이 개혁 조치의 궁극적인 효과는 아직 더 지켜봐야 한다.

컬럼비아대학교 경제학 교수인 자그디시 바그와티Jagdish Bhagwati가 전망했던 것처럼, 그 결과는 '창조적 파괴(오래된 회사와 산업을 대체할 새로운 회사와 새로운 산업의 형성)'를 위해 자금을 공급하도록 구축된 금융 산업이 결국 전체 경제를 위협한 총체적 내부 붕괴인 '파괴적 창조(본질 가치가 거의 없는 금융상품의 매매)'의 당사자가 되어버렸다는 사실이었다.

이처럼 거대한 부의 파괴를 야기한 장본인 중 아무도 사실상 법적 처벌을 받지 않았다는 사실은 미국의 규칙을 새롭게 갱신해야 할 필요가 있음을 시사한다. 최소한 워런 버핏이 2010년 4월 30일 버크셔해서웨이Berkshire Hathaway 정기주주총회에서 했던 말에 귀를 기울여야 한다. "사회를 위해 사회가 개입해서 긴급구제를 제공해야만 하는 모든 기관은 그 CEO 및 배우자가 완전히 무일푼이 되도록 만드는 시스템을 갖추어야 한다."

금융시장에 대한 과소 규제와 과잉 규제 사이에서 적절한 균형을 유지하는 일은 어렵다. 이를 위한 비책도 없을 뿐더러 이 영역에서 모든 혁신을 억압하고자 하는 의도도 아니다. 하지만 우리가 2008년 이후로 보아왔듯이 금융부문에서 발생하는 중대한 실패는 전체 경제에 엄청나게 심각하면서도 장기간 지속되는 손상을 가할 수 있다. 그러므로 적절한 균형을 모색하는 것이 매우 중요하다.

## | 소득 불평등

미국은 교육, 사회기반시설, 연구개발에 대한 재투자를 통해 성공 포뮬러를 새롭게 정비하는 데 실패했다. 그리고 경제성장 촉진을 위한 이민 정책의 정비나 적절한 경제규제를 시행하지 못했다. 이러한 이유는 이 모든 것이 미국의 집단적 행동, 즉 미국 전체가 함께 움직이는 것을 필요로 하지만 최근의 미국은 집단행동을 할 수 있는 능력을 상실해버렸기 때문이다. 이러한 마비의 파괴적 형태가 생겨나는 이유 중 하나는 그 자체가 더 평평한 세계의 산물인 미국 내에서의 불평등이 증가하고 있기 때문이다. 세계가 평평해지면서 이를 충분히 활용할 수 있는 기술을 갖춘 사람들이 창출하는 제품과 서비스를 매매하는 세계시장이 생겨났다. 이 거대한 세계시장에서 벌어들일 수 있는 수입은 '승리자'에게는 경이로울 수 있다. 미국 프로농구협회NBA가 NBA 브랜드 제품을 스톡홀름에서 상하이에 이르기까지 판매하는 이 시대에 르브론 제임스LeBron James 같은 뛰어난 농구선수가 벌어들일 수 있는 액수를 생각해보라. 1950년대 초반 최고 스타였던 당시 미니애폴리스 레이커스의 조지 마이칸George Mikan의 수입은 미국 내에서만 발생했다. 그래서 수입이 수만 달러였던 데 비해 르브론 제임스의 수입은 수천만 달러에 달한다.

노벨경제학상 수상자이자 컬럼비아대학교 교수인 조셉 스티글리츠Joseph E. Stiglitz는 사람들이 같은 나라의 서로 다른 세계에서 살 때 그들로부터 집단행동을 불러일으키기가 더 어렵다고 주장한다. 역사적으로 미국인들은 다른 나라 국민들에 비해 불평등으로 인한 문제를 적게 겪은 편이었다. 신화이면서도 현실이기도 했던 개인 기회의 보장과 신분

상승 가능성이 강하게 몸에 배어 있었다. 때문에 정부가 나서서 소득재분배를 실시해야 된다는 사회주의자들의 주장은 결코 뿌리를 내리지 못했다. 그러나 미운 두 살 시기 중 소득 격차가 지나치게 벌어졌고, 앞으로 더 많이 벌어질 수 있다는 점에서 이제 불평등이 어려운 일을 공동으로 해결해온 미국인의 능력을 훼손시킬 수도 있는 형태로 정치적 통일체인 미국을 분열시키려는 징후를 보이고 있다. 스티글리츠에 따르면, 상위 1퍼센트의 미국인이 매년 미국 전체 소득의 대략 4분의 1을 차지한다. 스티글리츠는 소득이 아니라 부를 기준으로 하면, 상위 1퍼센트가 전체 부의 40퍼센트를 지배한다고 말한다. 이는 새로운 현상이다. 25년 전에는 상위 1퍼센트가 전체 소득에서 차지하는 부분은 12퍼센트였고, 전체 부에서의 점유율은 33퍼센트였다고 지적했다. 따라서 상위 1퍼센트에 해당하는 미국인의 소득은 지난 10년간 18퍼센트 증가한 데 비해 중산층의 소득은 사실상 하락하고 있다. 스티글리츠는 최종학력이 고졸인 남자의 경우 소득 하락이 특히 확연하게 나타나며, 하락률이 지난 25년간 12퍼센트에 달했다고 말했다.

사회가 경제적으로 더욱 분열될수록 부유한 사람들이 공공재와 공동체적 수요를 위한 비용을 지불하지 않으려는 경향이 강해진다. "200년 전의 미국에서는 집단행동을 할 필요가 그다지 없었습니다. 국방의 필요성은 미미했습니다. 우리에겐 천적들이 없었죠. 그저 우체국과 기본적인 정부 기반시설이 필요했을 뿐입니다. 하지만 오늘날에는 교육과 연구, 현대적 사회기반시설 및 기타 성공적인 사회의 핵심이 되는 기타 공공재를 제대로 공급하기 위해 집단행동을 필요로 합니다. 그리고 불평등은 집단적으로 대응해야 하는 우리의 능력에 장해를 일으키기 때문에 문제가 됩니다. 저는 그 기원을 레이건 정부와 사회계약의 붕괴에서 찾고자 합니다." 스티글리츠가 말했다.

그는 오늘날 부자들이 자기들만의 공공재로 자기들만의 '소사회'를 만들 수 있기 때문에 집단행동의 혜택을 필요로 하지 않는다고 덧붙였다. "부자들은 자기들만의 공원인 컨트리클럽을 소유하고 있습니다. 자기들만의 사립학교도 있죠. 부자들은 공립학교에 갈 필요도 없고 자녀들을 공립학교에 보내고 싶어 하지도 않습니다. 전용기와 기사가 딸린 자가용을 이동수단으로 사용하니 낙후된 대중교통에 대해서는 관심도 없죠. 부자들은 사람들이 공항에 길게 줄을 서 있어도 자기들은 그럴 필요가 없기에 상관하지 않습니다."

## | 패배자 추적

만약 냉전 시기에 경제성장의 결정적 요인이자 우리가 살고 있는 세계에서 권력과 영향력을 결정하는 주요 요인이기도 한 위대함을 위한 포뮬러의 핵심적 특징을 미국이 미운 두 살 시기처럼 퇴락하게 방치해뒀으면 어땠을까. 이는 미국만 일방적으로 군비를 축소하는 행위와 동일하게 여겨졌을 것이다. 정치인들은 1950년대 '미사일 격차' 문제를 두고 그랬듯 '교육 격차'나 '사회기반시설 격차' 유발 또는 방치를 죄목으로 상대방을 비난했을 것이다. 또 서로에 대한 비난이 총선 정국을 지배했을 게 뻔하다. 그런데 미운 두 살 시기에는 이보다 훨씬 나쁜 일들이 발생했다.

미국은 알지 못하고 있었다. 국민 생활에서 중요한 부문의 숫자가 하락하는 일이 일상이 되어버렸다.

그러고 나서 미국은 상황을 한층 더 악화시켰다. 11·9(1989년 11월 9일 베를린 장벽이 붕괴된 날)가 미국에게 던진 도전을 과소평가했던 반면, 9·11이 던진 도전은 과대평가했다. 그래서 실수를 더 크게 키웠다. 미국이 장기적으로 맞서야 할 도전은 대부분 아시아에 있는 세계화의 승자들로부터 오고 있다. 그럼에도 불구하고 알카에다, 이라크, 파키스탄, 아프가니스탄 등 세계화에 실패한 패배자들의 추적에 모든 국가적 관심과 자원을 집중했다. 그래서 21세기 첫 10년의 나머지를 허비했다. 미국은 역량을 자국의 국가건설에 집중해야 했던 시기에 메소포타미아와 힌두쿠시에서 그곳의 국가건설에 온 힘을 쏟고 있었다.

우리 저자 두 사람은 모두 지금까지는 두 곳에서의 전쟁 중 논란의 여지가 더 많고 돈도 더 많이 투입된 이라크전쟁을 지지했었다. 때문에 우리가 잘못 생각했던 점들과 지금도 여전히 믿고 있는 점을 언급할 필요가 있다. 그때나 지금이나 아랍 세계의 중심에서 민주주의를 꽃피울 수 있는 방법을 찾아내는 것이 전략적으로, 도덕적으로 불가피한 임무라고 생각한다. 아랍의 민주화가 어렵고 많은 비용이 든다는 사실을 알고 있었다. 그럼에도 우리는 그것이 얼마나 어렵고 많은 비용이 드는 일인지는 과소평가했다. 미국과 이라크가 치러야 했던 엄청난 인명과 재산 피해에 대해서는 후회만 앞설 뿐이다.

세계화에 실패한 자들, 구체적으로 알카에다와 사담 후세인은 미국의 국방에 대해 분명 심각한 문제를 야기했다. 미국은 단순히 재공격을 방지하기 위해서뿐만 아니라 그들이 이후에 계획하고 있을지도 모르는 사건을 중단시키기 위해서 9·11 테러를 일으킨 알카에다에 보복 공격을 해야 했다. 부시 행정부는 이라크가 대량살상무기를 보유하고 있기 때문에 붕괴시켜야 한다고 단언했다. 우리 두 사람은 모두 그렇게 생각하지 않았다. 마이클은 사담 후세인이 보유하고 있다고 추정되는 대량살상무기, 즉 화학무기가 공격을 정당화할 정도로 심각한 위협을 제기한다고 생각하지 않았다. 후세인을 권좌에서 끌어내리는 일을 정당화하는 사실은 미래의 일정 시점이 되면 그가 훨씬 더 위험한 핵무기를 손에 넣을 것이라는 예상이었다.

톰은 중동이 장기적으로 미국에게 제기하는 위협은 대량살상무기에서 온다기보다, 독재정권들이 그들이 통치하는 자국민들을 억압하고 격분하게 만드는 지역에서 발생하는 인간에 대한 대량파괴에서 온다고 생각했다. 톰은 아랍 세계에서 장기간에 걸친 독재에 대한 심한 좌절, 분노, 민주주의를 향한 열망 때문에 봉기가 일어났던 2011년뿐만 아니라 2001년에도 같은 생각을 하고 있었다. 그의 소망은 민주화의 기초가 전혀 갖추어지지 않은 지역에 일정한 수준을 갖춘 민주주의 모델을 창조할 수 있도록 자유 이라크와 협력할 수 있는 것이었다.

조지 W. 부시 대통령이 폐쇄된 아랍 독재 세계를 비틀어 열려고 했다. 이를 위한 지레로 이라크를 사용하고 싶어 했다. 그런데 이는 어리석지도 무책임하지도 않았다. 그러나 주도면밀한 계획과 충분한 병력, 문제 해결에 필요한 자원의 규모와 복잡성에 대한 적절한 이해도 없이 그렇게 하려 했던 점은 어리석고도 무책임한 행동이었다. 중요한 것은 실행이다.

이라크에 대한 미국의 최초 정책은 안타깝게도 미운 두 살 시기에 미국이 실시한 공공정책과 상당 부분 유사하다. 미국이 취한 행동은 미국의 문제 파악 능력과 실행 능력을 넘어선 것이었다. 그저 일이 잘 풀릴 것이라고 잘못 생각했다. 목적을 달성하려는 의지는 있었지만 이를 위한 수단은 제대로 사용하려고 하지 않았다.

미국이 이라크에서 성공했더라면 어떤 일이 생겼을지는 알 수 없다. 그러나 어느 날 일정 수준으로 민주화된 이라크가 나타난다면 이는 무척 가치 있는 일일 것이다. 그리고 그곳에서 발생한 인명과 재산 피해도 헛되지 않게 될 것이다. 오히려 그 경우 미국은 이라크인들을 포함한 세계 모두에게 소중한 가치가 있는 변화를 지원했던 셈이 될 것이다. 그러나 그 경우에도 이라크가 얼마나 발전할지 여부에 따라 다르긴 하겠지만, 미국이 얻을 혜택에 비해 희생이 너무 클 것이다. 특히 미국이 해야 할 다른 일들이 있다는 사실을 고려할 때, 미국은 이라크전쟁에 개입함으로써 너무 피해를 입었고 미국 정부의 역량도 허비한 것이다. 이는 잠재적인 면에서 전략적 혜택이 훨씬 더 적은 아프가니스탄과 리비아에서의 전쟁도 동일하다. 요컨대 미국과 우리 저자들은 9·11에 생겨난 세계가 마치 완전히 새로운 세계인 양 행동하는 실수를 저질렀다. 9·11 테러는 분명히 국가안보에 대한 심각한 위협을 들추어냈고 실질적인 문제를 제기했다. 그러나 돌이켜 생각해보면 이는 모든 것을 중지하고 모든 것을 바꾸어야 할 정도로 생명을 위협하는 치명적인 질병은 아니었다. 이는 우리가 계속 주의는 기울여야 하지만 생명에는 큰 지장이 없는 만성질환이었다. 9·11 테러는 당뇨병이었지 암이 아니었다. 그래서 미국이 열심히 살아가야 했던 여생에는 위대함을 위한 미국의 포뮬러를 새롭게 바꾸고 개선해감으로써 탈냉전시대의 4가지 주요 도전과제를 처리하는 것이 포함된다.

어떠한 정치인도 미래에 있을지 모르는 감독위원회로부터 부주의했다는 비난을 받고 싶어 하지는 않는다. 이 때문에 미국은 이라크전쟁뿐만 아니라 국가안보에도 너무 많은 비용을 썼다. 게다가 이라크, 국가안보, 아프가니스탄, 리비아에서 사용한 모든 비용을 빚으로 조달했다. 세금을 인상하기는커녕 인하했고, 그것도 모자라 전문의약품에 대한 노인의료보험이라는 재정지원 혜택을 새롭게 추가하기까지 했다.

예전 시대와 예전의 공화당 대통령 집권기와 비교해보면 완전 딴판이다. 1950년대 아이젠하워 대통령 시대에는 국가 전체가 번영하도록 성공을 위한 미국의 포뮬러를 갱신하는 지렛대로 냉전을 활용했다. 미운 두 살 시기에 조지 W. 부시 대통령은 국가의 미래 번영을 확보하기 위해 당연히 해야 할 일을 회피하기 위해 알카에다, 사담 후세인, 과격 이슬람집단들과의 분쟁을 이용했다. 첫 번째 시기의 미국은 미래를 위해 미래에 투자했다. 그러나 두 번째 시기의 미국은 미래를 희생하면서 하고 싶은 대로 다 하고 쓰고 싶은 대로 다 썼다.

**| 크레이지 하트**

지난 10년을 되돌아보면 2009년에 개봉한 영화 '크레이지 하트Crazy Heart'에 삽입되었던 노래 중 한 곡의 가사가 떠오른다. 제프 브리지스Jeff Bridges는 재기하려고 애쓰는 알코올 중독 컨트리 가수를 연기해서 오스카상을 받았다. '추락과 비행Fallin' & Flyin'이라는 제목의 이 노래는 미국의 미운 두 살 시기에 바치는 송가로 완벽하게 들어맞는다.

가선 안 될 곳에 가고 있었죠.

만나선 안 될 사람을 만났죠.

해선 안 될 일을 했지요

그리고 되어서는 안 되는 사람이 되었어요.

작은 목소리가 나에게 완전히 틀렸다고 했어요.

또 다른 목소리는 나에게 괜찮다고 하네요.

예전엔 내가 강하다고 생각했었지만

요즘엔 싸울 기력도 없답니다.


추락이 비행처럼 느껴진다는 것이 신기하네요.

잠시 동안은

추락이 비행처럼 느껴진다는 것이 신기하네요.

잠시 동안은


착한 척 하기도 지쳤어요.

예전의 자유로운 느낌이 그리워졌어요.

그래야 한다고 생각했던 대로 행동하는 것은 그만뒀어요.

본래의 내 모습으로 돌아갔지요.

누구도 상처주려고 했던 건 아니었어요.

내 방식대로 살았을 뿐이었어요.

지나치게 즐긴 게 있다면

이는 치러야 할 대가이겠죠.

이것이 미운 두 살 시기의 미국이다. 그리고 미국은 이제야 그 대가를 치르기 시작했을 뿐이다. 이 모든 일이 어떻게 일어났는가? 미국의 정치체제가 마비되었고 가치체계가 썩고 있었기 때문이다.

**12장**

# 무슨 일이든 난 반대야

2011년 봄, 오바마 대통령의 적자감축위원회 공동의장인 앨런 심슨Alan Simpson과 얼스킨 보울스Erskine Bowles가 워싱턴에서 만찬을 겸한 회의를 개최했다. 앨런 심슨은 1979년부터 1997년까지 와이오밍 주 출신 공화당 상원의원이었다. 저녁식사가 끝난 후, 심슨은 톰과 함께 현재 미국의 정치 상황에 대한 생각을 나누면서 이런 이야기를 들려주었다. "몇 년 전 상원에 잠깐 들렀다가 오랜 벗인 데일 범퍼스Dale Bumpers(아칸소 주 출신 민주당 상원의원)를 봤습니다. 그래서 데일 쪽으로 갔습니다. 저는 그를 포옹하며 인사를 했습니다. 데일은 정말 멋진 친구입니다. 제가 다시 공화당 사람들 쪽으로 왔을 때 한 상원의원(심슨이 이름 밝히기를 꺼려한 공화당원)이 제 옆에 살짝 다가오더니 '거기서 범퍼스랑 뭘 하셨습니까?'라고 하더군요. 저는 '데일은 제 친구예요'라고 말했습니다. 그 공화당의원은 저에게 '범퍼스는 좋지 않아요. 그는 민주당원이에요. 과격한 진보주의자라고요. 의원님이 범퍼스를 껴안아서는 안 됩니다'"라고 말하더군요.

심슨은 소스라치게 놀랐다. 예전에는 이렇지 않다. 물론 미국의 양대 정당 사이에 존재하는 정치적 대립, 심지어 적대감도 새로운 일은 아니다. 하지만 오늘날 미국 정치계는 단지 심슨이 의원으로 활동하던 시절보다 대립이 심해진 정도가 아니었다. 미국 정치계는 다양한 요소의 결합으로 마비되었다. 예전에는 양당이 진보주의자와 보수주의자의 연합이었다. 그러나 현재는 이데올로기적으로 거의 동질하지만 정치적으로는 그 어느 때보다 서로 떨어져 있다. 민주당과 공화당의 핵심 의제는 지난 20세기에 형성되었고, 아직 21세기 도전과제에 맞도록 갱신되지 못했다. 선거구 게리맨더링gerrymandering(특정 정당이나 특정인에 유리하도록 선거구를 정하는 것-옮긴이)으로 이제 온건한 문제해결자보다는 당파성이 매우 강한 이론가의 당선이 유리해졌다. 거대한 권한과 자금을 갖춘 이익집단이 정계의 동맥을 틀어막고 있다. 새로운 매체들은 가장 야단스럽고 당파성이 강한 목소리만 강조하고 있다. 정치를 오늘 경기에서 누가 이겼는지만 중요하게 생각하는 스포츠처럼 묘사하고 있다. 그리고 과거와는 달리 목적의식, 진지함, 국민화합을 강력히 요구할 거대한 외부의 적이 오늘날에는 존재하지 않는다.

물론 미국 내 당파 간의 분열이 사소하고, 양당이 차분하게 서로의 차이점을 이해하고 해결했던 황금시대는 여태껏 없었다. 그러나 오늘날 당파 갈등으로 인한 비용은 그 어느 때보다도 훨씬 높다. 19세기 전반처럼 지금보다 더 양극화되어 있었던 시기에는 지금처럼 연방정부가 해야 할 일이 많지 않았고, 20세기처럼 연방정부가 해야 할 일이 많지 않았던 시기에는 정치계의 양극화 정도가 훨씬 약했다. 현재 미국은 양쪽 모두에서 최악의 상태에 처해 있다. 복잡하고 어려운 안건은 산재하고 정치계는 안건을 제대로 처리하지 못하고 있다.

연방정부가 중요하고 어려운 문제를 해결할 수 없다면 미국의 전통적인 위대함을 위한 포뮬러의 갱신은 차치하고 미국이 당면한 4가지 주요 도전과제에도 도저히 대처할 수 없다. 그러나 정치계의 병폐, 특히 극심한 양극화 현상은 정확히 미국이 필요로 하는 진취성을 막고 있다. 우리가 이곳에 인용한 정치계 양극화를 주제로 로널드 브라운스타인Ronald Brownstein이 쓴 책《두 번째 남북전쟁The Second Civil War》의 제목은 의도적으로 과장된 표현이다. 공화당원과 민주당원이 서로에게 총을 겨누고자 하는 생각을 하지는 않는다. 그러나 이 책의 부제 '극심한 당파갈등이 어떻게 워싱턴을 마비시키고 미국을 양극화했는가How Extreme Partisanship Has Paralyzed Washington and Polarized America'는 미국이 앞으로 번창하기 위해 필요한 공공정책을 막고 있는 주요 장애물 중 하나를 정확하게 짚어내고 있다.

미국인들은 정치계가 항상 이랬던 것은 아니라는 사실을 잊고 있다. 요즘 미국인 대부분은 의회가 1935년 사회보장법 제정, 1954년 주(州) 간 고속도로시스템 확립, 1964년 공민법 통과, 1965년 노인의료보험제도 승인 시 각 당 상하원의 대다수가 이 정책들을 찬성하는 쪽에 투표했다는 사실들을 알면 분명히 충격을 받을 것이다.

이와 대조적으로 최근 몇 년 동안 한 정당은 한 정책을 지지하고 다른 정당은 반대하는 패턴이 표준이 되었다. 최근의 전직 대통령 3명은 모두 각자의 최우선 정책에서 반대당 의원들의 지지를 얻는 데 실패했다. 공화당 의원 중 단 한 명도 증세를 포함한 빌 클린턴의 첫 경제정책 패키지에 투표하거나 의료보험법안을 지지하지 않았다.

2001년 봄, 조지 W. 부시 대통령이 제안한 감세정책을 지지했던 민주당 의원은 하원 28명, 상원 12명에 불과했다. 2005년 민간계정을 포함하는 사회보장개혁안을 지지한 민주당 의원은 아무도 없었다. 2009년 버락 오바마 대통령의 경제활성화 대책이나 2010년 의료보험개혁을 지지한 공화당 의원은 한 명도 없었다. 양당은 한 정당이 법안을 통과시키기에 충분한 의결정족수를 확보하고 있을 때, 반대 정당이 사용하는 의사지연전술인 필리버스터filibuster와 같은 수단을 사용해서 상대당의 주도권을 차단하기 위해 애쓰고 있다. 1955년부터 1961년에 이르기까지 필리버스터를 강제로 종료시키기 위해 투표가 실시된 적은 단 한 차례에 불과했다. 그러나 2009년과 2010년에는 이런 사태가 여든네 차례나 발생했다.

지난 20년 동안 민주당원과 공화당원들은 같은 목표를 공유하나, 서로 다른 정치적 견해를 지닌 동료라기보다는 적대적 부족에 가까워졌다. 상대방을 악마로 묘사하는 것은 정치적 수사의 주요소가 되고 있다. 1994년 하원의장이었던 공화당의 뉴트 깅리치는 클린턴 행정부를 "정상적인 미국인들의 적"이라고 불렀다. 2004년 다음 행정부에서는 민주당 상원 원내대표 해리 리드Harry Reid가 조지 W. 부시 대통령을 "조국을 배신한 거짓말쟁이"라고 불렀다. 백악관이 민주당 대통령에게로 다시 넘어가자 공화당은 버락 오바마의 애국심, 진실성, 심지어 오바마가 미국에서 태어나지 않았기 때문에 대통령직에 부적합하다는 의미를 시사하며 그의 출생 환경에까지 의문을 제시했다.

양당은 미국 내 문제는 물론 대외정책에서도 양극화된 모습을 보였다. 한국전쟁과 베트남전쟁 당시에도 미국 내 의견은 분열되어 있었다. 하지만 지지 정당과 전쟁에 대한 찬반은 크게 관련 없었다. 민주당 지지자와 공화당 지지자들은 서로 비슷비슷한 비율로 두 전쟁에 반대하거나 찬성했다. 1968년 8월 7일부터 1969년 9월 22일 사이에 여론조사 기관 갤럽이 수집한 데이터에 의하면 민주당 지지자 중 51퍼센트와 공화당 지지자 중 56퍼센트가 베트남전쟁이 잘못이었다고 믿었고, 민주당 지지자 중 37퍼센트와 공화당 지지자 중 34퍼센트가 베트남전쟁이 잘못이 아니라고 생각하는 것으로 나타났다. 반면에 2003년에 시작한 이라크전쟁의 경우 지지자들은 대부분 공화당 지지자였고 반대자들은 대부분 민주당 지지자였으며, 공화당 소속 대통령이 전쟁을 벌였다는 점이 적지 않은 영향을 미쳤다. 2005년 실시한 갤럽 여론 조사에서는 이라크전쟁이 잘못이었는지 묻는 질문에 민주당 지지자는 81퍼센트가 그렇다고 답하고 18퍼센트만 그렇지 않다고 답했다. 반면, 공화당 지지자는 78퍼센트가 잘못이 아니었다고 답했고, 잘못이었다고 답한 비율은 20퍼센트에 지나지 않았다. 20세기 대부분의 기간 동안 당파 갈등은 물가에서 멈춰 있었다. 21세기에 들어선 이후, 당파 갈등은 망망대해로 나아가 '몬테주마 전당에서 트리폴리 해안(from the halls of Montezuma to the shores of Tripoli, 미 해병대 군가의 첫 소절-옮긴이)'까지 깃발을 꽂아 놓고 있다.

　이처럼 첨예한 당파 간 분쟁은 미국을 공화당을 지지하는 주와 민주당을 지지하는 주를 각각 서로 공통점이 없는 '빨간색'과 '파란색'으로 나누어 표시한 정치지형도의 이미지를 떠올리게 한다. 빨간색과 파란색으로 나뉜 미국에서 당파 양극화는 사회문제와 사회생활로 확장되었다. 그래서 뿌리까지 민주당 지역인 맨해튼 서부에 있는 한 광고판에는

'뉴욕시: 동성애자라는 사실은 공개하지만 공화당 지지자라는 사실은 감추는 곳'이라는 문구가 새겨져 있다. 1993년부터 2011년까지 위스콘신 주 출신 상원의원이었던 민주당의 러스 페인골드Russ Feingold는 양극화가 진행되는 속도로 보면 머지않아 당파주의자들은 지지 정당을 반영한 소비자 제품을 요구할 것이라고 말했다. "공화당 지지자용 치약과 민주당 지지자용 치약이 나올 겁니다."

코미디 팀인 막스 브러더스의 영화들은 점잖지만 답답한 오페라나 의사, 법조계 등을 풍자한다. 영화 '호스 페더스Horse Feathers'에서 막스 브러더스가 풍자한 대상은 학계였다. 하지만 그루초 막스Groucho Marx가 부른 노래는 오늘날 공화당원과 민주당원에게 잘 들어맞는다.

> 당신의 제의가 옳을 수도 있겠죠.
> 하지만 한 가지 알아두길 바랄게요.
> 그 제의가 무엇이든 난 반대에요.
> 당신이 그 제의를 바꾸거나 요약하더라도
> 난 반대에요.

## | 엄청난 괴리

미국의 양대 정당과 그들에게 속한 공무원들이 양극화된 이유를 미국 자체가 양극화되었기 때문이라고 생각하는 것이 논리적이다. 양극화된 정치계는 〈길버트와 설리번의 노래Gilbert and Sullivan song〉 내용처럼 그만큼 양극화된 사회에 기초하고 있다고 가정하는 것이 논리적이다.

> 이 세상에 태어난
> 모든 소년과 모든 소녀는
> 어느 정도 진보적이거나
> 어느 정도 보수적이지.

하지만 이는 실제로 사실이 아니다. 정치학자 모리스 피오리나Morris Fiorina(새뮤얼 에이브럼스Samuel J. Abrams와 제레미 포프Jeremy C. Pope가 보조)는 이 주제로 쓴 심도 있는 연구논문을 썼다. 연구논문 〈문화전쟁? 양극화된 미국의 신화Culture War? The Myth of a Polarized America〉에서 공화당 및 민주당 활동가의 정치적 견해는 서로 갈라져 있지만 일반적인 미국인의 견해는 많이 달라지지 않았다고 설명했다. 그리고 여론은 국민이 선출한 관리들의 신념과 선호에 비해 정치적 스펙트럼에서 중앙에 가깝게 모여 있다고 실례를 들어 설명했다. 피오리나는 미국인의 정치적 견해가 수적으로 서로 비슷하게 갈려 있기는 하지만 견해 차이는 그리 깊지 않다고 설명한다. "많은 미국인들은 양면성과 불확실성을 지니고 있다. 그래서 정당, 정치인, 정책에 있어 확실한 입장을 취하기를 꺼려하기 때문에 정치적 견해가 크게 차이가 나지 않는다. 미국인들은 본능적으로 중도를 추구한다. 때문에 선거에서 고르게 갈리거나 아예 방관하는 반면 정당과 후보들은 극단에 몰려 있다."

이 소견을 뒷받침하는 증거는 지난 20년간 대통령 선거에서 승리한 후보들이 유권자들에게 자신을 선전한 방법에서 찾을 수 있다. 실제로 당파 갈등을 감소시키는 데 성공한 대통령은 아무도 없었다. 하지만 선거에서 승리한 각 후보들은 선거운동 기간 동안 자신은 중도적 입장에서 나라를 이끌 것이고 미국 내 당파적 증오의 수준을 낮출 것이라는 신호를 보냈다. 조지 H.W. 부시 대통령은 자신의 정책이 이전 공화당 대통령이었던 로널드 레이건의 정책보다 덜 엄격하다고 말했다. 그리고 '더 친절하고 더 점잖은' 미국을 이끌어나가겠다고 약속했다. 빌 클린턴은 민주당의 다른 당원 대부분에 비해 자신이 덜 진보적이라는 뜻에서 자신을 '종류가 다른 민주당원'이라고 칭했다. 조지 W. 부시는 클린턴 시절의 당파 간 전쟁에 염증을 느꼈던 국민의 정서를 잘 알고 있었다. 그래서 그는 자신을 '이간자가 아닌 통합자'라고 묘사했다. 부시 대통령은 '온정이 넘치는 보수주의자'로서 통치하겠다고 약속했다. 부시 재임 시기가 클린턴 시기에 비해 훨씬 더 분열이 심한 모습을 보이자 미국인들은 2004년 민주당 전당대회에서 "세상에는 진보적인 미국도 보수적인 미국도 없습니다. 단지 미합중국만 있습니다"라는 인상적인 구절을 담은 연설로 미국인들에게 자신을 소개한 초선 상원의원 버락 오바마에게로 관심을 돌렸다.

정치적으로 활발히 활동하는 미국인의 견해와 전체 유권자의 견해 사이의 차이, 일반 국민이 정부에게 바라는 점과 실제로 국민이 겪고 있는 양극화된 통치 사이의 차이는 미국인과 그들이 선출한 정부 사이에 심각한 괴리가 존재한다는 사실을 반영한다. 이는 오늘날 미국의 대의 정치제도가 미국인들을 정확하게 대표하고 있지 못함을 뜻하는 것이기도 하다.

스탠포드대학교 정치학 교수인 피오리나는 2004년 10월 30일 〈후버 다이제스트Hoover Digest〉에 실었던 글에서 그의 연구의 핵심을 이루는 이 중요 요인에 대해 상세히 설명했다.

> 현대 미국 정치를 관찰하는 사람들은 경제적 측면에 관한 오랜 의견 충돌이 성 정체성, 도덕성, 종교에 근거한 새로운 분열에 비하면 이제 흐릿해졌다는 주장을 두고 새로운 공감대 형성에 이른 듯 보인다. 이 분열은 너무나 깊고 격렬해서 전쟁에 비유할 만했다. 그러나 연구 결과는 이와 달랐다. 일반에 공개된 데이터베이스에 따르면 기자와 정치꾼들이 신봉하는 문화전쟁 각본은 단순한 과장과 전혀 터무니없는 말 사이 어디쯤에 있다. 미국에 문화전쟁과 같은 현상은 존재하지 않는다. 적어도 미국인 대부분이 의식하는 미국의 분노하는 영혼을 위한 전투는 없다.

피오리나는 분명히 양쪽 진영 모두에 언쟁을 즐기는 떠들썩한 싸움꾼들이 있다고 말한다. "정당과 이념집단에 속해 있는 많은 활동가들이 서로 미워하고 자기 스스로를 참전 중인 전투원이라고 생각한다. 그러나 전체 국민의 80~90퍼센트에 해당하는 중도 지향적 관점을 지닌 대다수 미국인은 이들의 증오와 전투에 공감하지 않는다. 예를 들면 공화당 상원의원 몇몇은 최근에 일반적인 미국인들은 동성 결혼이 공화당 진영의 활동가라는 단어에 비해서 덜 종말론적인 단어라고 생각한다는 사실을 알았다"라고 말했다.

피오리나는 중도 성향 부동층이 미국 정치에서 사라져버렸다면 어떻게 아래와 같은 일들이 벌어졌겠는가를 묻고 있다.

어떻게 2000년에는 조지 부시의 지지율이 가장 낮았던 민주당 성향의 6개 주가 2002년 선거에서는 모두 공화당 소속 주지사를 선출했을까? 어떻게 아놀드 슈왈제네거가 2003년 주지사 보궐선거에서 민주당 성향 캘리포니아에서 압도적인 표 차이로 이길 수 있었겠는가? 2004년 대선에서 투표자 대부분이 이미 마음을 정하고 있었더라면, 어째서 여론조사에서 유권자에게 케리와 매케인이 손잡는 경우를 제시했을 때 케리의 지지율이 부시에 비해 14퍼센트 앞서는 것으로 나왔겠는가? 투표자의 당파성이 콘크리트처럼 딱딱하게 굳어 있다면 왜 공화당을 지지하는 주와 민주당을 지지하는 주의 대다수 국민이 똑같이 대통령과 의회에서 자기들이 지지하는 당으로 통일하는 대신 분리된 지배를 선호할까? 그리고 아이러니하게도 투표자들의 견해가 그토록 완고해졌다면 왜 최근 CBS가 보도한 '미국 내 양극화'라는 제목의 프로그램에서 공화당 지지자 중 76퍼센트, 민주당 지지자 중 87퍼센트, 지지 정당 없는 사람들 중 86퍼센트가 선출된 공직자들이 자기 원칙을 고수하기보다는 좀 더 타협적인 모습을 보여주었으면 하고 답했겠는가?

피오리나는 의심할 여지없이 공화당과 민주당 엘리트들은 양극화되어 있지만 "이러한 엘리트 집단의 양극화가 일반 대중에서도 나타난다고 가정하는 것은 잘못이다. 실제로는 그렇지 않다. 정치 엘리트들이 아무리 국민을 반영한다고 주장해도, 그들이 극단적인 입장을 취하는 것은 투표자들 때문이 아니다. 그보다는 정치 엘리트들이 극단적인 대안을 제시함으로써 투표자들이 양극화된 것처럼 보이게 만드는 것이다. 그러나 앞에서 언급한 공화당 주지사들처럼 투표자들에게 좀 더 온건한 선택권이 있는 경우에는 현실이 명확하게 드러난다"라고 결론을 내렸다.

유권자들은 이를 인식하고 있다. 2010년 10월(중간 선거 직전) 실시한 라스무센 여론조사 결과 투표를 할 의사가 있는 유권자 중 다수(43퍼센트)가 민주당, 공화당 모두 '미국인의 정당'이 아니라고 생각한다는 사실이 드러났다.

이러한 괴리는 미국의 정치계에 나타나고 있는 주요한 사실이다. 이것이 미국이 당면한 4가지 주요 도전과제를 제대로 풀어내지 못하는 주요한 원인이다. 또한 이는 우리가 이후 15장에서 다룰 '정치계가 이러한 도전과제를 해결하도록 충격을 주기 위해서 무엇을 할 수 있고, 무엇을 해야 하는가'라는 질문과도 관계가 있다. 미국 정치계와 미국 사회 사이의 격차가 어쩌다가 이토록 벌어졌을까?

## 그땐 그랬지

베이비 붐 세대가 성장하던 1950년대와 1960년대에는 민주당과 공화당 모두 진보주의자와 보수주의자들의 연합이었다(심지어 이 시기를 '4당 체계'라고 부르는 정치학자도 있다). 민주당원 중에는 공화당에 반대하는 이유가 남북전쟁까지 거슬러 올라가는 보수적인 남부 지방 사람들도 있었다. 인종차별 철폐에 반대하는 이 남부 사람들이 1948년 인종차별정책에 찬성하면서 당시 사우스캐롤라이나 주지사였던 스톰 서몬드Strom Thurmond를 대통령 후보로 지지했다. 그래서 일시적으로 민주당을 탈당했을 때에는 그들을 '딕시크랫Dixiecrats'이라고 부르기도 했다.

공화당원들은 대부분의 민주당원들보다 경제 문제에서 더 보수적인 성향을 나타낸다. 하지만 꽤 진보적인 사회적 관점을 지닌 사람들이 있었다. 이들은 대부분 북동부 지역에 살았고 1960년대 들어 그 수가 줄어들면서 뉴욕 주지사 넬슨 록펠러Nelson Rockefeller의 이름을 따 '록펠러 공화당원Rockefeller Republicans'으로 알려졌다. 정계에 입문하던 시절에 이 집단에 속했던 사람 중 한 명이 코네티컷에서 자란 조지 H.W. 부시였다. 그의 부친은 사업가 출신으로 이후 코네티컷 주 상원의원을 지냈으며 공화당 내 온건파에 속했다(공화당 내 보수파는 지금과 달리 남부가 아니라 중서부에 그 중심을 두고 있었다). 텍사스 출신 공화당 하원의원으로 2대에 걸쳐 재직하는 동안, 조지 H.W. 부시는 지금은 대부분의 공화당원이 탐탁하지 않게 생각하는 미국가족계획연맹Planned Parenthood을 열렬히 지지했다. 덕분에 그는 '콘돔Rubbers'이라는 별명을 얻기도 했다.

민주당과 공화당 양쪽 모두에 다수의 보수주의자와 자유주의자가 공존하던 시절에는 각 당에 상대방 정당의 관점에 공감하는 세력이 있었다. 때문에 지금보다 타협이 쉬웠다. 게다가 당내 구성원이 이념적으로 다양한 관점을 보유하고 있어서 당원 모두가 지지할 수 있는 입장에 도달하기까지는 당내에서도 타협을 해야 했다. 그래서 양당의 입장은 대부분 그리 크게 차이 나지 않았다. 뿐만 아니라 차이점을 해결하는 데에도 익숙했다.

대체 무엇 때문에 상황이 변해서 지금처럼 이념이 통일된 정당이 탄생했을까? 지난 40년간 발생한 광범위한 사회적 변동이 큰 역할을 했다. 론 브라운스타인Ron Brownstein은 이를 정치인들이 내부적으로 훨씬 더 균일한 성향을 띠는 보수파 또는 진보파 진영으로 이동하는 현상이라는 의미에서 '대선별the great sorting out'이라고 부른다. 이 현상은 1960년대 민주당 소속 대통령인 케네디와 존슨이 포용했던 시민평등권 운동에 대한 반발로 일어났다. 결국 남부 출신 보수주의자들은 민주당을 탈당해서 공화당으로 옮겨 갔다. 10년 후 공화당 내에서 낙태, 공립학교에서의 기도 시간, 페미니즘, 동성 결혼과 같은 쟁점과 맞물려 수면 위로 떠오른 사회적 보수주의로 인해 온건한 사회적 관점을 지닌 북부 출신 공화당원들은 민주당으로 옮겨 갔다. 민주당 내 진보주의자의 숫자와 비율이 높아졌고, 공화당 내 보수주의자의 숫자와 비중 역시 높아졌다. 시간이 흐르면서 각 당의 중도파 세력(민주당 지지자의 민주당지도자협의회Democratic Leadership Council와 공화당 지지자의 리펀소사이어티Ripon Society 등)은 거의 사라져 버렸다. 진보주의자와 보수주의자는 정치 문제에 대해 가장 적극적인 사람들인 경향이 있었다. 따라서 이전 시기보다 당내에서 더 많은 영향력을 행사했다. 갈수록 상대 정당을 적으로 간주하게 되었고 교전수칙은 '일체 타협 없음'이 되었다.

  동시에 정치인들의 요청에 따라 국가 차원에서는 하원의원 선거구의 경계를, 주 차원에서는 주의회의원 선거구 경계를 어느 쪽이 되든 한 정당에 유리하도록 변경했다. 그래서 그 선거구가 공화당 후보 또는 민주당 후보에게 '안전지대'가 되도록 만들었다. '게리맨더링'이라고 부르는 이 관행은 오래된 것이다. 다큐멘터리 영화 '게리맨더링'의 감독 제프 라이커트Jeff Reichert는 2010년 11월 11일 미국공영라디오방송NPR에서 다음과 같은 설명을 했다.

    선거구역 재설정은 매 10년마다 이루어지는 순수한 행정적 업무이어야 합니다. 주민수를 반영하기 위해서 경계를 조정해야 하죠. 문제는 이 과정에 정치적 조작이 개입되는 것입니다. 게리맨더링이라는 용어는 1812년에 유래되었습니다. 당시 엘브리지 게리Elbridge Gerry가 매사추세츠 주지사로 재직 중이었고 그의 소속 정당은 상대방 정당에 불이익을 주기로 했습니다. 그래서 그들은 상대방 지지자가 하나의 선거구에 모두 집중되도록 선거구를 설정했습니다. 당시 한 정치풍자 만화가는 그 구역 모양을 보고 샐러맨더(전설에 나오는 불도마뱀-옮긴이)처럼 생겼다고 생각했습니다. 그리고 그는 이건 샐러맨더가 아니라 사실은 게리맨더라고 했죠.

전산화된 데이터베이스와 구글맵 덕분에 게리맨더링은 훨씬 더 복잡 미묘해졌다. 선거구 경계를 수정하는 주의회는 매우 효율적으로 선거구

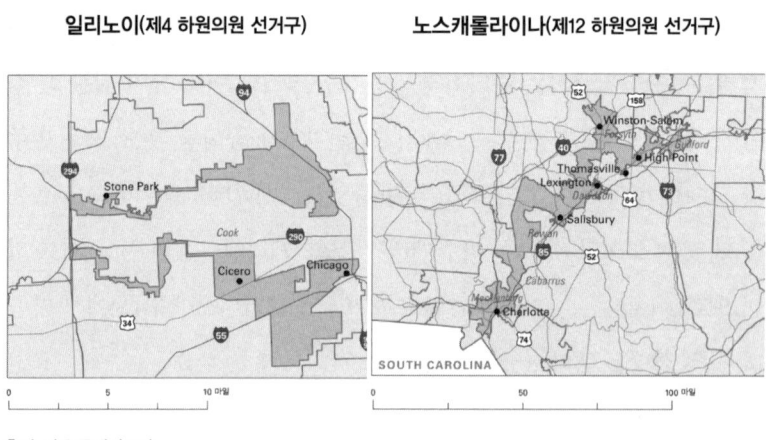

출처: 미국 국세지도집

를 획정할 수 있다. 때문에 요즘은 정당들이 승패 여부를 확실히 알고 있고, 민주적 권리를 행사하여 정부관리를 선출하는 유권자만큼 선출직 공무원들 역시 유권자를 선택한다고 한다. 캘리포니아 주가 이를 분명하게 보여준다. 캘리포니아 주에는 53개 하원의원 선거구가 있다. 2004년부터 2010년 사이에 치러졌던 네 번의 선거, 총 212번의 선거를 통한 경쟁에서 승리 정당이 바뀐 예는 단 한 번에 불과했다.

이는 '안전' 선거구에서의 결정적인 선거는 등록한 민주당원 또는 공화당원이 소속 정당의 후보를 선택하는 예비선거라는 뜻이다. 민주당원이든 공화당원이든 간에 소속 정당에게 유리하게 획정된 선거구에서 예비선거에 이기면 사실상 총선 승리가 보장된다. 예비선거 투표자들은 일반적으로 정당에 소속된 당원들이고 예비선거에 참여해서 투표권을 행사하는 적극적인 투표자들은 해당 정당의 이념에 가장 충실한 사람인 경향이 높다. 따라서 정치적 스펙트럼의 극단에 가까운 후보자가 중도적 입장에 있는 후보보다 승리할 확률이 높은 것이다. 예비선거에서 승리한 극단적 성향의 후보는 총선에서 중도적 입장에 가까운 유권자의 표도 얻을 수 있다. 이는 해당 유권자들이 선택할 수 있는 유일한 대안이 그들에게는 극단적 성향으로 비치는 상대 당 소속 후보이기 때문이다. 게다가 일단 선출된 의원은 자기한테 이길 수 있는 유일한 상대는 게리맨더링 때문에 당선 가능성이 거의 제로에 가까워진 상대당 후보가 아니라 소속 정당에서 자기보다 더 극단적인 성향을 지녀 다음 예비선거에서 위협이 될 수도 있는 같은 당의 당원이라는 사실을 안다. 의원들은 다음 예비선거에서 위협을 피하고자 재임 중에 온건한 정책 및 타협안을 취하지 않게 된다.

이처럼 정치체제가 중도 성향을 지닌 선택지를 제공하지 않는다. 때문에 중도 성향을 지닌 유권자도 극단적 성향을 지닌 후보를 선출하게 된다. 비교적 보수적 성향을 띠는 인디애나 주 출신 상원의원이었던 중도 성향의 민주당원 에반 바이Evan Bayh는 우리에게 "떨어지거나 중도에 탈락하는 사람들은 중도 성향을 지닌 온건파와 무소속 후보이고 이 때문에 양극단의 영향력만 더욱 강화됩니다"라고 말했다.

## 망가진 시스템

게리맨더링이 만들어내는 기괴한 모양의 선거구는 정치적으로 경쟁 압력이 없다. 이 선거구는 미국 주의회들에서 근무하는 민주당원과 공화당원들이 정치적 간계를 부린 결과이다. 그러나 두 정당의 선별 과정에서 나타나는 미국 정치계의 양극화 현상, 즉 진보주의자는 민주당에, 보수주의자는 공화당에 집중되도록 하는 현상은 지난 반세기 이상 미국 사회를 형성해온 넓고도 깊은 사회, 경제 및 기술적 힘들이 작용한 결과물이기도 하다.

양대 정당 사이의 깊은 분열은 미국 역사에서 전혀 새로운 현상이 아니다. 미국 정치는 이전에도 여러 시기에 양극으로 나뉘어 있었지만, 이전 상황들이 현재 미국의 주요 도전과제를 효과적으로 해결하기에 유용한 선례가 되지는 않는다.

미국이 공화국으로 독립한 지 오래되지 않았을 무렵, 연방주의자와 반연방주의자는 오늘날 민주당원과 공화당원 못지않게 서로 대립각을 세웠고 서로를 더 심하게 불신하고 혐오했다. 1800년 대통령 선거 당시 토머스 제퍼슨 측에서는 상대편인 존 애덤스가 미국이 독립하기 전에 미국을 지배한 정체와 유사한 체제를 재건하려고 획책하고 있는 은밀한 군주제주의자라는 암시를 흘렸다. 애덤스 측은 제퍼슨이 프랑스혁명 당시 수많은 피를 뿌렸던 자코뱅당원의 북미판이라고 주장했다.

국제 정세의 중심지인 유럽과 멀리 떨어져 있는 작은 농업국을 통치하고 있을 뿐인 미국 정부는 그다지 할 일도 없었기에 이러한 반감이 미국 정부 기능을 크게 손상하지는 않았다. 국가 규모는 대륙 크기에 이르고 경제체제는 세계에서 가장 크고 복잡하며 인구가 3억 명이 넘는 21세기 후기산업시대 초강대국 정부에게 부과된 의무는 훨씬 더 광범위하다. 그래서 정부가 제 기능을 하지 못할 때 발생하는 비용 역시 훨씬 크다.

19세기 중반, 노예제도를 둘러싼 정치적 양극화 현상은 너무 극단으로 치달았다. 결국 상원에서는 폭력 사태까지 벌어졌다. 1856년 5월 19일 매사추세츠 주 출신 공화당 상원의원인 찰스 섬너Charles Sumner가 노예제 폐지를 주장하는 연설을 하고 있었을 때였다. 사우스캐롤라이나 출신의 민주당 하원의원 프레스턴 브룩스Preston Brooks가 갑자기 섬너를 지팡이로 공격해서 거의 죽기 직전까지 때렸다. 몇 년 후 같은 문제를 두고 온 나라가 폭력에 휘말리기까지 했으니 요즘 시대에 전혀 도움이 되는 사례라고는 볼 수 없다.

이처럼 끔찍한 폭력 사태가 없다고는 해도 양극화 상태의 정치체제는 미국이 당면하고 있는 주요 도전과제를 해결할 대처 방법을 제공할 수 없다. 대다수 유권자들과는 현저히 다르게 미국 양대 정당에서 활발히 활동하는 사람들의 정치적 견해는 그 차이도 깊고, 수적으로도 비슷하게 갈라져 있다. 토머스 제퍼슨은 "국정 수행을 지지하는 국민의 수가 간신히 다수를 유지하고 있을 때 대변혁을 강요해서는 안 된다"라고 말했다. 21세기 미국에서도 대변혁을 강요할 수 없다. 미국의 권력은 헌법에 따라 행정부와 입법부, 하원과 상원에 분산되어 있다. 따라서 포괄적인 조치를 실행하기 위해서는 한 정당이 상당한 기간 동안 매우 강한 권력을 장악하고 있어야 한다. 현재 민주당과 공화당은 비교적 세력이 비슷하기 때문에 21세기의 공화당과 민주당 어느 누구도 이러한 정치적 우세를 차지할 가망은 실제로 거의 없다. 만약 우세를 차지할 수 있다 하더라도 양당 모두 단독으로는 세계화, 정보기술혁명, 재정적자 및 에너지 소비 패턴에 대처할 모든 답을 내놓을 수는 없다. 때문에 그것이 반드시 바람직하다고도 할 수 없다. 앞에서 설명한 바와 같이 우리는 지금 공립학교 개혁과 특성화학교charter school의 확대, 국내에서의 석유 및 천연가스 시추 확대, 에너지효율과 청정에너지 혁신을 활성화시키기 위한 탄소세 부과, 세수 확대와 세출 축소 등 보수와 진보 양쪽 진영의 가장 좋은 정책을 혼합해서 실행해야 한다. 양당 입장의 극단을 오가기만 해서는 미국이 당면한 문제를 해결할 수 없다.

극단적인 당파 간 갈등이 미국의 주요 당면 과제가 필요로 하는 조치들의 실행을 가로막는 형태는 이뿐만이 아니다. 상대방을 향한 적개심, 중상모략, 상호 불신, 이에 따르는 국가 미래를 위한 최우선 과제에의 대응 부족은 당연히 미국 국민들에게 나쁜 인상을 심어주었다. 결과적으로 국민은 모든 정치 지도자들을 신뢰하지 않게 되었다. 20세기 초반 동유럽에서 미국으로 이민 온 마이클의 외할아버지는 마이클에게 뉴욕시의 시장 후보들 사이에서 있었던 삼자토론 얘기를 했던 적이 있다. 공화당 후보와 민주당 후보가 발언한 후 사회당원이 이렇게 말문을 열었다. "저는 여러분들께 제 상대편이 하시는 말을 믿을 수 있다고 말씀드리고 싶네요. 그렇습니다! 저는 그들의 진실함을 증명하기 위해 이 자리에 왔습니다. 민주당 후보가 공화당 후보는 좋지 않다고 말하면 여러분은 그를 믿으셔도 됩니다. 그리고 공화당 후보가 민주당 후보는 좋지 않다고 말하면 그 역시 믿으셔도 됩니다."

미국 국민들은 아마도 공화당원과 민주당원이 서로 상대방을 헐뜯는 말에 설득당한 듯하다. 그 결과 정부에 대한 국민의 신뢰는 그 어느 때보다 낮은 수준으로 떨어졌다. 여기에는 엄청난 비용이 소요된다. 〈월스트리트저널〉 기자 제럴드 세이브Gerald Seib는 이렇게 지적했다. "미국과 미국의 정치 지도자들은 20년 동안 중요한 문제를 해결하는 데 실패하자 자신이 그 문제를 해결할 수 있다는 믿음을 잃은 것 같다. 실패를 예상하는 정치체제는 실패 이외의 성과를 얻기 위해 그다지 열심히 노력하지 않는다."

마이크 머피Mike Murphy는 공화당 선거운동 전문가이며 2000년에 존 매케인 상원의원이 대권에 도전했을 때 잠시 동안 그의 선거본부를 이끌었던 사람이다. 그는 이 인형극에 참여해서 인형을 움직이는 모든 끈을 가장 가까이서 관찰한 사람이기도 하다. "제가 조지타운대학교에서 학생 신분으로 처음 선거운동에 참여했을 때에는 선거광고 내용 중 마음대로 할 수 있는 부분을 정해놓은 규칙이 있었습니다. 이젠 더 이상 그렇지 않습니다. 모든 사람들이 정치고문들을 탓하고 싶어 합니다. 하지만 우리는 유권자들을 따라갑니다. 우리는 유권자가 원하는 바를 주는데 그들이 원하는 바가 이런 것입니다. 질문을 하나 해봅시다. 네거티브 선거전략과 포지티브 선거전략 사이의 차이가 무엇이라고 생각합니까? 네거티브 선거전략은 적어도 그 일부는 사실이라는 점입니다." 머피의 말이다.

이제 선거운동에서 손을 뗀 머피는 미국이 스스로에게 지우고 있는 대가가 점점 더 커지고 있다고 말했다. "오늘날 우리 정치는 단기간의 만족을 위해 국익을 잠식함으로써 자기 팀이 잠깐이라도 기운을 내고 즐거워할 수 있도록 하는 기생충과도 같습니다. 우리가 국가를 지키지 못한다면 중도우파냐 중도좌파냐, 극우냐 극좌냐라는 질문은 부적절할 것입니다. 나라가 망하면 우리 모두 베이징에 있는 T.G.I. 프라이데이스에서 일하고 있을 테니까요."

머피는 선거광고에 몸담았던 선배에게 들었던 최고의 충고를 떠올리며 잠시 말을 멈췄다. 그 선배는 머피에게 "네거티브 광고는 효과가 있지"라고 말하고는 주의 사항을 덧붙였다. "자네는 왜 맥도널드가 버거킹 햄버거는 구더기로 가득 차 있다고 하는 네거티브 광고를 절대 하지 않는지 아는가? 네거티브 광고는 한두 해 정도는 효과가 있을지도 모르네만 문제는 다른 햄버거조차 그 누구도 먹지 않게 될 거라는 점일세." 그 선배는 머피에게 이런 충고를 하며 말을 끝냈다. "절대 정치계 전체를 파괴하지는 말게나."

머피는 그 선배의 통찰을 곰곰이 생각했다. 그러고는 머피는 국익을 규정하고 추구하기 위해 미국 정치계가 가장 신뢰를 얻어야 하고 가장 건설적인 역할을 해야 할 바로 그때에 "우리가 정치계를 파괴하고 있습니다"라고 지적했다.

## | 러슈모어 산

이 문제들은 민주당과 공화당의 정책 강령들이 과거에 비해 현재에는 그 효용가치가 훨씬 떨어진 그들의 과거사를 편협하게 해석한 내용에 근거를 두고 있다는 사실에서 유래한다. 민주당과 공화당은 이와 같은 강령의 기원을 러슈모어 산(조지 워싱턴, 에이브러햄 링컨, 토머스 제퍼슨, 시어도어 루스벨트의 거대한 두상이 조각되어 있는 것으로 유명한 산-옮긴이)에 새겨지지 않은 대통령 중 가장 유명한 2명에게서 찾는다. 민주당원은 10센트짜리 동전에 옆얼굴을 새기는 것으로 만족해야 했던 프랭클린 D. 루스벨트이고, 공화당원의 경우에는 워싱턴 지역 공항이 그 이름을 딴 로널드 레이건이다. 이 2명은 각각 현대적 의미에서 소속 정당의 창설자, 심지어 선지자로 여겨진다. 민주당원들의 경우 가장 중요하게 생각하는 우선 사항은 연방 사회복지제도를 보존하고 확대시켜나가는 것이다. 그래서 사회보장법과 노인의료보험제도를 수정하는 그 어떤 행위에도 저항하며 보편적 의료보험 실시를 추진한다. 공화당원들의 경우 이는 감세이며, 그 어떤 이유로도 새로운 세금을 추가하는 행위에 대해서는 저항하겠다는 의미를 담고 있다. 미국 역사의 각기 서로 다른 시기에 이들 두 의제는 미국의 성장과 힘의 강화에 중대한 기여를 했다. 또한 분명히 다른 모든 상황이 동일하다면, 두 정책 모두 지속하는 게 무척 바람직할 것이다.

하지만 미운 두 살 시기의 여파로 모든 상황이 동일하지 않은데도 상황이 동일한 양 행동한다면, 이는 미국이 당면한 4가지 중대 도전과제에 대응하는 방법을 방해하는 행위이다. 오늘날 진행되는 논쟁에만 귀 기울여서는 그것을 알 수 없을 것이다.

로버트 베넷Robert Bennett 상원의원이 우리에게 언급한 바가 있다. "우리는 정치적으로 중대한 사안들을 떠안고 있으며 동시에 거대한 분열도 마주하고 있습니다. 우리는 정치하는 대부분의 시간을 거대한 분열을 두고 논쟁하느라 소비하고 있고, 중대한 사안을 직시하는 데는 전혀 할 애하고 있지 못합니다."

각 당이 선호하는 모든 쟁점이 사소하거나 하찮다는 뜻이 아니다. 다만, 미국 정치계가 세수 증대, 재정에 의한 복지 혜택의 삭감, 국력의 원천에 대한 재투자 같은 국정의 우선순위를 제대로 정할 수 없다면 거대한 희생을 치르게 될 것이라는 뜻이다. 아이러니하게도 양당을 상징하는 대통령은 현재 그 후예들이 그들의 신념이었다고 확신하는 것들을 그들 자신은 엄격하게 추종하지는 않았다. 루스벨트는 현대 미국 복지국가의 창시자였지만 1932년 대통령 선거운동 기간에 '과감하고 끊임없는 실험'에 참여하겠다는 의도를 공표했다. 재직 중 루스벨트는 그가 말한 바를 실천에 옮겼다. 루스벨트는 분명 그 어떤 연방 프로그램도 영원히 손대서는 안 되는 불가침의 대상으로는 보지 않았다. 레이건은 적은 세금을 옹호했다. 하지만 재정에 대한 책임 또한 포용했고, 경제 여건상 필요한 경우에는 세금을 인상했다. 그러나 잘못 이해되는 것은 선지자들 운명의 특징이다.

민주당과 공화당의 핵심 의제들은 미국이 직면한 주요 도전과제를 해결할 실행 가능한 해결책을 다루지 않고 있다. 뿐만 아니라 이러한 의제들을 거의 종교를 대하는 듯한 태도 때문에 재정적자 문제를 더더욱 해결하기 힘들게 만든다.

민주당원들은 부유층에 대한 세금만 인상해서 정부 세출을 증가시켜야 한다고 주장한다. 공화당원들은 세출은 그대로 두고 세금 인하를 요구하고 있으니 국가의 재정적자 문제를 필요한 규모로 감축시키는 것이 불가능하다. 민주당의 핵심 의제들과 공화당의 핵심 의제들을 타협하지 않고 당파적 충성심만 발휘해서 고수했다. 그 결과, 디저트만 먹고 야채를 먹지 않는 미국의 재정 운용 행태 덕분에 미국 정부는 '무정부주의자 예산에 기초한 사회민주당 정부'가 되어버렸다.

## | 로비에서 만납시다

'로비스트'라는 이름에는 유래가 있다. 1870년대에는 정부에 탄원할 일이 있는 사람들이 백악관 옆에 있는 윌라드 호텔 로비에서 율리시스 그랜트Ulysses S. Grant 대통령이 밤에 한잔하러 호텔에 들렀을 때, 자기 사정을 간청하려고 기다리던 풍습이 있었다.

이는 그들의 권리였다. 수정헌법 제1조의 내용은 이렇다. "연방의회는 국교를 정하거나 또는 자유로운 종교 활동을 금지하는 법률을 제정할 수 없으며, 언론, 출판의 자유나 국민이 평화로이 집회할 수 있는 권리 및 불만 사항 구제를 위하여 정부에게 청원할 수 있는 권리를 제한하는 법률을 제정할 수 없다."

엄격하게 말해서 '불만 사항 구제를 위하여 정부에게 청원'하는 행위가 로비스트의 일이다. 요즘은 그 어느 때보다 정부에게 청원하는 행위를 특별이익집단 및 그들의 로비스트가 장악하고 있다. '특별이익집단'이라는 용어는 이기적으로 전체 미국인의 이익을 무시한다는 의미를 내포

한다. 정치인들은 국익 또는 공공의 이익을 추구한다고 떠벌리기 좋아한다. 하지만 특별이익집단에게도 편의를 제공하고 때때로 그들의 이익을 가장 우선시하기도 한다. 정부 규모가 커지면서 특별이익집단과 그들의 로비 규모 역시 국가가 필요로 하는 정책에 방해가 되는 정도까지 커지는 경우가 종종 생기고 있다. 극단적으로 당파성을 드러내는 정치 못지않게 거대한 권한과 자금을 갖춘 특별이익집단이 포퓰러의 부활을 포함한 국익을 규정하고 실천하는 미국의 능력에 커다란 타격을 안기고 있다. 특별이익집단에 쏟아지는 관심 역시 미국이 당면한 중요 문제의 인식으로부터 정치인과 일반 시민의 주의를 흩트리고 있다. 이로 인해 미국은 필요한 속도, 범위, 규모를 갖추고서 문제 해결에 달려들지 못하고 있다.

이제 호텔 로비에서 미국 대통령을 붙잡고 길게 하소연하기란 불가능해졌다. 하지만 그랜트 시절 이래 로비스트는 정치인에게 영향력을 행사하고 입법의 형태를 구체화함으로써 자신들의 일을 적극적으로 수행해 왔다. 이를 위해 로비스트는 정치인에게 접근할 수 있어야 했고, 그들의 관심사를 정치인들이 공감하며 들어주기를 희망했다. 로비스트는 정치인에게 편의를 제공함으로써 접근 기회를 얻는 경우가 많았다. 그 편의에는 선거자금 제공이 포함된다. 상원 재무위원회 전 의장인 러셀 롱 Russell Long이 이렇게 말한 적이 있다. "선거자금과 뇌물은 종이 한 장 차이다. 둘을 구별하기란 거의 불가능하다."

로비스트는 선거에 기부만 하는 것이 아니다. 다른 사람들이 후보에게 정치자금을 기부하도록 만드는 자금모금행사도 조직한다. 이들은 후보들에게 정치자금을 기부하는 정치활동위원회의 설립과 운영을 돕는다. 어떤 때는 선거운동본부의 자금 담당자나 출납 담당자가 되기도 한다. 이를 통해 로비스트는 자연스럽게 그들이 도운 정치인의 호의를 얻게 된다. 오랫동안 공화당 원내대표로 활동했던 밥 돌Bob Dole은 정치활동위원회를 두고 그들이 돈을 제공할 때에는 "보답으로 좋은 정부가 아닌 다른 대가를 기대한다"라고 말했다.

악명 높은 로비스트인 잭 아브라모프Jack Abramoff는 2006년 공무원 부패 행위와 합법적 도박 이권 로비 명목으로 자신의 고객이었던 인디언 부족을 사취한 죄와 연관된 형사상 중죄 혐의 세 건에 대해 유죄를 선고 받은 후 수감되었다. 그의 별명인 '카지노 잭'의 위업은 두 편의 영화로 만들어질 만큼 많은 관심을 받았다. 하지만 로비 행위 자체가 예전에 비해 현재 눈에 띄게 더 부패한 것은 아니다. 남북전쟁 이후 철도 이권과 관련된 공무원 뇌물수수는 해당 업무를 처리하는 표준운영절차였다. 1920년대의 하딩 행정부에서는 내무장관이 정부 소유인 유전油田에 대한 임차권을 부여하는 대가로 기업체로부터 뇌물을 받은 티팟돔Teapot Dome 스캔들을 주도했다. 한 여인이 결혼 상대로 생각했던 상원의원이 뇌물을 받았다는 사실을 알고 청혼을 거절하는 내용인 헨리 애덤스Henry Adams의《민주주의Democracy》는 1880년에 처음 출간되었다.

인디애나 주 출신 민주당 상원의원이었던 에반 바이는 당시 상원의원이었던 밥 돌에게 어떤 사람이 의회가 예전보다 더 부패되었냐고 물어보았던 이야기를 우리에게 들려주었다. 바이는 "그때 돌 의원은 '허, 비교도 안 되지!'라고 하셨죠. 돌 의원이 1960년대 초반 처음으로 의회에 들어왔을 때에는 사람들이 말 그대로 돈을 뿌리고 다니려고 현금 가방을 들고 다녔다고 합니다. 오늘날에는 그런 일이 없죠(지금은 돈이 선거자금 기부,

항공편 제공, 골프 회동 그리고 이런 행사들을 통한 더 많은 선거자금 기부의 형태로 오간 다)"라고 말했다.

새로운 사실은 증가한 로비스트의 숫자 및 권력과 그들이 대변하는 이익이다. 2010년 현재 워싱턴에서 활동하는 것으로 등록된 로비회사는 1900개이다. 이 회사들이 고용한 로비스트의 수는 1100명(상하원 의원을 합친 숫자의 20배 이상)이 넘는다. 로비스트들이 급료로 받은 금액은 약 35억 달러에 달한다. 이는 10년 전 로비스트들이 벌었던 소득의 2배에 해당한다. 로비스트의 숫자, 봉급 그리고 그들의 영향력이 왜 증가했을까? 그 해답은 2009년 로버트 카이저Robert G. Kaiser가 로비스트를 주제로 쓴《정말 말도 안 되게 많은 돈: 로비의 승리와 미국 정부의 부식So Damn Much Money: The Triumph of Lobbying and the Corrosion of American Government》에 담겨 있다. 우리는 이 부분을 쓰면서 이 책을 인용했다.

미국 정치계에서 로비스트의 영향력이 증가한 현상은 광범위하고 장기간에 걸친 추세 때문이다. 즉 미국의 정부 규모가 꾸준하게 성장한 결과이다. 수십 년 동안 미국 국민은 자기들이 선출한 대표들을 통해 정부가 더 많은 업무를 수행하고, 그 업무를 수행하기 위해 더 많은 자금을 사용하도록 결정해왔다. 2010 회계연도 연방예산은 3조 5500억에 달하는 세출 항목들을 포함하고 있으니, 특별이익집단이 로비스트를 고용하여 그 예산을 자기 측이 쓸 수 있도록 수를 쓰는 일은 그다지 놀라운 일이 아니다.

로비 행위에는 건설적인 측면도 있다. 로비스트는 로비가 없었더라면 들리지 않았을 작지만 가치 있는 이해관계들(동네의 오래된 지붕 있는 다리를 보존하고 싶어 하는 집단 등)이나 환경보호와 같이 그 성격상 자금이 풍부한 민간 부문 후원자가 없는 폭넓은 공공이익을 대표할 수 있다. 또한 자기가 대표하는 회사 및 이익단체와 관련된 복잡한 쟁점을 정부 관리들이 이해할 수 있도록 조력하고 관련 법령의 덤불을 헤쳐나갈 수 있도록 안내할 수도 있다. 2006년 연방세법은 장장 4400페이지에 550만 단어가 포함되어 있었다. 2009년 초 의회가 통과시킨 경기부양법도 407페이지에 달했다. 다음 해 제정된 의료보험법은 906페이지였다. 같은 해 제정한 재정개혁법은 2319페이지나 된다. 아무리 똑똑한 선출직 공무원이라 할지라도 이러한 법안을 혼자서 이해할 수 있으리라 기대할 수는 없다. 이런 곳에서 좋든 싫든 로비스트가 개입하게 된다. 방대한 법률이 지닌 다양하고 복잡한 특성은 로비스트가 겉으로 보기에는 국익을 위하는 척하지만, 실제로는 로비스트를 고용한 특별이익단체에게 혜택이 돌아가는 법안을 구체화한다. 심지어 법안 내용 중 직접 작성하도록 길을 열어주기도 한다.

전 상원의원 심슨은 로비스트를 그가 선호하는 예산을 삭감하려는 모든 시도에 대해 진지하게 저항하는 '흑마술사'라고 불렀다. 로비스트들은 이익집단들에게 유리한 보조금을 법제화하거나 그들이 빠져나갈 구멍을 만드느라 일한다. 로버트 카이저는 2008년 가을 아마존닷컴에 쓴 에세이에서 이렇게 지적했다.

하원은 미국 은행들과 다른 금융기관들을 안정화시키기 위해 서둘러 작성한 초판 '긴급구제' 법안에 반대표를 던짐으로써 갑작스러운 주식시장 붕괴를 초래했다. 긴급구제를 지지하는 사람들은 하원의원 다수의 지지를 받아낼 수 있도록 법안을 변경하기 위해 재빨리 움직였다.

며칠 만에 새로운 조항이 추가되었다. 푸에르토리코 럼 제조자에게 소비세 환급 확대(재무부 예상 소요비용, 1억 9200만 달러), 개조 자동차 경주용 트랙 소유자에게 특별 감세 조치(예상비용 1억 달러), 미국 영토 내 영화제작자들에 대한 감세 조치(10년간 예상비용 4억 7800만 달러) 등이었다. 이러한 '감미료(워싱턴 은어 중 하나)'가 효험이 있었다. 7500억 달러에 달하는 긴급구제 법안을 부결시키고 며칠 지나지 않아 하원은 해당 법안을 통과시켰다.

미국인들이 선택한 정부 덕분에 오늘날 로비스트들에게는 할 일도 돈도 넘쳐난다. 반면 로비스트들의 만연 현상은 한 국가의 성장률에 타격을 입힐 수 있고, 이미 미국 경제 성장률에는 타격을 입히고 있다. 1982년 경제학자 맨커 올슨Mancur Olson이 《국가의 흥망Rise and Decline of Nations》이라는 책을 출간했다. 여기에서 이익집단은 특히 자유롭게 행동할 수 있는 민주주의체제에서 자기 자신의 이익을 위해 조직을 결성하고 로비를 벌인다는 보편적인 경향을 지적했다. 올슨은 이런 집단이 부가적 산출을 만들어내기보다는 소득과 부의 분배 다툼을 지나치게 지향하고 있었기 때문에 이를 '분배연대'라고 불렀다. 즉 분배연대는 경제 전체의 파이의 크기를 키우기보다는 한정된 크기의 파이에서 자기 몫 늘리기에만 관심을 집중한다.

올슨의 말을 빌리면, 시간이 지나면서 이런 집단들은 변화하는 환경에 대응하여 새로운 기술을 도입하고 자원을 재배치하는 사회의 능력을 감퇴시킨다. 이것이 특별이익집단이 미국의 미래에 크나큰 위협을 가하는 이유이다. 변화하는 환경에 대응하여 신기술을 도입하고 자원을 재배치하는 일은 정확히 미국이 해야 하는 일이다.

화석연료로비(일명 빅 오일 앤 빅 콜 Big Oil and Big Coal)는 기후변화와 미국의 석유 중독이라는 문제에 대응하기 위해 필요한 청정에너지 정책에 지속적으로 반대해왔다. 이 중 가장 중요한 정책은 탄소를 배출하지 않는 에너지원이 상업적으로 화석연료와 경쟁할 수 있도록 화석연료에 탄소세를 부과함으로써 높은 가격을 매기는 것이다. 이는 화석연료에서 청정에너지 기술로 전환을 부추길 것이다. 그리고 미국에게 적대적인 석유 수출국들의 세력을 약화시킴으로써 미국이 국제적으로 더 강하고 안전한 국가가 될 수 있게 할 것이다. 그러나 미국 상공회의소와 제조업자협회 및 석유, 석탄, 천연가스 산업계는 그들의 산업에 피해를 준다고 주장하면서 화석연료에 부과되는 세금의 인상 또는 청정 공기 규제에 맞서 그들의 이익을 대변해줄 로비스트 군단을 고용하고 있다.

환경 관련 웹사이트 클라이밋프로그레스ClimateProgress.Org는 2010년 10월 3일 "1999년 이래 석유, 가스, 석탄 산업계는 국회 로비 자금으로 20억 달러 이상을 지출했다. 이들 세 산업은 2009년, 2010년 1분기와 2분기에 모두 합쳐 5억 4300만 달러를 로비에 사용했다. 반면에 대체에너지 회사들은 2009년 로비에 3200만 달러를 사용했으며, 2010년에는 겨우 1480만 달러밖에 쓰지 않았다"라고 보도했다.

이 로비스트를 고용한 업계는 실제로 특정 정책의 도입이나 규정의 변경을 주문할 수 있다. 그리고 로비스트들은 그 일들을 해낸다. 뉴스 조사 서비스기관인 프로퍼블리카ProPublica는 천연가스협의회Natural Gas Caucus가 그들의 회원들로부터 수취한 석유 및 가스 관련 정치자금을 분석한 자료를 발표했다. 천연가스협의회에 소속된 의원들은 수압파쇄법

(천연가스를 시추하기 위해 지질층에 균열을 일으키는 기술)을 사용하는 기업들로 하여금, 그들이 공유지에서 시추할 때 사용하는 화학물질을 공개하도록 요구하는 친환경 법안을 지지하는 서류에 서명한 의원들보다 '2009년과 2010년 사이에 평균 19배나 더 많은 돈'을 석유 및 가스 업계로부터 지원받았다고 한다.

가장 강력한 특별이익집단은 노동조합도 특정 산업도 아니다. 이 이익집단의 회원은 부유하지도 않고 워싱턴에서 자기들이 시키는 대로 일을 하는 로비스트를 고용할 수 있다고 생각하지도 않는다. 그럼에도 이 집단은 미국의 가장 심각한 문제 중 하나인 재정적자에 관한 정부의 대응 수위를 결정한다. 그리고 다른 어떤 집단들보다도 미국이 당면하고 있는 도전과제 해결에 필요한 정책으로부터 더 많은 자원을 빼내 가고 있다.

이 특별이익집단은 미국의 노인층이며 그들을 위해 로비를 하는 기구는 미국은퇴자협회AARP이다. 우리는 이러한 견해에 대해 논란의 여지가 있다는 사실을 알고 있다. 미국의 노년층이 안전하고 품위 있게 은퇴 생활을 누리는 것도 꼭 필요하다. 하지만 이들 노년층의 이해관계와 다른 필수적인 이익들과의 균형을 지금보다는 좀 더 바람직한 방향으로 조정할 필요가 있다는 점에서 미국 노인층의 이해관계가 '특별'한 이해관계로 분류되어야 한다고 생각한다. 사회보장제도와 노인의료보험제도를 위한 예산을 전혀 삭감할 수 없다면 교육, 사회기반시설, 연구개발에 사용할 예산을 삭감해야만 할 것이다.

미운 두 살 시기 동안 연방정부의 재정적자는 2008년 대침체 이전에 이미 폭발한 상태였다. 대침체에서 완전히 회복된다 하더라도 미국 노인 인구가 빠르게 증가하고 있기 때문에 미국의 재정적자와 국가채무는 또 다른 폭발을 향해 가고 있다. 1946년부터 1964년 사이에 태어난 베이비 붐 세대 7800만 명이 은퇴하면 사회보장제도와 노인의료보험제도에 들어가는 비용이 급격하게 상승할 것이다. 2010년과 2020년 사이에 이 비용은 각각 70퍼센트와 79퍼센트씩 각각 상승할 예정이다. 자유의지론자들의 싱크탱크인 카토연구소Cato Institute의 마이클 태너Michael Tanner에 의하면 사회보장제도, 노인의료보험제도, 저소득층 의료보장제도Medicaid에 들어가는 비용이 2050년이 되면 미국 총생산액의 18.4퍼센트를 차지할 것이라고 한다.

미국은 법에 따라 베이비 붐 세대들이 받을 혜택을 제공하는 데 필요한 자원을 확보하지 못하고 있다. 사회보장제도와 노인의료보험제도는 원천과세 방식에 따라 재원을 확보하고 있기 때문에 급여공제 방식을 통해 현재의 노동인구가 퇴직인구를 지원한다. 현재 세율로는 베이비붐 세대가 은퇴했을 때 재원 부족액이 수조 달러에 달할 것이다. 사회보장제도와 노인의료보험제도를 엄청나게 조정, 즉 혜택을 축소하지 않으면 재정적자가 계속 늘어나서 더욱더 많은 차입을 해야 할 것이다. 그러므로 이는 더욱더 많은 국가채무의 증가로 이어질 것이다.

국회의원들도 물론 이런 사실을 알고 있다. 그러나 특히 민주당 의원들은 노년층이 지닌 정치권력 때문에 사회보장제도와 노인의료보험제도 혜택을 줄이는 방안에 대한 지지를 회피하고 있다. 노년층의 정치권력은 엄연한 2가지 사실에서 기인한다. 첫 번째는 65세 이상 인구가 많다는 사실이다. 2009년 현재 65세 이상 인구는 400만 명 이상이다. 이는 전체 인구의 13퍼센트를 차지하고 있다. 2050년에는 이 비율이 20퍼센트까지 증가할 것으로 예상된다. 두 번째로 다른 연령집단에 비해 65세

이상 연령층은 투표율이 높다. 미국은퇴자협회는 돈이나 복잡한 법령에 관한 전문 지식, 연방정부의 규정보다 더 거대하다. 그 원천은 숫자, 정치인에게 가장 중요한 전투인 '선거'를 좌지우지할 수 있는 수적 우세이다.

1930년대에 사회보장법이 제정되었을 때는 어떤 형태이든 노령연금이 희귀했고 노년층은 미국에서 가장 가난한 연령층이었다. 이제 어떤 기준에서는 노년층이 전반적으로 가장 부유하다. 그리고 부의 사다리에서 가장 낮은 부분을 어린이들이 차지하고 있다. 정부의 재정지원 혜택은 자원을 어린이를 희생시켜 노동인구에서 노년층으로 이전하고 있다. 상투적인 말이지만 어린이들은 우리의 미래이며 이는 미국 정부의 재정지원 혜택이 미래를 희생하면서 과거에 투자되고 있음을 의미한다. 국익은 미국이 미래에 필요한 투자를 할 수 있도록 어느 정도 희생하는 노년층을 포함하는 모든 국민에 의해 결정된다.

노년층에게 희생하도록 설득하는 일은 쉽지 않은 일일 것이다. 노년층 모두가 부유하면서도 '정부지원을 바라는 심술궂은 노인네'는 아니다. 베이비 붐 세대는 전체로 보면 정말 음울할 정도로 저축률이 낮다. 이는 베이비 붐 세대에 속하는 사람들에게 사회보장제도에서 지급하는 생계비는 은퇴 이후 시기에 꼭 필요한 수입원이라는 뜻이다. 노인의료보험제도 지출을 대폭 삭감하면 보험의 질이 떨어질 가능성이 크다. 아마도 여기에 의존하는 노년층 일부의 수명이 단축될 것이다. 그럼에도 미국이 위대함을 위한 포뮬러를 되찾고 주요 도전 문제에 맞서고자 한다면, 아무런 조치가 취해지지 않는다면 급등하게 될 사회보장제도와 노인의료보험제도를 위한 비용을 어느 정도는 억제해야 하며 사회보장제도의 경우, 미국은퇴자협회 역시 그 사실을 인지하고 있다.

사회보장제도와 노인의료보험제도 축소가 노년층에게 불공평하다면 불충분한 교육투자는 모두에게 해롭다. 이러한 의미에서 재정지원 혜택은 특별이익집단의 이익을 대변하는 반면 교육은 국익을 대변한다. 실제로 이 주제에 관한 모든 연구 결과는 개인의 인생에서 교육에 더 일찍부터 투자할수록 생산성과 소득에 있어 그 사람이 일생 동안 벌어들이는 보수가 더 커진다는 사실을 보여준다. 노년층이 아무리 혜택을 받을 자격이 있다고 하더라도 노인에게 소비했을 때보다는 조기교육에 현명하게 투자했을 때 우리가 살아가는 세계의 문제에 대처하기 위해 훨씬 더 많은 일을 할 수 있다.

## 내게 돈을 보여줘

1949년 노벨문학상을 수상한 소설가 윌리엄 포크너 William Faulkner는 "서기 1955년, 지구 어딘가에 살면서 인종이나 피부색 때문에 평등에 맞서는 것은 알래스카에 살면서 눈에 맞서는 것과 같다"라고 말한 적이 있다. 정치계에서 돈에 맞서는 것도 이와 같다. 돈은 항상 정치, 적어도 민주주의 사회 정치의 일부였고 앞으로도 그럴 것이다. 그러나 당파 간 갈등이나 특별이익집단처럼 최근 들어 돈은 더 확고한 정치적 역할을 맡았다. 그러면서 미국이 꼭 시행해야만 되는 정책들을 훼손시켰다.

정치자금 중 대부분은 여론조사, 우편물 발송, 로보콜(자동전화시스템을 이용해서 각 유권자의 집에 선거홍보용 음성메시지를 전달하는 것—옮긴이), 텔레비전 광고 등 그 어느 때보다도 정교해진 기술이 투입되는 현대의 선거운동 비용으로 충당된다. 1974년 의회선거에서 사용된 금액은 상하원 모든 후보자의 사용 금액을 다 합쳐서 7500만 달러였다. 몇 차례의 선거를 거치면서 이 합계액은 급상승하여 1985년에는 3억 4300만 달러로 늘었다. 그 후 선거에 사용되는 전체 금액은 계속 상승하고 있다. 2010년 의회선거에서 후보자들은 대략 8억 7900만 달러를 사용했다.

권리와 환경문제, 보수진영의 경우 낙태 및 총기 소지 권리와 같이 이념 스펙트럼의 양극단에 해당하는 경향을 지닌 특정 목적이나 쟁점을 홍보하는 데 전념하는 조직들에서 나온다. 당파심이 강한 사람들은 중도 성향에 있는 사람들보다 더 많은 정치자금을 기부하고 있다. 이는 미국 정치계의 양극화를 심화시키고 있다.

그러나 후보자들이 사용하는 정치자금 중 상당 부분은 특별이익집단으로부터 나온다. 정치인들은 자신이 얻고 쓸 자금을 모금하는 데 엄청난 시간을 소비한다. 꾸준히 정치자금을 모금해야 한다는 사실이 돈줄을 쥐고 있는 특별이익집단에 권력을 부여한다. 뿐만 아니라 정치인들이 통치하는 데 사용하는 시간만큼 자금 마련에 시간을 소비하게 함으로써 정치인들로부터 권력을 빼앗아 가는 결과를 초래한다. 우리와 이야기를 나눴던 정치인들은 정치자금 조달에 근무 시간 중 대략 4분의 1가량이 소요되며 때때로 더 많이 쓰기도 한다고 추정했다. 2011년 은퇴한 인디애나 주 출신 전 민주당 상원의원 에반 바이는 우리에게 자신의 아버지가 상원의원이었던 1963년에서 1981년까지의 기간에는 "4년 동안만 법을 만들고 나머지 2년은 선거운동을 한다"라는 말이 있었다고 전했다. 이와 달리 지금은 선거운동, 특히 정치자금 조달을 위한 형태의 선거운동이 항상 지속된다. "취임선서식을 한 바로 그날 밤에 6년 후 재선

자금 마련을 위한 행사에 가는 의원들도 있어요. 이는 지금까지 있어왔고 앞으로도 있을 겁니다. 영원히 멈추지 않죠. 자금 마련 같은 정치적인 것들만 머릿속에 가장 중요한 문제들로 계속 머무른다면, 정치적 고려가 포함되지 않은 사안에 법률을 제정하기는 더욱 힘들어집니다." 바이는 말을 이었다. "그래요, 언제나 모든 것들이 정치적 문제이죠. 정치적 계산법은 사람들이 선거와 정치 문제를 6년 동안 일주일에 7일, 하루 24시간 생각할 수밖에 없을 때 사람들의 사고에서 더 현저하게 나타납니다. 돈은 그중 가장 큰 부분을 차지하죠. 왜냐고요? 적대적이고 인신공격적인 추잡한 광고가 나올 테고 우리는 그 내용을 바로잡아야 합니다. 이는 다시 매체, 즉 텔레비전 광고비용으로 돌아가게 되죠. 10년, 12년 전만 해도 지금처럼 수많은 케이블 채널이 없었습니다. 때문에 효과적인 의사소통을 위해 내보내야 했던 광고 횟수가 지금보다 훨씬 적었습니다. 청중들이 너무 세분화되어 있어요. 똑같은 노출효과를 얻기 위해 예전보다 서너 배 더 많은 광고를 내보내야 합니다. 당연히 그러기 위해서는 큰돈이 들어가죠. 비용은 광고를 내보낼 때마다 계속해서 올라갑니다. 따라서 당신이 이 2가지 요소들을 결합하면 폭발해버리는 겁니다.

'주기 내(해당 상원의원이 2년 내에 선거를 맞이한다는 의미)'에 들어 있는 상원의원은 시간의 75퍼센트를 유권자와 만나거나 정책 전문가들과 토론을 하거나 동료들과 모여 앉아 원칙에 입각한 타협안을 타결하려 애쓰는 일이 아니라 선거자금 모금에 사용합니다. 전화를 걸어 선거자금 후원을 요청하거나 자금 마련을 위한 행사를 돌아다니는 일이죠. 정말 부유하거나 인터넷 스타가 아닌 한 이게 현실입니다. 마지막으로 얘기 하나만 더 하죠. 대통령께서 시티즌스 유나이티드(Citizens United, 미국의 보수 성향 시민단체-옮긴이) 판결(기업이 선거운동자금을 제공하지 못하도록 제한하는 법률을 폐지한 판결)로 인해 선거운동으로 비자금이 홍수처럼 밀려들어올 것이라고 말씀하셨을 때입니다. 그때 새뮤얼 알리토Samuel Alito 재판관이 '사실이 아닙니다'라는 입 모양을 했던 장면을 기억하시나요? 말도 안 됩니다. 그게 바로 그 후에 발생한 현실이에요. 헌법에 합치되는 법이라고는 할 수 있겠지만, 이 판결이 불러올 명백한 결과를 부정할 수는 없을 겁니다. 그리고 그것이 그 후 정확하게 발생한 일이죠. 이것도 앞으로 일어날 일에 비하면 아무것도 아니에요. 대규모 비자금 수억 달러가 미국 최고위직을 선출하는 선거에 영향을 미치려고 할 것입니다. 정말 깜짝 놀랄 만한 일이죠.

    앞으로 일어날 일들을 말해볼까요. A상원의원이 선거에 출마를 할 것이고 비밀집단 중 하나가 수백만 달러로 자신을 공격해올 것이라는 사실을 깨달았죠. 그래서 A의원도 500만, 1000만, 1500만 달러의 자금을 갖고서 자기편에 서서 싸워줄 비밀집단이 필요하게 됩니다. 그것만이 공평하게 경쟁할 수 있는 방법이죠. 따라서 양쪽 모두 비밀집단을 보유하게 될 것입니다. 그들은 기업에서 억대 선거자금을 받겠죠. 다음번엔 한 상원의원이 '누가 나를 방어해줄까?'라고 생각합니다. 그 다음 그 상원의원은 자금이 풍부한 대기업에 접근해서 '당신 회사의 도움이 필요합니다'라고 말하겠죠. 그러면 그 기업에서는 '우리는 당신을 무척 좋아합니다. 우리는 그동안 좋은 친구 사이였죠. 반드시 당신을 도와드리겠습니다. 하지만 우리 회사 정관에 따라 우리는 90퍼센트 이상의 시간을 우리와 함께한 사람에게만 도움을 드릴 수 있습니다. 여기 우리 회사에서 가장 중요하게 생각하는 10가지 문제가 있습니다. 꼭 도와드리고 싶으니 이걸 연구하고 채워서 돌려주세요.' 그러면 그 문제들은 구체적인 법률에 관한 실제 표결이 될 것입니다. 그 상원의원은 설문지를 어떻게 채우느냐와 실제 표결에서 그가 어떻게 하겠다는 서약에 수백만 달러가 달려 있다는 사실을 알고 그 문서를 보게 될 것입니다. 이는 실제로 선을 넘진 않았지만 거의 부정에 가깝습니다. 그리고 평범한 시민들이 보기에 이는 분명한 부패일 것입니다. 어떤 일이 이 제도를 바꿀까요? 그것은 스테로이드와 관련된 제2의 잭 아브라모프 사건이거나 제2의 워터게이트 사건일 것입니다. 너무나 충격적이어서 시스템을 변경하지 않으면 자멸할 정도로 거대한 스캔들이 필요할 것입니다."

특별이익집단의 힘과 선거와 관련된 자금 수요가 합쳐져 의회는 소속 의원이 인정하는 것처럼 입법 활동은 부업으로 조금씩만 하는 자금조달 조직으로 전락할 위험에 처해 있다. 국가가 긴급하게 국익에 주의를 기울여야 하는 이 시점에 의회는 미국에서 가장 부유하고 정치적으로 가장 극단적인 이익집단에 점점 더 많은 신세를 지고 있다.

## 미디어 광기

상원의원 린지 그레이엄은 현재 미국의 대중매체들이 필라델피아 제헌의회를 취재하려고 했다면 어떤 일이 생겼을지 상상하려고 노력하면서 의원실에 앉아 있었다. 그는 "우린 아마 아직도 분리된 식민지 상태로 살고 있었을 겁니다"라고 말했다.

"그 시절로 거슬러 올라가 봅시다"라며 그레이엄은 사색에 잠겼다. 때는 1787년이다. "우리는 지금 필라델피아에 있고 헌법을 타결하려고 애쓰고 있습니다. 24시간 뉴스 보도 체제가 헌법 작성에 얼마나 영향을 미칠지 뻔한 일이죠. 케이블 네트워크들이 독립기념관 밖에 진을 치고 있어요. 벤자민 프랭클린이 걸어 나옵니다. 폭스의 뉴스기자가 프랭클린을 덮칩니다. '의원님이 작은 주 대표안을 수용하기로 했다는 말이 사실입니까? 작은 주들에게 어떤 권한을 부여합니까?' 저는 '새터데이 나이트 라이브Saturday Night Live(NBC에서 1975년부터 현재까지 방송하고 있는 미국의 대표적인 코미디 쇼-옮긴이)'에서 이걸 다뤄야 한다고 항상 생각해왔습니다. 벤자민 프랭클린이 길을 따라 내려오고 있고 사람들이 그를 잡아먹을 듯이 굴고 있는 촌극을 생각해보세요. 그때 글렌 벡Glenn Beck(미국의 대표적인 보수논객-옮긴이)이 바로 밖에서 '저들이 우리를 팔아먹고 있습니다'라고 소리를 지릅니다. 레이첼 매도우Rachel Maddow(MSNBC에서 '레이첼 매도우 쇼'를 진행하는 방송인이자 정치논객-옮긴이)도 문 앞으로 뛰어듭니다. 자, 이 정도로 하고 본론으로 들어갑시다. 24시간 뉴스 보도 체제는 정보를 새어 나가게 하고 의견 일치를 마련할 추진력을 저지합니다. 때문에 타협을 어렵게 만듭니다. 24시간 뉴스 보도 체제에서는 논란이 많은 주제를 처리할 추진력을 유지하기 힘들죠. 에너지 법안 처리 때 백악관 내부인사가 폭스 뉴스에 린지 그레이엄이 탄소세를 강행하고 있다고 말한 일 기억 나시나요?" 그 보도로 그레이엄은 법안을 검토도 하기 전에 강력한 사우스캐롤라이나 보수층들의 반대에 부딪쳐 그 법안을 계속 지지할 수 없었다.

미국이 직면하고 있는 가장 중요한 문제들을 해결하는 정치시스템의 역량을 약화시켜왔던 모든 양극화 세력들은 지나치게 세분화되고 지나치게 활성화된 대중매체 환경으로부터 더 큰 힘을 얻고 있다. 그리고 이는 정당 간의 싸움을 그 어느 때보다도 훨씬 더 강렬한 형태의 오락이나 피 튀기는 스포츠처럼 바꿔놓고 있다.

"24시간 뉴스 보도 체제에서는 의미 규정이 중요합니다. 우리는 우리에게 필요한 득표력을 훼손하는 방식으로 대중매체에서 우리 제안을 규정하지 않도록 끊임없이 확인합니다. 이것이 뜻하는 바가 무엇일까요? 이는 사회보장제도, 노인의료보험제도 및 조세 개혁 등이 무척 어려워질 것이라는 뜻입니다. 이런 개혁을 하기 위해서는 매체에서 그 쟁점을 규정하는 방식에 따라 영향력을 얻을 수 있는 진보적 혹은 보수적 특별이익집단이 필요하고 그렇게 되면 지지자를 잃게 되기 때문이죠." 그레이엄이 말했다.

이러한 문제는 기술 발달로 더욱 심화되고 있다. 예전 정치인들은 신문과 주요 텔레비전 방송국 세 곳이 보도하는 내용만 따라가면서 논쟁하면 되었다. 그러나 이제는 라디오 토론 프로그램, 케이블 텔레비전 뉴스, 인터넷, 블로그 등이 모두 정치인들에게 피할 수 없는 일상이 되었습니다. 우리가 실시했던 인터뷰로 미루어볼 때 정치인들이 자신에 관한 인터넷 블로그 글에 집착하느라 보내는 시간은 정치자금 마련을 위해 보내는 시간에 맞먹는 듯 했다.

새로운 대중매체가 나타나면서 뉴스는 다양한 경로를 통해 배포되었다. 그리고 끊임없이 갱신되며 어디에서나 접할 수 있는 대상이 되었다. 블로그와 트위터 덕분에 누구나 기자나 칼럼니스트가 될 수 있다. 웹사이트가 생기면서 뉴스는 하루 24시간, 일주일 내내, 공항으로 가는 택시 뒷좌석에서도, 공항 대기실에서도 그리고 비행기 안에서도 보도된다. 인공위성, 디지털 카메라, 휴대폰 때문에 어디에서 무슨 일이 일어나도 관심을 갖는 사람만 있다면 세계 곳곳으로 즉각 방송될 수 있다. 이런 수단들이 개발되면서 뉴스의 정보원과 의견의 폭이 넓어졌다. 이는 민주주의를 위해 유익하다고 생각한다. 그러나 한편으로는 이러한 매체들이 항상 더 많은 사람에게 더 많은 의견을 요구하고 토론의 장을 제공함으로써 예기치 못한 결과가 나타날 수도 있다.

"24시간 뉴스 보도 체제에서는 정치적 순간이 모든 역사의식에 우선하는 것 같더군요. 저는 상원이 역사의식과 미래에 대한 관점을 상실하고 있다고 생각합니다. 24시간 뉴스 보도 체제하에서 느끼는 강한 압박감 때문에 우리가 누구인지, 무엇을 하고 있는지 곰곰이 생각할 수 없습니다. 그 결과 상원은 세계에서 가장 심사숙고하는 심의기관으로서의 역할을 잃었습니다. 우린 그저 정치적 순간을 연장하고 있을 뿐입니다." 그레이엄이 말했다.

신생 매체는 일반적으로 기존 매체에 비해 규모가 더 작은 청중을 목표 대상으로 하는 경향이 있다. 그러므로 이러한 신생 매체 환경은 워싱턴 내 당파 갈등을 더욱 조장한다. 라디오 토론 프로그램과 케이블 텔레비전은 3대 텔레비전 방송국과 주요 일간지가 뉴스 보도를 거의 독점하고 있을 때 했던 것처럼 다양한 정치 스펙트럼상에 있는 사람들을 끌어모으려고 하지 않는다. 시청자나 청취자가 이미 취하고 있는 의견을 강화하는 프로그램을 제공함으로써 정치 스펙트럼의 양극단에 있는 사람들을 목표 청중으로 정한다. 소위 '협송狹送'이라고 하는 이 방식이 러시 림보Rush Limbaugh('러시 림보 쇼'라는 라디오 프로그램을 진행하는 보수주의 언론인—옮긴이)와 폭스 뉴스, MSNBC가 성공을 거둔 비결이다. 라디오 토론 프로그램과 케이블 텔레비전에서 방송하는 보수 프로그램은 진보 프로그램에 비해 시청자 수가 더 많다. 이는 아마도 스스로 보수적이라고 생각하는 사람이 진보적이라고 생각하는 사람보다 더 많고 진보주의자들과 달리 보수주의자들은 주류 대중매체가 자기들의 요구를 제대로 채워주지 못한다고 생각하기 때문인 것 같다. 림보는 분명 청취자들을 즐겁게 해주고 있다. 그러나 그것이 문제를 일으킨다.

신생 매체는 ESPN과 더불어 'PSPN(정치를 스포츠나 오락거리처럼 다루는 매체를 대표적인 스포츠 오락 채널인 ESPN에 빗대어 표현-옮긴이)'으로서 뉴스를 오락거리로 그리고 정치를 스포츠로 제공함으로써 청취자의 관심을 사로잡는 방법을 모색한다. USA네트워크에는 자기네 코미디 프로그램과 드라마에 나오는 특이한 스타들과 관련된 '괴짜 환영characters welcome'이라는 선전 문구가 있다. 이는 케이블 뉴스와 라디오 토론 프로그램의 선전 문구로도 잘 어울릴 것 같다. 이들은 대중들에게 남보다 튀고, 별나며, 격렬하고, 논란의 소지가 많은 인물을 내놓는다. 일방은 이렇고 상대방은 저렇다는 식의 무미건조한 담론은 케이블 뉴스나 라디오 토론 프로그램을 위한 방법이 아니다. 미국의 미래를 결정할 복잡한 공공정책 쟁점을 다루기 위해서는 그런 침착하고 감정에 치우치지 않는 것이 적절하다. 심지어 때로는 지루하기까지 한 접근이 적절한 방식이다. 재미를 목표로 하기 때문에 신생 매체는 논란을 즐긴다. 이들 매체가 내보내는 프로그램들은 명백하게 진보 성향 또는 보수 성향을 띠고 있다. 그리고 결론도 미리 정해져 있어서 영웅과 악당, 과장된 불화가 있는 프로레슬링과 정말이지 많이 닮아 있다. 빠진 것이라고는 타잔 복장과 짜고 하는 들어메치기뿐일 때도 있다.

이는 미국이 현재 직면한 심각한 문제를 다루는 공공토론에 적합한 모형이 아니다. 2010년 11월 11일 MSNBC에서 레이첼 매도우와 했던 인터뷰에서 존 스튜어트Jon Stewart는 이렇게 말했다. "24시간 뉴스 보도 체제의 문제는 그것이 특별한 사건, 즉 9·11 때문에 만들어졌다는 것입니다. 9·11 테러 이외에는 사실 그와 같은 정도로 24시간 내내 다룰만한 사건이 없습니다. 문제는 어떻게 해서 사람들이 계속 보게 만드느냐 하는 것입니다. O.J. 심슨이 매일 사람을 죽이지는 않을 것이니 그 사건은 끝났죠. 그러면 이제 무엇을 해야 하겠습니까? 심지어 다소 평범한 사건이라 할지라도 그 밖에 일어나는 모든 사건의 내용을 부풀려 뉴스 속보 수준으로 끌어올려야 하는 것입니다. 뉴스 속보가 의미하는 중요성을 잃어가기 시작하는 것이죠."

케이블 뉴스는 갈라진 당파를 이어주는 다리 역할을 하기 위해 존재하는 것이 아니다. 오히려 당파적 분열을 즐기고 조장하고 자극하기 위해 존재한다. 케이블 뉴스쇼를 시청하고 라디오 토론 프로그램을 듣는 사람들은 국가가 당면한 문제가 복잡하고 어렵고 절박하다는 문제를 인식하는 대신, 반대 당파에 속하는 사람들이 어리석고 위선적이고 때로는 사악하다고 배운다.

신생 매체를 시청하는 사람들은 비교적 적은 수이다. 2010년 폭스 황금시간대 프로그램 시청자 수는 평균 약 200만 명(300만 명에 이른 프로그램도 있기는 했지만)이었고 MSNBC와 CNN 시청자 수는 각각 76만 4000명과 59만 1000명으로 더 적었다. 블로그와 웹사이트 대부분은 얼마 되지 않는 방문자가 오는 정도이다. 그러나 이들 매체는 정치인들에게 굉장히 중요하기 때문에 공적 생활을 형성하는 데 가세한다.

스포츠에서 한 선수가 상대방 선수 때문에 경기력이 떨어지는 지경에 이를 정도로 좌절하고 정신이 산만해지고 당황한 상태일 때 그 상대방이 '그의 머릿속'에 있다고 표현한다. 이와 유사하게 신생 매체는 미국 정치인들의 '머릿속'에 있다. 우리가 이 책을 쓰느라 만났던 모든 선출직 공무원들은 공화당원과 민주당원 모두 동일하게 라디오 토론 프로그램과 케이블 텔레비전, 인터넷이 그들의 업무 방식에 상당한 영향력을 행사한다고 말했다. 이런 매체들 때문에 정치인들은 주목을 받기 위해 좀 더 신랄하게 발언하거나 자신들에 관한 얘기에 대응하느라 시간과 에너지를 쏟고 있었다. "그 블로거가 나에 관해 뭐라고 말했는지 봤는가?"라는 말은 요즘 워싱턴에서 이야기를 시작하는 흔한 방식이다. 물론 어떤 경우에는 정치인들을 대상으로 그들이 시간과 돈을 어떻게 쓰는지 여기저기서 하고 다닌 말이 어떻게 다른지 철저히 검토하는 행위는 민주주의를 위한 자산이다. 이로 인해 선출직 공무원, 그밖에 모든 사람들이 더 강한 책임 의식을 지니게 된다.

그러나 어떤 경우에는 이것이 주의를 산만하게 하는 요소, 혹은 그보다 더 나쁜 요소로 작용할 수도 있다. 우리는 신생 매체의 영향을 긍정적으로는 보지만 문제점 역시 무시할 수 없는 수준이다.

신생 매체는 허위 정보에 계속해서 허위 정보를 더할 수도 있다. 그리고 정정을 가할 수도 있다. 인터넷에 거짓말이나 잘못된 정보를 올리면 인터넷은 이를 광속으로 퍼트리는 동시에 정정한다. 문제는 거짓말이 정정행위보다 훨씬 더 많은 주목을 끄는 경우가 많다는 것이다. 또한 거짓말을 퍼트리는 사이트와 이를 정정하는 사이트가 달라서 정정 내용을 봐야 할 사람들이 못 보는 경우가 많다는 것이다.

베넷 상원의원은 2010년 상원의원 재선을 위한 예비선거 기간 중에 그가 한 번도 취한 적이 없던 입장을 이유로 그를 가차 없이 비난하는 사람들을 마주해야 했다고 말했다. 예를 들어 그는 오바마 대통령의 의료보험계획에 공공연하게 반대하고 공식 웹사이트에도 그 사실을 명확히 밝혀두었다. 또한 그 대안으로 본인의 개혁안까지 게시해두었다. 그런데도 의료보험개혁을 지지했다는 비난을 받았다. 베넷이 유권자들에게 어디서 그런 잘못된 정보를 얻었냐고 물었던 적이 있다. 그때 그들은 보통 '인터넷'이라고 답했다. 이는 그들이 정보를 얻는 출처인 극우사이트를 의미했다.

2010년 12월 베넷은 자기가 근무하던 의원실을 직원이 치우고 있는 동안 "저는 페이스북, 유튜브, 기타 그 비슷한 사이트 때문에 2010년 선거에서 떨어졌습니다"라고 우리에게 말했다. "저는 인터넷을 뚫고 들어갈 수가 없었습니다. 인터넷은 글렌 벡으로 포화 상태였죠. 글렌 벡은 매일 텔레비전에 나옵니다. 글렌 벡 무리들이 자기들 마음에 드는 이야기를 고르면 어느새 온천지에 퍼집니다. 입소문이 나는 거죠. 인터넷은 예비선거에서 투표한 유타 주 공화당 대의원들이 정보를 얻는 곳이었습니다. 〈뉴욕타임스〉에서 얻지 않더군요."

베넷은 옛 친구가 난데없이 왜 베넷이 "모든 하원의원들이 한 임기만 의원을 하면 죽을 때까지 급여 전액을 받으며, 자기들이 비용을 지불하지도 않은 특별의료보험 혜택을 받는다"라는 내용의 헌법 개정을 밀어붙이고 있는지 묻는 메일을 보냈다는 이야기를 했다. 베넷은 그 친구가 분명 이런 얘기를 글렌 벡에게 들었고, 이 내용을 베넷을 포함한 친구의 크리스마스카드 발신 목록에 있는 모든 사람과 공유했다고 말했다. 베넷은 유권자들이 받은 메시지가 "저들을 다 내쫓아라. 저들은 자기네 급여를 올리려고 사회보장 혜택을 줄이고 있다"라고 말했다.

베넷은 어떻게 대응했을까? 베넷은 다음과 같은 답변을 작성했다. "친애하는 X, 해명할 기회를 주기 위해 이 메일을 나에게 보내주어 고맙소. 첫째, 우리는 급여를 동결해왔다네. 둘째, 사회보장제도는 법률로 정하오. 셋째, 한 임기만 복무하고서 여생 내내 급여 전액을 받는다면 정말 좋겠소. 그리고 의원들은 특별의료보험 혜택을 받지 않는다네. 다른 연방공무원들과 똑같은 보험 혜택을 받고 있네." 그리고 베넷은 그 친구로부터는 답변을 받았다고 말했다. 그 친구는 다음과 같은 글을 크리스마스카드 발신 목록에 있는 사람들에게 보냈다. "베넷 상원의원은 오랫동안 우리의 친구였고 그가 정보를 바로 잡아주었습니다. 여러분은 이것이 사실임을 알아주시길 바랍니다."

정정하는 글은 별로 효과가 없었다. 베넷은 예비선거 기간 동안 집회장에서 유권자들이 계속해서 베넷에게 와서 다그쳤다고 말했다. "'당신, 오바마 의료개혁에 찬성했잖아' '아닙니다' '아냐, 찬성했어. 내가 인터넷에서 봤다니까' '당신이 오바마 의료개혁에 찬성했어' '당신, 경기부양책에 찬성했어' '당신 부실자산 구제 프로그램에 찬성했잖아' 저는 '이것 보십시오, 제가 법안을 7000억 달러 지원에서 3500억 달러씩 두 번에 나누어 실행하는 2개의 법안으로 바꾼 사람입니다. 두 번째 법안에 대해 표결하기 전에 그때까지의 지원이 효과가 있는지 알고 싶었기 때문이죠. 그리고 처음 지원한 3500억 달러가 잘못 사용된 것을 보고 나서 두 번째 3500억 지원 법안에는 반대했습니다'라고 반박했지만 그는 믿지 않고 이렇게 말했습니다. '아니, 아니야, 당신이 7000억 달러를 날렸어. 글렌 벡이 그렇다고 했다고.'" 이는 뉴스를 가장한 인신공격이다.

베넷은 민주당원들도 몇몇 좌파 웹사이트로부터 동일한 취급을 받고 있다고 얘기했다. "누구도 CBS 뉴스에는 이제 전혀 신경 쓰지 않습니다. 월터 크론카이트Walter Cronkite가 살아 돌아온다고 해도 그의 말을 듣는 것은 차치하고 누구도 그를 채용하려고 하지 않을 것입니다."

베넷이 설명한 신생 미디어 풍경의 정치적 영향력은 과도한 당파 갈등 및 특별이익집단의 권력과 더불어 미국 정치체제를 마비시키고 있다. 이러한 마비 때문에 미국의 4가지 주요 도전과제에 적절히 대응하는 데 실패하면, 결국 미국은 암울한 미래로 빠져들 수밖에 없다. 중대한 정치 변화가 없는 상태에서 우리가 물려받을 그 미래는 이미 태평양 연안에 보이고 있다.

## 캘리포니아, 우리가 왔다

한때는 전 세계가 미합중국과 캘리포니아 주를 부러워했다. 둘 다 토양이 비옥하고 천연자원이 풍부했다. 또한 부유하고 창조적인 제도와 관습들을 갖추고 있었다. 미국과 캘리포니아 주는 빠르게 성장하는 기회의 땅으로서 다른 나라들의 모범이 되는 동시에 사람들을 끌어당기는 자석이 되었다.

이 둘의 명성이 너무나 빛났다. 때문에 사람들은 이 둘에서 가장 귀중한 금속을 떠올리게 되었다. 캘리포니아는 19세기 중반 금 매장층이 대량으로 발견되어 처음으로 대규모 이민 물결을 유발시켰던 시기부터 '황금의 주golden state'라고 불렸다. 같은 시기 유럽에 거주하는 유태인들은 신

세계를 자기들이 기다려왔던 약속의 땅으로 여겼고, 미국은 '황금의 땅'으로 알려졌다. 유럽 내 아주 외딴 지역들에서는 미국의 거리가 실제로 황금으로 포장되어 있다는 전설도 진실이라고 믿는 사람들이 많았다.

아메리칸 드림은 캘리포니아에서 정점에 다다랐다. 역사학자 케빈 스타Kevin Starr는 자신이 쓴 캘리포니아 주 역사책에 '미국인과 캘리포니아 드림Americans and the California Dream'이라는 제목을 붙였다. 전형적인 캘리포니아 명물인 영화산업을 조사한 초기 연구에서는 영화산업을 '꿈의 공장'이라고 불렀다. 1955년 로스앤젤레스 외곽에서 문을 연 디즈니랜드의 선전 문구는 '꿈이 이루어지는 곳'이었다. 그리고 마마스앤파파스the Mamas and the Papas의 1965년 히트곡(《롤링스톤Rolling Stone》이 뽑은 역대 최고 히트곡 500선에서 89위에 선정되기도 했다) 제목은 '캘리포니아 드리밍California Dreamin'이었다. 이 곡은 마마스앤파파스가 뉴욕에 살고 있을 때 만들어졌다.

20세기에 미국이 세계 다른 국가들로부터 동경과 존중을 받았듯이 캘리포니아는 미합중국 내 다른 주들로부터 약간의 억울함과 질시가 섞인 동경과 존중을 한 몸에 받으며 미국의 중심이 되었다. 교육, 사회기반시설, 이민, 연구개발, 적절한 규제와 기업 친화적인 경제 분위기 등 미국이 번영할 수 있었던 공공과 민간 부문 포뮬러는 캘리포니아에서 전성기를 맞았다. 그리고 캘리포니아는 본질적으로 미국적 사업인 벤처자본주의가 가장 선호하는 곳이 되었다.

또한 전자와 항공우주산업과 같이 미래 지향적인 산업과 할리우드, 실리콘밸리의 근거지로서 캘리포니아는 미국인이 미래를 내다보는 곳이었다. 수십 년간 그들이 내다본 미래는 고무적이었다.

이제 그것이 얼어붙고 있다.

21세기가 시작되고 처음 10년이 끝나갈 무렵 캘리포니아 주 실업률은 12.5퍼센트였다. 미국 전체 평균(9퍼센트)보다도 더 높았다. 캘리포니아 주의 재정 상황은 비참한 수준이었다. 전체 재정적자는 250억 달러를 넘어섰고, 이는 전체 공공 부문 지출 중 25퍼센트에 달했다(같은 해 10퍼센트였던 연방정부의 재정적자는 엄청나게 높은 비율로 여겨졌고, 각 주들은 법에 따라 균형재정을 실현하여야 한다).

더욱이 캘리포니아 주는 연 200억 달러 이상으로 추정되는 미래의 재정적자와 대략 5000억 달러에 달하는 연금지급채무를 떠안고 있다. 캘리포니아 주에서 두 번째, 미국 전체에서는 여덟 번째로 큰 도시이자 총 인구가 140만 명에 육박하는 샌디에이고는 금방이라도 파산할 위기에 처해 있다. 금융 전문가 메러디스 휘트니Meredith Whitney는 캘리포니아 주의 재정 상태를 미국의 15개 큰 주들 중 최악이라고 평가했다. 2010년 9월 29일, 블룸버그 통신이 보도한 보고서에서 휘트니는 "미국에서 가장 큰 주 15개를 경제, 재정건전성, 주택, 조세라는 4개 기준으로 평가했습니다. '주 정부와 은행들은 주 정부들이 지출을 극적으로 증가시켰고 차입도 극적으로 증가시켜왔다는 점에서 매우 비슷합니다. 지방정부 채무는 2000년 이래 2배로 증가하고 있으며, 세출이 세입보다 훨씬 더 빨리 증가하고 있습니다'"라고 말했다.

UC 버클리와 같은 공교육기관은 한때 캘리포니아에서 가장 매력적인 부분이었다. 캘리포니아가 번영할 수 있었던 열쇠이기도 했다. 그러나 2011년 재학생 시험점수를 평가한 결과 캘리포니아 주의 초등학교와 중등학교는 미국 전체에서 성적이 가장 낮은 편에 속했다. 한때 다른 주나 세계의 귀감이 되었던 캘리포니아의 고등교육 시스템도 등록금을 급격하게 인상하면서 여러 캠퍼스에서 학생들의 항의를 유발하기도 했다.

2011년 3월 23일 〈샌프란시스코 크로니클〉은 캘리포니아 고등교육 시스템의 현실을 요약한 기사를 아래와 같이 실었다.

> 내년 가을 캘리포니아 주립대학교 시스템에 속하는 23개 캠퍼스 모든 곳에서 약 1만 명의 학생들이 입학을 거부당하고 수많은 교직원들은 일자리를 잃을 것이다. 이는 주 정부가 파격적인 재정지원 삭감을 실시할 것이라는 소식이 전해진 가운데 재학생 규모가 40만 명이 넘는 캘리포니아 주립대학교를 어떻게 축소할 것인지를 이 대학교 재단이사회가 논의하고 있는 롱비치에서 전해온 화요일의 암울한 뉴스였다. "우리는 캘리포니아 주립대학교 역사상 최악의 재정 상황에 처해 있습니다"라고 이 대학 재단이사이자 재무위원회 의장을 맡고 있는 빌 호크Bill Hauck가 말했다.

캘리포니아 주의 인구는 계속 늘어나서 4000만 명에 가까워지고 있다. 그러나 인구증가는 더 이상 미국의 다른 지역에서 이동해 오는 인구이동 때문은 아니다. 실제로 매년 다른 주에서 캘리포니아로 들어오는 인구보다 캘리포니아를 떠나는 인구수가 더 많다. 이는 캘리포니아의 황금기에는 생각조차 할 수 없었던 추세이다. 캘리포니아 드림이 아직 완전히 죽지는 않았지만 지금은 생명유지장치에 의존하고 있는 상태이다.

사태가 이렇게 된 이유는 결코 한 가지만이 아니다. 냉전이 끝나면서 미국의 방위산업 규모가 축소되었고, 이들 방위산업체 중 상당수가 캘리포니아 주에 자리 잡고 있었다. 캘리포니아 주는 이민자들의 본거지와 같은 곳으로 다른 어떤 주보다 불법이민자 수가 많은데 이들이 공공시설에 부담을 주고 있다. 마치 조각보 이불과도 같은 캘리포니아 주 정부 체계는 주민투표로 주의회의 자유를 빼앗고 결정을 번복할 수 있으며 이미 충분히 복잡한 주의 헌법을 더욱 복잡하게 만들 수 있다. 때문에 호시절에도 통치를 어렵게 했다.

그러나 캘리포니아 주의 근본적인 실패는 정치적인 문제였다. 문제 해결을 위해서는 공동 행동이 필요하다. 공동 행동은 정치시스템을 통해서만 달성될 수 있으나 캘리포니아의 정치시스템은 이 주가 직면한 문제에 효과적인 대처를 못하고 있다. 캘리포니아 주민들도 당연히 이를 알고 있다. "캘리포니아 공공정책연구소Public Policy Institute of California에 따르면 유권자 중 13퍼센트만이 주 정부가 잠정적으로 결정한 2개 부문에 찬성했다. 주 정부가 항상 옳은 일을 한다고 믿는 캘리포니아 주민은 2퍼센트에 불과했다. 새크라멘토Sacramento(캘리포니아 주의 주도-옮긴이)의 의사결정 과정을 매우 신뢰하는 주민의 비율은 3퍼센트뿐이었다." 2010년 12월 27일자 〈위클리스탠다드The Weekly Standard〉에 빌 월렌Bill Whalen이 쓴 기사이다.

우리가 캘리포니아의 현재 상황을 인용하는 이유는 이것이 미국의 미래를 너무나 그럴듯하게 보여주는 전조이기 때문이다. 캘리포니아와 미국의 정치적 실패가 너무나 절박하게 다가오고 있다. 연방정치시스템처럼 캘리포니아의 정치 역시 사실상 통제 불가능한 정도까지 당파 구분을 따라 양극화되어 있다. 민주당원과 공화당원은 철저하게 다른 공공철학을 지니고 있고 서로에게 너무나 큰 적대감을 품고 있다. 때문에 캘리포니아 주의 가장 근본적인 교육, 조세, 보건, 사회기반시설, 교도소, 연금과 같은 문제를 풀어낼 해결책을 찾을 수 없는 상태이다. 예를 들어 중과세에 반대하는 캘리포니아의 보수적인 행동주의자들은 1978년 주민투표로 재산세 동결을 결정한 이후, 재산세 인상을 억제하는 황금률을 제정하고 새로운 세금을 법제화하기 위해서는 주의회 상하원 재적의원 3분의 2의 찬성을 필요로 하는 족쇄까지 채워 고정해놓았다.

동시에 캘리포니아 주에서의 정치는 연방 차원의 정치와 마찬가지로 강력한 특별이익집단의 영향력 하에서 작동한다. 이 특별이익집단이 선출직 공무원 후보를 대상으로 하는 정치자금 기부와 공무원을 대상으로 하는 로비는 캘리포니아 주의 문제를 해결하기보다는 악화시키는 경향이 있다. 예를 들어 캘리포니아 주 공무원 노동조합은 조합원을 위한 혜택을 얻어내는 데 특히 노련하다. 새크라멘토 군민의 평균 연봉이 대략 5만 2000달러인 데 비해 새크라멘토의 소방차 기사의 연봉은 14만 4000달러이다. 소방관들은 높은 급여를 받아야 하지만 거기에도 어느 정도 제한이 있어야 한다. 같은 주 내에 강력한 공무원 노조와 강력한 중과세 반대 행동주의자들이 공존하고 타협하고자 하는 의지가 없을 때, 이는 '파산'으로 이어질 수밖에 없다.

"지금 되돌아서지 않으면 곧 우리가 가고 있는 그곳에 닿을지도 모른다"는 나바호 인디언의 속담이 있다. 미국이 과도한 당파 갈등과 거대한 권력을 쥔 특별이익집단을 극복할 방안을 찾지 못한다면 우리는 우리가 가고 있고 캘리포니아는 이미 다다른 그곳으로 가게 될 것이다. 그것이 바로 우리가 될 것이다.

### 13장

# 가치의 타락

> 사회의 미래를 들여다 볼 때 여러분과 저 그리고 우리 정부는 스스로의 안락과 편의를 위하여 내일의 귀중한 자원을 약탈해서 오늘만을 위해 살고자 하는 충동을 피해야 합니다. 우리가 후손들의 소중한 자산을 저당 잡히면 그들의 정치적 유산과 정신적 유산 역시 잃을 위기에 처할 겁니다.
>
> 1961년 1월 19일
> 드와이트 아이젠하워 대통령의 퇴임 연설

2010년 11월 26일 〈뉴욕타임스〉가 죽어가는 한 남자의 충고를 다룬 색다른 기사를 실었다. 이는 리먼브라더스와 크레딧 스위스 퍼스트 보스턴Credit Suisse First Boston 두 회사에서 집행임원 자리까지 올랐던 전 골드만삭스 채권판매원인 고든 머레이Gordon Murray의 인생 이야기였다. 기사에는 머레이가 최근 자신이 앓고 있는 신경교아세포종 치료를 위한 모든 의료 처치를 중단하는 대신, 죽기 전에 꼭 하고 싶었던 일을 하면서 여생을 살기로 결심했다는 이야기가 실려 있었다. "머레이는 비좁은 자택 사무실에 쭈그리고 앉아 자기가 짜낼 수 있는 모든 에너지를 얇은 책 한 권에 쏟아붓고 있었다. 책 제목은 '투자 답안The Investment Answer'이고 머레이는 이 책을 친구이자 재무상담사인 대니얼 골디와 함께 투자 행위를 몇 개의 간단한 단계로 설명하기 위해 썼다." 인상적이었던 점은 1970년대 머레이가 직장 생활을 시작했을 무렵의 옛 월스트리트와 2008년 결국 파탄에 빠져버린 월스트리트 사이에 그가 그어놓은 붉은 선이었다. 기사에는 "머레이는 가정환경이 유복하고 농구를 잘 했기 때문에 여러 가지 선택권이 있었다. 그는 결국 골드만삭스에 들어갔다. 그때는 많은 사람들이 그곳에서 일하는 직원들을 의심쩍은 눈으로 보기 한참 전이었다. 머레이는 월스트리트에서 보낸 자기 일생을 두고 '우리가 하는 말이 바로 우리의 채권이었고, 바람직한 윤리란 곧 좋은 실적이었습니다'라고 말했다. '그것이 차입자의 소득도 확인하지 않는 엉터리 대출로 바뀌었고, 저는 이 사태가 터질 때쯤이면 이 자리에 없었으면 좋겠다고 바라게 되었죠'"라는 내용이 실려 있었다.

냉전이 끝나고 가장 위대했던 세대에서 베이비 붐 세대로 지휘봉이 넘어왔을 때 일어난 일을 이보다 더 간략하고 정확하게 서술한 내용을 찾기란 쉽지 않다. 오랜 기간 미국의 공적 생활과 상업적 생활을 지지해온 전통적인 미국인의 가치가 서서히 무너졌다.

이러한 가치의 타락은 미국이 당면한 거대한 도전과제를 다루고 번영을 위한 포뮬러를 되살리는 능력을 손상시키는 데 많은 악영향을 미쳤다. 이러한 타락은 하룻밤 사이에 일어나지 않았다. 이는 지구의 표면을 서로 떨어진 대륙으로 나누어놓은 대륙 이동이라는 지질학적 과정처럼 일상적인 사건의 표면 아래에서 점차 조금씩 거의 알아차릴 수 없을 정도로 진행되었다. 가치의 타락이 점진적으로 일어났다. 때문에 우리의 근간을 이루었던 가치에서 얼마나 멀리 떠내려왔는지 2008년 비우량주택저당채권 대폭락 사태가 이를 보여주기 전까지 눈치채지 못했다.

여기에서 또 다시 한 세대에서 다른 세대로 이행하면서 국가의 미래라는 관점에서 볼 때 불행한 변화가 나타났다. 대공황은 1940년에 끝났고 2차 세계대전은 1945년에 결말이 났다. 냉전 당시 가장 위험했던 순간은 1960년대 중반에 지나갔다. 하지만 이처럼 혹독했던 역사의 충격은 그 시대를 겪은 이들의 기억과 의식 속에 계속 살아 있었다. 이러한 이유로 이 시대를 살았던 사람들은 가장 위대한 세대였을 뿐만 아니라 '가장 신중한 세대'라는 집단 정체성을 형성했다.

언론은 조지 H.W. 부시 대통령이 '신중한'이라는 단어를 너무 자주 사용한다고 비웃었지만 이는 그가 속한 세대 사람들이 가장 좋아했던 단어이다. 그리고 그럴 만한 이유가 있었다. 그 세대는 전 세계를 뒤집어놓을 수도 있고 부자를 가난뱅이로 만들 수도 있었다. 또한 정착민을 난민으로, 걱정 근심 없는 민간인을 전쟁의 상흔을 입은 군인으로, 만년 낙천주의자를 조심스러운 투자자로 바꾸어놓을 만한 혼란스러운 일들을 여러 차례 겪었다. 이와 같은 인생 경험이 쌓이면서 그들에게는 신중하고 집단으로 행동하는 경향이 생겨났다. 그리고 정부 및 전문가의 권위를 편안하게 받아들이게 되었다.

하버드대학교 정치철학 교수인 마이클 샌델Michael J. Sandel은 우리 부모님 세대를 이렇게 표현했다. "우리가 정부의 중요성을 당연하게 받아들일 때, 즉 세계에서 일어나는 사건들로 인해 정부 및 공익을 위한 집단행동의 중요성이 명확하던 시절에 성년이 되었다. 공공 영역이 중요하고 정부의 활동이 공공선을 위해 필요한 도구라는 전제를 그들은 공유하고 있었다. 얼마나 많이, 그리고 어느 범위까지 필요한지가 논란의 대상이 될 뿐이었다."

공익을 실현하기 위한 집단행동은 어쨌든 생존을 위해 필요했다. 그리고 위대한 세대는 대공황을 이겨내고, 2차 세계대전에서 승리하고, 소련을 억제하는 크고 힘든 일을 함께하면서 놀랄 만한 성공을 일궈냈다.

냉전이 끝나고 위대한 세대가 은퇴하기 시작했다. 그러면서 주도권은 1946~1964년 사이에 태어난 7800만 명에 달하는 미국인 집단인 베이비 붐 세대(이 책의 저자들도 여기에 속한다)로 넘어갔다. 우리 부모 세대와 비교하면 우리가 속한 세대의 행동은 더 이기적이고 제멋대로였다. 그리고 때때로 무모하고 무책임했다는 사실도 인정해야 한다.

대혼란에 다치지도 않았고, 큰 희생을 치러야 하는 짐을 짊어지지도 않았다. 그리고 외부의 거대한 적들과 맞서야 한다는 일상적인 노력에 대한 압박을 받지도 않은 데다, 단기적인 사고를 촉진하는 새로운 기술과 전자적으로 작동되는 시장의 영향을 받아 허둥대고 정신도 못 차린 베이비 붐 세대는 재정 운용에 너무도 신중하지 못했다. 또한 정치에서는 과도하게 심한 당파적 갈등에 빠졌으며, 미국이 오늘날 절실하게 필요로 하는 국가건설에 공동으로 참여하겠다는 역사의식도 희박했다.

제대로 작동되는 정치시스템은 그 자체보다 더 심오한 행동 양식, 즉 특정 가치를 통해 가장 생생하게 표현되는 문화에 뿌리를 두고 있어야 한다. 우리는 베이비 붐 세대가 미국 사회 내에서 주도적인 위치를 차지하면서 미국이 과거 이 나라의 위대함을 뒷받침했던 핵심적인 3가지 가치에서 빗나가고 있다고 생각한다.

이러한 변화 중 첫 번째는 위대한 세대가 지니고 있던 특징인 장기적인 투자와 보상은 천천히 받고자 하는 것에서 베이비 붐 세대가 전형적으로 보여주는 특징인 단기적인 보상과 가질 수 있을 때 당장 손에 넣겠다는 사고방식으로 전환된 변화이다.

두 번째 변화는 사회 전반에 걸쳐 공공기관과 그 기관을 이끄는 지도자의 권위를 신뢰하지 않게 되었다는 것이다. 이는 이 사회가 정치인이든 과학 분야 전문가이든 간에 권위자를 보는 시선이 건전한 회의론에서 모든 대상과 모든 사람을 향한 냉소적인 의심으로 바뀐 바로 그 변화와 연결되어 있다. 이 변화 때문에 미국이 당면한 거대 이슈를 해결하고 번영을 위한 우리의 전통적인 포뮬러를 갱신하는 데 필요한 공동의 행동을 이끌어내기가 훨씬 더 어려워졌다.

세 번째 변화는 2차 세계대전에서 파시즘에 대항토록 하고, 냉전 중에는 공산주의에 대항하여 싸우도록 했다. 또 이 싸움에 의해서 강화된 국가목적 공유의식이 약해지고 있다는 점이다. 냉전은 위험과 과도한 행위를 수반했다. 그리고 그 누구도 다시 냉전이 부활하기를 바라서는 안 되겠지만 냉전이 우리에게 가져다준 이점이 하나 있었다. 그리고 그 중요성은 돌이켜 생각해보니 더 명백해진다. 냉전은 미국이 국내외에서 중요하고 건설적인 일을 집중해서 할 수 있도록 미국 사회의 연대의식, 국익 공유의식 그리고 통치에 관한 진지함을 키워주었다.

고등학교 시절에는 미식축구팀에서 쿼터백을 맡을 정도로 아주 멋졌지만 시간이 지나 점점 살이 찐 친구가 다들 한 명 쯤은 있을 것이다. 고등학교 동창회 날 그가 호텔 문을 통해 걸어 들어오면 모두가 점잖게 미소 지으며 인사하지만 뒤로는 "와, 쟤 정말 정신을 놨구나"라고 수군거린다. 냉전 이후 미국이 바로 그 꼴이다. 온갖 전자장치는 늘어나고 집도 커졌다. 하지만 이는 상당 부분 무차별적 대출, 긴급구제자금, 경기부양책, 저리금융, 중국과 다음 세대에서 빌려온 돈에 기대어 베풀어준 세금 감면으로 구입한 것들이다. 미국인들은 정말 제정신을 잃고 있다.

"이런 일이 일어나리라는 사실을 까마득히 몰랐던 척 하지 마십시오." 작가인 커트 앤더슨Kurt Andersen은 2009년 3월 26일 〈타임〉에 발표한 글에서 이 시대를 논평했다. 그리고 이 주제로《재설정: 이 위기를 통해 어떻게 우리 가치를 재건하고 미국을 새롭게 할 수 있을 것인가Reset: How This Crisis Can Restore Our Values and Renew America》라는 책을 냈다.

1980년대 초반 로널드 레이건이 대통령이 되고 월스트리트에서 강세 시장이 시작되었을 무렵이다. 우리는 도박을 시작했고 (게다가 땄다!) 마술에 걸린 듯 생각하기 시작했다. 1980년부터 2007년까지 미국의 신축 주택가격의 중앙값은 4배로 뛰었다. 다우존스산업 평균지수는 1982년 여름 803포인트에서 2007년 가을 1만 4165포인트까지 상승했다. 1980년대 초반부터 2007년까지 각 가정이 주택융자금과 소비자 부채에 사용한 금액이 가처분소득에서 차지하는 비율은 35퍼센트나 증가했다. 1982년에 평균적인 가구는 가처분소득의 11퍼센트를 저축했다. 2007년 이 수치는 1퍼센트 이하로 내려갔다. 이와 같은 시대정신으로 인해 도박이 도처에서 가능해졌다. 1980년대 후반까지만 해도 카지노는 네바다 주와 뉴저지 주에만 있었다. 그러나 지금은 12개 주에 카지노가 있으며

48개 주가 어떤 형태로든 적법한 도박을 허가하고 있다. 이는 마디그라(Mardi Gras, 사순절 시작 직전 화요일로 전 세계 곳곳에서 축제가 열린다-옮긴이)와 크리스마스가 정말 즐겁다며 1년 내내 이를 즐겨야 한다고 정해 놓는 것과 같다.

우리는 여기에서 미국 사회를 뒷받침해온 모든 규범을 포괄적으로 재검토하려는 것은 아니다. 또한 수십 년 동안 미국의 위대함을 지탱해온 핵심가치가 사라졌다고 생각하는 것도 아니다. 그와 반대로 우리는 핵심 가치를 되살릴 수 있다고 확신한다. 그러나 그 가치들은 회생이 필요하다.

## | 제리 맥과이어

비즈니스 세계에서 가치 문제가 어떻게 전개되는지를 자신의 저서 《HOW》에서 연구했던 LRN의 CEO 더브 사이드먼은 지연된 보상에서 즉각적인 보상으로, 장기적 시각에서 단기적 시각으로 진행된 첫 번째 변화를 설명했다. 사이드먼의 관점에서 볼 때 경쟁 관계에 있는 2가지 가치가 비즈니스, 정부, 리더십, 개인행동 및 관계를 움직인다고 한다. 사이드먼은 이 2가지 가치를 '상황적 가치'와 '지속가능한 가치'라고 부른다.

사이드먼은 상황적 가치에 의해 추진되는 관계에는 지금 여기에서 무엇이 가능한가라는 계산이 포함된다고 말한다. "이런 관계는 장기적 성공을 창출하는 원칙에 따라 견실하게 살기보다는 단기적 기회 이용에만 관심이 있습니다. 주어진 상황에서 무엇을 할 수 있고 할 수 없는지에만 관심을 기울이죠."

이와 대조적으로 지속가능한 가치는 "모든 상황에서 우리가 해야 하는 일과 하지 말아야 하는 일"에 관심을 기울인다. 말 그대로 장기간에 걸쳐 관계를 유지한다. 사이드먼에 따르면 지속가능한 가치는 "투명성, 고결함, 정직, 진실, 책임 공유, 희망과 같이 우리를 인간으로서 깊게 이어주는 가치"이다. 따라서 지속가능한 가치는 "'얼마나 많이'가 아니라 '어떻게'에 주안점을 둔다. 상황적 가치는 우리에게 '망하기에는 너무 큰' 존재가 되는 전략을 취하도록 강요한다. 지속가능한 가치는 영속적인 관계를 구축함으로써 우리가 '망하기에는 너무 지속가능한' 존재가 되는 전략을 추구하도록 격려한다." 사이드먼은 베어스턴스나 리먼브라더스와 같은 주요 월스트리트 투자은행들의 붕괴가 "기관을 지속시켜나가는 힘은 그 기관이 도달할 수 있는 규모나 크기가 아니라 그 기관이 일을 하는 방식, 그 기관이 종업원, 주주, 공급업자, 환경, 사회, 미래 세대와 연결되어 있는 방식"이라는 사실을 증명했다고 설명했다.

월스트리트가 얼마나 심각하게 상황적 가치에 빠져 있었는지가 2008년 금융 대폭락 사태에 관한 의회 청문회에서 나타났다. 2010년 4월 27일 칼 레빈Carl Levin(미시간 주 출신 민주당원) 상원의원이 골드만삭스 CFOChief Finance Officer(최고재무관리자)인 데이비드 비니어David Viniar에게 골드만삭스 직원이 자신들이 고객들에게 팔고 있는 채권을 '쓰레기'라고 표현한 이메일에 관해 질문했다.

레빈 의원: 골드만삭스 직원들이 이메일에서 자기들이 판매한 채권

을 형편없는 쓰레기라고 표현했다는 사실을 들었을 때 기분이 어떠셨나요?

비니어: 저는 이메일에 그런 내용을 남긴 사실이 매우 부적절하다고 생각합니다.

레빈 의원: 비니어 씨?

(웃음소리)

비니어: 매우 유감입니다.

레빈 의원: 이메일에 남겨요? 어떻게 그렇게 생각하실 수가 있죠?

비니어: 저는 누군가가 증거가 남는 형태로 그런 말을 남겼다는 사실이 매우 부적절하다고 생각합니다.

레빈 의원의 추궁에도 불구하고 비니어는 문제가 그 내용이 이메일로 남겨져 일반에 공개되었다는 사실이 아니라 그 이메일의 내용 자체와 그 말 이면에 숨어 있는 지독한 냉소라는 사실을 깨닫지 못하는 듯했다. 골드만삭스는 그 어떤 쓰레기 같은 채권이라도 일단 팔고 거래만 성사시키면 된다는 상황적 행동에 빠져 있었다. 자기 고객에 해를 끼치게 될 것임이 자명한데도 말이다. 이는 투자은행으로서 갖춰야 하는 지속가능한 행동과 한참 거리가 있는 행동이지만 심지어 그 사실이 밝혀졌을 때에도 골드만삭스의 CFO는 이를 깨닫지 못했다.

사이드먼은 자기 책에서 상황적 가치와 지속가능한 가치 사이의 충돌을 주요 주제 중 하나로 다루었던 1996년 영화 '제리 맥과이어Jerry Maguire'를 집중적으로 조명했다. 제리 맥과이어는 어느 날 밤, 갑자기 도덕적 깨달음을 얻어 자기 회사를 위한 새로운 '기업강령'을 쓴 자기중심적인 일류 스포츠 에이전트이다. 이 기업강령에서 맥과이어는 자신과 자기 회사 소속 다른 에이전트들이 업무를 구조조정하고 고객수를 줄이면서 고객에게 더 좋은 서비스를 제공할 것을 제안한다. 맥과이어가 하고 싶은 말의 요점은 올바른 이유에서 올바른 방식으로 장기적인 안목을 지니고, 맡은 바 업무를 수행하자는 것이다. 즉 상황적으로 행동하지 말고 지속가능한 방식으로 행동하자는 것이다.

맥과이어는 새로운 강령을 제본해서 회사 직원 모두의 우편함에 넣는다. 다음날 아침 맥과이어가 사무실로 들어섰을 때, 그는 동료 에이전트, 회계 담당자, 비서들로부터 기립박수를 받는다. 맥과이어의 상사 밥 슈거는 활짝 웃으면서 박수 대열에서 서서 맥과이어에게 엄지손가락을 들어 보인다. 옆에 서 있는 동료 간부직원은 슈거에게 "맥과이어에게 얼마나 시간을 줄 생각인가?"라고 묻는다. 슈거는 갑자기 표정을 싹 바꾸며 "음, 일주일"이라고 대답한다. 일주일 후 슈거는 맥과이어를 해고했고, 맥과이어의 전 동료들은 맥과이어의 고객을 빼앗기 위해 재빨리 움직였다. 맥과이어가 매도했던 바로 그 상황적 가치가 맥과이어의 경력을 순식간에 삼켜버렸다.

사이드먼은 이 영화가 "그냥 해 Just do it(상황이 허락하는 그 무슨 짓이라도 그냥 해버려)!"라는 인생관과 "제대로 해 Just do it right(지속가능하게 생각하고 행동)" 하는 인생관을 두고 선택과 씨름하는 인물들 사이에서 일어나는 일련의 인간 관계를 중심으로 돌아간다고 지적한다.

예를 들어 회사에서 해고당한 후에도 맥과이어는 중요한 고객 한 명은 붙잡을 수 있다고 생각한다. 그는 프랭크 쿠시맨으로 전미미식축구연맹 NFL 신인선수 드래프트에서 1순위가 유력한 대학 스타 선수이다. 맥과이어가 프랭크의 아버지 매트와 프랭크를 만나기 위해 남부의 한 작은 마을에 있는 그들의 집을 방문했을 때이다. 맥과이어와 매트는 과장된 악수로 계약을 맺었고 매트는 맥과이어가 프랭크의 에이전트라고 확인하는 서면계약서는 필요하지 않다고 말한다. 매트는 "내 말은 참나무보다 더 단단하다네"라고 맥과이어에게 말한다. 그러나 몇 주 뒤, NFL 신인선수 드래프트가 열렸을 때 슈거가 재빠르게 치고 들어와 프랭크 쿠시맨을 맥과이어에게서 빼앗아 갔다. 이는 단순히 상황상 슈거가 더 나은 계약을 맺을 수 있었거나 또는 그가 그렇게 할 수 있다고 주장했기 때문이었다. 그리고 어떻든 쿠시맨과 맥과이어는 악수만 했을 뿐 실제 계약서에 서명하지는 않았다. 맥과이어는 매트와 만나서 얼마나 자기가 실망했는지 이야기한다.

"저는 아직도 당신이 '내 말은 참나무보다 더 단단하다네'라고 하신 말씀에 받았던 감동을 잊지 않고 있습니다." 맥과이어는 끓어오르는 속을 누르며 말한다.

이 시점에서 맥과이어 옆에는 함께 일하겠다고 따라온 비서 한 명과 맥과이어 곁에 머물겠다고 한 운동선수 한 명만 남아 있다. 상냥하고 진실한 비서 도로시 보이드는 맥과이어가 설파한 지속가능한 가치에 푹 빠져 있다. 그리고 요구사항은 많지만 거짓이 없는 미식축구 선수 로드 티드웰은 최대 관심사가 돈임에도 불구하고 그 역시 형체를 알 수 없는 지속가능한 가치 때문에 맥과이어에게 끌린다. 티드웰과 보이드는 쿠시맨과 슈거와 반대되는 가치를 대표하는 인물, 즉 어려움에 직면했을 때 충성심을 지키는 인물이다. 이는 어려움을 직면했을 때 기회주의를 취하는 인물과 대비를 이룬다. 이보다 더 상황적인 것은 없다.

사이드먼은 '제리 맥과이어'가 역대 최고 수익을 거둔 영화 중 하나로 이름을 올릴 수 있었던 이유를 "편의를 위해 원칙을 무시하는 데 질려 있던 사람들의 심금을 울렸기 때문"이라고 주장했다. "우리는 '그냥 해'로 대표되는 시기에 있었습니다. 세계는 빠르게 진척되고 있고 운동화 제조사 나이키의 광고 문구인 '그냥 해'는 그 시기의 자기중심적인 시대정신을 포착한 것이죠." 이 시기는 나이키 광고 모델 중 가장 유명한 마이클 조던이 프로농구를 5명이 팀을 이루어 협력하는 경기에서 뛰어난 기량을 지닌 선수 한 명이 독식하는 무대로 바꾸어놓은 때이기도 하다. 이 시대의 정신은 비즈니스에도 영향을 미쳤다. "계속해서 집요해지는 자본시장의 단기적 요구에 응해야 한다는 압력에 시달리던 경영자들은 장기적인 목표를 무시하는 방식으로 눈앞의 문제 처리에만 급급하면서 지름길과 쉬운 해결책만 찾았다." 사이드먼의 말이다.

미국 사회의 가치관이 지속가능한 가치에서 상황적 가치로 변화되는 현상을 방치한 결과 '제리 맥과이어' 개봉 후 10년 뒤, 최악의 경제위기가 발생했다. 월스트리트에서 중산층에 이르기까지 너무 많은 미국인들이 대공황 시대에 우리 부모 세대들이 지녔던 저축과 투자 정신을 버렸다. 금융계에서 "나도 너도 사라지면 그만 IBG/YBG"라고 부르는 요즘 유행하는 정신을 취했다. 지금 손에 넣을 수 있다면 무엇이든 손에 넣어. 어차피 청구서 지불 기한이 되기 전에 '나는 사라지면 그만I'll be gone'이고 당신이 정말로 비용을 부담해야 하기 전에 '당신도 사라지면 그만 You'll be gone'이라는 사고방식이다.

이러한 사고방식이 비우량주택저당채권 대폭락 사태의 중심에 있다. 맨 처음 비우량주택저당채권을 한 가족에게 판매하고 이를 더 큰 금융기관인 패니메이Fannie Mae나 시티은행에 떠넘긴 부동산대출 중개인은 주택저당채권을 산 가족이 채무를 불이행할 때쯤이면 자기는 그 자리에 없다는 사실을 알고 있었다. 그의 회사가 그 채권을 보유하고 있지 않을 것이니 문제 될 게 없다는 생각이다. 패니메이나 아이슬란드에 있는 한 투자은행이 가지고 있겠지. 그러니 실제 소득액 또는 소득 부족에 대해서 거짓말을 하도록 부추김을 받아 채무를 불이행할 가능성이 높은 주택 구매자와 계약할 때에도 중개인 개인은 손해를 입을 염려가 전혀 없었다. 중개인은 주택을 매입한 가정에도 주택저당채권에 관해 똑같은 얘기를 해주었다. 주택을 매입한 가정이 실제로 돈을 상환해야 하는 시점이 왔을 때 매월 내야 하는 불입금을 내지 못하게 되어도 문제될 것 없다. 그냥 집에서 나와서 다른 곳으로 가거나 이득을 붙여서 팔면 된다. 그때 당시 우리 모두가 알고 있었던 것처럼 집값은 영원히 오르기만 하고 절대 내리지는 않는 것이었으니까.

그들이 수취하는 수수료와 매출이 비우량주택저당채권에 대한 신용평가 실시 건수에 달려 있는 신용평가기관들은 그 채권들이 더 쉽게 팔려서 더 많은 투자기관과 은행들이 채권평가서비스를 사용하고 싶어 하도록, 채권에 더 높은 신용등급을 주고자 하는 동기가 있었다. 그리고 이 채권에 문제가 발생했을 때 평가기관은 '나는 몰라'라는 태도를 취했다. 투자은행들은 가능한 한 많은 주택저당대출을 채권의 묶음으로 만들어서 세계 곳곳에 팔고자 하는 강력한 동기가 있었다. 수수료가 막대했을 뿐만 아니라 자기 은행이 그 채권들을 다량으로 보유하고 있지 않은 한 채권이 부도가 난들 무슨 상관이겠는가? 어차피 '나는 사라지면 그만'이다. 너도 나도 사라지면 그만이라는 상황적 사고의 정수를 보여주는 이런 사고방식이 유행하고 "나는 언제까지나 여기에 남아서 책임을 지겠다는 생각으로 행동하겠습니다"라는 사고방식은 완전히 사라졌다. 전 시티그룹 CEO 찰스 프린스Charles Prince는 여신시장이 대폭락 사태에 들어서기 바로 몇 주 전인 2007년 7월 9일 〈파이낸셜타임스Financial Times〉와의 인터뷰에서 이러한 태도를 누구보다도 잘 요약해서 말했다. "음악이 연주되는 한 일어나서 춤을 춰야 한다." 그리고 상황적 음악이 연주되는 동안 월스트리트에서 중산층에 이르는 너무나 많은 미국인들이 일어나서 춤을 췄다.

1980년대에 시작된 홈엔터테인먼트시스템의 판촉 조건이었던 "계약금 없음, 대금 납부는 물품 인수 30일 이후부터"는 미운 두 살 시기에 그 정점에 이르렀다. 아메리칸 드림인 마당 딸린 집을 "계약금 없음, 융자금 상환은 2년 이후부터"로 판매한 것이다. 미국 역사를 통틀어 아메리칸 드림이 이렇게나 싼 적이 있었던가? 단 한 번도 없었고 이번 역시 실제로는 그다지 싸지 않았다는 사실이 밝혀졌다. 전부 값비싼 환상이었음이 드러났다.

사이드먼은 미국인들이 처음에는 마음속에, 그 다음에는 행동에서 그들이 조작하는 2가지 다른 세계를 창조했기 때문에 이 모든 것이 가능했다고 주장한다. 사이드먼은 이 점을 영화 '대부The Godfather'에 나오는 장면과 연결하여 설명한다. 샐 테시오는 코를레오네 범죄조직의 두목 마이클 코를레오네 암살을 모의하다 발각되어 자기가 죽는 상황에 처한다. 처형당하기 전 테시오는 조직의 고문변호사 톰 헤이건에게 개인적인 앙심으로 암살을 계획한 것은 아니라고 마이클에게 전해달라고 말한다. "마이클에게 이건 그저 사업이었을 뿐이었다고 전해주시오. 난 항상 그를 좋아했소."

사이드먼의 설명에 따르면 우리도 이와 똑같은 일을 하고 있다. "우리는 상황에 따라 행동할 수 있는 독립된 영역을 만들었습니다. 비즈니스 영역이 바로 그 영역이죠. 그 모든 비우량주택저당채권은 '그저 비즈니스'일 뿐이었습니다. 법을 어기지 않는 한 도덕관념은 적용되지 않고 유일하게 책임져야 하는 부분은 '주주가치와 이윤 추구'인 영역이 있다는 발상입니다."

상황적 가치가 지속가능한 가치를 누르고 부상함에 따라 발생한 악영향은 공적 생활에도 영향을 미쳤다. 미국의 금융제도에 엄청난 해악을 끼쳤던 나만 최우선으로 하는 생각과 미래는 절대 신경 쓰지 않는 태도는 미국이 직면한 주요 국가적 과제에 필요한 대응 역시 방해하고 있다. 위대함을 위한 미국의 포뮬러, 즉 지속적인 경제성장과 생활수준 향상을 확보하기 위한 교육, 사회기반시설, 연구개발에 재투자하고 연방재정 적자를 줄여 미래 세대가 거대한 빚에 허덕이지 않도록 사회 전체가 단기적으로 희생을 감수하며 향후 몇 년 후 다가올 기후변화를 경감시키기 위해 현재의 탄소 배출량을 줄이는 행위는 모두 지속가능한 정책이다. 상황적 접근의 노예가 된 베이비 붐 세대는 이러한 정책을 수행하지 못했다.

델라웨어 주지사 잭 마켈이 위대한 세대의 지속가능한 전망에서 베이비 붐 세대의 단기 강조 세태로 넘어가면서 발생한 부정적인 결과를 자세하게 설명했다. "사람들은 우리가 다음 세대에게 적어도 지금 세대에게 신세진 것만큼 빚지고 있다는 사실을 잊은 듯 행동했습니다. 많은 정치인들은 감세가 원래 국민들이 소유한 돈을 돌려주는 행위이기 때문에 정당하다고 주장했습니다. 그들이 말해야 하지만 말하지 않았던 부분이 있습니다. 그것은 누구도 원하지 않는 지출삭감 없이는 우리가 지금 하고 있는 행위가 우리 자녀 세대에서 돈을 빌려와 현재 세대에게 주고 있는 꼴이라는 사실입니다. 정말 무책임한 행동이죠. 장기적인 안목으로 투자하는 대신 무엇이 다음 여론조사와 선거에 영향을 미칠지에만 신경을 쓰고 있습니다. 경제계 역시 다음 분기에만 지나치게 신경 쓰면 동일한 문제에 당면하게 됩니다. 장기적으로 발전해나가기 위해 필요한 투자를 못하게 되고 결국 회사는 망하고 맙니다. 정부가 우리 모두를 위험에 빠뜨리는 이러한 방식을 따르고 있습니다."

현재 미국 사회는 짧은 생각으로 단기 이익만 추구하는 정치인들이 눈앞의 이익만 추구해서 단기매매에만 열중하는 금융가들을 규제하려는 형국이다. 그리고 얼마 지나지 않아 트위터, 블로그, 케이블 텔레비전에서 사람들이 이런 행위에 대해 이러쿵저러쿵 떠들어댄다. 기술과 시장이라는 강력한 힘이 모든 사람들이 상황에 맞춰 생각하도록 북돋우거나 심지어 강요하는 방식으로만 만나면, 사회와 정치 시스템이 지속가능한 사고를 하고 그에 따라 결과를 내놓으리라고 기대하기 어렵다. 주식을 보유하기 위해 준비하는 시간에서부터 여론을 형성하거나 의견을 내놓는 데 걸리는 시간, 어떤 주제를 연구하기 위해 쏟아붓는 시간, 집을 사기 전에 돈을 모으기 위해 걸리는 시간에 이르기까지 모든 기간이 짧아졌다. 지속가능한 사고를 할 시간이 없을 때 그렇게 수많은 사람들이 상황에 따라 행동하는 현상은 그리 놀랄 만한 일이 아니다.

## | 권위의 실추

2010년 10월 25일자 〈파이낸셜타임스〉는 콜로라도에서 열렸던 티파티 집회에서 연설자 중 한 명의 말을 보도했다. "저는 어떤 분야에서도 전문가는 아닙니다. 하지만 소위 '전문가'라는 사람들 때문에 우리가 어떻게 되었는지 한번 보십시오. 그들은 거짓말쟁이, 사기꾼, 도둑 집단입니다." 그 달에 실시된 전국적 여론조사 결과 의원 경력이 있는 후보와 의원경력이 없는 후보가 의원선거에서 맞붙을 경우 정치 신참자를 선호하는 유권자들이 48퍼센트로 정치 경력자를 선호하는 23퍼센트보다 많았다. 아마도 이는 미국 내 기업계나 정치계에서는 통상적인 일로 여겨질 수 있을 것이다. 집단 전체로 볼 때 정치인은 미국에서 좀처럼 인기를 누리지 못하고 있으며, 2010년은 많은 유권자들이 화가 나 있던 해였다. 힘든 시기에는 "악당들을 남김없이 자리에서 몰아내고자" 했던 것이 미국의 전통이기도 하다.

그러나 요즘은 다른 분야에서도 경험과 전문 지식이 그다지 존중받지 못하고 있다. 2010년 가을, 톰은 플로리다대학교에 재직 중인 니콜라스 코머포드Nicholas Comerford를 만났다. 그는 2010년 미국 토양과학학회 회장직을 맡았던 토양학자인데 이런 이야기를 들려주었다. "저에게 4만 제곱미터 조금 넘는 땅이 있어서 거기에 올해 블루베리를 심기로 했습니다. 플로리다에는 제가 아는 목장 주인이 있습니다. 그는 남부 출신이고 이제 80대에 접어들었습니다. 자식들이 더 이상 가축을 키우지 못하게 하자 대신 블루베리 농사를 시작했습니다. 저는 제 땅에다 심을 블루베리 묘목을 사러 갔고, 여러 가지 이야기를 그와 나누었습니다. 기후변화

이야기가 나오자 그는 '나는 기후변화 얘기는 하나도 믿지 않네'라고 말했습니다. 그래서 저는 '음, 우리는 아마도 이 부분에 대해서 입장이 다른 것 같네요. 괜찮으시다면 제 관점을 얘기하고 왜 제가 기후변화가 진행되고 있다고 생각하는지 말씀 드릴 수 있습니다'라고 말했죠. 그러자 그는 '아닐세. 나는 내 의견에 만족한다네'라고 잘라 말했습니다. 그는 정말 좋은 분이고 모범이 될 만한 분이지만 그 문제에는 전혀 관심을 안 보이셨습니다."

전문가 의견을 회의적인 시각으로 바라보는 일은 항상 바람직하다. 이는 실제로 과학적 방법론의 핵심이기도 하다. 실제로 모든 의견, 특히 자기 자신의 의견에 관해 회의적 방법론을 적용하는 행위는 건전하다. 그러나 우리가 살아가고 있는 그 어느 때보다 복잡한 이 세계에서 전문가가 자신의 분야에 대해 내린 판단은 결국 없어서는 안 될 중요한 사항이다. 기술 및 과학 분야의 구체적인 내용은 대부분의 비전문가들이 쉽게 이해할 수 있는 능력 밖의 영역이다. 이러한 구체적인 내용은 마치 외국어 같다. 그래서 전문가가 아닌 우리는 전문가가 이해하기 쉽게 해석해주기를 기대할 수밖에 없다. 그렇지 않으면 우리가 모르는 언어를 사용하는 나라를 여행하는 사람처럼 길을 잃고 말 것이다. 이는 우리가 국가, 주, 지방 예산을 급격하게 삭감해야 할 때 특히 해당된다. 이러한 예산을 단순히 일괄적으로 줄여서는 안 된다. 우리가 살고 있는 세계에 대한 전문 지식과 그 안에서 발전해나가기 위해 필요한 조건을 알고 있는 상태에서 전략을 세워 예산을 감축해야 한다.

신뢰를 얻지 못해 고생하고 있는 사람들이 과학자나 전문가라고 여겨지는 사람들에 국한되지는 않는다. 권위를 갖추어야 하는 위치에 있는 사람들 모두가 예전에 비해 그 영향력이 감소하고 있다. 미국 교육계 전반에서 미국의 대학들은 그 수준이 높다. 그리고 여전히 세계에서 선두를 달리고 있다는 점은 일반적으로 인정되고 있다. 그러나 심지어 대학에서도 교수들이 권위 부족으로 고민하고 있다. 때문에 그들은 자신의 직무를 업무를 제대로 수행해나가는 데 어려움을 겪는다.

〈고등교육 소식지 The Chronicle of Higher Education〉에서 토머스 벤튼을 필명으로 쓰는 한 영문과 교수는 미국 대학 캠퍼스 내 학생들이 제대로 공부를 하지 않고 있다는 내용을 주제로 쓴 한 저서를 논평했다. 그는 다음과 같은 글을 남겼다.

> 학생들에게 솔직한 의견을 주기가 어려워졌습니다. 적대적 반항이나 극심한 신경쇠약 증세를 유발하지 않으려면 정말 가벼운 비판도 칭찬과 격려로 포장해 에둘러 표현해야 하죠. 점점 더 시간에 쫓기는 대학교수들은 '어떤 학점을 주어야 학생들이 불평불만, 또는 더 나쁜 경우 과제 지시가 충분히 명확했는지에 관한 준법률적 분쟁을 피할 수 있을까?'라고 자문하고 있습니다.

AP통신과 국립헌법센터가 주관한 여론조사에 따르면 실제로 미국인들은 사실상 모든 기관을 신뢰하지 않고 있는 것으로 나타났다. 예를 들어 과학계를 신뢰하는 사람은 응답자 중 30퍼센트에 불과했고 종교계를 신뢰하는 사람은 18퍼센트에 불과했다. 하지만 이들은 조사 대상 분야 18개 중 군대와 소규모 사업체를 제외한 나머지 모든 분야보다 순위가 높았다. 정부기관을 포함한 여러 제도적 기관들이 미국이 직면한 주요 도전과제 해결에 필요한 집단행동에 매우 중요한 주체들이라는 점에서 이들 기관에 대한 신뢰가 낮다는 사실은 과제 수행이 험난하리라는 징조를 보여준다. 국민이 이러한 기관들을 신뢰하지 않는다면 이들은 제대로 기능을 발휘할 수 없다. 국가기관, 특히 정부에 관한 한 건전하고 필수불가결한 회의론이 미국을 갉아먹는 냉소주의에 무너지고 있다. 이제는 고인이 된 전 상원의원 대니얼 패트릭 모이니헌Daniel Patrick Moynihan은 "모든 사람은 자기만의 의견을 내세울 자격이 있지만 자기만의 사실을 주장할 자격은 없다"라고 말했다. 그럼에도 특히 미국 공적 생활에서 점점 더 많은 뜬소문, 근거 없는 주장, 전혀 사실과 무관한 확언 등이 사실처럼 통용되고 있다.

2010년 11월 4일, 톰은 이 모든 것들이 퍼져 나가 실제 사람들이 세계를 보는 방식에 어떻게 영향을 미치는지를 실제로 체험했다. 그날 톰은 인디애나대학교에서 강연을 하고 저녁에 텔레비전을 틀었다. CNN 앵커 앤더슨 쿠퍼가 오바마 대통령이 이번에 인도와 아시아 지역을 방문하는데 하루 2억 달러씩, 전체 순회에 총 20억 달러의 세금이 소요되며 이 때문에 해군의 군함 34척도 재배치할 것이라는 내용을 보도하고 있었다. 전날 저녁, 쿠퍼가 진행하는 프로그램에서 미네소타 주 출신 공화당 하원의원인 미셸 바크먼Michele Bachmann에게 공화당이 예산삭감공약을 내세워 하원 선거에서 승리했는데, 연방예산에서 크게 삭감해야 할 부분이 어디라고 생각하느냐고 질문했다. 그때 바크먼은 "미국 대통령이 곧 하루에 세금 2억 달러가 소요될 예정인 인도 순방을 떠난다는 사실을 다들 알고 있습니다. 오바마 대통령 수행원이 아마 2000명에 이른다죠. 인도에 870개가 넘는 호텔방을 빌렸고, 그것도 5성급 호텔인 타지마

할팰리스 호텔이랍니다. 이것은 정도가 지나친 지출입니다. 하지만 이는 작은 일례에 불과하죠"라고 대답했다. 때문에 쿠퍼는 기사 내용의 사실 여부를 확인해야 했다.

다음 날 밤, 쿠퍼는 자신의 프로그램에서 팩트체크Factcheck.org가 실시한 조사와 CNN 팀이 수행한 취재를 바탕으로 오바마 대통령 인도 순방 기사가 어떤 경로를 통해서 보도되었는지를 재구성했다. "이 기사는 미국의 AP통신이나 로이터통신과 유사한 인도의 프레스 트러스트Press Trust가 보도한 인도 마하라슈트라 주 출신인 그곳의 지방공무원들로 추정되는 사람의 발언에서 비롯되었습니다." 쿠퍼는 보도를 계속했다. "제가 지방공무원으로 '추정되는' 이라고 말한 까닭은 이 사람이 누구인지 알 수 없고 이름조차 알려져 있지 않았기 때문입니다. 이는 익명의 제보였습니다. 인도의 한 기자가 이 수치를 기사로 썼습니다. 아무런 증거도 없었고 후속 기사도 없었습니다. 이 인도발 기사를 드러지 리포트Drudge Report와 다른 온라인 사이트들이 알게 되었고 순식간에 보수적인 라디오 토론 프로그램으로 흘러 들어갔습니다." 꽤 많은 청취자를 확보하고 있는 유명 토론 프로그램 진행자 러시 림보, 글렌 백, 마이클 새비지는 이를 반복하고 상세히 설명했다. 그러나 진상이 어떤지 백악관에 확인하는 노력은 전혀 하지 않은 듯 보였다.

백악관은 통상 보안을 이유로 대통령 여행의 세부 내용을 밝히지 않는다. 하지만 이번에는 부분적으로 예외를 두었다. 백악관 대변인 로버트 깁스Robert Gibbs는 "저는 대통령을 보호하기 위해 비용이 얼마가 드는지 알려드릴 생각은 없습니다. 다만 이번 여행에 들어가는 경비는 클린턴 대통령이나 부시 대통령이 해외 순방을 떠났을 때 들었던 비용과 비숫합니다. 이번 여행에는 결코 하루에 2억 달러씩 소요되지 않습니다"라고 말했다. 미국 국방부 공보 담당인 제프 모렐Geoff Morrell이 "우리가 대통령의 아시아 순방을 지원하기 위해 해군 병력의 10퍼센트와 군함 34척 및 항공모함을 재배치했다는 말은 전혀 터무니없는 주장입니다. 이는 정말 우스꽝스러운 주장입니다. 그와 비슷한 어떤 일도 일어나지 않습니다"라고 말했다. 쿠퍼는 클린턴 대통령이 1998년 수행원 1300명을 데리고 비슷한 기간 동안 방문했던 아프리카 순방에 들었던 비용을 물가상승을 고려하여 조정하면 '하루에 약 520만 달러 정도'라고 감사원 자료를 인용해 덧붙였다.

다음 날 아침 톰은 인디애나대학교 우등생들과 함께 아침을 먹으면서 이야기를 나눴다. "제가 들어가서 베이글을 집어 들고 테이블에 앉았을 때 몇몇 학생들이 제 옆자리에 앉았습니다." 톰이 그때를 회상하며 말했다. "첫 번째 학생이 제일 처음으로 저에게 물어본 질문이 있습니다. '오바마 대통령이 인도를 방문하는 데 하루에 2억 달러가 든다는 얘기 들으셨어요?'였습니다. 참으로 침울했죠. 저는 그 학생에게 앤더슨 쿠퍼가 전날 저녁 자기 프로그램에서 그 모든 얘기가 익명의 인도 지방공무원의 말에서 비롯된 풍문이었다고 사건의 전모를 밝혔다고 설명했습니다. 그 학생은 예의 바르게 듣고는 있었지만 정말로 믿는 것 같지는 않았습니다."

바크먼에 대해 말하자면, 그녀는 2012년 대통령 출마를 선언했다.

대통령 여행에 관한 잘못된 기사는 확신에 찬 오보의 생생한 예이다. 하지만 국가에 심각한 해악을 끼칠 잠재성을 지닌 잘못된 믿음도 있다. 중도 성향 민주당 그룹인 제3의 길Third Way이 2010년 여름에 실시한 여론조사에 따르면 "여론조사에 참가한 사람 중 4분의 3이 세금 인상을 하지 않고도 균형재정을 이룰 수 있다고 믿는다"고 한다. 2010년 11월 13일 〈워싱턴 포스트〉의 칼럼니스트 루스 마커스Ruth Marcus는 "여론조사 참가자 중 4분의 3이 사회보장제도와 노인의료보험제도를 건드리지 않고도 균형재정을 이룰 수 있다고 답했다"라고 보도했다.

미국인 대부분이 이렇게 믿는다면, 연방재정적자를 실제로 낮추는 일은 고사하고 연방재정적자 감축에 관한 토론을 시작하는 일조차 불가능할 것이다.

옛날 속담에 이런 말이 있다. "당신이 곤경에 처하는 이유는 당신이 무지하기 때문이 아니다. 잘 모르는 내용을 확실히 안다고 생각하기 때문이다."

## | 군대를 향한 동경

위험에 처해 있는 세 번째 가치는 미국이 한 국가이며 우리 모두가 소속되어 있는 단일 운명 공동체라는 의식이다. 이러한 정서는 균형재정을 달성하고, 다음 세대를 위해 기후변화에 대비하는 보험을 들고, 경제성장을 위한 미국의 포퓰러 갱신에 필요한 투자에 비용을 지불하기 위해 필요한 단기간에 걸친 일종의 자발적 희생을 유발하는 원동력이다.

오늘날 공공정책에 관한 한 미국인들은 진보주의자 또는 보수주의자, 인구조사에서 특별한 목적 때문에 미국인을 나누어놓은 집단에 속하는 일원, 특별히 추구하는 경제적 관심사를 공유한 개인 등 스스로를 특정

당파에 속한 사람으로 생각하도록 부추김을 받는다. 물론 우리는 이런 분리된 집단에 속하는 사람들이기도 하다. 그러나 과거에는 미국 국민들은 스스로를 다른 무엇보다도 먼저 미합중국의 시민, 즉 미국인이라고 생각했다. 그게 바로 예전 미국인의 모습이었다.

새로운 정보기술은 이 특별한 가치가 조금씩 침식되는 현상에 일조했다. 각각의 케이블 TV의 프로그램 패키지에는 채널이 수백 개 포함되어 있다. 그리고 인터넷 접속만 가능하면 누구라도 방문할 수 있는 웹사이트가 수백만 개 존재하는 이 상황에서 우리 국민들의 관심사는 예전에 비해 훨씬 더 세분화되어 있다. 오늘날 대중매체의 세계는 그 어느 때보다 선택의 폭이 넓지만 공통된 정보가 훨씬 적기도 하다. 또한 우리 모두가 사용하는 새로운 전자적 기술로 인해 의사소통이 훨씬 쉬워진 반면, 우리는 길을 걸으면서도 눈을 내리깔고 문자를 보내고 그동안 내내 아이팟을 들으며 점점 더 많은 시간을 혼자 보내고 있다.

냉전시대, 특히 2차 세계대전의 기억이 생생하게 남아 있던 냉전시대 초기에는 국민 단결과 필요하다면 희생을 치르겠다는 준비는 대부분의 사람들에게 국가 존속의 문제였다. 프린스턴대학교의 역사학 교수 대니얼 로저스Daniel T. Rodgers는 자신의 저서 《분열의 시대Age of Fracture》에 이렇게 썼다. "1945년 이후 대통령들이 언급한 모든 위험 중에서 국민의 결의 약화만큼 온갖 수사를 동원해 강조했던 위험은 없었다. '국가로서 우리의 공통된 의무(아이젠하워가 말했듯이)'와 순수한 개인 삶을 원하는 유혹 사이의 팽팽한 긴장감 속에서 냉전 시기 대통령들은 공적 생활의 의무를 대변했다."

우리가 국가의 시민에서 국가의 주주와 '네티즌'으로 변화하면서 공적

생활의 의무와 책임을 이야기하고 옹호하는 대통령의 의지도 점차 약화되었다. 테러리스트들이 세계무역센터와 국방부 건물을 공격한 이후 전체 국가가 이러한 책무에 관심을 보이려는 태세를 취하고 있을 때, 부시 대통령은 테러리스트를 추격하겠다고만 단언하고 본질적인 문제는 그냥 그대로 두었다. 부시 대통령은 미국인들에게 휘발유를 적게 사용하고 석유에 부과하는 '애국세'를 도입하여 석유가격을 올림으로써 수입산 석유에 종속되어 있는 상태에서 스스로를 해방시키는 행동조차 촉구하지 않았다.

우리 저자들은 가끔씩 워싱턴 위저즈Washington Wizards 농구 경기를 함께 보러 간다. 경기 중에 종종 스포트라이트로 베데스다 해군병원과 다른 기관에서 경기를 관람하러 온 이라크전쟁 및 아프간전쟁 참전 상이용사들이 앉아 있는 센터 코트 위쪽 객석을 비출 때가 있다. 그들 중에는 휠체어에 앉아 있는 이들도 있고, 눈에 띌 정도로 부상을 입었거나 팔다리가 없는 이들도 있다. 관중석에 있는 모든 사람들은 항상 그들에게 기립박수를 보낸다. 이는 훌륭한 일이다. 하지만 우리는 그 박수갈채 이면에 상이용사들에게 지지를 보여주고 싶어 하는 바람 이상의 감정이 있지 않은가라는 생각을 한다. 우리는 미국 군대가 미국의 다른 분야에서는 너무나도 많이 희석되어 사라진 전통적인 가치를 아직도 보유하고 있는 집단이라 생각한다. 그리고 박수갈채는 사람들이 그것을 그리워한다는 사실에서 연유한다고 생각한다. 그 가치들이 무엇인가? 여기에는 군대가 국가를 사랑하는 두터운 마음과 국가를 위해 봉사한다는 사명감 그리고 필요하면 궁극적인 희생이라도 치르겠다는 각오만 포함되는 것은 아니다. 여기에는 군대가 스스로 얻어내야 하고 때로는 무시당하기도 하지만 그래도 여전히 권위와 전문 지식이 존중되는 집단이라는 사실 또한 포함된다. 군대는 여전히 장기적인 안목을 취하고 있다. 중요한 목표를 달성하기 위해 집단으로 행동할 수도 있다.

마이클 샌델의 말을 빌리면 군대는 "시민이상주의와 공동선을 위한 희생의 마지막 보고이다. 우리는 모든 미국 시민이 공유해야 하는 시민이상주의와 애국심의 결연한 표현을 군대에만 맡기고 그곳에만 국한해왔다."

어떤 의미에서 군대는 미국 주류와 단절되어 있었다. 따라서 미국을 위대한 나라로 만들었던 가치를 모아놓은 일종의 박물관이 되어버렸다. 우리는 이 박물관을 방문해서 그곳의 전시물에게 감사를 표시하곤 한다. 하지만 박물관에서 우리가 방금 본 광경과 아무런 관계없는 일상으로 다시 돌아간다.

미국은 희생 역시 군대에만 위탁했다. 2차 세계대전이 '좋은 전쟁'이고 한국전쟁이 '잊힌 전쟁'이고 베트남전쟁이 '논란의 전쟁'이었다면, 2001년 9월 11일에 일어난 테러리스트 공격으로 시작되고 미국 군대를 아프가니스탄과 이라크로 거의 10년 가까이 보냈던 교전은 '1퍼센트 전쟁'이라고 부를 수 있을 것이다. 이러한 전투 지역에 배치된 병사와 그 직계 가족은 미국 인구의 1퍼센트에도 미치지 않는다. 나머지 미국인들은 아무것도 기여한 바가 없다. 미국은 심지어 이들의 전쟁 비용을 치르기 위해 휘발유에 추가 세금을 부과하는 방법으로 세금을 인상하지도 않았다. 즉 국가 구성원의 1퍼센트에게 궁극적인 희생을 강요하고 나머지 99퍼센트는 전혀 희생하지 않았다.

당시 부시 정부 백악관 대변인이었던 다나 페리노Dana Perino에게

2007년 10월 민주당 의원들이 이라크 전비를 대기 위해 누진소득세를 부과하자고 제안한 일에 대해 물었을 때 페리노가 했던 말을 생각해보라. "우리는 언제나 민주당원들이 원상태로 돌아가는 듯 보이고 아무 일에나 세금을 올리고자 한다는 사실을 알고 있었습니다"라고 페리노는 대답했다. 그리고 전쟁 비용을 대기 위해 세금을 인상한다면 "민주당원들이 이 세금이 더 이상 필요가 없어졌을 때 미국 국민에게 이 세금을 폐지하자고 말할 것이라고 누가 진심으로 믿겠습니까? 저는 이것이 재정적으로 완전히 무책임한 행동이라고 생각합니다"라고 덧붙였다.

전쟁 비용을 대기 위해 국민들에게 세금 인상을 요구하는 것이 예전 미국의 모습이었다. 이제 이런 행위는 재정적으로 무책임하고 당파 근성에서 나오는 행동이 되어버렸다. 현재 미국 국무부 경제 담당 차관인 로버트 호매츠Robert Hormats는 1776년 이후 미국이 전쟁 비용을 어떻게 지불했는지에 관한 책 《자유의 대가The Price of Liberty》의 저자이다. 호매츠는 "19세기와 20세기에 우리가 치렀던 대부분의 주요 전쟁에서 미국인들은 전쟁 비용을 충당하기 위하여 더 많은 세금을 냈고 중요도가 떨어지는 정책사업 예산은 삭감했다"라고 설명한다. 이라크전쟁과 아프가니스탄전쟁은 세금을 올리지 않고 수행한 첫 번째 전쟁이다. 놀랍게도 미국은 사실 이들 전쟁 기간 중에 세금을 내렸다.

특별올림픽위원회 조직위원장 티모시 슈라이버는 다음과 같이 말했다. "오늘날 정치인들이 국민들에게 경제적 복지를 향상시키는 것 이외에 다른 것을 요구하기가 얼마나 어려운지 보고 있으면 서글퍼집니다. 저는 여전히 공공 목적을 갈구하는 거대한 갈망을 보고 있습니다. 사람들은 자기 자신보다 더 큰 존재의 일부가 되고 싶어 합니다. 그리고 다른 사람들을 자발적으로 돕고자 하며 중요한 문제 해결에 참여할 방법을 찾고 있습니다. 그러나 우리 정치 지도자들은 이러한 모든 선의를 국가 목적으로 돌리지 않고 있고 있는데 저는 그 이유를 모르겠습니다." 분노가 이러한 정치적 공백을 채우는 경우가 너무나 많다. 또한 슈라이버는 "사람들은 서로를 비난하는 데 빠져 있습니다. 우리는 굶주려 있고 밖으로 나가 신선한 음식을 찾으려 하지 않습니다. 즉 국가건설처럼 함께 해결해나갈 중대하고 어려운 문제를 찾지 않습니다. 대신, 우리는 스스로를 먹어 없애고 있습니다"라고 말했다.

예전의 미국은 이렇지 않았다. 우리가 티모시 슈라이버와 이야기를 나누었을 때는 1961년 케네디 대통령이 평화봉사단Peace Corps을 창설하도록 돕고 첫 번째 단장을 맡기도 했던 그의 아버지 사전트 슈라이버가 별세한 직후였다. 티모시는 아버지의 생애와 아버지 세대의 생애에 관해 많은 이야기를 떠올렸다.

"하루는 아버지가 써놓은 글을 우연히 보았습니다"라고 팀은 추억에 잠겼다. 그러고는 말문을 열었다. "아버지는 '우리가 평화봉사단을 시작했을 때 우리가 모든 것을 걸고 있다는 사실을 깨달았다'라고 그 글에서 말했지요. 저는 왜 평화봉사단이 위험하다고 판단하셨는지 궁금했습니다. 그러나 그것이 아버지가 보는 방식이었죠. 그들은 자신의 직업적 평판과 경력, 미국 대통령의 위신, 젊은이들의 목숨과 냉전 한가운데 놓여 있었던 국가의 명성을 많은 사람들이 어리석다고 생각한 계획에 걸고 있다고 생각했습니다. 위험을 무릅쓴다는 생각은 위대함과 단단하게 연결되어 있습니다. 자기 자신을 위험으로 내몰지 않고 위대해질 수는 없습니다."

슈라이버는 중요한 이익을 얻기 위해, 중요한 일을 하기 위해 큰 위험을 무릅쓰는 일은 자신을 위해서도 다른 사람을 위해서도 진정으로 지속가능한 가치라고 말했다. "이제 이런 일은 우리 공적생활에서 사라졌습니다. 차이를 나누고 절충안을 찾아내고 51퍼센트 지지율 확보에만 관심을 기울이죠."

슈라이버는 자신의 아버지 세대는 정치 지도자의 권력이 숭고하다는 관점을 지니고 있었다고 말했다. 정치 지도자들이 우리의 삶을 지배해야 하기 때문도 아니고 거대한 관료정치를 세우기 위함도 아니며 세금을 깎기 위한 것 역시 아니다.

지도자의 역할은 일반 시민, 기업, 교회, 대학, 예술가 등 모든 미국인들이 이 세상에서 다른 사람들을 돕기 위해 큰일을 할 수 있도록 지지하고 기회를 주고 격려하는 것이다. "아버지는 평화봉사단처럼 젊은 미국인들에게 무료로 봉사하고 열악한 환경에서 살면서 다른 사람들을 돕고 관계를 형성할 기회를 제공하는 프로그램을 만들면 누구나 이 프로그램에 참여하려고 할 것이라 생각하셨습니다. 모든 사람들이 가난한 사람들을 도우면서 무료봉사하는 그 과정 속에서 스스로를 돕고자 할 것이라고 실제로 생각하셨어요."

슈라이버는 아버지 세대가 실제로 "모든 미국인들이 그저 세금을 내려고만 하지 않는다고 생각했습니다. 국가로부터 무엇인가 얻으려고만 하지 않고 국가에게 주고 싶어 했습니다. 아버지 세대들은 이로 인해 자기 삶의 경로도 바꿀 수 있고 심지어 역사 자체도 바꿀 수 있다고 믿으면서 더 큰 대상의 일부로 소속되고 싶어 했습니다"라고 덧붙였다.

이들이 우리 아버지 세대였다고 말하면서 말을 마쳤다. 분명 우리도 이들과 그리 다르지 않다. 물질뿐만 아니라 가치에 있어서도 그들의 후계자가 될 자격을 우리 안에 지니고 있다. 그리고 이런 사실을 증명하기 시작해야 할 시간은 이미 많이 지났다.

5부

# 미국의 재발견

**14장**

# 그들은 그 말을 믿지 않았다

그대를 위해 노래 부르리
여름, 가을, 겨울, 봄에도 그대여!
반짝이는 별과 영감,
강력한 국가에 어울리는 노래를
나 그대를 위해 부르리!

−조지 거슈인과 이라 거슈인

우리는 이 책을 시작하면서 우리가 미국에 대해 좌절한 낙관론자라고 선언했다. 여기까지 읽은 독자라면 "이제 당신들이 좌절한 이유를 알겠습니다. 그런데 어떻게 아직까지도 낙관적일 수 있습니까?"라고 묻고 싶을 것이다. 간단하게 답하자면 우리가 많은 것들을 뒤집어서 생각하기 때문이다.

뒤집어서 생각할 경우 미국에 대해서 쉽게 낙관론자가 될 수 있다. 하향식이 아닌 상향식 관점에서 바라볼 때 미국은 우리를 훨씬 더 많이 고무하고 상당히 괜찮아 보이는 국가이기 때문이다. 당신도 이런 식으로 미국을 바라본다면 위대한 세대의 정신이 아직 죽지 않았다는 사실을 깨달을 것이다. 티모시 슈라이버가 지적한대로, 중대한 일을 실행함에 있어서 미국인들의 범국민적 행동을 기대하기 어렵다는 편견을 자아낸 데에는 정치인들의 책임이 있다는 말이 사실이다. 그러나 우리의 낙관론을 고무하는 동시에 그 바탕이 되는 사실은 현재 나름의 신념을 갖고 모여드는 사람들과 소규모 집단들의 숫자이다.

바로 이러한 이유로 이 책은 지금까지 미국의 약점을 곱씹어왔다. 이번 장에서는 지금 살고 있는 세상에 더 깊이 뿌리내리고 훨씬 적절하게 상응할 수 있는 미국의 강점을 숙고할 것이다. 미국은 장애물, 고난의 시간, 자금 부족, 우유부단한 정치인들이 있다는 현실에도 불구하고 위대한 강점이 있다. 무언가 새롭거나 특별한 일이 촉발되길 간절히 바라며 아직도 미국으로 몰려오는 사람들의 물결이 끊임없이 이어지고 있다는 사실이다. 실제로 우리가 미국에 대해 변함없이 낙관론자인 이유는, **"그 말을 믿지 않았던"** 사람들이 미국으로 오거나 미국에서 살고자 끝없이 줄을 서고 있기 때문이다.

이들은 미국이 침체할 거라든가, 경기 불황에 빠져들 거라든가, 세상 사람들로부터 미움을 받을 거라는 말을 믿지 않았다. 이들은 새 이민자들이 차례를 기다려야 하고, 대학 중퇴자들이 햄버거를 뒤집고, 유색인종이 버스 뒷좌석으로 가야 한다는 말도 믿지 않았다. 대신 이들은 '그것'이 무엇이든 모든 일을 열심히 수행했다.

오늘날 미국이 한 국가로서 불안한 상태임에도 불구하고, 미국의 사회와 경제는 아이디어가 빛나고 진취적으로 이의를 제기하며 성공에 대한 열정을 가진 개인들이 다시 일어나 무지개를 좇으며 학교를 개혁하거나 사업을 시작할 수 있는 곳으로서 활짝 열려 있다.

"어떠한 장애가 오더라도 기회로 만들겠다"는 말은 아직도 많은 미국의 기업가들이나 시민기업가들, 자선사업가들의 모토이다. 그래서 로사 파크스는 버스 좌석을 양보하지 않게 되었고, 새 이민자들은 지난 10년 동안 실리콘밸리에서 25퍼센트의 신규 기업을 창립했다. 뿐만 아니라 대학 중퇴자인 스티브 잡스, 마이클 델, 빌 게이츠, 마크 주커버그는 다시 일어나 세계에서 가장 위대한 기업을 만들었다. 이라크전쟁에서 패할 것처럼 보였을 때, 미군은 철수가 아닌 안정화surge 작전을 수행했다. 왜냐하면 이라크전쟁에 참전했던 어느 장교가 톰에게 했던 말처럼 "말문이 막힐 정도로 너무 놀라서 그만둘 수 없었기" 때문이다. 결코 계획했던 것이 아니었는데도 이들 중 미국에 관한 소문을 믿었던 사람은 아무도 없었다.

장교의 발언을 들은 톰은 미국에 관한 소문을 믿지 않았던 사람들, 즉 "말문이 막힐 정도로 너무 놀라서 그만둘 수 없었던 사람들"과 인터뷰하는 기회를 만들었다. 장교의 표현에 최고의 경의를 표하는 의미였다. 미국에 관한 소문을 믿지 않았던 사람들은 군인과 선원에서부터 교사와 발명가, 시민사회운동 조직가 및 중소기업인에 이르기까지 다양했다. 이들의 목소리를 들어본다면 우리가 오늘날 미국의 모습을 그릴 때 왜 이륙하는 우주왕복선을 그리는지 이해할 수 있을 것이다. 아래로부터 나오는 엄청난 추진력은 우주왕복선이 구름을 뚫고 나아가도록 돕는다. 미국의 경우, 그러한 추진력이란 미국에 관한 소문을 믿지 않는 자국민들에게서 나온다.

그러나 안타깝게도 우리의 추진로켓(미국의 정치체계)에는 균열이 생기고 에너지가 줄줄 새고 있다. 조종석에 앉은 파일럿(워싱턴 D.C.의 정치인)들은 비행계획을 놓고 싸우고 있다. 그 결과, 미국은 달에 착륙하거나 그 이상 날아가야 하는 속도를 낼 수 없게 되었다. 그렇다. 미국은 추진로켓을 수리해야 하고, 파일럿들은 비행계획에 동의해야 한다. 그렇게 해야만 미국은 아래로부터 발생하는 자연스러운 추진력이 생기고 어느 별이든 비행할 수 있다.

여기, 사업을 확장하고 더 많은 일자리를 창출하려는 기업인들을 위해 어떻게 하면 미국 정부가 더욱 효과적인 추진로켓으로서 기능할 수 있는지에 관한 논의와 미국에 관한 소문을 믿지 않았던 사람들의 이야기가 있다.

## | 너무 놀라서 그만둘 수 없다

2009년 7월, 톰은 합참의장 마이클 멀린 Mike Mullen 제독을 따라 아프가니스탄을 방문하고 있었다. 첫 번째 기착지는 아프가니스탄 남쪽 헬만드 지역에 소재한 레덜넥 캠프 Leatherneck Camp였다. 이곳은 아프가니스탄에서 가장 위험한 장소였다. 마피아와 이슬람의 물라 mulla가 접선하는 장소로 탈레반이 정치자금을 조성하기 위해 양귀비를 수확해서 헤로인으로 만드는 지역이었다. 아프가니스탄에 미군을 2배 이상 파병한다는 오바마 대통령의 발표가 있은 뒤, 아프가니스탄에 새로 배치된 해병대 중 첫 번째 그룹이 레덜넥 캠프에 도착했다. 톰이 합참의장의 방문을 취재했던 그날은 낮 기온이 46도였다. 합참의장은 캠프 내 가설극장에서 군인들에게 연설했다.

"이 곳에 처음 배치된 사람은 손을 들어보시오." 합참의장이 말했다. 그러자 수십 명이 손을 들었다. "두 번째인 사람?" 처음보다 더 많은 수의 병사가 손을 들었다. "세 번째인 사람?" 여전히 많은 병사들이 손을 들었다. "네 번째인 사람?" 이번에도 수십 명의 손이 올라갔다. "다섯 번째인 사람?" 아직도 손드는 군인들이 몇 있었다. "여섯 번째인 사람?" 한 명이 손을 들었다. 합참의장은 그 군인을 앞으로 불러 악수를 하고 사진을 찍었다.

톰은 그 광경을 지켜보았다. 그리고 이렇게 회상했다. "우리가 저 사람들에게 무슨 짓을 저지르고 있는 건가라는 생각에 고개를 가로저을 수밖에 없었습니다." 그 많은 군인들이 그곳에 모여 있는 것을 보면서, 우리는 그들 중에는 분명 남편과 아이들을 1년씩이나 미국에 남겨두고 떠나온 어머니들이 있다는 것을 알 수 있었다. 그들 중에는 부상을 치료하고 다시 전장으로 돌아온 군인들도 있었고, 9·11 테러 이후 국가를 보호하는 것이 자신의 의무라고 판단해서 파병을 자원한 보병들도 있었다. 비록 사기 진작을 위해서일 수도 있겠지만, 이들 병사는 국가를 위한 희생정신이 미국에서 아직 소멸되지 않았음을 상기시키는 상징적인 존재들이다. 지금까지 다수가 소수에게 이렇게도 많은 것들을 부탁한 적이 없었다. 그리고 소수가 이토록 많은 것을 다수에게 베풀고서 이에 대한 대가를 그렇게 적게 요구한 적도 없었다.

## 타시겠어요, 선생님?

2009년 2월, 톰은 인도 뉴델리에서 개최된 에너지자원연구소의 기후회의에 참석하고 있었다. 오후 회의가 진행되고 있었는데 젊은 미국인 여성 2명이(그들 중 한 명의 어머니와 함께) 톰에게 한 가지 제안을 했다. 아니, 정확히 말하면 제안보다는 바람이나 쐬러 가자고 청했다. "안녕하세요, 프리드먼 씨. 저희 차를 타고 뉴델리 시내로 드라이브 하실래요?" 그들이 물었다.

톰은 전에 그런 종류의 차를 들은 적이 있다고 대답했다. 그렇지만 이들은 이 차는 처음 보는 것일 거라고 말했다. 그들이 타고 있던 차는 자동차 지붕에 설치된 태양전지로 동력을 얻는 플러그인 전기자동차였다. 최근에 예일대학교를 졸업한 이 젊은 여성 2명은 '기후순례단climate caravan'이다. 인도의 기업, 지역사회, 대학 캠퍼스 및 혁신가들에 의해서 개발되고 있는 지구온난화에 대한 해결 방법을 알리고 다른 사람들의 참여를 고무하기 위하여 이 차를 타고 인도 전역을 여행하고 있었다. 이 여성들은 톰에게 운전을 하고 싶은지 물었다. 그러자 톰은 면허증 없이 태양열 자동차를 운전했다가는 뉴델리 감옥에 갇힐 거라고 말했다. 여성들은 걱정하지 말라고 했다. 인도 전역에서 경찰들이 이들을 세운 적이 있는데, 처음에는 면허증을 보자고 요구했다가 어떻게 이 친환경 자동차의 태양열 지붕에서 연비의 10퍼센트를 공급하는지 물었고, 그들도 그 차를 사고 싶어 했다고 한다.

이들은 뉴델리 중심 거리 중 하나인 판츠실 마그Panchsheel Marg로 향했다. 캐롤라인 하우Caroline Howe가 운전대를 잡았다. 그녀는 예일대학교 산림환경대학원을 휴학 중인 23세의 기계공학도였다. 그녀의 동료 알렉시스 링월드Alexis Ringwald는 뒷좌석에 앉았다. 링월드는 풀브라이트 장학생으로 인도에서 수학 중이었고, 지금은 태양광 사업가가 되었다. 오늘날 이들과 같은 미국 젊은이들을 세계 전역에서 찾아볼 수 있다. 분명히 이들은 미국에 관한 소문을 믿지 않았다. 그들이 분명하게 믿고 있는 일들이 현재 발생하지 않고 있다면 그것은 그 일들을 하고 있지 않기 때문이라 생각할 정도로 지극히 낙관적이었다.

하우와 링월드는 인도에서 기후온난화 문제 리더들과의 연대를 위해 IYCNIndian Youth Climate Network을 창립한 카르티케야 싱Kartikeya Singh과 손을 잡았다. "인도에는 기후 혁신가들이 넘쳐납니다. 하지만 그들은 이 광활한 국토 전역에 뿔뿔이 흩어져 있죠. 때문에 많은 사람들이 지금 작동되고 있는 기후변화를 위한 해결책을 볼 기회를 놓치고 있습니다. 우리는 사람들에게 기후 문제에 대한 해결책을 보여주고 사람들이 더욱 더 행동으로 옮기고 더 많이 혁신할 수 있도록 자극할 수 있는 방법을 찾고 싶었습니다. 단지 문제만 놓고 논의할 수가 없었습니다." 캐롤라인 하우의 설명이다.

하우와 링월드는 전기자동차 회사 리바일렉트릭카컴퍼니Reva Electric Car Company의 전기자동차를 활용한 기후 문제해결 로드 투어가 이를 위한 최상의 방법이 될 거라고 생각했다. 링월드가 이 회사의 CEO를 잘 알고 있었다. 하우와 링월드는 전기자동차 3대를 기부해달라는 것과 6시간 동안 충전해서 약 145킬로미터를 달릴 수 있는 배터리를 장착해달라는 것, 그리고 배터리를 더 오래 지속시키기 위해 태양열 지붕을 설치해줄 것을 두고 리바일렉트릭카컴퍼니의 CEO를 설득했다.

2009년 1월 1일부터 2월 5일까지 이들은 전기자동차를 몰고 첸나이에서 뉴델리까지 3380킬로미터를 이동했다. 이동하면서 15개 도시와 수십여 군데 마을에 정착하여 이들 나름의 기후 문제해결 프로그램으로 인도 학생들을 가르쳤다. 인도 각 지방의 에너지 혁신 기술 20가지를 촬영하여 유튜브에 게시했다. 이들은 또한 태양열을 이용해 음악을 연주하는 록밴드를 데리고 다녔으며, 황무지에서 자라는 식물인 자트로파Jatropha와 퐁가미아pongamia에서 추출한 식물성 연료로 수화물 트럭을 운행했다. 발리우드의 댄스 그룹이 중간에서 합류했고, 유튜브에서 이들의 여행을 본 한 체코인이 폐식용유로 움직이는 자신의 트럭과 함께 동참했다.

IYCN의 공동 설립자인 21세의 디파 굽타Deepa Gupta는 〈힌두스탄 타임스〉에 이들의 여행 덕분에 '안드라 프라데시 주의 유기농법, 님neem(인도 멀구슬나무)과 마늘을 살충제로 활용하는 법, 다라비 지역과 같은 슬럼 지역에서의 리사이클링 등' 인도 각 지역에서 얼마나 많은 에너지 해결책들이 싹트고 있는지 깨달았다고 전했다. "증기를 이용하여 한 번에 5만 명분의 식사를 요리할 수 있는 발사드와 구자라트 주의 가디아Gadhia태양열발전소처럼 우리는 이미 작동되고 있는 것들도 보았습니다." 하우와 링월드가 자동차 배터리를 충전하기 위해 구자르트 주 라피플라 지역에 있는 지방 영주의 궁전에 멈췄을 때, 이들은 이 왕자가 화학비료 대신 친환경 비료를 이용해 벌레를 키워 판매하는 사업을 하고 있음을 발견했다.

"왜 이런 여행을 하게 되었을까요?" 링월드가 물었다. "기후 문제를 해결해야 한다는 강력한 메시지를 전하기 위해 태양광 뮤직, 예술, 댄스 등을 병행하며, 태양전지자동차와 자트로파 기름을 사용하는 트럭의 순례자로서 인도 전역을 여행하겠다는 무모한 계획을 왜 세웠을까요? 글쎄… 무언가를 바꾸기 위해서는 상식을 넘어선 아이디어가 필요하지요. 평범한 생각으로는 더 이상 해결할 수 없어요."

하우와 링월드의 모험은 미국이 살아남도록 만들기 위해 많은 일들을 해온 젊은이들 사이의 기업가정신과 혁신, 모험을 입증하는 작은 사례이다. 심지어 미국에서 1만 6000킬로미터나 떨어진 곳에서 말이다.

## | 여자로만 구성된 미 해군

2005년 10월, 톰은 이라크 남부 지역에서 생산된 석유를 수출하는 주요 터미널을 보호하며 페르시아 만 북쪽을 순찰하던 미 해군 유도미사일 순양함인 초신함USS Chosin에서 며칠을 보냈다. 석유터미널은 페르시아 만에서 이라크 영해 쪽으로 약 16킬로미터 거리에 있었으나 이란 영해로부터는 불과 몇 백 미터밖에 떨어져 있지 않다. 미 해군은 이라크의 어민들과 쾌속정을 탄 이란의 혁명수비대가 석유터미널에 접근할 때마다 몰아내야 했다.

초신함에 탑승한 첫날 아침, 톰은 비좁은 손님용 침상에서 일어나 얼굴을 씻고, 태양이 떠오르는 시간 즈음 산책 삼아 갑판 주위를 돌았다고 회상했다. 톰은 산책을 하면서 미 해군의 정치적 문화, 지상의 이라크와 아랍의 정치적 문화, 페르시아 만의 이란 어민들의 정치적 문화 사이의 극명한 차이를 계속 생각했다. 이라크는 다민족 사회이지만 융합되어 있지 않다. 수십 년 동안 이라크는 독재자의 철권통치로 이어졌다. 그리고 현재 이라크는 철권통치가 없더라도 쿠르드 족, 시아파, 수니파들이 평화롭게 공존하기 위한 길을 모색하고 있다. 이라크 해군이 톰을 초신함에 내려놨을 때, 톰은 강렬한 인상을 받았다. 흑인, 백인, 히스패닉, 기독교인, 유대인, 무신론자, 이슬람교 등 미 해군의 다양한 구성원들이 강압이 아닌 같은 생각으로 결속되어 있었다. 이와 대조적으로, 이라크 해군은 모두가 남성이고 거의 대부분이 시아파 무슬림이다. 해적이나 테러리스트를 찾기 위해 페르시아 만에서 특공대가 승선했을 때 아랍어 통역을 맡았던 모로코 출신의 미국인 선원 무스타파 아한살 Mustapha Ahansal은 톰에게 다음과 같이 말했다. "제가 처음 보트에 올랐을 때 선원이 대여섯 명이었습니다. 히스패닉 한 명, 흑인 한 명, 백인 한 명 그리고 여성도 있었을 겁니다. 이라크 선원들은 저에게 '나는 미국인들이 모두 백인일 거라고 생각했다'고 말했습니다. 그리고 나서 그들 중 한 명이 저에게 '당신도 군인입니까?'라고 물었습니다. 정말로 그들에게는 충격이었나 봅니다. 그들은 그들 나름의 문제가 있었기 때문에 그러한 세상이 존재한다는 사실을 전혀 몰랐던 겁니다. 이라크 해안 경비대에서 그들의 상관 중 한 명과 대화를 하고 있었는데, 그가 이런 말을 했습니다. '당신네 해군에 그리도 많은 종교와 인종이 뒤섞여 있는데도 어떻게 세계에서 최고가 될 수 있는지 놀라울 따름이오. 이곳에 있는 우리는 모두 사촌이나 형제들인데도 남과 북으로 싸우고 있는데 말이오.'"

"내게 인상 깊었던 다른 하나는……." 톰이 말했다. "초신함에 여성 장교들의 수가 유난히 편중되어 있었다는 것입니다. 따라서 함선의 라디오와 스피커에서 흘러나오는 명령하는 여성 장교의 목소리를 하루 종일들을 수 있습니다. 중동의 지역 어민들 역시 이 소리를 들을 수 있었기 때문에 어쩌면 초신함이 여성만으로 편성된 함선이었다고 생각했던 어민들이 많았을지도 모릅니다." 초신함 옆을 나란히 따라 다니던 30미터 길이의 해안경비대 쾌속함 모노모이Monomoy의 부함장은 여성이었다. 그녀는 페르시아 만에 정박한 선박들을 수색하는 상륙대를 종종 이끌었다. 그리고 초신함을 따라다니던 미 해군의 쾌속함 함장도 여성이었다. "우리에게 여성 장교들은 엄청난 자산입니다. 왜냐하면 이들은 호기심이 강해서 질문을 자주 하는데, 이에 대답하기 위해서 우리는 많은 것들을 공부해야 하기 때문이죠." 모노모이 쾌속함에서 행정장교로 있는 24세 레이나 에르난데스Reyna Hernandez의 말이다.

나가 헤이즐립Nagga Haizlip은 초신함이 이란 혁명수비대와 맞닥트렸을 때 영어-페르시아어 통역을 맡았던 이란 출신의 미국인 선원이다. 해군 훈련복을 입은 그녀는 톰에게 이렇게 말했다. "제가 선박 간의 무선통신으로 이란인들을 호출하더라도 그들은 저와 대화하고 싶어 하지 않을 겁니다. 그들은 '남성과 연결해달라'고 말할 겁니다. 이란 어민들의 경우, 제가 실제로 미 해군에 소속되어 있다는 사실을 이해하지 못합니다. 이란 사람들에게는 이러한 사실이 놀라울 뿐이지요. 이란의 문화와 다르기 때문입니다. 이란 사람들은 초신함에서 어떻게 사람들이 잘 지내고 함께 생활하는지 묻습니다. 그들은 이상하게 생각합니다."

그들은 이상하게 생각한다. 왜냐하면 다양성이 미국의 군사력을 흔들리게 만든다고 생각하기 때문이다. 비록 미국인들은 당연하게 생각하고 있지만, 실제로 이러한 다양성은 미국의 강건함에 있어서 필수적인 요소이다.

## | 티치포아메리카

당신은 티치포아메리카TFA, Teach For America의 설립자 웬디 콥Wendy Sue Kopp이 미국에 관한 소문을 전혀 믿지 않았다는 표현 말고 달리 어떻게 말할 수 있겠는가? 웬디 콥은 뛰어난 통찰력으로 같은 세대의 다른 사람들은 알지 못했던 것을 인식하고 있었다.

1989년 웬디 콥은 미국에서 저명한 대학을 나온 사람들을 포함해서 대학 졸업자들에 관한 그녀의 생각을 프린스턴대학교의 졸업논문으로 작성했다. 그녀가 작성한 내용은, 졸업생들에게 5주간 여름 집중 훈련 과정으로 기본적인 교육학을 가르친 다음 2년 동안 전국에서 가장 열악한 공립학교 교사로 내보낸다는 프로그램이었다.

웬디 콥은 회상했다. "당시 프린스턴에 있던 우리는 모두 돈을 벌고 싶다고 생각했습니다. 하지만 나는 두려웠습니다. 나는 맥킨지, 모건스탠리, 프록터앤드갬블, 베인앤컴퍼니의 2년 과정 프로그램에 모두 지원했습니다. 하지만 나는 다른 일들을 바라고 있었습니다. 나에게는 기업에 취직해서 그 일을 할 수 있는 열정이 없었습니다. 현실을 바꾸기 위해 내가 할 수 있는 일이 무엇인지 찾아다녔습니다. 혼자가 아니라는 확신이 생겼습니다. 수많은 사람들이 나와 같을 거라는 생각이 들었습니다. 나는 정말로 자신이 원해서 월스트리트의 기업에 취업하려고 하는 사람은 한 사람도 알지 못했습니다. 나는 교육에 몰두해 있었습니다. 그러던 어느 날, 월스트리트로 진출할 사람들을 모집하는 것처럼 열악한 지역의 학생들을 가르치기 위해 사람들을 모집하는 사람은 아무도 없다는 현실을 깨달았습니다."

웬디 콥은 우리 세대에서 교육을 우선순위에 둘 경우 미국의 교육문제를 해결할 수 있다고 확신했다. 그녀는 만일 프린스턴대학교 졸업생들이 미시시피 델타 지역으로 가서 1학년 수준에 있는 5학년 학생들이 얼마나 많은지 발견한다면, 그들의 부모들이 '분리는 하지만 평등하다'라는 원칙에 분노를 느꼈던 것처럼 이들 역시 불평등한 상황에 분노를 느끼고 그들의 모든 것을 바쳐서 상황을 바꾸고 싶어 할 거라고 생각했다. 그녀는 다음과 같이 생각했다고 말했다. "만일 그러한 일이 생긴다면 남은 인생 동안 서로 협력하며 미국의 교육문제를 진정으로 해결하기 위해 요구되는 근본적인 변화에 영향을 미치게 될 새로운 지도자 세대를 티치포아메리카가 만들 수 있을 거라고 생각했습니다. 바로 이것이 초창기 나의 직관이었습니다."

이를 증명하기까지는 시간이 걸렸다. 하지만 그녀의 직감이 옳았다는 사실뿐 아니라 많은 것들이 입증되었다. "내가 만났던 사람들은 모두 '훌륭한 아이디어군요. 하지만 대학생들은 절대 이 일을 하지 않을 겁니다'라고 말했습니다. 내가 이 아이디어를 얘기할 때마다 사람들은 웃기부터 했습니다. 1989년 여름, 내가 대학을 졸업하고 향후 인력을 모집할 100개 대학의 리스트를 제시했을 때입니다. LA 교육청의 인사 담당자는 이렇게 말했습니다. '당신이 우리 지역 공립학교에서 가르치고 싶어 하는 스탠포드대학교 학생 500명을 구해 온다면 내가 500명 전원을 고용하겠소.' 그래서 우리는 스탠포드대학교에 전단지를 뿌렸습니다. 전단지 한 면에 '이 나라의 교육문제를 해결할 우리 세대의 진정한 리더가 필요하다'고 작성했고, 이에 대한 응답으로 첫 해에 2500명이 지원했습니다. 나는 사람들에게 봉사하려는 의향이 있다고 판단했고, 우리는 이러한 의향을 실천할 수 있는 명확한 길을 제시해줘야 했습니다. 첫 10년 동안 전단지와 포스터만으로 우리는 1년에 3000~4000명으로부터 지원서를 받았습니다."

웬디 콥은 그녀의 조직이 더 빨리 더 크게 성장할 잠재력이 있다고 확신했다. 하지만 전단지가 아닌 다른 방법으로 인력을 모집해야 한다는 것을 깨달았다. 그래서 인력 모집 담당자들과 TFA 졸업생들로 구성된 팀을 만들었다. 이들의 역할은 캠퍼스로 가서 그들 각자의 경험을 이야기해주고 리더십이 잠재되어 있는 학생들을 찾아 도전하라고 설득하는 것이었다. 이 방법은 효과가 있었다.

"작년에 우리는 4만 6000명으로부터 지원서를 받았지만 4500명만 합격시켰습니다." 웬디 콥의 말이다. 2010년에 접수된 지원서는 경기침체에도 불구하고 2009년에 비해 32퍼센트나 늘었다. 하버드대학교를 졸업하는 아프리카계 미국인 학생들 중 약 40퍼센트, 하버드대학교와 예일대 두 대학의 전체 졸업생들 중 약 20퍼센트가 TFA에 지원했다. 스펠맨대학교 4학년들 중 25퍼센트 이상이 지원했다. 미시간대학교와 위스콘신대학교 등 대규모 대학들을 포함하여 130여 개 대학에서 5퍼센트 이상의 졸업반 학생들이 지원했다. 이는 상향식으로 촉발된 추진력과 같은 것이었다.

웬디 콥은 TFA 졸업생 중 3분의 1은 여전히 교단에 있고, 3분의 1은 교육계에 있으며, 3분의 1은 다른 일을 하고 있다고 말했다. 어떤 교육전문가도 이 프로그램을 지지하지 않았다. 가장 열악한 교실에 전혀 경험 없는 교사를 배치한다는 내용이었기 때문이다. TFA 교사들이 아이들의 삶을 얼마나 바꿔놓는지 확인되기까지 더 많은 시간이 걸리겠지만,

분명히 TFA는 그녀의 바람대로 리더들을 낳고 있다. 전 워싱턴 D.C. 교육감 미셸 리Michelle Rhee와 콜로라도 주의 교육개혁을 주도했던 주 상원의원 마이클 존스턴Michael Johnston, 이 두 사람 모두 TFA 앨범에 들어 있다.

"사람들은 봉사를 하고 상황을 바꿀 준비가 되어 있습니다. 그곳에 에너지가 있습니다. 그 에너지를 찾아서 활용해야 합니다. 현재 성인들까지도 우리에게 지원서를 보냅니다." 웬디 콥의 말이다.

TFA가 우리 모두에게 가르쳐준 중요한 것이 있다. 만일 우리가 사람들이 실행할 수 있는 효과적인 틀만 마련한다면, 국가의 난제를 해결하기 위해 많은 미국인들이 열정을 다해 돕고 싶어 한다는 사실이다. 오늘날 많은 젊은이들은 "나에게 돈 맛을 보여줘Show me the money"라는 구호보다 "나에게 의미 있는 일을 보여줘Show me the significance"라는 구호에서 많은 동기가 유발된다고 느낀다.

## 다시 톈진으로

군인들이 미국을 보호하고 TFA가 미래의 번영과 가장 관련 있는 장소, 즉 학교에서 일할 사람들을 모으고 있다. 하지만 이 2가지는 미래의 아메리칸 드림을 지속시키기 위해 가장 필수적인 것을 제공하지는 않는다. 즉 번성하는 기업의 창설과 높은 급여를 주는 직장을 제공해주지는 않는 것이다. 다행히도 미국의 민간 부문 역시 미국의 소문을 믿지 않았던 사람들로 가득하다. 비록 정부가 언제나 이들을 위해 쉬운 길을 만들어

주지는 않았지만, 이들 중 많은 사람들이 너무나 놀란 나머지 멈출 수가 없었다. 여기 2가지 이야기가 있다.

2010년 9월, 톰이 톈진 컨벤션 센터에서 점심식사를 하기 위해 줄을 서고 있을 때였다. 한 미국 남성이 다가와 자신이 창업한 에너지 회사에 대해서 이야기를 나누고 싶어 했다. 톰은 그가 컨퍼런스에서 흔히 만날 수 있는 아이디어가 풍부한 부류의 사람이라고 생각했다. 그런 사람들은 "제가 발명한 제품을 설명해 드릴 테니 잠시 시간 좀 내주실 수 있습니까? 이 귀여운 물건이 바퀴를 굴려서 풍선을 부풀리면 메탄이 발생되고 터빈이 돌아갑니다"라고 시작한다. 이러한 아이디어들 중 일부는 조금 엉뚱한 것도 있지만 이들의 모습은 미국이 얼마나 활력 넘치는 곳인지, 얼마나 많은 사람들이 무언가를 시작하려고 하는지를 보여준다. 톰에게 다가왔던 남자의 눈에선 정말로 빛이 났다. 때문에 톰은 그와 함께 점심식사를 하기로 결심했다. 그의 이름은 마이크 비들Mike Biddle이었다. 그 역시 미국에 관한 소문을 믿지 않았다.

비들의 이야기 속에는 오늘날 미국이 얼마나 옳고, 얼마나 잘못됐으며, 우리가 만든 이 세상에서 번영하기 위해 미국이 무엇을 해야 하는가에 관한 내용이 담겨 있었다. 비들은 엠비에이 폴리머스MBA Polymers의 설립자였다. 그의 회사는 고물 컴퓨터, 가전기기, 자동차 등에서 플라스틱 부품만 분리하여 새로운 플라스틱을 만드는 플라스틱 펠릿(알갱이)으로 리사이클링을 하는 프로세스를 개발했다. 원유에서 플라스틱을 만들 때 소요되는 에너지의 10퍼센트만 활용한 것이다. 비들은 이를 '지상에서의 광업'이라 부른다. 그의 회사는 최근 4년간 오래된 플라스틱에서 6800만 킬로그램의 새 플라스틱을 만들어냈다. 회사의 바탕이 되는 개발을 위해 7년이 소요되었다. 이 연구에 든 종잣돈은 민간투자와 연방 정부의 연구지원금 형태로 미국 납세자들이 제공한 돈으로 충당했다. 미국에 있는 본사의 규모는 작지만 오스트리아, 중국, 영국 등지에 공장이 설립되어 있다. "캘리포니아 본사에 25명의 직원이 있고 해외 공장에서 250명이 일하고 있습니다." 비들의 말이다.

그는 이 연구비 지원이 정당화될 수 있도록 미국에도 공장을 설립하고 싶었다. 하지만 그러기 위해서는 적절한 에너지법이 제정되어야 한다. 이유가 뭘까? 미국인들은 사용한 플라스틱 병 중에서 겨우 25퍼센트만 재활용으로 모은다. 한 번 사용한 플라스틱 병 대부분은 쓰레기 매립지로 가거나 입찰에 부쳐진다. 가장 높은 가격을 부른 입찰자들은 이 플라스틱 더미를 해외로 수송한다. 그리고 대부분 중국으로 보내져서 새 플라스틱으로 재생된다. 그러나 중국의 재활용 기술 수준이 낮아, 작업 과정에서 생태계가 파괴되고 근로자의 안전은 위험에 놓인다. 사람들을 정기적으로, 그리고 대규모로 재활용하도록 만드는 것은 쉬운 일이 아니다. 이 문제를 극복하기 위해 유럽연합, 일본, 대만, 한국은 제조자책임법을 제정했다. 그리고 중국도 2011년에 법안을 제정할 예정이다. 이들 법안은 전동칫솔에서부터 휴대폰, 노트북, 세탁기에 이르기까지 전기코드나 배터리가 부착된 모든 물건은 환경위생과 안전기준에 따라 생산자가 비용을 부담하여 수집하고 재활용하도록 요구한다. 이 법 덕택에 비들은 그가 원하는 폐플라스틱의 원재료를 유럽과 아시아에서 합리적인 가격으로 구할 수 있었다(이 지역 재활용기업체들이 폐품을 두고 경쟁하면서 제조자들의 폐품 수집비용이 지속적으로 하락하고 있기 때문에, 제조자들은 이 법안에 반대하지 않았다).

"나는 유럽연합과 중국에 주로 있습니다. 이곳에 지상 플라스틱 광산이 있고, 지금도 그러한 광산들이 계속 만들어지기 때문입니다." 〈이코노미스트〉가 수여하는 2010년 에너지 및 환경 부문 혁신상을 수상한 마이크 비들의 말이다. "우리는 중국에서 이 산업을 선도하고 있습니다. 중국 정부는 광저우에 있는 우리 가공시설을 견학합니다. 나는 미국에만 머물지 않습니다. 미국에 있는 잠재 광산들은 세계에서 가장 큰 규모로 쉽게 성장할 수 있습니다. 하지만 미국에는 우리가 개발한 공정이 경제적 타당성을 유지하기 위해 필요한 국가 차원의 폐플라스틱수거법이 없습니다."

비들은 다른 나라들이 제정한 전국적인 재활용 규정을 미국도 따라야 한다고 생각한다. 그래서 의회를 설득해줄 로비스트를 고용하느라 많은 돈을 썼다. 2010년에 제안된 청정에너지법도 배터리나 코드가 부착된 모든 물건은 제조자가 부담하는 비용으로 재활용되어야 한다는 비슷한 내용이었다. 그러나 결국 아무런 법안도 제정되지 않았다. 그 법안은 상원에서 의결에 필요한 표를 모으지 못했다. 미국이 마이크 비들을 가르쳤고, 그의 기술 혁신에 보조금을 지급했다. 그런데 그렇게 해서 만든 일자리를 이제 다른 나라 근로자들이 갖게 된 것이다.

"나는 환경을 사랑하고 자유시장경제를 신봉하는 사람입니다. 나는 아인 랜드Ayn Rand의 철학을 따릅니다. 미국에서 입법 로비를 한다는 것은 정말로 어렵습니다. 내 성격과 맞지 않는 일이지요. 그러나 규칙이 공정하지 않다면 사업을 할 수 없습니다. 만일 우리가 같은 경기장에서 경기를 한다면, 나는 누구든 이길 수 있고 미국 기업인들도 마찬가지로 그럴 수 있습니다. 우리는 국내 석유 공급이 중요하다고 생각해서 유가보조금을 제정했습니다. 우리는 확실한 식품 공급을 위해 농업보조금을 제정했습니다. 그런데 기술과 관련해서는 어떻습니까? 기술이 제품화되어 시장에 출시되려면 그것에 대한 시장을 형성하는 규칙이 필요합니다. 나는 보조금은 바라지 않습니다. 법으로 제대로 규정된 시장을 원할 뿐입니다. 그렇게 되면 미국인들은 우리가 발명한 이 새로운 기술을 채택하기를 원할 것입니다. 우리는 입으로는 모두 최첨단 기술을 원한다고 말합니다. 글쎄요, 법률과 기준이 마련되고 나서야 최첨단 혁신가들이 이 나라에서 일터를 만들어낼 수 있지 않을까 싶습니다."

비들은 잠시 말을 멈췄다. 그리고는 다시 말을 이었다. "나는 가끔 조국을 잃었다는 기분이 듭니다. 지금은 내가 미국인인 것이 전혀 신나지 않습니다. 돌아가도 아무 소용없고, 모든 것들이 내 길을 방해하기 때문에 미국에서는 사업을 할 수 없습니다. 나는 다른 나라에서 사업을 하느라 언제나 비행기를 타고 있는 내 자신을 발견합니다. 이들 나라에는 제대로 된 시장이 있기 때문입니다. 내가 워싱턴 D.C.에서 로비하느라 낭비한 수백 시간을 중국에서 중국 공무원들을 로비하는 데 사용했다면 그들은 내 말을 들어줬을 겁니다. 하지만 워싱턴에서는 벽에 대고 말하는 것 같습니다." 경기가 대침체에 빠져 있는 상황에서도 마이크 비들과 같은 기업인들, 그리고 미국에 관한 소문을 믿지 않았던 기업인들을 배출해내는 나라에 대해 우리가 어떻게 비관론자가 될 수 있겠는가? 그렇지만 마이클 비들을 낳은 바로 이 나라가 이 땅에서 그가 사업을 정착시키고 확장할 수 있도록 온당한 법과 제도를 제정하지 않는 것에 어떻게 좌절하지 않을 수 있겠는가?

| 버펄로 밥

미국에 관한 소문을 믿지 않았던 또 한 사람을 소개하겠다. 바로 로버트 스티븐슨Robert Stevenson이다. 이 사람의 회사는 미국 뉴욕 주 버펄로 지역에서 오랫동안 운영되고 있는 제조업체이다. 스티븐슨의 증조부 찰스 스티븐슨Charles Stevenson이 1888년 설립한 이스트맨머신Eastman Machine은 대다수 제조업체들이 버펄로 지역을 떠나 남부로, 멕시코로, 또는 중국으로 이동하는 현 시대에도 계속해서 번창하고 있다. 이 회사는 현재 5대째 이어져 내려온 가족기업이다. 직원 115명, 연매출 3000만 달러의 중소제조업체가 살아남아 수익을 낸다는 것은 결코 쉬운 일이 아니다. 해마다 스티븐슨은 조금 더 민첩해져야 했고 세계화해야 했다. 그리고 혁신해야 했고, 자동화해야 했고, 빨라져야 했다. 정부의 도움도 필요했다. 스티븐슨의 이야기는 우리에게 미국이 제조업 국가로 남는 것이 왜 중요한지 보여준다. 또한 새로운 아이디어를 떠올리고, 그 아이디어를 미국에서 적절한 급여를 받는 제조업 일자리로 만들기 위해 무엇을 해야 하는지도 제시한다.

오늘날 이스트맨머신은 세계 최대의 직물재단기계 제조업체이자 그 기계를 관리하는 소프트웨어업체이다. 이 회사는 유명 브랜드 의류에서부터 방탄조끼, 나스카NASCAR 대회의 경주용 자동차에 들어가는 탄소 흑연합성섬유, 풍력발전기 날개를 만드는 유리섬유복합패널까지 거의 모든 옷감과 복합재료, 합성재료를 재단하는 기계를 만들고 있다.

누가 이런 사업을 시작했을까? 스티븐슨의 증조부가 어느 정도 시작하긴 했다. 초기 이스트맨머신은 작업장에서 드레스, 바지, 셔츠의 옷감을 재단할 때 사용하는 작은 전기기계를 만드는 것으로 출발했다. 이스트맨머신의 당초 고객들은 저임금 노동에 의지하며 낮은 마진을 보는 기업들이었다. 이는 이스트맨머신 역시 인건비를 계속해서 낮춰야 한다는 뜻이었지만, 이 근로자들은 노동조합에 소속되어 있었다. 세계화와 정보혁명으로 노동시장이 더욱 개방되면서 스티븐슨과 그의 아버지는 버펄로에서 제조업을 계속해야 할지, 만일 계속하지 않는다면 노동조합을 결성한 직원들을 어떻게 처리할지 결정해야 했다. "우리는 1980년대에 부품은 세계 어디에서 만들어도 괜찮지만, 완제품의 조립과 주요 부품의 생산은 미국에서 수행하기로 결정했습니다. 그리고 우리에게는 자동차 업계 산별노조인 UAW에 소속된 노동조합이 있었습니다. 우리는 몇 년에 걸쳐서 노조원들에게 모든 기계가 컴퓨터로 작동되는 오늘날과 같은 시대에 한 사람이 기계 한 대만 맡아서 작업을 한다면, 살아남을 수 없다는 개념을 납득시켜야 했습니다. 직원은 기계를 다루는 사람으로 그가 기계는 아닙니다. 직원이 사양을 설정하고 물건들을 기계에 올려놓거나 내려놓지만, 기계는 자동으로 돌아갑니다. 우리에게 가장 큰 혁신은 직원 한 명이 한 대 이상의 기계를 조작할 수 있다는 것을 노조원들이 동의하도록 만드는 것이었습니다. 그래서 그 직원이 한 시간에 18달러를 받고 기계 4대를 돌린다면, 기계 한 대당 비용이 4달러 50센트로 낮아지고 우리는 경쟁력을 갖게 되는 것입니다. 이를 위해서 우리와 노동조합은 지속적인 학습 과정을 거쳐야 했습니다. 그러나 결국은 그들도 이해하게 되었습니다." 스티븐슨이 말했다.

하지만 그 과정이 늘 순탄했던 것은 아니었다. "우리 회사 노조인 자동차노조 936지부와의 관계가 항상 평탄하지는 않았습니다. 우리는 투쟁과 협상을 힘들게 했고, 지난 35년 동안 2번의 파업을 견뎌야 했습니다. 그러나 내가 고수한 원칙은 하나의 기업으로서 버펄로 지역에 남기 위해 최선을 다해야 한다는 것과 우리가 할 수 있는 한 제조업 일자리를 많이 창출하고 유지하기 위해 전념해야 한다는 것이었습니다. 다행히 많은 노조원들이 우리 뜻을 이해했고, 지금은 좋은 관계를 유지하고 있습니다. 때로는 우리가 포기하고 회사를 다른 곳으로 옮기거나 노조에 굴복해서 회사를 망하도록 두는 것이 훨씬 더 쉬운 방법일 수도 있었겠지요. 그러나 다시 한 번 말하지만, 핵심 이슈는 직원들이 때로는 우리의 전략적 결정에 동의하지 않는다 해도 언제나 우리는 지역사회가 중요하다는 원칙 아래 기업을 운영한다는 사실을 노조원들이 이해하도록 만드는 것이었습니다." 스티븐슨이 말했다.

이스트맨머신만 다섯 세대를 이어온 것이 아니다. 직원들 일부도 대를 이어 이 회사에서 오랜 세월 동안 근무해왔다. "1973년 예일대학교를 졸업하고 아버지 밑에서 일을 시작했을 때 아버지는 내게 공장 보조 업무를 맡겼습니다. 몇 달 후 아버지가 사무실로 오라고 말씀하시더니 공장 상황이 어떠냐고 물었습니다. 나는 현장에서 쓰는 속된 말투로 말했습니다. 잘 굴러가고는 있지만 때때로 '빌어먹을 문제점들'이 있고 생산 부문에서 '빌어먹을 부품들'을 충분하고 신속히 만들어낼 수 없다고 대답했습니다. 아버지는 나를 물끄러미 보더니 이렇게 말씀하셨습니다. '내가 그 비싼 예일대학교 학비를 댔는데 너는 그딴 식으로밖에 말할 줄 모르니?' 핵심은 공장 환경이 본사 사무실과 상당히 다르다는 것입니다. 그러나 당신이 처한 환경에서 사용하는 용어로 소통하는 능력은 필수입니다. 사람들과 관계하면서 그들이 어디에서 왔는지 이해하는 것이 대단히 중요합니다. 그렇습니다. 우리는 '그 빌어먹을' 문제들을 해결했고 부품들을 더 빨리 만들었습니다." 스티븐슨의 설명이다. 그리고 이들은 노사문제도 해결했다.

노사문제를 해결한 후, 스티븐슨이 아버지로부터 회사를 물려받으며 직면했던 두 번째 위기는 하나로 연결된 세계 속에서 회사를 새롭게 창조하는 것이었다. 지금까지 해왔던 모든 것들이 보장받지 못하는 현실을 그는 빠르게 인식했다. 중국이 이 업계에 참여하면서 직물재단사업의 진입장벽은 너무나 낮아졌다. 스티븐슨이 물려받은 직물재단사업은 상품으로 변모하고 있었기 때문에 스티븐슨은 '직물'을 새롭게 정의했다.

"우리는 의류 및 가구 덮개 천 재단기계를 넘어서서, 더 고차원적인 시장에 진입할 수 있는 기계를 만드는 방법으로 우리 자신을 새롭게 재창조했습니다. 비행기와 날개는 탄소흑연합성섬유로 만들어집니다. 때문에 우리는 요즘 항공우주산업에 물건을 팔고 있습니다. 터빈 역시 신소재섬유로 만듭니다. 그래서 우리는 풍력산업과도 거래를 하고 있습니다. 우리는 자동차산업에도 판매합니다." 스티븐슨의 회사는 계약을 맺은 프로그래머들과 협력해서 자동화된 모든 재단시스템의 연속재단과 동작제어를 개선하는 차세대 소프트웨어 개발에 착수했다.

그러나 여전히 세계는 계속 평평해지고 있다. 그리고 중국과의 경쟁은 더욱 심화되고 있다. "우리는 2001년까지 거의 수직적으로 통합되어 있었습니다. 대부분의 우리 제품을 이곳 버펄로 공장에서 제조했습니다. 우리는 단조鍛造와 원자재를 들여와서 금속을 절단한 뒤, 부품들을 찍어내어 만든 다음 그것들을 조립해서 완제품을 생산했습니다." 스티븐슨이 말했다. 그러나 세계화와 중국 그리고 중국의 뻔뻔한 불법복제에 따른 가격압력 때문에 이스트맨머신은 수익성을 개선하기 위해서는 제조과정 중 일부를 비용이 적게 드는 나라에 하도급을 줄 수밖에 없다고 결정했다.

"1980년대에 우리는 좀 더 세계화될 필요가 있다고 느꼈습니다. 그래서 동생 웨이드와 나는 아시아와 중국에서 우리 제품을 판매하기 위해 홍콩에 회사를 설립했습니다. 이를 통해 우리는 중국에 진출할 수 있게 되었습니다. 2004년부터는 상하이에서 남서쪽으로 한 시간 거리인 닝보 Ningbo에 공장을 세웠습니다. 중국인들이 우리가 개발한 직물재단기의 불법복제를 시작했기 때문이었습니다. 그건 말도 안 되는 짓이었습니다. 우리 회사 이름이 '이스트맨Eastman'인데 중국인들은 그들이 복제한 기계에 '웨스트맨Westman'이라는 상표를 붙였습니다. 정말 말도 안 되는 짓이었습니다. 우리 기계를 완전히 베꼈던 것입니다. 나는 작은 회사를 운영하는 사람이기에 이런 경우 항상 법적으로 대응할 형편이 못됩니다. 중국의 경우 저작권 보호라는 제도 자체가 없습니다. 그곳엔 이렇게 대단한 기술을 만든 우리에게 축하의 뜻을 전하면서, 뻔뻔스럽게 표절하는 사람들이 있었습니다. 그리고 중국 정부는 우리의 진짜 제품에 37퍼센트라는 고율의 관세를 부과했습니다. 때문에 중국으로 제품을 수출할 수 없었습니다. 그래서 우리 형제는 '좋아, 중국에 공장을 세우고 중국인들이 만든 부품을 사용하자. 그래서 원래 우리 제품과 비슷한 기계를 만들어서 중국 시장에 팔자'고 결정했습니다. 중국인들은 미국 제품을 좋아하고 좋은 품질의 제품을 원하기 때문에 우리가 만든 물건을 구입합니다."

그러나 스티븐슨은 최첨단 기계를 만드는 중심 생산라인은 중국으로 옮기지 않을 것이다. "중국에서 우리 제품에 들어가는 부품들을 더 싸게 만들 수 있다면, 나는 그것을 중국에서 만들도록 할 것입니다. 회사 제품을 세계시장을 상대로 판매하고 싶다면, 당신은 전 세계에서 공급자들을 찾아 그곳에 있는 비용 절감 가능성을 활용해야 합니다." 스티븐슨은 세계는 아직도 '미국제'를 우수하게 생각하기 때문에, 계속 버펄로에서 부품들을 만들고 최첨단 기계를 조립할 것이라고 말했다.

그는 다음과 같이 덧붙였다. "오늘날처럼 치열한 경쟁이 벌어지는 시장에서는 속도가 관건입니다. 가장 규모가 큰 기업이 언제나 승리하는 것이 아니라 가장 빠른 기업이 승리합니다. 결국, 고객과 직원에 대한 적응성과 민감성이 경쟁에서 승리로 이끌 것입니다."

스티븐슨의 회사가 '특별한' 이유는 바로 이 때문이다. 그가 회사를 운영하면서 중요하게 생각하는 것은 단지 3C 정책(창조Creating, 의사소통 Communicating, 협력Collaborating)만이 아니다. 스티븐슨의 말에 의하면 그와 직원들은 각자가 고객의 특별한 요구를 맞춰줄 수 있는 장인이라 생각한다. 그래서 고객들과 지속가능한 관계를 유지할 수 있는 방법을 언제나 모색한다고 한다. 바로 이러한 점 때문에 그의 회사가 중소기업이면서도 경쟁우위에 설 수 있었던 것이다.

"우리는 요청이 들어온 당일 정보를 입수해서 부품을 선적하고 기계를 수리하는 것을 자랑스러워합니다. 우리는 최대 기업이 되는 것을 추구하지 않습니다. 우리는 우리의 고객들에 대해서 알기를 원합니다. 고객들이 관계를 맺기를 원하는 영역에서 우리가 상당한 경쟁력을 지녔다고 생각합니다. 여전히 사람들은 전화를 걸어 이렇게 말합니다. '로버트와 통화하고 싶은데요.'" 스티븐슨은 오늘날 성공한 CEO들이 직원들의 소리에 귀 기울이고, 직원들 한 사람 한 사람을 혁신가로 뽑았다는 확신을 가져야 된다고 자세히 설명했다. 이스트맨머신 종업원 115명 중 거의 절반이 블루칼라이다. 스티븐슨은 생산 현장에서 근무하는 직원들이 혁신가로서 얼마나 가치 있는지 잘 알기 때문에 장래가 걱정스럽다고 말한다.

"우리 회사에는 50대 후반의 직원들이 많습니다. 그래서 '이들을 어떻게 대체할 것인가?'를 걱정합니다. 왜냐하면 사람들은 더 이상 현장 일을 원하지 않기 때문입니다. 이렇게 된 데에는 대학에 가야만 블루칼라 노동자가 되지 않는다는 생각이 작용하기도 했습니다. 우리는 직원들에게 건강보험과 연금, 모든 휴가를 제공하고 시간당 18~22달러의 급료를 지급합니다. 나는 이 문제가 향후 10년 기간에 미국의 주요 현안이 될 거라고 생각합니다. 우리의 가장 큰 과제는 우리와 함께 이 일을 시작했던 현재 50대 후반의 근로자들을 대체할 공장 근로자를 찾는 것입니다."

스티븐슨은 육체노동이 예전과 달라졌기 때문에 이 문제가 특별히 중요하다고 설명했다. 다른 경우들과 마찬가지로 생산 현장에서도 평균이면 그럭저럭 괜찮았던 시대가 이제는 끝났기 때문이다.

"예전과 달리 우리는 어느 정도 자주적으로 생각할 수 있는 사람을 찾고 있습니다. 우리는 8~15만 달러 가격대의 컴퓨터 제어 재단기를 판매하고 있습니다. 이 기계에는 고객이 부품을 설계할 수 있는 소프트웨어 프로그램이 설치되어 있죠. 따라서 젊은 친구들을 고용할 때 나는 이렇게 말합니다. '당신이 우리 회사의 얼굴입니다. 기계를 사기 위해 거액을 지출한 고객은 당신이 이 기계와 관련된 모든 사항을 잘 알고 있을 거라고 예상합니다.'" 스티븐슨이 말했다. 이 말은 이스트맨머신의 근로자들이 고객 업무에 있어서 친절해야 한다는 것뿐만 아니라 고객이 구입한 어떠한 기계라도 수리하는 방법을 알고 있어야 한다는 뜻이기도 하다. "그래서 우리 직원들은 고객의 요구에 정확히 부응하기 위해 가끔씩 홈 디포Home Depot에서 자재를 찾아서라도 현장에서 기계를 수리할 수 있어야 합니다. 우리는 가장 성공적인 직원들은 퇴역 군인들이라는 사실을 확인했습니다. 그들은 전쟁터에서 똑같은 일들을 수행해야 했기 때문입니다. 지난 날 노조원들은 '내게 할당된 직무는 포크에 윤을 내는 것이지 숟가락을 닦는 게 아니다'라고 말했습니다. 더 이상 우리는 한 가지 직무만 하는 사람을 고용할 수 없습니다. 우리에게는 적응 능력이 필요합니다. 따라서 다음의 능력을 갖춘 사람을 찾고 있습니다. '오늘 나는 배선 작업을 했지만 내일은 기계를 돌릴 것입니다. 그리고 세 번째 날은 조립라인에서 일을 하고 있을 것입니다.' 나는 우리 회사가 1990년대에 만든 광고를 찬찬히 살펴봅니다. 그 광고의 슬로건은 이렇습니다. '우리는 기계가 아닌 솔루션을 판매합니다.'"

　스티븐슨은 혁신을 낳고 아메리칸 드림을 계속해서 이루기 위해서는 제조업을 유지하는 것이 중요하다는 증거를 제시했다. 우리가 생산에 참여하는 인력을 구하지 못한다면 현재의 제품을 개선하거나 새로운 제품을 개발할 인력도 구하지 못할 것이다.

　"혁신은 갑자기 일어나지 않고 조금씩 진행됩니다. 우리는 생산라인을 바꿀 수 있는 묘책을 기대하지 않습니다. 오히려 점진적 개선을 바랍니다. 우리의 신제품과 개선은 고객들의 요청이나 현장에서 문제점을 확인하고 해결 방법을 제안하는 직원들에게서 나오는 것입니다. 한 예로, 어느 고객이 왜 우리가 레이저 절단헤드와 일반 나이프 절단헤드를 결합해서 2가지를 모두 수행할 수 있는 기계를 만들지 않는지 궁금하게 생각했습니다. 그러한 요구 사항이 현장 엔지니어 중 한 명에게 전달되었습니다. 그는 설계에 들어갔고 지금 그 제품은 큰 인기를 누리고 있습니다. 경청과 행동이 열쇠였던 것입니다." 스티븐슨의 설명이다.

스티븐슨은 이러한 이유 때문에 그의 증조부 시대부터 지금까지 CEO의 역할이 상당히 많이 변화되어 왔다고 말했다. 현재 CEO라는 명칭에는 '대표boss'라는 의미만 남아 있을 뿐 예전과 많은 것들이 달라졌다. 스티븐슨은 다음과 같이 설명한다. "오늘날 CEO의 역할은 명령을 내리는 것이 아니라 권한을 부여하는 것입니다. 왜냐하면 더 이상 당신은 모든 사항에 대한 해답을 얻을 수 없기 때문이죠. 나는 모든 것을 알지 못합니다. 사람들의 힘은 대단합니다. 만일 당신이 그들에게 도전 의식을 불러일으킨다면 당신 직원들은 공동의 목표를 향해서 노력할 것입니다. 나는 목표를 설정하고 길을 제시하면서 이렇게 말합니다. '어떻게 처리하든 여러분 자율에 맡기겠습니다.' 나는 과거의 기업가들이 주장하던 '내가 하자는 대로 하거나 아니면 떠나라'는 방식이 이제 통하지 않는다고 생각합니다. '당신의 방식'이라는 것은 더 이상 없습니다. 지금은 '공통된 방식'과 다양한 문화가 존재합니다. 우리가 이러한 개념을 이해하지 않고 사업에 포함시키지도 않는다면 점점 고립되어 결국 실패하게 될 것입니다."

스티븐슨은 메달칼리지Medaille College의 재단이사회 의장이다. 이 직책을 단순히 지역사회에 봉사하기 위해 맡고 있지는 않다. 그가 운영하는 회사의 연구 및 개발 자금은 제한되어 있기 때문에, 회사가 최첨단 기술을 유지할 수 있는 문제점들을 해결하기 위해 그는 지역 대학들에 의존한다. "우리와 같은 중소기업들에게 도움이 되는 것은 우리가 납부하는 세금으로 운영되는 지방 주립대학들의 '지적자본'을 수집하는 능력입니다. 우리에게는 제조와 판매, 유통 능력이 있습니다. 해외시장으로 진입할 수 있는 노하우도 있습니다. 하지만 우리에게는 오늘날 대학에서 개발되고 있는 최신 기술에 언제든지 접근할 수 있는 능력은 없습니다." 스티븐슨은 다음과 같이 말했다. "만일 미국인들이 지식에 접근하고 중소기업과 교육기관 사이의 시너지를 형성하는 방법을 배울 수 있다면, 우리는 제조업이 다시 회생될 수 있는 에너지를 창출할 수 있을 것입니다"

## ▎혜택은 찬성, 지원금은 반대

지금까지의 미국 제조업은 대다수 미국인들이 생각하는 것보다 훨씬 더 잘 해왔다. 1890년대 이래로, 미국은 세계 최대의 가공품 제조자였다. 오직 2010년도에만 중국의 생산량이 1조 달러를 상회하면서 미국을 추월했다. 따라서 미국은 블루칼라 제조업에서 거의 벗어날 수가 없다.

어떤 면에서는 미국이 제조업에 너무나 능숙하다는 점이 제조업의 '문제'가 된다. 경제분석 전문기관인 IHS글로벌인사이트(IHS Global Insight)의 2011년 보고서에 따르면, 미국의 1150만 명 공장근로자가 생산하는 상품의 가치가 중국인 근로자 1억 명이 생산하는 가치와 동일하기 때문에 생산성에 있어서 미국이 여전히 중국을 훨씬 앞선다고 발표했다. 이는 상당히 긍정적인 내용이다. 잘 훈련된 근로자들이 더욱 성능이 향상된 기계, 로봇, 소프트웨어를 활용한 결과로 미국의 생산성 수준이 높아졌기 때문에, 일반 중국인 근로자보다 미국인 근로자가 창출해내는 가치가 훨씬 더 크다. 이는 미국인 근로자가 중국인 근로자보다 여전히 더 높은 소득을 올리고 있음을 뜻한다. 미국의 제조업은 수많은 저임금 미숙련 일자리만 제공하는 상대적으로 저가 제품들을 대량생산하기보다는 항공기, 의료 및 과학기기, 제어시스템 및 특화된 산업기기와 화학제품 등과 같은 고임금, 고생산성 공장들에 초점을 맞추고 있다.

미국 제조업자협회NAM에 따르면 2009년 미국 제조업 근로자 평균 연봉은 7만 4447달러였다. 이 중 수당을 뺀 순수 급여는 6만 4000달러였다. 미국이 끊임없이 생산성을 개선해나간다면 블루칼라 근로자들에게 적절한 임금을 계속 지급할 수 있다.

그러나 더 큰 생산성을 얻기 위해서는 정교해진 기계를 고도로 숙련된 근로자가 조정하는 노동력으로 대체해야 한다. 그러므로 미국의 발달된 제조업이 계속해서 그 위치를 유지하면서 동시에 확대되기를 원한다면(미래 세대를 위한 블루칼라 일자리가 풍족해지려면) 미국에서 제조업을 창업하는 사람들이 더 많아야 한다. 그리고 현존하는 제조업체들이 계속해서 미국에서 생산을 하거나 해외에서 미국으로 진출하는 제조업체들이 있어야 한다.

노동통계국에 따르면 기업들이 기술과 네트워킹을 활용하여 적은 인력으로 더 많은 일들을 처리하게 되면서 미국 내 신설 기업의 일반적인 규모는 꾸준히 줄어들었다. 2000년에는 신설 기업의 평균 근로자 수가 7.7명이었다. 2010년에는 그 수치가 5.5명까지 떨어졌다.

창업을 계속 장려하고 유도해야 하는 이유가 바로 이 때문이다. 카우프만재단Kauffman Foundation의 연구책임자 로버트 리탄Robert Litan은 다음과 같이 언급했다. "미국에서 1980~2005년 사이에 만들어진 모든 일자리는 사실상 5년 또는 그 이하의 연혁을 가진 기업에 의해 창출되었습니다. 그 숫자는 약 4000만 개입니다."

경제학은 윈-윈 게임을 추구한다. 오늘날 기업들은 재화와 서비스를 설계, 제조, 판매하기 위해 전 세계를 이용할 수 있다. 그리고 이용해야만 한다. 그러나 모두가 똑같이 승리하는 건 아니다. 우리는 세계가 점점 하나로 연결될수록 미국 근로자들이 각자의 몫을 챙기기 위해 교육을 받고, 기술을 배우며, 창업을 할 수 있는 기회가 주어지는지 확인해야 한다. 이를 위해서는 오랫동안 미국에 없었던 종합적인 21세기 일자리 전략이 필요하다.

좋은 전략은 당신이 궁극적으로 달성하려는 비전에서부터 시작된다. 미국에 대한 우리의 비전은 단순하지만, 결코 평범한 비전은 아니다. 우리는 미국이 미국 우주항공계획의 중심지인 케이프커내버럴Cape Canaveral처럼 전 세계 혁신가와 기업가들이 그들의 사업 전체 또는 일부를 시작하고 싶어 하는 발사대가 되길 바란다. 왜냐하면 미국의 노동력은 대단히 생산적이고, 미국의 사회기반시설과 인터넷 대역폭은 매우 우수하며, 미국의 폭넓은 재능은 어느 누구한테도 뒤지지 않으며, 기초연구에 대한 풍족한 자금 지원, 법의 지배, 특허보호, 그리고 투자와 제조업에 우호적인 세법은 다른 어느 나라보다도 우수하며, 협력에 대한 개방성은 세상 어디에도 비할 데가 없기 때문이다. 이 모든 것들은 그동안 미국이 성공을 위한 아메리카 포뮬러를 늘 개선하고 확대해온 결과이다.

이 시대에는 많은 장소들이 서로 연쇄적으로 연결되어 있기에 어느 곳에서도 모든 것을 수행할 수 있다. 때문에 우리는 미국이 무언가를 꿈꾸고, 설계하고, 시작하고, 다른 이들과 협력하며, 무언가를 제조하는 그러한 '장소'가 되길 바란다. "나는 이제 미국을 떠나 혁신과 기업가정신이 훨씬 더 개방적인 싱가포르로 갈 것입니다"라고 말하는 사람은 아무도 없어야 한다.

이와는 반대되는 현실이 되어야 한다. "중국, 브라질, 인도의 신생 기업들이 '우리는 본사를 미국으로 옮기고 싶습니다. 미국은 세계에서 사업하기에 가장 좋은 곳이거든요'라고 말하는 것을 당신이 듣는다면 당신네들이 성공했다는 사실을 알게 될 것입니다." 인도의 아웃소싱 전문 기업가 PV 캐넌의 말이다.

이것이 바로 우리의 목표이다. 그런데 어떻게 하면 이것을 달성할 수 있을까? 미국은 우리가 실제로 살고 있는 세상을 바탕으로 하는 일자리 창출 전략이 필요하다. 미국인들은 역사적으로 정부가 특정 업체들에 대한 과세특례나 특정 산업들에 대해 납세자들의 돈으로 보조금을 제공하는 것을 원치 않았다. 미국 정부는 승자를 선택하지 않는다. 시장에 맡긴다.

우리는 이런 접근법이 옳다고 생각한다. 기업에 대한 무상 보조금에 반대한다. 그러나 지방정부와 주정부 그리고 연방정부가 미국에서 창업과 제조업을 하길 원하는 기업가들에게 혜택을 제공할 수 있는 여러 가지 방법을 모색하는 것은 찬성한다. 또한 시장이 그러한 일들을 해결토록 만드는 것도 찬성한다. 지금 미국이 하고 있는 것처럼, 경기상승만이 더 많은 블루칼라 일자리를 창출해줄 것이라고 가정하는 것은 현명한 전략이 아니다. 사실 그것은 전략이라고 할 수도 없다.

"탄탄한 경제회복은 일자리 성장을 위한 토대가 되지만, GDP 성장의 순환적 반등만으로 미국인들을 직장으로 복귀시킬 수는 없어 보입니다." 2011년 6월 맥킨지 애널리스트들은 '경제효과: 일자리 창출과 미국의 미래An Economy That Works: Job Creation and America's Future'에서 이렇게 분석했다. "일자리 창출은 다른 정책결정에 따르는 부산물이 아닌 국가의 우선순위가 되어야 합니다." 맥킨지 보고서는 일자리 창출전략은 다양한 이니셔티브를 포함해야 한다고 결론 내린다. 즉 정책입안자와 기업가들로부터 우리가 들었던 사항을 반영해야 하고, 학교 및 인력시장에서 미국 근로자들이 습득하는 기술과 고용주의 요구 사이에서 증가되고 있는 불균형을 해소해야 한다. 미국에서 세계화가 더 많은 일자리를 창출하는 원천이 되는 방법을 모색해야 하며, 혁신과 신생 기업의 창업을 장려하고, 일자리 창출을 방해하는 규정 절차를 간소화해야 한다.

정치인들이 미국 근로자를 더 많이 고용하지 않는다는 이유로 고용주들을 협박하는 소리를 들으면, 당신은 사람들이 학교에서 배우는 내용과 업무 현장에서 찾는 기술 사이에 조화가 필요하다는 사실을 알 수 없을 것이다. 맥킨지는 다음과 같이 언급했다. "학력이 상승하고 연방정부에서 연간 180억 달러의 직업훈련비를 지출하는데도 고용주들은 특정 기술을 구비한 숙련된 근로자를 찾을 수 없다고 말합니다. 한편 학생들로서는 자신을 위해 어떤 직장을 준비해야 하는지에 명확한 그림이 없습니다."

설문조사를 통해서 맥킨지는 다음 사항을 발견했다. 기업의 30퍼센트가 적절한 사람을 구할 수 없어서 6개월 또는 그 이상의 기간 동안 자리를 비워놓고 있다. 거의 3분의 2는 자리를 채우기가 힘들어서 비워놓은 자리가 늘 있다고 대답했다. 노동시장에서 채용하기 가장 어려운 직종은 과학과 기술 분야였고, 컴퓨터 프로그래밍과 정보기술이 그 뒤를 이었다. 그 다음은 기업 활동의 범위를 정하기 위해 엄청난 양의 정보를 사용하고 새로운 '대규모 데이터' 시스템을 관리할 수 있는 통계학자 및 수학자들과 관련된 직종이었다. 그러나 기술 부족은 박사, 엔지니어, 과학자, 컴퓨터 프로그래머에게만 한정된 현상이 아니라는 것이 맥킨지가 확인한 사항이다. "우리는 인터뷰를 통해서 용접기사, 간호조무사, 영양사, 원자력 기술자 등 모든 교육 영역에서 고용주들이 자격을 갖춘 근로자를 찾을 수 없는 분야들이 광범위하게 존재한다는 사실을 확인했습니다. 바로 그런 이유로 미국 기업계는 지역 대학과 직업학교들의 교육과정 개발에 더 많이 참여해야 하며, 국가의 구인자 데이터베이스는 전공과 직업훈련프로그램을 결정할 수 있는 기초적인 정보를 제공하게 될 것입니다." 맥킨지의 주장이다.

당신은 모든 주요 도시에서 이런 불평을 듣는다. "우리는 그것을 바로 이곳 캔자스시티Kansas City에 있는 지역의 엔지니어링 및 제조업체들에서 봅니다. 이들 기업의 많은 노동자들이 곧 은퇴합니다. 그런데 기업들은 다른 인력으로 이들을 대체할 수 없습니다. 이곳에 와서 일할 아이들은 어디에 있단 말입니까?" 로버트 리탄이 말했다.

우리 두 저자는 다소 불편한 어조로 한 가지 특별한 제안을 하겠다. 로스쿨과 경영대학원의 등록금에 대해서는 연 1만 5000달러의 세금을 부과하고, 동시에 공학, 과학 또는 기타 특정 직업교육 연구 분야에서 대학원 학위를 취득하기 위해 공부하는 학생들에게는 연 1만 5000달러의 등록금을 지원해주도록 하자. 우리는 어떻게 해서든 우수한 인재들이 돈이 돈을 만들어내는 월스트리트의 복잡한 금융상품을 개발하는 일에서 떠나도록 만들어야 한다. 그래서 그들이 사람들의 삶을 향상시키는 것들을 생산하는 기업을 창업하도록 만드는 방법을 찾아야만 한다. 기업과 이민 전문가인 비벡 와드와는 이렇게 말하곤 한다. "사람들은 자신의 친구들이 금융계에 들어가지 못하도록 막아야 한다."

맥킨지 연구는 미국에서 투자를 촉진하기 위한 세계화의 활용에 대해 다음과 같이 주장한다. "최근 금융위기에도 불구하고 글로벌 경제는 호황을 누리고 있습니다. 그 속에서 미국 기업들은 대체적으로 적응하면서 번창했습니다. 그러나 미국 근로자의 경우도 마찬가지라고 말할 수는 없습니다. 미국은 현재 성장하고 있는 글로벌 시장에서 기업뿐만 아니라 기업의 근로자들도 나름의 '시장점유율'을 확보할 수 있는 방법에 대해 국가적인 논의를 해야 합니다." 한 가지 방법은 그저 기존 기업을 매수하는 것이 아닌 신생 기업에 자금을 대는 외국인 직접투자를 더 많이 발굴하는 것이다. 미국은 자신을 세계에서 가장 규모가 크고 가장 안전한 이머징마켓으로 소개해야 한다. 또한 맥킨지가 제안했듯이 잠재적인 투자자들이 미국에서 힘들지 않게 기업들을 찾아내고, 매수하고, 협상할 수 있도록 해주는 특별한 '사업비자'를 만들어냄으로써 이를 분명히 보여줄 수 있을 것이다. 왜 그것을 중국에게 넘기는가? 우리는 임금이 지속적으로 인상되고 있는 초거대 시장들인 인도나 중국에게 일을 아웃소싱해왔던 기업들이 그 일들을 다시 미국으로 가져오게 하기 위해서 이들 기업에게 인센티브를 제공하는 방법을 찾아야 한다. 오늘날 초고속통신 네트워크만 활용하면 저렴한 비용과 효율로 메인 주 뱅거에서도 언어 문제를 전혀 겪지 않고 콜센터를 운용할 수 있다. 이는 인도의 방가로르 지역에 효율적이고 저렴한 콜센터를 운용하는 것과 유사하다.

전 세계 중산층이 증가하고 있다. 때문에 관광은 미국에서 성장할 여지가 아주 많은 또 하나의 산업이 되었다. 맥킨지에 따르면, 2000년 미국을 방문한 외국인 관광객은 2600만 명이었으나 2003년에는 1800만 명으로 줄어들었고, 2009년에야 2400만 명 수준으로 회복했다. 이는 호텔, 놀이공원, 운송 수단, 식당 등을 충분히 갖추지 못했기 때문이다. 그 결과 서비스 부문의 많은 일자리들이 사라졌다.

어떤 일자리 창출 전략이든 더 많은 창업을 장려하기 위해서는 주정부와 지방정부의 재정을 활용하는 것이 포함되어야 한다. "혁신, 신규 산업, 신생 기업의 창출이 강력한 수요 증가와 일자리 창출에 필수적입니다. 중요한 첫 번째 단계는 신설 기업들과 성장 단계에 있는 젊은 기업들이 추가적인 자금조달을 할 수 있도록 해주는 것입니다." 맥킨지의 지적이다.

2003년부터 2010년까지 미시간 주지사였던 제니퍼 그랜홈Jennifer Granholm은 이러한 활동을 선구적으로 수행해왔다. "아시아 지역에서, 정부는 적이 아닙니다. 이곳 미국에서 우리는 그런 식으로 할 만한 여유가 없습니다. 우리는 경쟁력 있는 신생 기업들, 즉 분명히 전략산업이 될 수 있는 부문에 투입되는 민간자금의 효과를 증대시키는 목표가 설정된 현명한 투자를 해야 합니다. 만일 첨단 제조업에 대한 수요와 공급 모두를 이곳에서 창출해내는 정책이 없다면, 우리는 과거의 영광에만 집착하는 별 볼일 없는 나라가 될 것입니다. 오늘날 우리는 세계를 상대로 경쟁을 하고 있습니다. 그 무대는 점점 더 커지고 있습니다. 세금 삭감만으로는 모든 문제를 다 해결할 수는 없습니다." 제니퍼 그랜홈의 말이다.

그는 청정에너지와 같은 산업들이 분명 다음 세대의 위대한 글로벌 산업이 될 것이라고 말했다. "우리는 국내시장을 창출하고 투자자와 제조업자들에게 예측 가능성을 제공하며 그들의 제품이 이곳 미국에서 팔릴 수 있고 팔릴 것이라는 확신을 줄 수 있는 연방 차원의 정책이 필요합니다." 이러한 정책은 단순히 승자만 가려내는 게 아니라 씨앗을 뿌리는 것이 되어야 한다. 2009년 연방정부는 전기배터리와 전력비축장비를 만드는 기업들을 대상으로 24억 달러에 상당하는 창업지원금을 경쟁을 통해 지원받을 수 있는 행사를 만들었다. 이 행사를 통해 미시간 주에서 창업한 17개 기업이 지원금을 받았다. 그리고 미시간 주도 이들 기업에게 약간의 지원금을 추가로 제공했다.

"이렇게 해서 투자자와 제조업자들은 순조롭게 사업을 시작했고 민간 자금을 끌어모을 수 있었습니다. 또한 전체 공급 사슬을 갖춘 완벽한 배터리 클러스터를 미시간 주에 구축할 수 있었습니다. 이러한 정책은 민간 부문으로부터 50억 달러에 달하는 투자와 6300개의 일자리가 창출될 수 있도록 했습니다. 이 모든 것이 연방정부의 정책이 없었더라면 불가능했을 일입니다. 주정부 혼자서는 절대로 이런 결과를 만들지 못했을 겁니다. 주정부들은 경제가 어려운 시기에는 재정적 자원을 확보할 수가 없습니다. 우리는 승자들을 선발하고 있지 않습니다. 그러한 기업들은 나름대로 생존하거나 소멸해버리겠지만, 우리는 이들이 사업을 개시할 수 있도록 지원을 합니다. 이들 기업은 결코 공짜를 바라지 않습니다. 그들에게 필요한 것은 시작할 수 있는 자본을 확보할 수 있는 기회입니다. 모든 아시아 국가들이 이렇게 하고 있습니다. 전기자동차는 수조 달러의 시장을 갖을 엄청난 산업이 될 것입니다. 이 산업은 세계에서 기술적으로 가장 앞선 대량생산 제품이 될 것입니다." 제니퍼의 말이다.

전기자동차 산업은 아이패드에 바퀴를 달아놓은 것과 유사한 양상을 나타낼 것이다. 제니퍼는 이 산업도 거대한 애플리케이션 산업을 파생시킬 거라고 덧붙였다. "따라서 우리는 이 산업에 뛰어들 것이냐 말 것이냐를 결정해야 합니다. 만일 뛰어들 것이라면 우리는 정원에 씨앗을 뿌리고 그곳에서 잘 자라도록 보살펴야 합니다. 그렇지 않으면 이 산업은 다른 어딘가에서 자라게 될 것입니다."

특히 저성장 시기에는 이러한 인센티브가 중요하다. 인텔의 CEO 폴 오텔리니Paul Otellini는 거의 매달, 몇몇 국가의 지도자들로부터 자기 나라에 인텔 공장을 세우고 일자리를 창출해줄 경우 약 10억 달러의 세금공제와 기타 인센티브를 제공하겠다는 제안을 받는다고 말했다. "나는 이곳 미국 말고도 세계 어디에든 공장을 세울 수도, 10억 달러를 공제받을 수도 있습니다. 만일 우리가 미국인이든 외국인이든 미국에 공장을 세우고 일자리를 창출하는 사람에게 5년간 연방정부 및 주정부 세금을 감면해주는 정책을 곧 시행할 것이라고 말한다면(그리고 지금부터 5년 경과한 다음에야 우리가 당신으로부터 세금을 걷기 시작할 거라고 말한다면) 국가가 손해 볼 건 하나도 없습니다." 오텔리니의 말이다. 공장 없는 일자리와 세금도 존재할 수 없기 때문에 향후 5년 뒤에는 공장과 그곳에서의 일자리가 세수를 창출할 것이다. 뿐만 아니라 지역의 공급업체, 트럭 운송업체, 식당, 변호사, 회계사, 이발사 등 다른 일자리도 오랜 기간에 걸쳐 창출될 것이다.

연료전지를 제조하는 블룸에너지Bloom Energy는 캘리포니아 공장에 직원 1000명을 고용하여 연료전지 기술을 생산하며 구글과 실리콘밸리의 여러 기업에 동력을 공급하는 기업이다. 블룸에너지의 공동창업자인 K.R. 스리다르Sridahr는 미국에서 혁신을 일으키고 제조업을 운영하면서 부딪치는 갖가지 고난을 잘 알고 있다. 그는 정부가 신기술 및 산업의 발전을 가속화할 수 있는 가장 중요한 방법은 이제 막 시작 단계에 있는 기업들이 소위 '두 번째 죽음의 계곡'을 잘 건너갈 수 있도록 돕는 것이라고 말한다. 이를 위해 정부의 구매력과 표준설정 권한을 활용해야 한다.

이는 신생 제조업체에게 대단히 중요한 일이다. 하지만 그 중요성을 간과하고 지나치는 경우가 많다. 실리콘밸리에서 '죽음의 계곡'이란, 누군가가 무언가를 발명했는데 실험실에서는 훌륭하게 작동했지만 경제적 가치를 갖고 고객들에게 제공될 만큼 상품으로서는 아직 명확하게 입증되지 않은 시기를 가리킨다. 발명가들이 이 첫 번째 죽음의 계곡을 건너는 것이 너무도 힘들기 때문에 벤처투자자들의 존재 가치가 있는 것이다. "벤처투자자들은 팀을 만들어 자금을 제공하고, 당신이 개발하는 것이 무엇이든 '연구실 밖에서도 그것을 해낼 수 있다'고 보여줍니다. 바로 그곳에 가장 큰 위험이 존재하고 가장 큰 수익도 존재합니다. 정부는 납세자들의 돈으로 그런 일을 할 수 없습니다." 스리다르의 설명이다.

첫 번째 죽음의 계곡을 용케 건너가는, 흔히 빗츠앤바이트bits-and-byte 기업이라고 불리는 (소프트웨어, 서비스 및 닷컴에 종사하는) 대다수 기업은 그들의 제품을 세계에서 가장 비용이 적게 들고 생산성이 가장 높은 곳에서 '제조'하는 단계로 이행한다. 이들 제품은 디지털화될 수 있다. 때문에 그것을 조립하는 작업은 상대적으로 비용이 낮은 곳이면 어디서든지 할 수 있다. 그래서 이와 같은 빗츠앤바이트 기업들이 창출해내는 일자리들은 그다지 한곳에 '고착'되지는 않는다. 페이스북(종업원 2000명) 및 트위터(종업원 400명)와 같은 기업들은 엄청난 부는 창출했지만 일자리는 그다지 많이 창출하지 못했다.

자동차 연료전지나 이스트맨머신이 제작하는 대형 전기절단기처럼, 금속을 구부리는 일과 관련된 분야에서 새로운 것을 발명했을 때는 상황이 다르다. 이러한 일에는 쉽게 다른 곳으로 옮길 수 없는 생산설비와 공장을 구축하기 위한 막대한 투자가 필요하다. 전형적으로 이러한 기업들은 '두 번째 죽음의 계곡'을 건너야만 수익을 얻게 되고, 주정부와 지방정부 그리고 연방정부는 승자를 고르지 않고도 중요한 역할을 할 수 있다.

"만일 당신이 당신네 제품에 대한 가치를 입증했다면, 당신은 첫 번째 죽음의 계곡을 건넌 것입니다. 당신 사업이 도약을 하고 시장점유율을 확보하기 위해서는 대규모로 제조해야 합니다. 왜냐하면 신기술에 소요되는 비용은 규모의 확대를 통해서만 줄일 수 있기 때문입니다." 스리다르가 말했다. 그리고 당신이 제조 부문에서 규모의 경제를 달성한다면, 사업을 운영하고 확장하는 데 필요한 투자자를 더 많이 만날 수 있고 더 나은 은행대출도 받을 수 있을 것입니다." 스리다르가 말했다.

제조업이 이러한 규모의 경제를 달성할 수 있도록 정부가 도울 수 있는 방법은 시장을 마련해주는 것이다. 이는 인텔과 제니퍼 그랜홈 주지사가 제안했던 것처럼 공장 건설에 대한 세금 면제와 저금리 융자를 해줌으로써 실현될 수 있다. 또한 상품으로서 가치가 입증된 생산물에 대해 정부가 최초의 구매자 역할(정부기관의 에너지효율 창문 설치, 군부대에 태양열 온수기 설치, 우체국의 전기자동차 구입 등)을 하겠다고 제안함으로써 실현될 수 있다. 또는 마이크 비들이 재활용 플라스틱 사업을 위해 제안했던 방식으로, 기준을 높이는 법률을 제정해서 미국이 만든 신기술이 즉각적인 대규모 수요를 창출하도록 하여 이를 실현할 수 있다.

스리다르는 제조업을 창업하면서 언제나 고민하는 가장 큰 문제가 "휴대폰은 판매량이 가격 하락에 중대한 영향을 미치는데, 일반전화보다 비싼 이 휴대폰을 누가 최초로 5000대나 구매해줄 것인가?"라고 하면서 다음과 같이 말한다. "이것이 바로 정부가 도움을 줄 수 있는 두 번째 죽음의 계곡입니다." 또한 스리다르는 일단 규모의 경제를 달성한 제조업자는 공장을 건설하고, 공장에 설치될 기계에 투자를 하며, '상당히 고착된' 일자리를 창출한다고 덧붙였다. 이러한 일자리들, 거래 업체, 서비스 제공자들을 다른 나라로 이동하기에는 막대한 비용이 든다.

마지막으로, 맥킨지 보고서는 어떠한 일자리 전략이든 '투자와 고용 계획'에 대한 정부의 명확성이 수반되어야 한다고 주장한다. "규정이 지향하는 방향에 대한 모호성, 그리고 현행 규정을 지키기 위해 시간과 비용이 요구된다면 기업은 투자를 주저하게 됩니다. 환경 및 토지 사용 규정들의 상충되는 현실과 불필요하게 지체되는 법 적용 때문에 지연되는 일이 너무나 자주 발생합니다. 그래서 과단성 있고 신속한 투자 결정이 대단히 중요합니다. 구역 지정과 환경적인 사항에 대한 허가를 사전에 마치고 바로 공장을 지을 수 있도록 해주는 '플러그앤플레이Plug and play' 공단지구에서는 신설 공장을 가동하는 데 걸리는 시간을 반으로 줄일 수 있습니다. 일자리 증가를 방해하는 또 다른 요인은 승인을 받기까지 3년 이상 소요될 수 있는 미국 특허청의 업무 적체입니다. 미국은 세계은행의 기업환경평가보고서에서 여전히 좋은 점수를 받고 있습니다만, 일부 핵심 지역들에 대한 건축 관련 인허가의 완화 부문에서는 태국과 사우디아라비아보다 뒤진 27위까지 떨어졌습니다."

미국은 규정과 기준이 필요하다. 이는 경제가 제대로 작동하고 점점 더 높은 단계를 수행하도록 혁신가들에게 인센티브를 주기 위해 반드시 필요하다. 그러나 이러한 기준들을 명확하게 만들고 한 번의 절차로 쉽게 수행할 수 있도록 하며, 쓸모없는 것들을 지속적으로 제거하기 해서는 더 많은 관심을 쏟아야 한다. 스리다르는 이렇게 말했다. "기업에게 개방적인 국가들은 당신의 업무를 도와줄 담당 공무원을 배치하고, 당신에게 필요한 것이 도로든 지원시설 연계든 다른 허가든 이 모든 것들을 제공해줄 지역 정부기관을 지정해줍니다." 스리다르는 시행 중인 모든 법률을 준수할 준비가 분명히 되어 있지만, 기업을 창업할 수 있는 능력을 진창에 빠뜨리는 불필요한 형식과 소송에 묶이고 싶지는 않다고 말했다.

규제와 세금과 관련된 불확실성은 소리 없이 일자리를 파괴한다. 스리다르는 "나는 국가가 세금과 의료보험 비용을 어떤 수준으로 결정하느냐에 대해서는 관심이 없습니다. 그러나 향후 5년간 그것이 어떻게 변경될 것인지는 정확하게 알아야 합니다. 왜냐하면 당신이 공장에 투자를 할 때 당신의 자본을 회복하기까지 얼마나 오래 걸리는지 정확하게 미리 추정할 수 있어야 하기 때문입니다"라고 말했다.

다행히 미국의 50개 주에서 점점 이러한 메시지를 받아들이고 있다. 예를 들어, 델라웨어 주지사 잭 마켈은 신설 전기자동차 제조업체인 피스커오토모티브Fisker Automotive에 델라웨어 주에 버려진 GM의 공장에 이들의 공장을 설립해줄 것을 설득하면서 "누구보다도 그들의 사업을 잘 이해하는 것"이 자신의 임무 중 하나라고 생각했음을 말했다. 피스커 관계자들이 방문했을 때 마켈은 델라웨어로 이 회사를 유치하려는 그의 노력에 동참시키기 위해 주의회 전체 대표단과 주정부의 고위 공무원들 및 공장이 소재하는 카운티 정부 공무원을 모두 동원했다. 마켈은 듀폰 CEO인 엘렌 쿨먼에게 전화를 걸어 피스커의 전기자동차에 대해 특정 수량을 구매해줄 것과 자동차 도색 부문에 함께 투자할 것을 약속해달라고 그녀를 설득했다. 그리고 나서 마켈은 5년간 무이자로 융자할 2150만 달러를 피스커가 일정 수준의 일자리를 창출하고 델라웨어 주에 또 다른 기여를 해줄 경우, 전액 보조금으로 전환해주는 것으로 투자 유치를 마무리 지었다. "나는 최초로 생산되는 자동차를 개인적으로 구매하겠다는 약속을 했습니다. 그리고 우리 주의 경제개발국장은 두 번째 자동차를 구매하기로 했습니다. 당신은 업체와의 마찰을 줄여서 그들이 다른 곳으로 가는 것이 불가능하도록 만들어야 합니다." 마켈의 말이다.

요점은 이렇다. 다음 세기에 성공하기 위해서 지난 세기에 얻었던 명성이나 그 당시 구축했던 공공-민간 파트너십에 의존해서는 안 된다. 미국이 그들에게 필요한 적절한 임금의 일자리를 창출하려고 한다면 세계 최고 수준의 업무 관행에 의거한 일자리 창출 전략이 필요하다. 이러한 전략에는 전통적으로 공화당이 선호해왔던 것보다 더 많은 정부 투자와 인센티브들을 신설 기업들에게 제공하는 전략이 포함되어야 할 것이다. 또한 민주당이 전통적으로 선호해왔던 것보다 더 많은 기업에 대한 공적지원과 인센티브를 틀림없이 필요로 할 것이다. 이는 곧 진보와 보수, 신세대와 구세대의 모든 아이디어를 결합하여 번영을 위한 미국의 포뮬러를 개선한다는 뜻이다. 미국에게는 양대 정당의 우수한 점들만 골라서 결합한 접근 방식이 필요하다.

맥킨지 보고서는 이렇게 결론을 지었다. "미국의 취업시장이 저절로 해결될 때까지 기다리면서 과거의 해결 방식에만 집착하는 것은 완전고용으로 돌아가거나 향후 몇 년 이내에 지속적인 일자리 창출을 위한 무대를 마련하지 못하게 할 것입니다. 일자리를 창출하기 위해 미국은 지속적으로 성장해야 합니다. 정계, 재계, 교육계 지도자들은 창조적이어야 하며, 예전에는 시도하지 않았던 해결책들을 기꺼이 검토할 수 있어야 합니다. 근로자들은 적절한 기술을 습득하고 평생학습과 새로운 작업 방법으로 미래에 적응해야 할 것입니다. 피터 드러커는 '난기류 시대에 가장 위험한 것은 난기류가 아닙니다. 과거의 논리로 행동하는 것입니다'라고 경고했습니다."

## | 아메리칸 드림에 대한 바람

바이런 오스트는 교육과 사회문제를 전문적으로 다루는 경영컨설턴트로서 우리에게 중요한 가이드 역할을 해왔다. 그는 2011년 3월 5일 하버드대학교 경영대학원 연설에서 오늘날 미국이 어떤 모습인지를 단적으로 보여주었다. "지금 이 순간 우리는 단기적으로나 장기적으로 심각한 문제에 직면해 있습니다. 그러나 지금부터 가장 번영하고 역동적인 10년, 20년, 30년 경제를 만들겠다는 목표를 세운다면 나는 미국이 다른 어느 나라보다도 우수해질 거라고 생각합니다. 다른 부자 나라들과 비교해서 우리에겐 젊음, 개방성, 역동성 그리고 세계 전역에서 온 훌륭한 지식인들, 막대한 인적자원, 엄청난 자본시장, 비할 데 없는 혁신 제도, 어떠한 글로벌 기업도 외면할 수 없는 시장이 있습니다. 주요 개발도상국과 비교하면 우리에겐 높은 사회적 신뢰, 낮은 부패 수준, 노력과 성과의 역사적 연계, 그리고 때로는 골치 아픈 적도 있었지만 민주주의가 있습니다. 이러한 이슈들이 내게는 상당히 개인적인 일입니다. 그리고 이는 내가 맥킨지와 호프스트리트그룹Hope Street Group(미국의 중산층 확대를 위한 혁신정책을 촉진하는 전문가와 기업인들로 구성된 비영리단체), 이 두 군데에서 하고 있는 일에 영향을 미쳤습니다."

그의 부모는 카리브 지역 출신이라고 했다. 오거스트가 덧붙였다. "부모님은 내가 갓난아기였던 1970년에 이 나라로 왔습니다. 아버지는 공장에서 물품출하 감독원으로 근무했고, 어머니는 건축보조원으로 1년에 6000달러를 벌었습니다. 부모님은 2만 8000달러를 들여 디트로이트 중심지 세븐 마일 로드 근처에 작은 벽돌집을 장만했습니다. 저축도 충분히 했고 미래에 대한 확신도 있었습니다. 그래서 아버지는 컴퓨터프로그래머가 되기 위해 공장 일을 그만두고 학교로 돌아갔습니다. 아버지는 직업을 바꿨고 우리는 애리조나로 이사했습니다. 나는 그곳에서 꽤 괜찮은 공립학교에 다녔고 대학에서는 장학금도 받았습니다. 언제나 이 나라의 제도와 가치관은 남달랐고, 우리에게 기회를 제공했으며 미래를 향해 나아가게 했습니다. 그러나 이제는 아메리칸 드림을 당연하게 여길 수 없게 되었습니다. 몇 년 전, 디트로이트에서 우리가 살던 동네를 찾았습니다. 우리가 살았던 작은 벽돌집은 도시계획이 방치된 구역에 있었고, 중산층은 보이지 않았으며, 지역 공립학교는 끔찍했습니다. 우리 부모님이 했던 일을 하고 있는 사람들은 안전한 동네에 집을 장만할 형편이 못됩니다. 그때보다 비용이 훨씬 많이 드는 건강보험 혜택을 상실한다는 두려움 때문에 아버지처럼 직장을 바꾸거나 학교로 다시 돌아갈 수 있는 기회를 잡는 사람들은 많지 않습니다. 1970년대에 부모님이 얻기 시작했던 일자리들은 현재 상당히 치열한 국제적인 경쟁에 직면했습니다. 이러한 상황 때문에 절망해서는 안 됩니다. 이를 이유로 다르게 행동해야 합니다. 우리는 제도를 개혁하고 우리가 공유하는 가치관을 강화해야 합니다."

다르게 행동하기 위해서는 공공정책에 대한 극단적인 대립 및 강력한 특권에 대한 장악력을 완화할 수 있는 미국의 정치적 리더십을 위한 특단의 조치를 마련해야 할 것이다. 결국 미국의 정치체계에 충격을 가해야만 한다는 의미이다. 이는 시장이나 자연, 중립적인 정치 세력에서 비롯될 수 있다. 우리는 중립적인 정치 세력으로부터 충격이 발생되기를 선호한다. 다음 장에서 그 이유와 어떻게 그것이 실현될 수 있는지 그 방법을 설명하겠다.

## 15장

# 충격요법

1805년 프랑스의 명문 귀족 가문에서 태어난 알렉시스 드 토크빌Alexis De Tocqueville은 미국의 교도소 제도를 공부할 목적으로 1831년과 1832년에 미국을 방문했다. 그는 조사한 내용을 바탕으로 1835년에 《미국의 민주주의Democracy in America》를 발간했다. 미국에 대해서 저술한 수많은 책들 가운데 토크빌의 저서는 최고 중의 하나로 남아 있다. 미국의 사회, 가치관, 제도, 국가적 특성을 꿰뚫어 본 그의 통찰력은 175년이 지난 지금에도 타당하고 적절하다.

 토크빌의 지적인 재능과 분석력을 가지고 1970년도에 태어났다고 가정해보자. 귀족 출신이라는 배경은 그의 경력에 별다른 영향을 주지 못할 것이다. 아마도 그는 프랑스 명문학교에 진학했겠지만, 과거의 토크빌이 그랬던 것처럼 프랑스 정치에 참여하지는 않았을 것이다. 뛰어난 재능을 가진 사람들이 20세기 대부분 기간 동안 그랬고 20세기가 끝나갈 무렵에는 덜 그랬던 것처럼, 토크빌은 어쩔 수 없이 국가 관료가 되지도 않았을 것이다. 그리고 관료로서 출세를 하지도 않았을 것이다. 대신에 그는 해외에서 공부를 계속했을 것이다. 어느 미국 대학교에서 역사를 공부하고, 아시아 지역에서 몇 년을 보낸 후, 하버드대학교나 스탠포드대학교 경영대학원에서 학위를 딸 것이다. 20세기가 끝나가고 21세기가 시작될 무렵에는 국제적인 컨설팅 회사에 들어갔을 것이다.

더 나아가서 이 회사가 토크빌의 감독하에 21세기의 두 번째 10년과 그 이후에 사업 및 투자를 할 만한 장소로서 미국에 대한 평가를 준비하는 다국적기업으로부터 컨설팅 의뢰를 받았다고 가정해보자. 이러한 평가로부터 도출된 보고서는 도표, 그래프, 통계 그리고 파워포인트 프레젠테이션 등 많은 사람들의 손을 거친 작업의 결과물일 것이다. 토크빌은 자신의 여행, 사람들과의 대화, 그가 반추한 내용을 바탕으로 스스로 결론 부분을 작성했을 것이다. 우리는 그 내용이 다음과 같을 것이라고 생각한다.

20년 전, 심지어 10년 전만해도 이러한 보고서를 의뢰받지는 못했을 것이다. 미국은 가장 규모가 크고 가장 많이 개방된 시장, 재산권을 가장 잘 보호해주는 가장 투명한 법률시스템, 가장 규모가 크고 효율적인 금융시스템, 가장 현대화된 사회기반시설, 그리고 대부분의 영역에 대해 가장 역동적으로 진행되는 연구개발 등을 갖춘 어떤 산업을 기준으로 보더라도 세계 최고의 국가였다. 미국은 자본과 재능을 끌어모으는 자석이었다. 어떠한 규모의 기업이든 국제적 성장을 열망하는 기업이라면 그곳에서 창업하지 못하는 기업이 없었다. 그리고 그러한 사실에 대해서 어떠한 컨설턴트도 언급할 필요조차 없었다.

그러나 슬프게도 지금은 상황이 완전히 달라졌다. 특히 지난 10년 동안 미국은 변했고 전혀 개선되지 않았다. 미국은 여전히 독특하고 주된 경제적 강점이 많지만, 경기 침체와 후퇴에 대한 우려의 신호마저 나타나기 시작했다. 비록 2007~2009년 대침체는 공식적으로 종료되었지만 실업률은 여전히 높은 상태로 남아 있고, 생산성은 기록적인 수준에 있다. 연방정부의 예산 적자는 확실하게 그것을 통제할 수 있는 신뢰할 만한 장기적인 계획 없이 계속 증가하고 있다. 해외에서 생산된 석유에 대한 소비도 마찬가지로 증가하고 있다. 이 역시 소비를 감축할 수 있는 어떠한 전략도 없다. 미국 학생들은 국제학업성취도평가에서 여전히 다른 나라의 또래 학생들보다 낮은 점수를 받고 있다. 미국의 도로는 복잡하고, 대중교통시스템은 퇴보하고 있으며, 가끔씩 교량이 무너진다. 미국의 주요 기업들은 연구개발 시설들을 미국 밖으로 옮기고 있다. 엄청난 숫자의 미숙련 이민자들이 이 나라에 불법으로 들어오고 있다. 반면, 최첨단 기업을 설립했으며 최고의 교육을 받은 에너지 넘치는 사람들을 해외로부터 유치하여 그들을 이곳에 머물게 하기 위한 조치는 마련되지 못하고 있다. 국가적인 논쟁은 현재 미국인이 살고 있는 세상의 근본적인 변화에 대한 논의 및 이러한 변화를 조절하기 위해 필요한 사항에 대해서는 충분한 시간과 주의를 기울이지 않고, 대통령이 미국에서 태어났는가라는 의심의 여지가 전혀 없는 문제나 낙태와 같은 사회문제에 대한 당파적인 접근이 증가되면서 터무니없는 분열로 소모되고 있다.

미국인들은 무언가가 잘못되고 있다는 사실을 알고 있고, 그것을 걱정한다. 여론은 이들 사이에서 미국의 미래에 관한 비관론이 증폭되고 있다는 사실을 보여준다. 나는 이러한 설문조사를 그다지 신뢰하지 않는다. 나는 사회 여론의 분위기를 계측하는 설문조사는 직접적이고 깊이 있는 관찰의 빈약한 대용물이라고 생각한다. 많은 자료를 처리하고 계산하는 기관들에게는 미안한 말이지만, 인류학자들이 통계학자들보다 사회의 안내자로서 더욱 신뢰할 만하다. 그러나 이 보고서를 작성하는 과정에서 나의 오랜 친구들, 새로 알게 된 사람들, 그리고 미국인 동료들과 미국 전반에 관해 나눴던 대화들은 설문조사에서 도출된 데이터가 그려놓은 것과 마찬가지로 똑같은 그림으로 나타났다. 나와 대화를 나눴던 사람들은 미국이 쇠락하고 있다는 사실과 지난날보다 더 나은 미래가 올 것이라는 확신에 차 있었던 미국의 약속이 지켜지지 않을 것이라는 현실 때문에 두려움을 느끼고 있다. 직장과 자신의 경제적 미래를 걱정하지 않아도 될 만큼 운이 좋은 사람들도 미국의 미래를 걱정하고 있다. 이들이 걱정하는 것은 당연하다. 하지만 걱정을 하는 사람들이 이들만 있는 것은 아니다.

물론 미국의 미래는 당신의 사업에도 중요한 영향을 미친다. 당신은 미래의 평가에 근거해서 미국에 얼마나 투자할 것인지, 얼마나 많은 사람을 그곳에 배치할 것인지, 앞으로 몇 년 동안 미국 시장에서 실현할 수 있는 기대 판매량이 어느 정도인지 결정해야만 할 것이다. 미국의 미래 경제는 분명 미국인들에게도 마찬가지로 대단히 중요한 문제이다. 이는 미국인들의 개인 재산과 안전을 결정하게 될 것이다.

그렇지만 미국에서, 그리고 미국과 관련해 일어나는 일들은 세계 경제에 자신의 몫을 가지고 있는 모든 사람들이 항상 마음에 새기고 있어야 할 보다 폭넓은 의미를 갖는다. 오늘날 세계화 시대에서 세계경제시스템을 조직하고 유지하기 위해 가장 많은 책임을 짊어지고 번영해온 나라가 바로 미국이다. 미국의 경제와 군사력은 지난 60년, 아니 특히 지난 20년 동안 국경을 초월한 무역과 투자의 엄청난 확대를 뒷받침했다. 고대 로마 역사가인 플루타르크Plutarch가 말했던 것처럼, 우리 시대의 미국은 "부유하는 세계를 잡아주는 닻"이다. 이 닻이 약해지면 세계는 우리가 예상할 수 없는 방향으로 표류할 것이다. 쇠락하는 미국은 당신이 경영하는 사업을 포함해 모든 사업에 부정적인 영향을 미칠 것이다.

미국의 전통적인 강점들은 사라진 적이 없다. 미국 사회는 여전히 활기가 넘친다. 나는 미국을 여행하면서 언제나 그랬듯이 인상적인 지역 기업들, 창의적인 교사들, 적극적인 시민단체들, 예지력 있는 리더들을 접했다. 그러나 이러한 모든 에너지와 재능들은 세상이 기대하는 국가적 생명력이 되지 못하고 있다.

걱정스러운 현 추세를 역전시키고, 일반 대중의 에너지를 하나로 연결하려면 무엇이 필요한가? 경제성장에 박차를 가하고, 국민의 사기를 높이며, 앞으로 다가올 10년과 그 이후 미국의 글로벌 리더십을 보장하기 위해 미국을 활성화하려면 무엇이 필요한가? 이에 대한 대답은 당신을 놀라게 할 수도 있다. 20년 전, 당신이 이전 소비에트 연방과 공산주의에서 벗어난 신흥시장에 투자하기 위해 우리가 생각하는 전제조건이 무엇이냐고 물었을 때 우리 회사가 당신에게 제시했던 답변과 같은 내용이기 때문이다. 우리의 답변을 기억하는가? 바로 '충격요법'이다.

그렇다. 당신은 정확하게 읽었다. 미국의 정치는 정체되어 있고, 현재 미국은 경제학자와 컨설턴트들이 냉전에서 미국이 물리쳤던 국가에게 권고했던, 그리고 가끔씩 심각한 경제문제로 시달리는 다른 신흥시장 국가들에게 권고했던 내용과 같은 충격이 필요한 것으로 보인다.

그 이유를 이해하기란 어렵지 않다. 미국의 양대 정당은 국가가 직면한 심각한 과제를 해결할 수 있을 것 같지 않다. 이들의 정치철학은 극명하게 다르다. 어느 정당의 정치적 관점도 현시점에서는 적합하지 않다. 민주당은 마치 정부가 미국의 모든 문제의 해결책인 것처럼 행동한다. 반면, 공화당은 정부가 이 모든 문제의 원인인 것처럼 행동한다. 실제로 민주당은 20세기에 정부가 수립했던 모든 계획들이 완벽하고 절대로 변경될 수 없다는 듯이 행동한다. 공화당은 미국을 이러한 계획들이 존재하지 않았던 19세기로 돌려보낼 방법을 모색한다. 2가지 중 어떠한 접근법도 다가올 시대에서 성공하기 위해 필요한 정책을 국가에게 제시하지는 못할 것이다.

사실, 양 정당은 그들의 전통적인 입장을 뒤집었다. 한 세대 전만 해도 민주당은 진보적인 변화를 지지했다. 오늘날 이들은 모든 연방정부의 계획이 마치 신성불가침인 양 방어한다. 이들은 미국 정치에서 가장 보수적인 세력이 되어가고 있다. '반동적 자유주의'라는 말은 이율배반적인 표현이 아니다. 국가경영에 대한 민주당의 접근 방식을 정확하게 설명하는 표현이다. 당초 공화당은 진지하면서도 유럽적인 사고로 급격한 변화에 반대하며 공공재정에 관한 한 신중했던 보수당이었다. 지금 이들은 지출경비를 감축하지 않은 채 세금을 삭감하면서 미국을 더 깊은 국가채무의 구렁텅이로 밀어 넣는, 국가재정 문제에 있어서 급진주의적이고 무모한 정당이다. 그러나 이 두 정당은 2가지 사항에 대해서는 결속되어 있다. 사회보장제도 및 메디케어 같은 주요 재정을 통한 복지

지원정책에 소요되는 비용의 감축, 세금의 인상, 국가의 경제성장이 달려 있는 계획에 대한 투자 등 어느 정당에서도 심각한 수준으로 증가된 국가채무를 해결하기 위해 조치를 취하겠다는 용기가 없다. 그리고 어느 정당에서도 세계의 석유에 대한 의존성을 유가 인상이라는 방법을 통해 축소하겠다는 용기가 없다.

당신이 지금 무슨 생각을 하고 있는지 나는 알고 있다. 신흥시장에서 사업을 시작할 때 일반적으로 당신 기업은 정치적 안정을 추구했다. 미국 정치의 견고한 안정과 예측 가능성은 미국의 주요 자산이었다. 그런데 우리의 견해로는 그것들이 지금은 미국에게 부담이 되고 있다.

미국의 쇠퇴를 미연에 방지하려면 특별한 종류의 정치적 안정이 필요하다. 미국은 무엇이 중요한지 다시 초점을 맞추고 정부의 막힌 통로들을 뚫어야 한다. 이런 추세가 계속 유지된다면 어떤 일도 못하게 될 것이다. 늘 그랬듯이 미국 정치에서 기업은 국가적 쇠락을 해결하는 비책이다. 공화당 상원의원으로서 은퇴한 조지 보이노비치George Voinovich는 두 번째 그의 임기를 마칠 무렵인 2010년, 의회를 언급하면서 다음처럼 주장했다. "나는 우리가 이 의회를 폭파해야 한다고 생각합니다."

물론 이 말은 고의가 들어 있는 과장된 표현이었다. 미국의 정치시스템은 폭파시킬 필요까지는 없지만 대대적인 개혁은 필요하다. 한때 정신과 의사들은 특정 정신질환을 앓고 있는 환자들에게 '충격요법'으로 알려진 전기자극 처방을 정기적으로 내렸다. 이 용어는 공산주의에서 벗어난 국가들이나 신흥시장의 심각한 인플레이션을 중지시키기 위해 계획되었던, 경제정책에 대한 급격하고도 직접적인 변화를 표현할 때 사용되었다. 오늘날 미국에게 필요한 사항이 바로 이러한 것이다. 그러나 경제 분야에서가 아니다. 지금의 미국은 정치적 충격요법이 필요하다.

미국에 대한 당신의 투자 결정은 미국이 자신에게 필요한 정치적 충격요법을 받아들일 것인가에 대한 당신의 믿음 여하에 달려 있다. 당신은 이 질문에 대한 나의 견해를 알아야 할 권리가 있다. 나는 모든 것을 감안했을 때, 미국에 대해서 낙관적이다. 과거에도 그랬듯이 미국이 현재 직면한 위기를 극복해서 다시 번영을 구가할 수 있을 것이라고 조심스럽게 낙관한다. 그러나 미국의 회복을 확신하지는 않는다. 내가 지금 알고 있는 것이자 바로 나의 결론이기도 한 것은 미국의 미래 그리고 세계의 미래가 그 질문에 대한 답에 달려 있다는 것이다.

정중한 마음으로 이 보고서를 제출한다.

알렉시스 드 토크빌

## | 왜 충격요법인가?

미국의 정치시스템에 필요한 충격요법은 무엇인가? 그리고 그것은 어디에서 비롯될 수 있는 것일까? 토크빌은 혁명의 시대에서 살았다. 그는 위대한 혁명이었던 프랑스혁명이 일어난 1789년으로부터 불과 몇 년 뒤에 태어났다. 1830년과 1848년에 일어났던 두 차례의 다른 혁명을 경험했다. 이러한 종류의 혁명이 미국에서는 일어나지 않았다. 미국의 경우에는 정치시스템이 2세기가 넘는 기간 동안 제대로 작동되었고 일련의 주요 위기들을 잘 대처할 수 있음을 입증했다. 때문에 미국은 국가 정치시스템에 대하여 근본적인 변화를 가할 필요가 없었다. 오늘날 미국의 문제는 정치시스템에 잘못이 있어서가 아니라 가지고 있는 우수한 정치시스템이 적절하게 기능하고 있지 않다는 점이다. 기절한 사람을 소생시킬 때 후각을 자극하는 화학물질을 사용하거나, 자동차가 방전됐을 때 다른 차의 배터리에 연결해서 시동을 거는 것처럼, 미국의 정치시스템이 적절하게 기능하도록 만들기 위해서는 충격이 필요하다. 이러한 충격은 몇몇 외부에 있는 적들, 엄청난 글로벌 경제위기, 자연, 미국 내 대중운동, 정치시스템 자체의 최상층부 등 다양한 곳으로부터 발생될 수 있다.

우리는 이러한 충격이 대중들과 상위정치high politics가 결합되어 내부로부터 초래되기를 바란다. 이 말은 양대 정당과 관계가 없고, 가능성 있는 독립적 대통령 후보를 의미한다. 우리는 보이노비치 상원의원의 견해에 동의한다. 비유적으로 표현하자면, 우리는 의회를 폭파시킬 시점이 되었다고 생각한다.

미국의 정치시스템은 덫에 걸려 있다. 오늘날 미국의 정치시스템은 긴박한 현재와 미래에 필요한 내용과는 전혀 관계가 없고, 오히려 역효과를 양산하는 정책만 수행하는 이익집단의 지배하에 놓여 있다. 양대 정당은 너무나 양극화되어 있다. 때문에 미국이 직면한 거대한 위기를 헤쳐 나가는 데 필요한, 그리고 앞으로 필요하게 될 중대한 계획을 수립함에 있어서 진지하면서도 이념적으로 고통스러운 타협에 도달할 수 없다.

게다가 지금까지 우리가 입증하려고 했듯이 미국 정치시스템의 병리학적 측면들은 그 뿌리가 깊다. 이는 미국 사회의 전반적인 역사와 사회적 풍조의 산물이다. 그 결과 이 강력한 세력은 미국의 중대한 과제들을 해결하기보다는 회피하기 위한 일련의 비뚤어진 정책만 추구해왔다.

정교한 정보기술이 더욱더 빠르게 확산되고 있는 세계화된 경제에서 미국이 성공하고자 한다면 정부가 교육과 사회기반시설에 투자해야 한다는 민주당의 주장은 옳다. 즉 돈을 써야 한다는 주장이다. 국가경제발전을 이끄는 동력은 민간 부문이 되어야 하고, 민간 부문의 혁신과 기업가정신을 가능케 하고 권장하기 위해서 정부가 정책을 이에 맞추도록 조정해야 한다는 공화당의 주장도 옳다. 그러나 세금은 절대 올리지 않겠다고 미국인들에게 약속하는 공화당과 약속된 혜택은 절대로 축소될 수 없다는 민주당은 모두 틀렸다.

다시 말해, 새로운 세계에 적응하고 우리에게 던져진 중대한 과제를 해결하기 위해서 진보와 보수 사이의 합의점을 찾는 것만으로는 충분치 않다. 클린턴 행정부의 공보수석 돈 베어Don Baer가 표현했던 것처럼 미국은 다가오는 10년과 다음 세대에서 글로벌 리더로서의 위치와 아메리칸 드림을 지속시킬 수 있는 변화를 만들어내는 '더 높은 고지'로 옮겨가야만 한다.

전 사우스캐롤라이나 주 출신 공화당 상원의원 밥 잉글리스는 오늘날 미국에게 필요한 것은 창조적 통합의 형태라고 말했다. 그는 2개의 적대적 이념들 사이에서 이루어지는 어쩔 수 없는 타협을 대체하는 '혼합형 정치'를 주장했다. "우리는 양대 정당의 장점들을 취해서 그것들을 국가에 유리하도록 활용해야 합니다. 민주당은 공정성에 치중하는 경향이 있습니다. 공화당은 능력주의를 구축하는 데 탁월합니다. 사실 미국인들은 이 2가지를 모두 원하고 필요로 합니다. 우리는 능력주의가 형성하는 부를 원하고 필요로 하면서, 강한 자가 약한 자를 짓누르지 못하도록 하는 공정성을 원하고 필요로 합니다. 우리 모두가 직면하고 있는 외부의 위협을 인식하는 혼합형 정치인들은 그들의 상대가 제의하는 개선 사항을 기꺼이 받아들일 것입니다." 잉글리스의 말이다.

바꿔 말하면 미국은 '급진적 중도'정치가 필요하다. 이는 이율배반적으로 들릴 수도 있다. 하지만 그렇지 않다. 미국의 과제를 해결하기 위해서는 민주당의 주류와 공화당의 주류들이 내놓았던 정책들 사이 어딘가, 보수와 진보라는 정치판도에서 중도주의에 해당되는 정책들이 필요하다. 중도주의자들은 그들이 모든 일에 대해 미온적이라는 분위기를 시사하며 종종 '온건주의자'라고 불린다. 그러나 이들은 누구에게나 친구가 되어주고, 아무도 공격하지 않으며, 아무것도 바꾸려 하지 않는 의지박약한 사람이 될 필요는 없다. 또한 우리에게 필요한 정책은 민주당이나 공화당이 제안하는 것보다 일을 처리하는 현재의 방식에 대해 훨씬 더 큰 변화를 포함해야 하기에 급진적이어야 한다. 특히 연방예산의 경우, 양대 정당은 현재 상황을 완강하게 방어하는 입장을 취하고 있지만 현 상황은 미국이 번영했던 지난 2세기처럼 금세기에도 번영할 수 있는 수단을 제공하지 않는다.

더 높은 고지에 도달하고, 급진적 중도 계획을 표명해서 그것을 실현시키겠다는 약속을 창출해내기 위해서는 이러한 견해를 가진 입후보자들을 변방으로 내모는 비뚤어진 정치적 성향을 극복하거나 변화시켜야 한다. 어떻게 하면 그것이 가능할까?

이론상으로는 어느 정당이든 일단 선출되기만 하면 급진적 중도정치를 포용할 만한 대통령 후보를 추천할 수 있다. 그러나 현실적으로는 이러한 '트로이 목마'가 될 수 있는 후보의 출마는 거의 성사될 가능성이 희박하다. 일단 선출되면 대통령은 어느 정당에도 소속되지 않은 채 자유롭게 행동하는 사람이 되지 못한다. 누가 대통령이 되든지 그를 백악관에 입성할 수 있도록 지원해준 사람들에 대한 의무를 짊어지고 취임하기 때문에, 처음에 그러한 지지를 유도하기 위해 맺었던 약속들을 쉽게 저버릴 수 없다. 가장 충직한 지지자들은 입후보자가 속한 정당에서 이데올로기적으로 가장 극단적인 구성원이자 해당 정당의 정책적 정통성에 대해 가장 열성적인 수호자가 되는 경향이 있다. 또한 대통령은 급진적 중도정치 의제를 실행하기 위해 개인적인 명성에 의존할 수도 없다. 다음의 2가지 사례가 보여주는 것처럼 이를 실행하기 위해서는 카리스마만으로는 충분하지 않다. 아놀드 슈왈제네거는 광범위한 우호적 반응과 넘치는 파워, 널리 알려진 대중적인 이미지를 십분 활용해 특별선거에서 승리를 거두었다. 남달리 유리한 상황에 있었던 그는 캘리포니아 주지사 관저에 들어갔다. 그는 추락하는 캘리포니아 경제의 하강을 막는 정책을 채택하려고 노력했지만 대부분 실패했다. 그 자신도 개인적으로는 정치적 실수를 저질렀지만, 궁극적으로 그를 좌절시킨 것은 양대 정당의 기득권층들이었다.

마찬가지로 버락 오바마는 미국 정치에서의 새로운 협력의 시대를 약속하면서 대통령에 당선되었다. 하지만 집권 후 첫 2년간은 전임자의 집권기 때와 다름없는 당파적인 적의를 재현했다. 그는 즉각적인 대처가 필요한 경제적 재난을 이어받았고, 그의 행정부가 경제를 떠받치기 위해 기울였던 관심이 그가 정권을 인수하면서 가져왔던 정치적 자본 중 대부분을 소진시켰다. 그리고 그나마 남아 있던 자신의 정치적 자본을 건강보험 적용 대상 확대에 모두 투입했다. 이는 분명 가치 있는 목표였고, 그가 속한 정당으로서는 거의 신앙적인 중요성을 갖는 것이었다. 하지만 그것이 실행될 때 우리가 당면한 문제를 해결할 수 있도록 미국을 얼마나 무장시킬 수 있을지는 확실하지 않다.

"우리는 변화를 믿습니다"는 효과적인 선거운동 슬로건이었다. 그러나 통치에 유용한 지침은 아니다. 오바마는 미국인들이 살고 있었던 세상에서 그들이 번영하게끔 해주었던 급진적 중도정치 의제에 대한 권한을 추구하지 않았기 때문에, 대통령직을 수행하기 시작했을 때 이에 대한 어떠한 의제도 갖고 있지 않았다.

이데올로기적이고 구조적인 이 모든 장애물을 극복할 수 있는 유일한 방법은 다음과 같다. 우리가 당면한 중대한 과제들을 해결하고 미국의 성공 포뮬러를 회복시키는 혼합형 정치를 선언할 뿐만 아니라(물론 이것만으로도 위대한 일이기는 하지만) 분한 숫자의 미국인들이 급진적 중도정치에 합류하도록 만들 수 있는 제3정당이나 무소속 후보를 찾아내는 것이다. 오직 이것만이 이러한 결정들을 내리기보다는 어려운 결정을 유보하고 상대 정당만 탓하는 미국의 정치인들이 혜택을 누리는 지금의 정치시스템을 바꿀 수 있는 길이다.

기업이든 정치든 사람들은 보상에 반응한다. 그 보상시스템이 비뚤어져 있으면 사람들도 비뚤어진 행동을 한다. 치즈를 옮기면 쥐도 움직인다. 치즈를 그 자리에 그대로 두면 쥐들도 움직이지 않는다. 미국은 시장과 자연이 그들을 움직이지 않을 수 없도록 만들기 전에 이들 보상을 변화시킬 필요가 있다. 미국이 치즈를 옮겨놓아야 한다. 이 일은 오직 설득력 있는 혼합형 정책을 갖춘 설득력 있는 제3정당 후보만이 할 수 있다.

## 새로운 길을 위한 제3의 길

얼핏 보기에, 제3정당이나 무소속 대통령 후보가 미국의 정치체계에 필요한 충격을 실행하기에 이상한 방법일 수도 있다. 어쨌든, 미국 공화국 역사상 제3정당 후보가 대통령으로 선출된 적은 없었다. 실제로 제3정당 후보는 선출직에 당선된 경우가 거의 없었다. 1854년에 공화당이 휘그당을 대체한 이후 민주당이 미국의 양대 정당 중 하나가 되었고, 지금까지 이 양대 정당이 미국 정치를 지배해왔다. 두 정당은 몇 가지 강력한 이유로 1세기 반 이상의 기간 동안 양대 정당체제를 유지해왔다.

제3정당이 양대 정당과 경쟁하기 위해서는 추천을 받아서 후보로 등록해야 한다. 그런데 그것이 쉽지 않다. 각 주에는 나름의 선거법이 있고, 이 선거법들을 제정한 주의회의 민주당 의원들과 공화당 의원들은 의도적으로 대부분의 지역에서 추천받는 것을 어렵게 만들어놓았다. 캘리포니아 주는 이 문제에 있어서도 극단적인 사례가 된다. 민주당원이나 공화당원이 아닌 사람이 대통령 후보가 되려면 110만 명의 유효서명을 받아야 한다. 이를 위해서는 대체로 최소 160만 명의 서명이 필요하다. 통상 서명을 받는 장소인 슈퍼마켓이나 쇼핑센터 바깥에서 한 번에 한 사람씩 서명을 받아내기란 쉬운 일이 아니다.

게다가, 대통령 선거를 포함한 미국의 모든 공직선거에서는 가장 많이 득표한 후보자가 당선된다. 이 말은 종종 50퍼센트 이하로 득표한 후보가 당선되기도 하며 2위를 했거나 그 아래 순위에 있는 후보나 정당은 아무것도 얻지 못한다는 뜻이다. 이렇게 한 명의 의원이 최다득표로 당선되는 소선거구제는 정당의 전체 득표수 비례에 따라 의회에서 자리를 얻는 비례대표제를 바탕으로 하는 선거시스템과는 다르다. 제3정당은 비례대표제에서는 적절한 정치적 힘을 획득할 수 있지만 미국에서는 그것이 불가능하다.

미국 유권자들은 양대 정당 중 어느 한쪽에 대해 충성심을 키워나가면서 민주당원 또는 공화당원으로서의 정체성을 갖는다. 이는 정서적으로 그들이 이들 양대 정당 외의 다른 정당에 표를 던지는 것을 어렵게 만든다. 뉴욕 메츠의 팬이 메츠가 단지 한두 시즌 경기 실적이 부진했다고 해서 뉴욕 양키스의 팬이 되지 않는 것처럼 정치에서도 마찬가지이다. 양대 정당이 오랜 기간 미국 정치시스템을 지배해왔다는 사실이 강조하고 있듯이 당에 대한 충성심이 공화당과 민주당 양당에 의한 정치적 독점 체제를 강화해왔다. 남북전쟁이라는 예외가 있긴 했지만, 대체로 미국의 정치 역사는 성공적이었기에 미국인들은 양대 정당 시스템을 존중하고 있다. 비록 헌법에는 정당에 대한 언급이 없지만, 정당은 2개여야 하며 오직 양대 정당만이 헌법에 준하는 자격(그것을 바꾸려고 하는 조치는 현명하지 못하다는 생각)을 갖추고 있다고 많은 유권자들이 믿고 있다.

민주당과 공화당에 도전한 사람들의 실패는 자기실현적으로 작용한다. 제3정당이 선거에서 승리하지 못하기 때문에 유권자들은 이들의 패배를 미리 예상하고 그들의 표를 낭비하지 않기 위해 이들에게 투표하지 않는다. 이런 형태의 계산은 심각한 실책이 될 수 있다. 제3정당을 약화시키는(따라서 공화당과 민주당을 강화시키는) 주된 원인이기 때문이다. 제3정당 대통령 후보에게 표를 던지는 것은 미국 정치의 방향을 바꿀 수 있는 효과적인 방법이 될 수 있고, 이것이 우리가 지지하는 전략이다.

제3정당은 선거에서 승리함으로써가 아닌 승리한 당의 정책 과제에 영향을 미침으로써 성공한다. 제3정당은(또는 20세기에 일반화되었던, 후보를 오랜 기간 내지 않은 당을 이끄는 무소속 후보는) 양대 정당의 정책 의제에 주목할 만한 투표수로 영향을 미칠 수 있다. 이렇게 함으로써 이들은 양대 정당 어디에도 속하지 않는 부동표층의 존재를 보여준다. 민주당과 공화당의 핵심 목표는 선거에서의 승리이다. 때문에 각 정당은 가능한 한 많은 유권자들을 유인하는 데 기본적으로 관심을 기울인다. 이 말은 민주당이든 공화당이든 무소속 후보가 표방하는 정책이 무엇이든 그것을 포용함으로써 무소속 후보 지지자들을 흡수하기 위해 움직일 것이라는 뜻이다. 역사적으로 양대 정당은 다양한 상품을 제공함으로써 가능한 한 많은 고객을 끌어들이는 대형 소매점처럼 행동하면서 다양한 정책을 제시해왔다. 이러한 상점들처럼 공화당과 민주당은 그들의 고객, 즉 유권자가 원하는 것들을 어느 한도까지는 늘려가며 기꺼이 제공할 수 있었다. 그러나 대형 상점들이 고객이 원하는 품목들을 모두 취급하기 시작하면서 규모가 작은 가게들은 문을 닫았다.

제3정당도 마찬가지이다. 역사가인 리차드 홉스타더Richard Hofstadter는 제3정당을 침을 쏜 후 죽는 꿀벌에 비유했다. 제3정당과 중소 상점 소유주들은 이러한 과정에서 고통을 겪지만 유권자와 소비자들은 그렇지 않다. 오히려 유권자와 소비자는 그 과정에서 그들이 원하는 것을 얻는다.

우리는 양대 정당이 무시하거나 과소평가할 수 없도록 이들에게 침을 쏘는 거대한 벌의 출현을 목격하고 싶다. 무소속 대통령 후보가 강한 모습을 보이면 양대 정당 제도의 역동성은 두 정당이 가능한 한 그들의 유권자를 확보할 수밖에 없도록 만든다. 이 과정에서 유권자들은 선거에서 실제로 자신들이 지원했던 후보자보다 승리한 후보자의 정책에 막대한 영향력을 행사할 수 있다. 이러한 일들은 20세기에 세 차례나 발생했다.

1968년 대통령 선거에서 공화당의 리처드 닉슨이 43.4퍼센트의 득표율로 42.7퍼센트를 득표한 민주당의 허버트 험프리를 가까스로 물리쳤다. 미국 최남부 지역 5개 주에서 최다득표를 기록한 전 앨라배마 주지사 조지 월리스George Wallace는 미국 전체로는 13.5퍼센트, 남부 지역에서는 34.3퍼센트를 득표했다. 월리스는 1963년에서 1965년 사이에 통과된 민권법에 대한 반대자로 나섰다. 이 시기 미국은 인종 관계에 있어서 혁명을 겪었다. 월리스는 반혁명주의자로 자신을 공공에게 내놓았다.

그는 인종 문제를 함축하고 있기는 했지만 본질상 전적으로 인종 문제만은 아니고, 그 후 20년 동안 국가적 관심사로 대두되었던 다른 이슈들을 국가적 의제로 제시했다. 의제들 중 하나는 1965년에서 1968년 사이에 로스앤젤레스 및 디트로이트와 같은 수많은 미국 도시에서 발생한 민간인 소요 사태에 대한 반작용으로 '법과 질서'에 대한 지지였다. 또 다른 하나는 연방정부와 그와 다른 사람들이 미국의 진보 세력이라고 인식하게 된 것들에 대한 인기 영합적 적대감이었다. 월리스는 그가 "자전거 하나도 똑바로 주차하지 못하는 잘난 척만 하는 지식인들"이라고 불렀던 사람들에 대한 자신의 경멸감을 널리 선전했다. 지미 카터와 로널드 레이건은 이와는 다른 방식으로 월리스의 반워싱턴적 이슈들을 활용했다. 이는 이들 두 사람이 1976년과 1980년에 각각 대통령으로 당선되는 데 큰 도움이 되었다.

월리스의 선거운동은 대통령 선거의 형태보다는 공공정책에 더 즉각적인 충격을 가했다. 닉슨은 선거 기간 전후로, 이른바 '남부 전략'을 통해 월리스를 지지했던 유권자들의 지원을 받아내고자 노력했다. 그는 백악관에 근무하면서 남부 지역의 이익 보호라는 특수 책임을 부여한 관리를 임명했다. 그는 교육구 내에서 학령아동들의 인종구성비율 균형을 유지하기 위해 연방법원이 남부 지역 주들을 포함한 여러 주에 명령했던 강제적 버스 통학에 대한 반대 의사를 명확하게 표명했다. 닉슨 행정부는 주요 민권법들에 대한 폐지를 심각하게 추구하지 않는 등 월리스를 지지했던 많은 유권자들이 원하는 모든 정책을 추구하지는 않았다. 하지만 유권자들은 그들이 지지하지 않았던 행정부가 그들이 지지했던 후보의 일부 정책과 입장을 적어도 받아들이는 모습을 볼 수 있었다.

그로부터 약 25년이 흐른 후, 또 다른 무소속 후보였던 H. 로스 페로는 정보기술 사업으로 거부가 된 사람이다. 그는 대통령 선거에서도 대단한 돌풍을 불러일으켰다. 1992년, 현직 공화당 의원으로서 37.5퍼센트를 득표한 조지 H.W. 부시와 아칸소 주지사이자 민주당 후보로서 43퍼센트를 득표해서 대통령으로 당선된 빌 클린턴과 벌였던 삼자대결에서 로스 페로는 18.9퍼센트의 지지를 받았다.

로스 페로의 중점 선거 이슈는 연방 예산 적자로 인해서 국가가 감당하고 있는 위험이었다. 그러나 사실 그 당시의 적자 상태는 오히려 오늘날보다 양호했다. 닉슨과 마찬가지로, 집권에 성공한 빌 클린턴 역시 무소속 후보를 지지하게 만들었던 이슈들을 해결함으로써 로스 페로 지지층을 끌어안으려고 노력했다. 빌 클린턴의 첫 번째 주요 정책 제안은 세금의 인상과 지출 삭감을 통해서 5년간 재정적자를 5000억 달러만큼 감축하는 계획이었다. 클린턴의 재선 임기가 끝나갈 무렵, 미국은 수십 년 만에 처음으로 예산 흑자를 기록했다. 1992년 처음으로 상원의원에 당선된 위스콘신 주 민주당 상원의원 러스 페인골드는 적자 감축이 '로스 페로로부터 나온 자극제'의 결과라고 말했다. 로스 페로를 지지했던 투표들은 결코 선거권을 낭비했던 것이 아니라 그를 지지했던 사람들이 원했던 바를 달성하는 데 도움이 되었다.

막강했던 20세기 무소속 대통령 후보는 아마도 시기적으로는 가장 많이 떨어진 시대의 사람이 아닌가 싶다. 1912년, 시어도어 루스벨트는 대통령직을 다시 차지하기 위해 도전했다. 그는 이미 1901년부터 1909년까지 공화당 출신 대통령으로서 임기를 마쳤었다. 그러나 루스벨트는 자신이 선택했던 후계자이자 당시 대통령이었던 윌리엄 하워드 태프트William Howard Taft와 해당 선거에서 대통령으로 당선되는 뉴저지 주지사 우드로 윌슨Woodrow Wilson에 맞서서 진보당 대통령 후보로 출마했다. 그는 일반투표에서 27.4퍼센트의 지지를 받았다. 그리고 6개 주에서 승리하여 88명의 선거인단을 확보했다. 우드로 윌슨이 41.8퍼센트를 득표한 반면 대통령이었던 윌리엄 하워드 태프트의 득표율은 23.2퍼센트에 불과했다.

루스벨트가 후보 지명을 수락했을 때, 진보당은 이미 기존 정당이었지만 후보자인 루스벨트가 자신을 '북미산 수사슴처럼 건강한 사람'으로 선언한 이후 선거운동은 후보의 개인적 품성이 강조되는 양상으로 전개되었다. 그의 제3정당은 수사슴당Bull Moose Party(혁신당)으로 알려졌다. 개인적인 동기가 의심할 여지없이 이번 대선에 출마하겠다는 루스벨트의 결정에 기여했다. 그의 자아는 그가 "모든 결혼식에서 신부가 되고 싶어 했고, 모든 세례식에서 세례를 받는 아이가 되고 싶어 했으며, 모든 장례식에서 고인이 되고 싶어 했다"는 말이 있을 정도로 거대했다. 그러나 그는 미국의 미래를 위해 필요하다고 여겼던 조치들을 추진할 목적 때문에 무소속 후보로 출마한 것이기도 했다. 그는 태프트가 산업혁명으로 새롭게 만들어진 국가가 직면한 도전을 해결하기 위해서 자신이 대통령으로서 고안해놓은 개혁 의제들의 실행에 너무나 소극적이라고 믿었다. 오늘날 세계화와 IT혁명 위기에 따른 미국의 대응이 포괄적이어야 하는 것처럼, 루스벨트는 공장과 도시의 성장에 따라 종합적인 정책 조정이 필요하다고 확신했다.

1912년 혁신당의 공약은 상원의원 직접선거, 후보자 선발을 위한 직접예비선거, 여성참정권, 기업에 대한 규제, 최저임금, 8시간 근무와 주휴제도, 실업보험, 노령연금 등에 대한 제안들이 포함되어 있었다. 이 모든 것들이 궁극적으로 전부 실행되었다. 선거 기간 동안 윌슨은 이전 대통령과 마찬가지로 트러스트라고 알려진 대기업 독점에 반대한다고 선언했다. 그럼으로써 루스벨트를 지지하던 유권자들을 흡수하려고 노력했다.

우드로 윌슨 대통령의 첫 2년은 루스벨트가 집권했을 때의 비전과 유사했다. 윌슨은 윌리엄 하워드 태프트 대통령과는 달리, 루스벨트처럼 개혁에 적극적인 행정부를 수립했다. 또한 1908년 민주당 대통령 후보였던 윌리엄 제닝스 브라이언William Jennings Bryan과는 달리 농민의 지지를 받는 포퓰리스트가 아닌 진보적인 개혁가로서 행동했다. 그는 연방거래위원회Federal Trade Commission 및 미성년노동법 제정 등 루스벨트가 지지했던 진보적인 법안으로 의회를 이끌었다. 루스벨트는 대통령으로 재직 중에도 미국의 공공 정책에 지대한 영향을 끼쳤다. 그러나 퇴임한 이후에도 제3정당의 대통령 후보라는 성공을 거두지 못한 추가적인 역할을 통해서 미국 역사의 진행 방향을 바꾸었다.

1912년 혁신당의 선거운동, 1968년 월리스의 선거운동, 그리고 1992년 로스 페로의 선거운동 등 각각의 목표가 후보자를 미국 대통령으로 만들겠다는 것이었다면 이 모든 시도는 실패였다. 그렇지만 이들 무소속 후보를 지원했던 유권자들이 양대 정당의 어느 한 후보 또는 두 후보 모두에게 특정 사안에 대해 관심을 더 많이 쏟아달라는 메시지를 전하고 싶어 했던 것이었다면, 이들 세 차례의 선거운동은 모두 성공적이었다고 평가될 수 있을 것이다.

앞으로도 무소속 후보의 선거운동이 이와 유사한 성공을 거둘 수 있을까? 명확하게 말해서 경제성장의 전통적인 아메리칸 포퓰러와 같은 포괄적인 활성화, 연방 재정적자 감축, 세제 개혁, 국가의 화석연료 사용 중단 등 진지한 조치를 지지하는 우리가 바라는 모습의 무소속 후보라면 민주당이나 공화당, 혹은 양대 정당 모두를 설득해서 이러한 정책들을 수립할 수 있을까? 이러한 시기가 도래했다고 믿을 수 있는 충분한 이유들이 여기 있다.

미국 정치의 극심한 양극화로 양대 정당은 과거 어느 때보다 국가의 대표자가 되지 못하고 있다는 사실을 상기하자. 어느 정당도 유권자들로부터 다수의 지지를 얻지 못하고 있다. 자신을 어느 정당에도 속하지 않는다고 표명하는 유권자들의 숫자는 지난 수십 년 동안 꾸준히 증가했다. 그래서 지금은 양대 정당을 지지하는 유권자 수와 거의 같은 규모가 되었다. 2010년 10월, 여론조사를 실시한 퓨 센터에서는 민주당을 지원하는 유권자(31퍼센트)와 공화당을 지원하는 유권자(29퍼센트)보다 무소속을 지원하는 유권자(37퍼센트)가 더 많다는 사실을 발견했다. 이러한 점에서 미국은 이미 삼당체제가 되었지만 제3정당(급진적 중도정치세력)은 공식적인 정강이나 당을 대표하는 정치적 리더를 갖지 못하고 있다.

여론은 지속적으로 국정 방향에 대해 높은 수준의 불만을 나타내고 있다. 많은 사례들 중 여기에 인용할 수 있는 사례 한 가지만 제시해보겠다. 2010년 말, 퓨 센터가 실시한 설문조사는 응답자 중 72퍼센트가 미국의 현재 상황에 대해 만족을 하지 못하고 있다는 믿기 어려운 사실을 확인했다. 또한 미국인들은 양대 정당에 대해서도 낮은 신뢰도를 보이고 있다. 2010년 9월 〈워싱턴 포스트〉와 ABC 뉴스가 실시한 여론조사는 민주당 후보들이 재선될 자격이 있다고 대답한 응답자는 겨우 34퍼센트였고, 공화당 후보들이 그렇다고 대답한 응답자는 31퍼센트에 그쳤다고 보도했다. 이는 공화당이 중간선거에서 압도적으로 이겼던 해에 실시된 설문조사였다. 개방적인 대통령 선거 추진을 위한 비당파적 운동인 입소스 퍼블릭 어페어스Ipsos-Public Affairs가 2010년 6월에 실시한 여론조사는 응답자 중 71퍼센트가 대통령 선거에서 민주당과 공화당 대표 이외의 후보들이 출마하는 것을 보고 싶어 한다고 확인했다.

그러나 무소속 후보가 승리할 수 없는 정치와 정부에 대한 대중들의 불만을 나타내는 또 다른 신호는 최근 3번의 총선에서 나타난 투표 행태이다. 지금까지 총선에서는 정치학자들이 소위 '물결wave' 선거라고 부르는 것처럼 일반적으로 유권자들이 한 쪽이나 그 반대방향으로 급격하게 몰아가는 양상이 나타났었다. 2006년 민주당은 하원 30석, 상원의원 6석을 새로 확보하면서 양원에 대한 지배권을 장악했다. 2008년에는 대통령 선거에서 승리하면서 하원 24석과 상원의원 8석을 추가로 확보했다. 2010년 유권자들은 급격하게 다른 쪽으로 더 크게 방향을 틀었다. 그래서 하원 63석과 상원의원 6석을 확보한 공화당이 하원을 장악하도록 만들었다. 2010년 총선에서처럼, 즉 2008년에는 민주당 쪽으로 크게 기울었다가 2010년에는 공화당 쪽으로 급격하게 기울었던 독립적인 유권자들처럼, 정치에 접근하는 방법을 찾는 유권자들의 행태란 바로 이런 것이다.

2010년 선거에서 티파티 운동의 성공 역시 또 다른 영향력 있는 무소속 대통령 후보의 시대가 도래했을 수도 있다는 사실을 제시한다. 미국의 일반 대중들을 기반으로 하여 양대 정당의 공식적인 구조 밖에서 나타난 티파티 구성원들은 스스로 조직을 만들었다. 일반적으로는 커지는 연방정부와 구체적으로는 늘어나는 국가채무에 대해 그들의 반감을 표출하기 위해서였다. 그들의 내재적인 불만은 미국의 미래 전반에 대한 걱정이었다. 비록 티파티 구성원들이 미국의 위기를 극복하기 위해 재정 절약뿐만 아니라 그들의 수뇌부가 호의적으로 보지 않는 교육, 사회기반시설, 연구개발 등 일부 영역에 대해서도 적극적인 정부의 역할을 요구하겠지만, 현재 미국이 직면한 이 거대하면서도 아직까지 해결되지 않은 과제들을 감안해볼 때 이들의 우려는 지극히 당연하다. 티파티 운동은 이들의 주요 취지가 울분을 토로해버리는 것이다. 때문에 톰이 장난스럽게 비유하는 것처럼 티파티보다는 '티케틀파티Tea Kettle Party'라고 불리는 편이 더 적절할 지도 모르겠다. 이들은 그 수증기를 동력으로 활용해서 그들이 원하는 방향으로 국가를 나아가게 하는 일관성 있는 계획을 제시하지는 않았다.

2010년 선거에서 티파티 구성원들은 공화당을 지지했다. 하지만 이는 민주당이 백악관과 미 의회를 장악한 후부터 취해온 공공정책의 추진 방향에 대한 불만을 토로하는 가장 확실한 방법이었기 때문이다. 그리고 그들이 망가졌다고 생각하는 것들을 공화당이 바로잡거나 고쳐줄 수 있다고 확신했기 때문이다. 티파티 운동에 참여했던 구성원이나 이들의 동조자라고 밝혔던 대다수 사람들은 자신을 무당파無黨派라고 주장했다. 공화당으로 파악되었던 대다수 사람들이 적어도 무소속 대통령 후보를 진심으로 지지하겠다는 생각을 품고 있다는 사실이다. 그러므로 티파티 운동의 발흥은 미국의 정치시스템에 충격을 가하고 미국이 직면한 위기에 진지한 집중을 끌어낼 수 있는 무소속 후보의 시대가 다시 한 번 도래했다는 확실한 증거로 여겨진다.

대통령 선거운동은 막대한 자금이 소요되고, 무소속 후보는 일반적으로 양대 정당 후보가 사용하는 액수만큼 충분한 자금을 확보할 수 없다. 그래서 자금 확보 방안 역시 중요한 문제이다. 1912년 대선에서 루스벨트를 지원했던 부유층들은 막대한 자금을 지원했다. 부호였던 로스 페로는 개인 자금으로 선거비용을 충당했다. 그는 약 7500만 달러를 사용했던 것으로 추산된다.

그러나 현대의 정보기술은 오늘날 성공적인 무소속 대통령 후보가 일부 장벽을 극복할 수 있는 수단이다. 즉 자금을 조성하고 후보자의 메시지를 전파할 수 있는 방법을 제공해준다. 각각 상이한 정치적 배경을 갖고 있었던 2004년 전 버몬트 주지사 하워드 딘, 그리고 2008년 텍사스 출신 하원의원 론 폴과 특히 일리노이 출신 상원의원 버락 오바마 등의 대통령 선거운동은 인터넷을 통해서 다수의 사람들로부터 개별적인 소액 기부금으로도 상당한 액수의 선거자금을 마련하는 것이 가능하다는 사실을 입증했다. 인터넷, 트위터, 페이스북 등 소셜미디어도 기존의 뉴스 제공 기관들의 기능을 대체하면서 텔레비전 출연이나 선거광고를 하는 것보다 훨씬 적은 비용으로 후보자의 정책을 밝힐 수 있는 채널을 제공한다. 이러한 방법을 활용하면 후보자는 자금도 동원할 수 있고, 동시에 자금을 절약할 수도 있다.

사람들이 어떻게 인터넷으로 계층을 평등하게 만들었고 모든 곳에서의 독점을 해체했는지를 보게 되면, 인터넷 기술이 양대 정당시스템에 강력한 충격을 주지 않을 거라고 믿기는 어려울 것이다. 미국의 양대 정당시스템은 19세기 이후로 조금도 변하지 않았다. 그러나 우리는 오늘날 하나로 연결된 세계에서 이러한 시스템이 계속 변화를 거부할 수 있을 거라고는 생각하지 않는다. 아마존닷컴이 서점에 대해서 그리고 아이튠즈가 음악에 대해서 접근 기회와 선택권을 극적으로 확대했듯이, 인터넷이 양당 구조에 이러한 변화를 초래한다면 2012년이 바로 그 시기가 될 수도 있다.

## 상상하다

유력한 후보를 준비한 급진적 중도를 대표하는 이러한 제3정당이 얼마나 많은 지지를 이끌어낼 수 있을지 미리 알기란 불가능하다. 그러나 그와 같은 정당이나 후보자가 등장하기 전 이에 대해 여론을 알아보는 것은 분명히 제3정당에 대한 잠재력을 축소해서 평가하도록 만들 것이다. 무엇보다도 대다수 미국인들은 대부분의 경우 정치에 관심을 두지 않는다. 국가적인 관심은 4년마다 진행되는 대통령 선거기간 동안에 최고조에 다다른다. 그러므로 대통령 선거는 유권자들에 대한 교육과 설득 기회가 된다. 우리는 미국이라는 나라가 국가의 미래를 불안해하는 국민들에게 현재 미국이 직면한 위기를 설명하고, 이를 해결할 수 있는 방법으로 혼합형 정치를 제안하며 다가설 수 있는 무소속 후보에게 그 어느 때보다 기회가 열려 있다고 생각한다. 만일 저명한 민주당원이나 공화당원이 자신의 당을 탈당하고 이러한 후보가 되겠다고 결심한다면, 우리에게는 아무런 문제가 없다. 그가 누구든지 진지한 사람이기만 하다면 우리는 이 사람이 1992년 로스 페로나 1912년 시어도어 루스벨트가 그랬던 것처럼 잘 해낼 수 있으리라고 믿는다. 이러한 후보자가 얼마나 잘 해내는지 알아보는 유일한 방법은 일단 시도해보는 것이다.

맥킨지 컨설턴트 맷 밀러Matt Miller는 진지한 제3정당 후보가 참석한 어느 일요일의 '선데이토크쇼'를 상상하면서 〈워싱턴 포스트〉(2010년 11월 11일자)에 아래와 같은 칼럼을 썼다.

예컨대 지난 일요일 당신은 크리스티안 아만푸어Christiane Amanpour가 공화당 의원 랜드 폴Rand Paul과 마이크 펜스Mike Pence가 국가재정에 대해 말도 안 되는 주장을 하는 것을 답답해하는 모습을 보았을 것이다. 이는 특정정당의 입장에서 하는 말이 아니다. 다른 주 프로그램에서는 민주당의 허풍에 진행자가 발끈하기도 했다.

정당은 이런 상황을 어떻게 타개할 수 있을까?

왜냐하면 비어 있는 자리가 있기 때문이다.

선데이토크쇼 테이프를 다시 돌려보았는데 거기 제3의 공식적인 발언이 있었다고 상상해보자.

"제3정당의 마크 존슨Mark Johnson 의원입니다. "어떻게 생각하십니까?" 진행자는 마크 존슨을 소개하며 질문했다.

"사실, 공화당과 민주당은 여러분들에게 진정한 그림을 제시하고 있지 않습니다. 진실은 일단 경제가 궤도에 다시 오르면 어떤 정당이 권력을 쥐느냐와 상관없이 수년 내에 세금이 오르게 되어 있습니다. 베이비부머들이 은퇴하기 때문입니다. 이 말은 사회보장제도와 메디케어를 적용받는 사람이 2배가 된다는 뜻입니다. 이미 우리는 이들 제도에 대해 아무런 자금조달 계획도 마련해놓지 않고서 수조 달러에 달하는 지급 약속을 해놓았습니다. 설령 우리가 우리에게 필요한 조치, 즉 이 제도가 수반하는 비용 증가를 막고 다른 지출을 삭감하더라도 수학은 현재의 세금 수준에 전혀 영향을 미치지 못한다는 것을 보여줍니다. 또한 우리는 전체 베이비부머들에게 지급해야 하는 연금기금을 중국에서 빌려올 수도 없습니다. 따라서 전반적인 세금을 현재 수준으로 유지하면서 적자를 줄일 수 있다는 아이디어는 공화당의 장난입니다." 존슨이 대답했다.

"그러나 민주당은 일부 상류층들에게 세금을 부과하는 방법으로 이 문제를 해결할 수 있다면서 여러분들을 속이고 있습니다. 진실은 베이비부머들의 은퇴자금을 지불하기 위해서 모든 사람을 대상으로 세금을 어느 정도는 인상해야 한다는 것입니다. 그러나 희소식도 있습니다. 만일 우리가 이 문제에 대해 현명하게 대처하면서 우리가 우리 자신에게 세금을 부과하는 방법을 바꾼다면, 우리는 베이비부머들에게 연금을 해결할 수 있고 경제도 활발하게 돌아가도록 만들 수 있습니다. 우리는 바로 이런 문제를 놓고 대화해야 합니다. 세금개혁에 대한 내용은 이렇습니다."

밀러는 다음과 같이 정리했다. "만일 당신이 이 사라져버린 목소리가 호소력이 있다는 것을 확인한다면(그리고 이 목소리가 오늘날 현실을 부정하는 양대 정당이 공모하여 만들어낸 수백 가지 사안에 미치는 영향을 상상할 수 있다면) 당신은 왜 우리에게 제3정당이 필요한지 그 이유를 이해하게 될 것이다."

밀러의 상상을 얘기하다보니, 무소속 후보가 민주당 및 공화당 후보와 함께 적자감축안에 대해서 진지하게 임했던 대통령 후보자 토론이 떠오른다. 1992년 로스 페로가 조지 H.W. 부시와 빌 클린턴이 함께 나눴던 토론이 그러했다. 제3정당의 후보는 그 당시 가장 긴박한 이슈였던 예산문제에 대해서 완곡한 어법으로 둘러대는 두 정당의 후보들에게 이렇게 말을 시작했다.

"지금 두 후보님은 도대체 무슨 말씀을 하고 계신 겁니까? 우리가 지금 어떤 세계에 살고 있는가라는 질문으로 대화를 시작하지 않고, 예산 숫자를 논의하는 것은 바보 같은 짓입니다. 국민들을 교육하고 국가를 재건하기 위해 이 세상이 새로 요구하는 사항은 무엇입니까? 미래에 대한 전략 없이 예산을 쓰는 일은 쉽습니다. 하지만 그럴듯한 전략 없이 예산을 감축하면 위험한 결과만 초래합니다. 오늘날 우리가 살고 있는 세상, 그러니까 우리가 발견한 이 세상에 대해서 제가 어떻게 바라보고 있는지 말씀드리겠습니다. 그 다음 지출 경감, 세금인상, 새로운 투자에 대한 저의 주장을 바탕으로 그려본 그림과 연결시켜 설명하겠습니다."

양대 정당 후보들 역시 세계에 대해 진지하게 판단을 내리고 이러한 판단을 그들의 예산 계획과 연결하여 제시하거나, 토론을 지켜보는 수천만 명 유권자의 눈에 두렵고, 무지막지하고, 사실이 아닌 것 같고, 거짓말처럼 보이는 위험과 연결시켜서 제시해야 할 것이다.

이상적인 무소속 대통령 후보는 국가적인 대화를 아메리칸 드림을 지키고 세계에서 미국의 힘을 유지하는 데 필요한 조치들을 실현시키는 방향으로 나라 전체가 나아갈 수 있도록 바꿔놓을 것이다. 그렇게 하기 위해서 후보자는 우리가 그 TV 토론에서 제안했던 내용을 선거운동 중에 실행해야 한다. 모든 순간마다 후보는 '지금 우리는 어떤 세상에서 살고 있는가?'라는 공공정책에서 가장 중요한 질문을 구체적으로 제기하고 대답함으로써 시작할 것이다. 대통령 후보들 역시 대통령처럼 '쟁점을 대중들에게 널리 알릴 수 있는 권한bully pulpit'을 갖는다. 미국을 올바른 방향으로 움직이게 하려면 후보자는 미국인들에게 미국이 직면한 4대 과제, 즉 세계화, 정보혁명, 예산적자와 국가채무 및 에너지와 환경 문제 등에 대해 교육해야 한다. 그리고 하나로 연결된 이 세계에서 그들의 미래를 보장하는 데 필요한 대응방안을 개략적으로라도 알리는 데 이 권한을 사용해야 할 것이다.

이를 정치분석가이자 브루킹스연구소 선임연구원인 윌리엄 갤스톤William Galston의 말로 바꾸면, 제3정당 후보는 미국이 직면한 주요 과제들에 대한 민주당과 공화당의 접근법이 왜 "도저히 용납될 수 없는지"뿐만 아니라 각 상황에서의 현상 유지가 왜 "더 이상 지속될 수 없는지", 그래서 신뢰할 수 있는 제3정당의 접근법이 왜 중요하고 불가피한지를 대중에게 알려야 한다. 지난 10년간 미국 지도자로 선출된 사람들이 대중을 상대로 이러한 교육을 거의 행하지 않았다는 사실은 실로 충격적이다.

TV 토론에서와 마찬가지로, 정치시스템에 생산적인 충격을 줄 수 있는 무소속 대통령 후보는 문제의 해결 전략들을 제시해야 할 것이다. 예를 들면, 세금 인상을 통한 세수 증대, 사회보장과 메디케어와 같이 인기가 있고 많은 혜택이 돌아가는 프로그램들과 정부 프로그램 축소에 의한 세출 삭감, 미국의 경제성장을 위한 전통 포뮬러를 개선토록 해주는 교육, 사회기반시설, 연구개발에 대한 더 많은 투자 등이다. 후보자는 세출 삭감, 세수 증대, 포뮬러 개선을 위한 투자 등 이 3가지 과제는 반드시 동시에 수행해야 한다는 사실을 분명히 인식해야 한다. 이 사항들은 반드시 필요하다. 어느 하나도 포기할 수 없다. 이 3가지 가운데 한두 가지만 포함된 통치 계획은 미국의 위기를 극복하고 기회에 대처하는 데 타당하지 않으며, 정치적으로 실현 가능성도 없고 효과적이지 못할 것이다. 증세, 삭감, 투자의 결합은 경제성장이라는 장기적인 미국의 정책목표를 달성하기 위해 반드시 성취해야 될 의무이다. 미국에게 필요한 대통령 후보는 일반적인 대통령 후보자들이 그랬던 것처럼 물러서거나 일반론을 펼치거나 판에 박힌 말을 하기보다는 어떤 세금을 인상하고, 어떤 계획들을 축소하며, 어느 분야에 투자를 하고, 그것들이 왜 교육, 사회기반시설, 투자를 바꿀 수 있는지 구체적이고 명확하게 설명해야 한다. 그럼으로써 국가가 필요로 하는 일에 임하는 자신의 진지한 자세를 입증해야 할 것이다.

마지막으로, 성공적인 제3정당 후보는 선거운동에 사람들을 고무시키는 영감을 불러올 것이다. 리더십은 어려운 선택과 구체적인 정책을 정직하게 설명하는 것 이상의 것을 요구한다. 리더십은 사람들이 그들의 자리를 박차고 일어설 수 있도록 하는 능력도 포함한다. 미국인들은 그저 '괜찮은' 정도가 되기를 원하지 않는다. 그들은 위대해지기를 원한다. 그들은 미국이 위대한 국가가 되기를 그리고 위대한 국가로 영원히 남기를 원한다. 성공적인 제3정당 후보는 세계 전역에서 들어온 가장 활력 넘치고 창조적인 사람들이 무언가를 시작하고, 공유하고, 건설하고, 설계하고, 투자하는 장소로서 가장 위대한 발사대였던 미국의 위치를 되찾을 것이다. 그렇게 함으로써 다가올 시대에 위대해질 수 있는 미국이 가진 모든 천혜의 이점들을 미국인들에게 설득하는 사람이 될 것이다. 바로 이것이 미국의 위대함을 위한 토대가 된다. 우리에게는 이러한 토대를 구축할 수 있는 원재료들이 있다. 필요한 것은 올바른 리더십과 단합된 행동이다.

우리는 리더가 무거운 짐을 공정하게 배분하고 미국의 위대함을 지속시키는 것을 목표로 하는 신뢰할 수 있는 계획을 제시하면서 미국인들에게 희생을 요구할 때, 모든 미국인들이 기꺼이 이를 따를 것이라는 사실을 믿는다. 현재 미국인들이 살아가는 이 세계를 지금까지 양대 정당이 설명했던 것보다 훨씬 더 생생하고 정확하게 설명하고, 지난 세기와 마찬가지로 이번 세기에도 미국이 세계적인 영향력을 발휘하고 이러한 세계에서 미국인들이 번영할 수 있는 정책을 규정하며, 이러한 정책을 채택하도록 국가에게 충격을 가하는 무소속 대통령 후보는 미국에게 필요한 충격요법을 제공할 수 있을 것이다.

거의 승산이 없는 방책일 수도 있다. 그러나 이것이 미국에게 있는 최선의 방책이다. 반대로 현상 유지를 고수하는 것은 쇠락으로 가는 확실한 방법이다.

우리는 수학이 어떠한 제3정당에 대해서도 제대로 기능하지 않는다는 사실을 잘 알고 있다. 이러한 후보자가 당선될 가능성이 거의 없다는 사실도 잘 알고 있다. 그러나 이 제3정당 후보가 더 정직하고, 더 이치에 맞고, 더 많은 사람들을 고취시키는 사람일수록, 민주당과 공화당 후보는 더 우수한 사람이 나오게 될 것이라는 사실도 알고 있다. 또한 최소한 우리가 바라는 모습의 제3정당 후보가 잘 해낸다면, 시어도어 루스벨트, 조지 월리스 그리고 로스 페로가 각각 1912년, 1968년, 1992년에 우위를 점한 후보들에게 제3정당의 의제 중 일부를 채택해서 실행하게 만들었던 일들을 수행할 수 있을 것이다. 그러한 경우 무소속 후보는 국가의 미래가 달려 있는 시안에 대해 진지하게 집중하게 만드는 충격을 가하게 될 것이다.

이러한 후보자는 박애주의자와 같은 영향력을 끼쳐 그가 세상을 떠난 후에도 사람들의 삶을 개선시킬 것이다. 박애주의자의 유산은 세상을 더 나은 모습으로 바꾸는 것이기에 무소속 대통령 후보 역시 미국과 세상을 더 나은 모습으로 바꿀 수 있다.

위에서 말한 후보자에 대해서는 어느 정도 확신을 가지고 2가지 사항을 말할 수 있겠다. 첫째, 이러한 후보자는 대통령에 당선되지 못할 것이다. 둘째, 이러한 후보자는 장기적으로는 대통령에 당선된 사람보다 미국 역사에 더 큰 영향을 끼치게 될 것이다.

## 16장

# 미국의 재발견

"그런데 해피엔딩이 될까?" 이 책의 내용을 얘기할 때마다 동료들이 우리에게 했던 질문이다. 우리의 대답은 언제나 한결같다. 해피엔딩으로 써내려갈 수 있지만 그것이 사실이냐 허구냐를 결정하는 것은 미국과 미국인들에게 달려 있다.

우리는 한 가지 사실에 대해서는 확실하게 안다. 해피엔딩으로 가는 길은 무언가가 잘못됐고, 변화가 필요하며, 우리 모두가 이러한 변화의 책임자가 되어야 한다는 사실을 인식하면서부터 시작된다. 일부 계층의 미국인들은 이러한 사실을 잘 알고 있다. 중국의 부상에 대한 걱정이 미국에 대한 건전한 걱정으로 이어진다면 그러한 근심은 당연하다. 여기 또 한 가지 사실이 있다. 2009년과 2010년에 오바마 대통령에 대한 공화당 비판가들은 그가 미국의 역사와 '예외적인' 국가로서의 미국의 위상을 부정한다고 비난했다. 그러한 비난은 해외 기자회견에서 미국의 예외주의를 믿느냐는 질문에 "영국인들이 영국의 예외주의를 믿고 그리스인들이 그리스의 예외주의를 믿는 것처럼 나는 미국의 예외주의를 믿습니다"라는 답변에서 기인한 것이다(그리고 나서 오바마 대통령은 자신의 관점에서 미국을 예외적으로 만드는 몇 가지 특징에 대해서 계속 언급했다).

예외주의라는 표현은 학자들이 사용하면서 미국이 역사적으로 유럽에 있는 국가들과 달랐던 방식들을 가리킨다. 즉 미국이 일련의 사상을 바탕으로 건국되었다는 점, 세습 귀족들이 사회 상층부를 차지하고 있는 계층적 사회가 아니라는 점, 북아메리카에 정착했던 유럽인들이 방대하고 인구밀도가 희박한 변방에 정착했었다는 점, 그리고 미국이 온 세계로부터 이민자들을 끌어모았다는 점 등이다. 예외주의라는 이 용어는 정치적 담론에서 분석적 의미뿐만 아니라 기념의 의미도 갖게 되었다. 이는 미국의 부와 권력, 미국이 시민들에게 제공해온 경제적 기회, 미국이 세계의 여타 국가들을 위해 마련했던 자유와 번영의 사례 등을 의미한다.

예외주의에 대한 호들갑은 어떤 의미에서는 미국 정계에서 일상적으로 일어나는 일이다. 알렉산더 해밀턴의 연방주의자들과 토머스 제퍼슨의 민주공화주의자들 사이에서 벌어졌던 격렬한 정치적 대결에서 시작된 것으로, 한 정당이 다른 정당을 미국의 기본적인 가치관과 전통에서 단절되었다고 묘사하려는 의도에서 비롯된 것이다. 그러나 이는 미국과 미국의 미래에 대한 드러나지 않는 불안감을, 그리고 다음 세대 이후에는 아메리칸 드림이 사라지고 없을 거라는 우려를 불러일으킨다. 슬프게도 이러한 두려움은 너무나 당연하다.

예외주의 논쟁은 우리에게 에이브러햄 링컨에 관한 이야기를 떠올리게 만든다. 그는 이러한 질문을 던졌다. "만일 당신이 말의 꼬리를 다리라고 부른다면, 말의 다리는 몇 개입니까?" 그리고 자신의 질문에 이렇게 대답했다. "그 답은 4입니다. 말의 꼬리를 다리로 부른다고 해서 꼬리가 다리로 될 수 없기 때문입니다."

이와 마찬가지로, 미국이 예외적이라고(다시 말해, 특별하다고) 선언한다고 해서 미국이 예외적이 되지는 않는다. 예외적으로 부유하고, 강력하며, 역동적이라는 의미의 예외적이라는 말은 대학에서 수여하는 명예학위처럼 받을 수 있거나, 한 번 주어지면 영원히 지속될 수 있는 그러한 탁월함이 아니다. 그것은 야구선수의 타율처럼 끊임없이 노력해야 얻을 수 있는 것이다.

최근에 들어 우리는 '미국의 예외주의'를 아무런 비용을 지불하지 않고도 누릴 수 있는 사회보장제도처럼 너무나 자주 언급하곤 한다. 그런 시대는 이제 지나갔다. 미국의 예외주의는 지금 작동 중에 있다. 이는 그저 주어지는 사회보장제도가 아니다. 그것은 받게 될 혜택이 미리 고정된 확정급여도 아니다. 예외적인 위치를 유지하려면 미국인들은 잘못된 가정이 아닌 올바른 가치를 가져야 한다. 그리고 국가는 21세기의 4대 과제 즉, 세계화, 정보혁명, 증가하고 있는 막대한 재정적자, 에너지 소비 습관 등의 문제에 효과적으로 대처해야만 한다. 현재 많은 미국인들이 처음 두 과제를 충분히 이해하지 못하고 있는 것 같다. 그리고 너무나 많은 미국인들이 나머지 2가지 문제에 대한 해결의 필요성을 거부하고 싶어 한다. 첫 번째 두 과제는 미국이 훨씬 더 치밀하게 검토해야 되는 문제이며, 나머지 두 과제는 고집스럽게 그것을 외면하려고 하지 말아야 한다.

위기는 예외적으로 심각하다. 미국인들에게 있어서 미국이 이러한 위기를 해결하느냐 못하느냐에 따라 미국 사회의 훌륭한 특징인 기회, 유동성, 사회적 화합 등의 유지를 좌우하는 미래의 경제성장률이 결정될 것이다. 너무나 확연하고 불길한 내용의 통계자료들이 밝히고 있듯, 이것들은 지금 위기에 처해 있다. 21세기의 첫 10년 동안 대다수 미국 가계는 경제적 이익을 전혀 얻지 못했다. 세계의 여타 국가들에서도 이러한 위기는 마찬가지로 심각하다. 어쩌면 더 치명적일 수도 있다. 2010년 말과 2011년 초에 걸쳐 세계에서 발생했던 주요 사건들을 떠올려보자. 2010년 11월, 웹사이트 위키리크스는 미국 정부의 기밀외교 전문을 2만 5000건 이상 공개했다. 그런데 이 문건들은 미국과 일부 국가들에게는 상당히 당혹스러운 자료들이었다.

  2010년 12월, 중국은 국가 전복 선동 혐의로 11년 형을 선고받고 복역 중에 있었던 민주주의 옹호가 류 샤오보Liu Xiaobo의 노벨평화상 수여 행사를 저지하기 위해 극단적인 조치도 마다하지 않았다. 중국 정부의 압력에 굴복해서 18개국이 노벨평화상 수상식 참여를 거부했다. 2011년 초에는 튀니지, 이집트, 바레인, 리비아, 예멘, 시리아 등 아랍 및 이슬람권 전역에서 자유를 요구하는 봉기가 발생했다. 2011년 3월에는 일본 역사상 최악의 대지진으로 쓰나미가 몰려와 2만 2000명 이상의 사상자가 발생했고, 일본 북동부에 있는 많은 도시들이 폐허가 되었다. 그 후 잇따른 미진과 홍수는 쓰나미가 발생했던 지역의 원자로가 붕괴되는 위험한 사태로 이어졌다.

  비즈니스 컨설턴트들이 이러한 상황을 설명할 때 사용하는 두문자로 'VUCA'라는 표현이 있다. VUCA란 '변동성volatility, 예측불가능성unpredictability, 복잡성complexity, 모호성ambiguity'을 뜻한다. 우리는 VUCA 등급이 아주 높은 역사의 기간을 통과하고 있다. 지금 세계는 난기류에 휩싸여 있다. 이는 중국처럼 약자를 괴롭히는 정부들, 아랍과 이슬람 세계처럼 억압받아 성난 사회들, 일본이 우리에게 상기시킨 재난처럼 강력하고 예측불가능한 자연의 힘, 우리 시대를 정의하는 2가지 추세인 세계화와 정보혁명을 통해 위키리스크에 전문을 제공할 수 있을 정도로 막강한 힘을 가진 개인 등 난기류 인자들이 무수히 존재하고 있기 때문이다.

이렇게 불안정한 세계에서 안정을 제공하고 적절한 신호를 보내는 기준으로서 미국의 역할은 더욱 부각된다. 미국인들은 가끔씩 다른 나라에 대해 미국이 갖고 있는 힘의 가치와 중요성을 저평가한다(세계에서 미국이 수행하는 역할에 대해 다른 국가들이 고마워하고 있으면서도 공개적으로 고마움을 표현하지 않는 것은 도움이 되지 않는다).

또한 미국인들은 가끔씩 자기 나라의 힘을 잘못 이해한다. 진보 쪽에 서 있는 사람들은 미국의 힘이 갖는 건설적 역할을 완전히 이해하지 못한다. 오히려 가끔씩 발생하는 힘의 오용에만 초점을 맞춘다. 보수 쪽에 서 있는 사람들은 미국의 힘의 원천에 대해 제대로 이해하지 못한다. 즉 미국의 힘은 단순히 의지의 문제가 아니고 수단의 문제이며, 그러한 수단들은 지속적으로 갱신되고 보강되어야 하고 동시에 미국이 주요 대내적인 도전에 효과적으로 대응하는 데 바탕을 두고 있다는 사실을 잊어버리곤 한다.

우리가 성장했던 세계는 미국이 커다란 영향력을 지녔던 세계였다. 미국에게는 세계를 만들 수 있는 영향력이 있었기 때문에 세계는 미국이 만드는 방식으로 형성되었다. 미국이 잃어버린 것은 바로 이러한 영향력이다. 미국은 국내에서의 행동을 바꾸지 않는 이상 해외에서 그들 자신의 안전을 더 많이 확보할 수 없다. 그러나 미국의 정치는 더 이상 이 두 점을 좀처럼 연결시키지 않는다. 만일 미국이 세상을 만들고 싶다면 미국의 강점에 대해 진지해져야 하고, 미국의 강점이 강화되길 바란다면 위대함을 위한 포퓰러에 진지해져야 한다.

이 문제에 관해서 단도직입적으로 말하자면 이렇다. 미국의 힘으로 형성된 세계, 즉 미국의 강력한 정치적, 경제적, 도덕적 리더십으로 형성된 세계가 결코 완전한 세상이 될 수는 없을 것이다. 그러나 미국은 우리가 마음속으로 그릴 수 있는 어떤 대안보다도 더 나은 세상이 될 것이다.

사실, 미국은 한 나라의 정부가 그들이 통치하는 사회에 제공하는 서비스를 세계에 제공하고 있다. 미국은 당면 과제 해결에 실패해서 점점 더 가난해지고 자신감을 잃어버렸다. 때문에 앞으로의 세계는 관리를 덜 받게 되면서 훨씬 무질서해지고 경제적으로도 점점 더 어려워질 것이다. 그렇게 되면 단지 미국인들뿐만 아니라 모든 사람이 고통을 겪게 될 것이다.

미국이 지금의 중대 과제들을 해결한다면 미래 세대를 위한 아메리칸 드림이 유지되고, 미국의 거대하고 건설적인 국제적 역할을 지킬 수 있을까? 이 질문에 대한 우리의 답변은 궁극적으로 낙관적이다.

우선, 미국 정치시스템의 병리학적 정도가 어떠하든 미국 사회는 다른 나라들 사이에서 미국을 예외적으로 만들었던 미국의 특성을 유지하고 있다. 미국은 미국에 관한 소문을 듣지 않았던 사람들로 가득하다. 만일 당신이 우리가 살고 있는 세계에서 번영하기에 가장 이상적인 국가를 계획한다면, 다른 나라가 아닌 바로 미국의 모습을 많이 닮아 있을 것이다. 개인의 창조성이 보다 중요해진 세계에서 미국은 개인이 이룩한 성과를 후원하고 독특함을 칭찬한다. 최대한의 경제적 유연성이 요구되고, 기술적 변화와 창조적 파괴가 엄청난 속도로 발생하고 있는 세계에서 미국의 경제는 어느 곳보다 유연하다. 투명하고 신뢰할 수 있는 제도, 특히 법에 의한 지배가 위험 감수나 혁신을 위해서 과거 어느 때보다 더 중요해진 세계에서 미국은 뛰어난 법률 환경을 보유하고 있다. 가장 총명한 발명가와 기업가들조차도 노력과 실패를 반복한 후에야 대박을 가져다줄 수 있는 사업을 찾을 수 있는 이러한 시대에 미국의 기업문화는 이러한 실패가 때로는 성공을 위한 필요조건이라는 사실을 이해한다.

우리가 미국의 미래를 낙관하는 또 다른 이유가 있다. 중대한 문제를 해결함에 있어서 거의 실패하지 않았던 미국의 역사이다. 미국이 중대한 과제 해결에 실패한 적이 드물었다는 말은(누군가는 "예외적이다"라고 말할지도 모르겠지만) 사실이다. 18세기 혁명의 시대에서 20세기 길고 길었던 냉전시대까지 미국과 미국인들은 늘 상황을 해결할 수 있는 방법을 모색해왔다. 국가의 과거는 미래의 낙관론을 위한 비옥한 토대가 된다. 직면한 위기에 다가서서 이를 해결하는 국가가 예전에 그러했던 미국의 모습이다.

성공적인 미래를 위한 열쇠는 지난날 성공적인 국가를 만들었던 미국의 역사적 특징을 다시 이끌어내는 것이다. 여기에는 우리가 살고 있는 세상에 대한 이해, 경제성장에 박차를 가하는 전통적인 공공-민간 포뮬러의 개선, 과거부터 사용해왔던 국가가 원하는 공동의 노력을 방해하는 정치적 장애물 제거 등이 있다.

알렉시스 드 토크빌은 그의 저서 《미국의 민주주의》에서 미국식 예외주의라는 개념을 창안했다. 그가 발견했던 예외적인 것은 추상적이거나 이론적인 내용보다는 '지금 바로 여기here and now'에 집중하는 미국인들의 능력이었다. 토크빌은 다음과 같이 기록했다. "수많은 특별한 원인들이 서로 어우러져서 실용적인 대상에 기반을 두는 미국인들의 사고방식을 확립했다. 그들의 열정, 욕구, 교육, 그리고 그들에 대한 모든 것들이 결합하여 미국의 전통적인 특성을 끌어내는 것처럼 보인다."

이는 지난 20년 동안 달라졌다. 한 국가로서, 그리고 하나의 정치시스템으로서 미국은 그들이 살고 있는 세계에 집중하던 그들의 고유한 특성을 잃어버렸다. 미국은 냉전의 종식을 잘못 받아들였다. 냉전의 종식은 위대한 세계의 승리였을 뿐만 아니라 공산주의와 충돌하며 지나온 수십 년의 세월보다 미국에게 더 많은 것을 요구하는 위대한 세계의 변화를 알리는 시작이었음을 인식하지 못했다. 미국은 그들이 돕던 다른 어느 나라들보다도 빨리 변화했었던 그들의 모습을 잃었다.

미국과 IBM 사이에서 유사점을 찾기란 어렵지 않다. IBM은 미국을 상징하는 기업 가운데 하나로 2011년에 창립 100주년을 기념했다. 미국의 역사는 끊임없이 다른 모습을 보여왔다. IBM도 마찬가지다. IBM은 시계, 저울, 치즈절단기 등을 만들면서 출발했다. 다음 세대에서는 천공카드기 시장을 이끌었고, 1960년대 초에는 회장이 메인프레임 컴퓨터에 사운을 걸면서 돌풍을 일으켰다. 그리고 20년 후, 사실상 IBM이 퍼스널 컴퓨터를 개발했다.

그렇지만 미래를 포용하고 과거에서 벗어났던 역사에도 불구하고, IBM은 그들이 만들어낸 것들의 영향을 이해하지 못했다. 그들은 메인

프레임 컴퓨터 개발에 너무 많은 비용과 시간을 들였다. 그들의 재무와 경영 모형은 과거 그대로의 것을 바탕으로 했고 개선하지 않았다. PC는 틈새시장으로 취급받았다. 그 실수들이 기업의 쇠퇴를 초래했다.

IBM은 그들이 만든 세상에 대한 통찰력을 어떻게 하다가 잃어버렸을까? 우리의 이러한 질문에 대해 현재 IBM의 회장이자 CEO인 사무엘 팔미사노Samuel Palmisano가 무엇이라고 답했는지 그 내용을 주의 깊게 들어보자. "당신은 미래를 바라보기보다 당신들 사이에 놓인 줄어드는 파이를 두고 논쟁하느라 시간을 더 많이 보냅니다. 그래서 이미 당신이 진입해 있는, 심지어 당신 기업이 만들어놓은 중대한 변화를 잃게 됩니다. 우리는 PC를 잃었습니다. PC는 우리에게 없었던 기술이 아닙니다. 우리는 PC를 발명했지만 그것이 진정 무엇을 의미하는지 놓쳤습니다. 그 당시 IBM에 있던 사람들은 누구나 PC를 깔끔하고 작은 개인용 생산성 도구라고 생각했습니다. 그러나 PC는 새로운 플랫폼이 되었습니다. 우리는 그것을 놓쳤습니다."

당신이 경쟁해야 하는 다른 기업에 집중하지 않고 당신 기업의 다른 부서나 동료들을 반대파로 생각하면, 당신이 살고 있는 세상과의 접촉을 잃게 된다. 당신의 예외주의를 영구적인 것으로 생각한다면 당신 자신을 예외적으로 만든다기보다 가둬두는 결과를 초래하는 것이다. 이는 기업이나 국가의 경우 치명적일 수 있다. 팔미사노는 오늘날 미국의 정당들이 전반적인 국가의 우선순위보다 자신들에게 초점을 맞추기 때문에 제 위치를 벗어났다고 말했다.

IBM은 루이스 거스너Louis Gerstner가 선도하고 그 다음에는 팔미사노가 회사를 이끌었다. 그러면서 IBM은 그들 자신과 그들이 기업 활동을 하고 있는 세계를 면밀히 조사함으로써 다시 궤도에 복귀했다. 그 후 기술 분야에 도래했던 네트워킹으로 연결된 세계, 즉 더 이상 PC가 주된 플랫폼이 아니고 스마트폰, 센서, 컴퓨터, 서버가 상호 연결된 세계에서의 거대한 변화를 극복했다. IBM은 이러한 세계에서는 고객의 사업을 성공시키는 방법을 조언하기 위해 모든 데이터를 조사 분석하고 정보를 생성 활용할 수 있는 사업이 가장 수익성 좋은 사업이라고 판단했다. 그래서 과감하게 이 분야에 회사의 미래를 걸었다. 그 결과 IBM은 새로운 핵심역량을 찾아 이를 키웠다. 그러한 과정에서 끊임없이 개혁하던 그들의 역사와 다시 결합했다.

미국도 이와 같은 상황이라고 할 수 있다. 미국의 핵심능력이 무엇인지는 명백하다. 미국에게는 미래에 번영할 수 있는 잠재력이 다른 어느 나라보다 많다. 미국은, 하나로 연결된 세계에서 최상의 결과를 얻기 위해 누구나 일과 투자와 연구와 창업을 하고자 오고 싶어 하는 세계에서 가장 매력적인 발사대가 될 수 있다.

물론 미국은 그들이 만든 세상을 제대로 인정하지 않았다. 뿐만 아니라 2001년 9월 11일의 사건을 지나치게 확대해석 했다. 과거에도 심각했고 지금도 심각하지만, 테러의 위협이 있었을 때보다 더욱 삼엄한 경계와 더 많은 정치적 자산과 자원을 투입했다. 미국은 가치는 있었지만 필수적인 목표는 아니었던 이라크와 아프가니스탄의 국가 재건을 추구하면서 재정적자와 누적된 국가채무를 위험한 수치로 부풀려놓았다. 그리고 온실가스를 점점 더 많이 배출하면서 거기에 잠재된 치명적인 결과를 주의 깊게 되돌아보지 않았다.

미운 두 살 시기와 함께 해결해야 할 미국의 첫 번째 과업은 그들이 살고 있는 장소이자 그들이 풀어야 할 가장 중대한 과제인 세계의 자연에 집중하는 것이다. 이렇게 하지 않는 한 미국은 공룡을 창조해낸 환경이 갑자기 바뀌었을 때 공룡이 적응하지 못했던 것처럼, 그리고 냉전이 종식되면서 시작되었던 시대에 그들이 적응하지 못했던 것처럼 새로운 시대에 적응할 수 없게 될 것이다.

이러한 일들을 훌륭히 해낼 수 있는 열쇠는 역동적인 민간 부문을 조성하기 위해 선택된 방향으로 정부를 끌고나가면서 미국의 전통적인, 그리고 역사적으로 성공한 포뮬러를 개선하고 혁신하는 것이다.

포뮬러의 다섯 부문 즉, 교육, 사회기반시설, 이민, 연구개발, 규제 가운데 우리는 앞부분에서 교육에 대해 가장 많은 관심을 집중했다. 이번 세기에는 교육이 경제력의 토대가 되고, 미국의 경제력은 국가의 활성화와 국제 사회에서 필수적인 역할을 하기 위한 토대가 된다.

나폴레옹 군단을 격파한 웰링턴 공작은 1815년 프랑스와 격전을 벌였던 워털루 전투에 대해서, 국가의 엘리트들을 훈련시킨 영국의 사립학교 "이튼의 운동장에서 이루어진" 승리라고 주장했다. 이와 같은 맥락으로 21세기 국제 질서의 안정과 번영은 미국의 공립학교 교실에서 유지되거나 상실하게 될 것이라고 주장할 수 있다.

미국이 계속해서 번영하려면 아메리칸 포뮬러의 나머지 4가지도 개선해야 한다. 사회기반시설은 로마제국과 그 시대의 인상적인 도로와 수로 이후로 경제적 활력을 뒷받침해왔다. 반면, 연구와 개발은 현대에 들어서면서 더욱 중요해지고 가치도 높아졌다. 미국의 경제성장은 더욱더 혁신에서부터 비롯될 것이다. 그리고 혁신은 연구와 개발에 기반이 되는 과학과 기술의 점진적 진보와 획기적 타개의 산물이 될 것이다. 미국은 우리가 살고 있는 세계의 요구에 맞추어 이민 정책도 조정해야 한다. 재능 있는 외국인들이 미국으로 쉽게 건너와서 이곳에 머무를 수 있도록 해주는 일이 중요한 것처럼 이 나라에 불법으로 들어온 약 1200만 명으로 추산되는 사람들의 신분을 해결해주는 일도 중요하다. 최근 25년 동안 해외 출신의 기술자, 과학자, 기업가들은 미국 경제에 지대한 공헌을 해왔다. 앞으로 다가올 10년도 미국이 그렇게 하도록 만들어준다면 훨씬 더 큰 공헌을 할 것이다. 마지막으로 미국은 자국 내 기업들을 규제하는 규정들에 대한 현대화가 필요하다. 이에 대한 묘책은 한편으로는 위험 감수에 대한 의욕을 좌절시키는 너무 많은 제약을 가하는 규칙과 다른 한편으로는 '외부효과'와 과잉에 대한 피해를 충분히 방어하지 못하는 규정 사이에서 적절하게 균형을 맞추는 것이다.

만일 미국이 미래 세대들을 위해 아메리칸 드림을 보존하고 싶다면, 그저 헌법 전문을 되풀이해서 낭독한다거나 점점 큰 소리로 미국의 예외주의를 선언하는 것으로는 미국에게 필요한 지침을 찾을 수 없다는 사실을 이해해야 한다. 미국이 살고 있는 세상을 이해하는 것, 시대적 환경에 적응하기 위해 미국만의 포뮬러를 새롭게 하는 노력을 게을리 하지 않았던 것, 미국의 성공에 대한 비밀은 바로 이 2가지를 결합하는 것이었다.

마크 마이클비Mark Mykleby 대령은 해병대에서 조종사로서 또한 합참의장 특수전략 보좌관으로서 24년을 보냈다. 마이클비는 국방부에서의 마지막 해를 보내면서 미 해군 대위인 웨인 포터Wayne Porter와 공동으로 책을 저술했다. 지속 가능한 가치를 강조하면서 미국을 바로 세우는 방법을 설명한 《국가의 전략 이야기A National Strategic Narrative》라는 책이다.

이들은 조지캐넌이 그의 논문 〈외교문제Foreign Affairs〉에서 'X'라는 가명을 사용했던 역사적 사실에 착안해 'Mr. Y'라는 필명으로 편찬했다. 2011년 은퇴 바로 전, 톰의 친구였던 마이클비는 우리에게 이런 생각을 털어놓았다. "미국 역사 어느 시대에도 지금처럼 복잡하고 장기적인 국가적 문제에 직면했던 적은 없었다네. 우리 시대의 가장 두드러진 특징은 테러리스트, 활력을 잃은 경제, 기후 변화 등으로 제기되는 위협이 아니네. 오히려 이런 것들이 위기로 발전하기 전에 명백한 문제에 대해 효과적이고 논리정연하게 대처하지 못하는 우리의 무능력이 진정한 위협이라네. 만일 우리가 '어른스러운' 대화조차 할 수 없다면 어떻게 우리가 헌법 전문에 나와 있는('우리 자신과 우리의 후대를 위한 자유의 축복을 지키기 위해') 우리의 의무를 다하고 약속을 지킬 수 있겠나?"

정말 어떻게 할 수 있을까?

아마도 이 중요한 질문에 대답하는 최선의 방법은, 우리가 앞에서도 언급했던 '미국은 중국을 모방할 필요가 없다'는 화두로 이 책을 마무리하는 것이라고 생각한다. 그리고 중국의 운명이 무엇이든 미국의 운명을 결정하지는 않을 것이다. 미국에게 필요한 것은 이전에 없던 새로운 것이나 다른 국가에서 받아들여야 하는 것들이 아니다. 미국에게 필요한 것은 미국의 역사를 이해하는 일이다. 미국은 미국의 포퓰러와 우선순위, 그리고 그들의 역사와 문화에 스며들어 있는 관행을 조정할 필요가 있다. 미국은 전 세계 수많은 사람들에게 뿐만 아니라 그토록 많은 시대의 미국인들에게 진정한 꿈이 될 수 있었던 아메리칸 드림의 가치관과 이상에 다시 결합해야 한다.

이는 모두 미국의 과거이다. 예전에 미국은 그랬다. 그리고 예전에 미국이 그러했기 때문에 미국은 다시 한 번 할 수 있다. 오늘날 미국이 읽어야 하는 역사서는 그들 자신이고, 그들이 재발견해야 하는 나라는 바로 미국이다.

**감사의 글**

우리는 미국의 미래에 관하여 견해를 함께 나누는 데 시간을 할애해준 여러 사람들로부터 많은 도움을 받았다. 자신의 의견을 개진하면서 우리의 원고를 검토한 바이런 오거스트, 마이클 바버, 커티스 칼슨, 수잔 엥겔, 할 하비, 크레이그 먼디, 조 롬 그리고 도브 세이드먼에게 특별히 감사한다.

덧붙여, 시간을 내어 탁견을 피력해준 피터 애커맨, 레오 아포테커, 돈 베어, 에반 바이, 로버트 베넷, 마이크 비들, 조엘 콜리, 앨런 코헨, 마틴 뎀시, 래리 다이아몬드, 존 도어, 아른 던컨, 러스 페인골드, 조엘 핀켈스타인, 제프 가튼, 빌 게이츠, 린지 그레이엄, 제니퍼 그랜홈, 제프리 이멜트, 밥 잉글리스, 마이클 존스턴, P.V. 캐넌, 앤디 카스너, 데이비드 케네디, 웬디 콥, 앨런 코츠, 엘렌 쿨먼, 레이 레인, 제프리 레스크, 마이클 마니아테스, 잭 마켈, 스탠 맥크리스털, 어니 모니스, 마이크 머피, 폴 오텔리니, 사무엘 팔미사노, 라구람 라잔, 카심 리드, 케네스 로고프, 다이앤 로젠버그, 데이비드 로스코프, 마이클 샌델, 댄 심킨스, 앨런 심슨, 브레드 스미스, K.R. 스리다르, 로버트 스티븐슨, 조셉 스티글리츠, 데이비드 스토크먼, 수브라 수레쉬, 제리 타르드, 마크 터커, 찰스 마르스틸러 베스트, 제임스 R. 비비안, 토니 와그너, 데이비드 워커

그리고 랜디 웨인가튼에게 감사한다.

  톰은 이 책을 저술할 수 있도록 휴가를 승인해준 〈뉴욕타임스〉 이사장 아서 설즈버거 주니어와 사설 편집자 앤디 로젠탈에게 감사의 뜻을 전한다. 톰의 휴가는 '아랍의 봄Arab Spring'과 시기가 일치했고, 아서와 앤디 덕분에 사건이 일어나는 동안 이 책의 집필부터 칼럼 작성까지 2가지 모두를 할 수 있었다.

  언제나 자신의 의견을 솔직하게 말하고 뛰어난 업무 능력을 지닌 저작권 에이전트 에스더 뉴버그는 우리에게 많은 도움이 되었다.

  우리의 비서, 〈뉴욕타임스〉의 그웬 고먼과 존스홉킨스대학 고등국제문제연구대학원의 캘리 J. 코넬은 이 책을 집필하는 동안 우리 각자가 일상 업무를 계속하면서 모든 스케줄을 제 시간에 소화할 수 있도록 많은 도움을 주었다.

  이 책은 FSG 출판사에서 출판한 책이다. 톰은 이 출판사와 6번째, 마이클은 처음으로 작업한 책이다. 최고 기업가이자 FSG의 회장 조나단 갈라시를 비롯하여 그의 팀원 제프 세로이, 새리타 바르마, 데브라 헬펜드, 수잔 골드파브, 조나단 리핀코트 그리고 질 프릴럭의 비전이 없었다면 이 책은 출판되지 못했을 것이다.

이 책의 편집을 담당했던 FSG의 편집자 폴 엘리에게 특별히 감사한다. 책의 기획 및 모든 페이지에 정력을 기울인 그의 헌신에 우리 모두 깊이 감사한다. 폴은 최고의 파트너이다. FSG에서 출판하고 싶은 사람이 있다면 단 세 마디, "폴에게 자문을 구하라Ask for Paul"라고 조언하겠다.

마지막으로 이 책에 대하여 핵심적인 조언을 아끼지 않았던 두 사람에게 감사한다. 학교에서 아이들을 가르치면서 이 책의 초고를 수정했던 톰의 아내 앤 프리드먼과 어느 날 우리에게 "두 분의 대화 내용을 책으로 만들어보는 건 어때요?"라고 가장 중요한 질문을 던졌던 마이클의 아내 앤 만델바움에게 이 책을 바친다.

**Nous 사회와 경제를 꿰뚫는 통찰**
'nous'는 '통찰'을 뜻하는 그리스어이자 '지성'을 의미하는 영어 단어로,
사회와 경제를 꿰뚫어 볼 수 있는 지성과 통찰을 전하는 시리즈입니다.

Nous 10
# 미국 쇠망론

**1판 1쇄 발행** 2011년 12월 26일
**1판 3쇄 발행** 2024년 11월 1일

**지은이** 토머스 프리드먼·마이클 만델바움
**옮긴이** 강정임·이은경
**펴낸이** 김영곤
**펴낸곳** (주)북이십일 21세기북스

**정보개발팀장** 이리현
**정보개발팀** 이수정 강문형 박종수 최수진 김설아
**디자인 표지** 디스커버 **본문** 박숙희
**출판마케팅팀** 한충희 남정한 나은경 최명열 한경화
**영업팀** 변유경 김영남 강경남 황성진 김도연 권채영 전연우 최유성
**해외기획팀** 최연순 홍희정 소은선
**제작팀** 이영민 권경민

출판등록 2000년 5월 6일 제406-2003-061호
주소 (10881) 경기도 파주시 회동길 201(문발동)
대표전화 031-955-2100 팩스 031-955-2151 이메일 book21@book21.co.kr

ISBN 978-89-509-3477-4 13320
KI신서 3721

**(주)북이십일 경계를 허무는 콘텐츠 리더**

21세기북스 채널에서 도서 정보와 다양한 영상자료, 이벤트를 만나세요!
페이스북 facebook.com/jiinpill21 포스트 post.naver.com/21c_editors
인스타그램 instagram.com/jiinpill21 홈페이지 www.book21.com
유튜브 youtube.com/book21pub

서울대 가지 않아도 들을 수 있는 명강의! 〈서가명강〉
유튜브, 네이버, 팟캐스트에서 '서가명강'을 검색해보세요!

· 책값은 뒤표지에 있습니다.
· 이 책 내용의 일부 또는 전부를 재사용하려면 반드시 ㈜북이십일의 동의를 얻어야 합니다.
· 잘못 만들어진 책은 구입하신 서점에서 교환해드립니다.